国家哲学社会科学成果文库

NATIONAL ACHIEVEMENTS LIBRARY
OF PHILOSOPHY AND SOCIAL SCIENCES

艺术视野下的文字与图像关系研究

赵炎秋 著

中国社会科学出版社

作者简介

赵炎秋 湖南师范大学文学院教授，《中国文学研究》主编。湖南师范大学教学名师，首届湖南省普通高校教学奉献奖获得者，湖南省新世纪"121"人才工程第一层次成员，湖南省优秀社会科学专家，享受国务院政府特殊津贴专家。兼任中国中外文艺理论学会副会长，湖南省文艺理论学会会长。主持国家社科基金重大项目1项，国家社科基金项目4项。出版专著13部，译著6部，发表论文200多篇。获教育部第八届高等学校科学研究成果奖（人文社会科学）二等奖，湖南省哲学社会科学优秀成果一等奖、二等奖、三等奖等十多项。在狄更斯、形象理论、小说—叙事理论、文字与图像关系、文学伦理学、马克思主义文艺思想、中国特色文学理论建构的历史经验等方面的研究得到了学界的肯定。

《国家哲学社会科学成果文库》
出版说明

为充分发挥哲学社会科学研究优秀成果和优秀人才的示范带动作用，促进我国哲学社会科学繁荣发展，全国哲学社会科学工作领导小组决定自2010年始，设立《国家哲学社会科学成果文库》，每年评审一次。入选成果经过了同行专家严格评审，代表当前相关领域学术研究的前沿水平，体现我国哲学社会科学界的学术创造力，按照"统一标识、统一封面、统一版式、统一标准"的总体要求组织出版。

全国哲学社会科学工作办公室
2021年3月

目 录

绪论 …………………………………………………………… (1)

第一章 文字与图像 ……………………………………………… (52)
第一节 文字、图像与艺术视野 ………………………………… (52)
一 文字与图像的内涵与范围 ……………………………… (53)
二 艺术视野 ………………………………………………… (55)
第二节 读图时代的诗画差异 …………………………………… (58)
一 诗画同一说与诗画差异说 ……………………………… (58)
二 莱辛诗画差异说的主要内容 …………………………… (60)
三 莱辛诗画差异说的局限 ………………………………… (66)
四 读图时代诗画之间的主要界限 ………………………… (68)
第三节 视觉文化和语言文化的分层 …………………………… (71)
一 从文字与图像的角度看语言文化与视觉文化的
    不同类型 ………………………………………………… (72)
二 从思想与表象的角度看语言文化内部的分层 ………… (76)
三 从表象与思想的角度看视觉文化内部的分层 ………… (81)
本章小结 ……………………………………………………… (87)

第二章 文字与图像的相互关系 ………………………………… (89)
第一节 文字与图像的异质和互渗 ……………………………… (89)
一 文字与图像的异质性 …………………………………… (89)
二 文字与图像的互渗性 …………………………………… (95)
三 文字与图像的此消彼长 ………………………………… (101)

第二节 文字与图像的实指与虚指 (105)
  一 文字与图像同居一个文本时谁居主导？ (106)
  二 文字用所指表征世界，图像用能指表征世界 (109)
  三 语言与图像的实指和虚指及其相互转化 (114)
  四 文字与图像的实指和虚指的常态与变态 (120)
第三节 可能世界理论与文字和图像艺术中的虚构世界 (125)
  一 可能世界的相关理论 (126)
  二 可能世界与现实世界 (128)
  三 可能世界与虚构世界 (131)
  四 文字与图像艺术中的虚构世界的真实性问题 (134)
  五 文字艺术虚构世界与图像艺术虚构世界的差异 (136)
本章小结 (139)

第三章 文学语言与文学形象的相互关系 (141)
第一节 语言与文字关系辨析 (141)
  一 语音的物质与心理两个层面 (142)
  二 文字与语言同属一个系统 (149)
  三 正确认识语言与文字之间的差异 (156)
第二节 语言构建形象 (171)
  一 语言如何构成形象 (172)
  二 语言为什么能够构建形象 (187)
本章小结 (198)

第四章 文字与文学中的具象与思想 (200)
第一节 文字的能指与具象的构建 (200)
  一 文字的能指在具象构建中的作用 (200)
  二 文字的所指在能指构建具象的过程中的作用 (206)
第二节 文字转化为具象与这种转化的不完全性 (209)
  一 文字转化为具象 (209)
  二 文字转化为具象的不完全性 (212)

第三节　转化不完全性的原因 ………………………………… (216)
　　　一　从文字的角度看转化不完全性的原因 ………………… (216)
　　　二　从形象的角度看转化不完全性的原因 ………………… (219)
　　第四节　文字词义与形象思想之间的关系 …………………… (223)
　　　一　视觉性形象中词义与思想的关系 ……………………… (223)
　　　二　非视觉性形象中词义与思想的关系 …………………… (225)
　　本章小结 …………………………………………………………… (230)

第五章　图像中的表象与思想 ………………………………………… (232)
　　第一节　图像与表象 …………………………………………… (232)
　　　一　表象与物象 ……………………………………………… (232)
　　　二　异态的表象 ……………………………………………… (235)
　　第二节　图像的思想 …………………………………………… (240)
　　　一　图像表达思想 …………………………………………… (241)
　　　二　图像为什么能够表现思想 ……………………………… (243)
　　第三节　图像表象与思想的相互关系 ………………………… (252)
　　　一　图像表象与思想的相互作用 …………………………… (252)
　　　二　图像的象意关系与接受者 ……………………………… (258)
　　第四节　艺术家主观因素的渗入图像 ………………………… (260)
　　　一　艺术家主观因素渗入图像的几个阶段 ………………… (260)
　　　二　艺术家突出主观因素的手段 …………………………… (262)
　　第五节　图像与文字表达思想的差异 ………………………… (266)
　　　一　图像与文字在表达思想上的区别及其原因 …………… (266)
　　　二　图像与文字在思想表达方面各自的优势与不足 ……… (270)
　　本章小结 …………………………………………………………… (271)

第六章　文字与图像作品中的"言象意"关系 ……………………… (273)
　　第一节　王弼的"言象意"观及其意义和局限 ……………… (273)
　　　一　王弼的"言象意"观及其意义 ………………………… (274)
　　　二　王弼的"言象意"观的局限及其原因 ………………… (276)

第二节 "言象意"三者关系与人类四种表征方式 …………（282）
  一 "表征"内涵探讨 ……………………………………（282）
  二 人类的四种表征方式 …………………………………（284）
  三 四类表征方式与"言象意"研究方法的运用 ………（288）
第三节 审美之"象"与表意之"象" ………………………（294）
  一 审美之"象" …………………………………………（294）
  二 表意之"象" …………………………………………（299）
  三 审美之"象"与表意之"象"的相辅相成 …………（303）
本章小结 …………………………………………………………（306）

附录 ……………………………………………………………（308）
第一节 作为符号的戏剧 …………………………………（308）
  一 戏剧能指的一次性 …………………………………（308）
  二 戏剧符号的多中介问题 ……………………………（311）
  三 戏剧符号与戏剧观众 ………………………………（313）
  四 剧本能指与舞台能指 ………………………………（316）
第二节 媒介与媒体：传媒的两种含义及其区分 …………（318）
  一 媒介与传媒 …………………………………………（318）
  二 媒体与传媒 …………………………………………（321）
第三节 鲍勃·迪伦事件与诺贝尔奖评委会的文学观 ……（324）
  一 鲍勃·迪伦事件对精英文化与大众文化的
     界限的突破 …………………………………………（325）
  二 鲍勃·迪伦事件对文学与非文学的界限的突破 ……（328）
  三 视觉艺术与语言艺术能否分享同一奖项？…………（332）

参考文献 ………………………………………………………（334）

索引 ……………………………………………………………（353）

后记 ……………………………………………………………（366）

Contents

Introduction ·· (1)

Chapter One   Words and Images ····································· (52)
  Section One   Text, Image and Artistic Vision ···················· (52)
    1. The Connotation and Scope of Text and Image ············· (53)
    2. Artistic Vision ··· (55)
  Section Two   The Difference of Poetry and Painting in the Age of
               Images ·· (58)
    1. The Theory of Poetry and Painting are the Same and of Poetry
       and Painting are the Difference ································· (58)
    2. The Main Content of Lessing's Difference Theory of Poetry and
       Painting ·· (60)
    3. Limitations of Lessing's Theory of Difference in Poetry and
       Painting ·· (66)
    4. The Main Boundary between Poetry and Painting in the Time
       of Reading Pictures ·· (68)
  Section Three   The Stratification of Visual Culture and Language
                 Culture ·· (71)
    1. Different Types of Language Culture and Visual Culture from
       the Perspective of Words and Images ·························· (72)
    2. The Internal Stratification of Language Culture from the
       Perspective of Thought and Representation ···················· (76)

3. The Internal Stratification of Visual Culture from the Perspective
of Thought and Representation ……………………………………… (81)
Chapter Summary ………………………………………………………… (87)

Chapter Two　The Relationship between Words and Images ………… (89)
　Section One　The Heterogeneity and Mutual Infiltration of Text and
　　　　　　　　Image ……………………………………………………… (89)
　　1. The Heterogeneity of Text and Image ……………………………… (89)
　　2. The Mutual Permeability of Text and Image …………………… (95)
　　3. The Wane and Wax of Words and Images ……………………… (101)
　Section Two　Actual and Imaginary Reference of Text and Image …… (105)
　　1. Who is The Guide When Text and Image Exist in the Same
　　　　Text? ……………………………………………………………… (106)
　　2. Words Represent the World with Signified and Images Use
　　　　Signifier to Represent the World ………………………………… (109)
　　3. The Actual and Imaginary Reference of Language and Image
　　　　and Their Mutual Transformation ……………………………… (114)
　　4. The Normalcy and Metamorphosis of Actual and Imaginary
　　　　Reference of Text and Image …………………………………… (120)
　Section Three　The Theory of Possible Worlds and Imaginary Worlds
　　　　　　　　　in Literal and Image Art …………………………… (125)
　　1. The Theory of Possible Worlds …………………………………… (126)
　　2. The Possible World and the Real World ………………………… (128)
　　3. Possible Worlds and Fictional Worlds …………………………… (131)
　　4. Authenticity of Fictional Worlds in the Art of Words and
　　　　Images ……………………………………………………………… (134)
　　5. The Difference between the Fictional World of Text Art and
　　　　the Fictional World of Image Art ……………………………… (136)
　Chapter Summary ………………………………………………………… (139)

Chapter Three　The Relationship between Literary Language and Literary Image ……………………………… (141)

Section One　Analysis of the Relationship between Language and Character ………………………………………………… (141)

1. The Material and Psychological Aspects of Speech ………………… (142)
2. Character and Language Belong to the Same System …………… (149)
3. Understand the Difference between Language and Character …… (156)

Section Two　Language Construct Image ……………………………… (171)

1. How Does Language Form Images ………………………………… (172)
2. Why Can Language Construct Image ……………………………… (187)

Chapter Summary ………………………………………………………… (198)

Chapter Four　Concretization and Thoughts in Character and Literature ………………………………………………… (200)

Section One　The Construction of The Signifier of Characters and the Concretization ……………………………………… (200)

1. The Role of Literal Signifier in Concretization Construction …… (200)
2. The Role of the Literal Signified in the Process of the Signifier Constructing the Concretization ……………………… (206)

Section Two　The Transformation of Character into Concretization and the Incompleteness of this Transformation ………… (209)

1. The Transformation of Character into Concretization …………… (209)
2. The Incompleteness of Literal Transformation into Concretization …… (212)

Section Three　The Reasons for the Incompleteness of Transformation …… (216)

1. Look at the Reason of the Incompleteness of Transformation from the Angle of Text ……………………………………… (216)
2. Look at the Reason of the Incompleteness of Transformation from the Perspective of Image …………………………… (219)

Section Four　The Relationship between the Meaning of Words and the Thought of Images ………………………………… (223)

IV   A Study of the Text-Image Relationship in Art

   1. The Relationship between Word Meaning and Thought in
     Visual Image ··· (223)
   2. The Relationship between Word Meaning and Thought in
     Non-visual Images ·· (225)
  Chapter Summary ··· (230)

Chapter Five   Representation and Thought in Images ·············· (232)
  Section One   Image and Representation ·························· (232)
   1. Representations and Appearance of Things ···················· (232)
   2. Abnormal Representation ····································· (235)
  Section Two   The Thought of Image ······························ (240)
   1. Image Expresses Thought ···································· (241)
   2. Why Can Images Express Thought ····························· (243)
  Section Three   The Interrelation between Image Representation
             and Thought ·· (252)
   1. The Interaction between Representation and Thought of Image ······ (252)
   2. The Relationship of Figure and Meaning in the Image and
     the Recipient ·· (258)
  Section Four   The Artist's Subjective Factors Infiltrate Image ············ (260)
   1. The Several Stages of the Artist's Subjective Factors Infiltrate
     Image ·· (260)
   2. The Artist's Means of Highli Ghting Subjective Factors ············ (262)
  Section Five   The Difference between Images and Words in
            Expressing Thought ································ (266)
   1. The Difference of Images and Text in Expressing Ideas and
     Its Reasons ··· (266)
   2. The Advantages and Disadvantages of Image and Words
     Respectively in the Aspect of Thought Expression ················ (270)
  Chapter Summary ··· (271)

Chapter Six　The Relationship of Language, Image and Meaning in Written Works and Image Works ……………… (273)
　Section One　Wang Bi's Concept of Language, Image and Meaning and Its Significance and Limitations …………………… (273)
　　1. Wang Bi's Concept of Language, Image and Meaning and Its Significance …………………………………………………… (274)
　　2. The Limitation of Wang Bi's Concept of Language, Image and Meaning and Its Causes ……………………………………… (276)
　Section Two　The Relationship between Wang Bi's Concept of Language, Image and Meaning and the Four Ways of Human Representation ……………………………… (282)
　　1. Discussion on Representation Connotation …………………… (282)
　　2. Four Ways of Representation of Human Beings …………… (284)
　　3. Four Representation Modes and the Application of the Method of Research Language, Image and Meaning ………………… (288)
　Section Three　Aesthetic Image and Ideographic Image ………… (294)
　　1. Aesthetic Image ………………………………………………… (294)
　　2. Ideographic Image ……………………………………………… (299)
　　3. Aesthetic Image and Ideographic Image Supplement Each Other …… (303)
　Chapter Summary ……………………………………………………… (306)

Appendix …………………………………………………………………… (308)
　Section One　Drama As a Symbol ………………………………… (308)
　　1. The Disposable of Dramatic Signifier ………………………… (308)
　　2. The Problem of Multiple Mediations of Dramatic Symbols ……… (311)
　　3. Dramatic Symbols and Drama Audiences …………………… (313)
　　4. Script Signifier and Stage Signifier …………………………… (316)
　Section Two　Medium and Media: Two Kinds of Meaning of Media and Its Distinction ……………………………… (318)
　　1. Medium and Media …………………………………………… (318)

2. Medium Organization and Media ············· (321)
Section Three The Bob Dylan Incident and the Literature View
             of the The Nobel Committee ················· (324)
  1. The Bob Dylan Incident Broke the Boundary between Elite
     Culture and Mass Culture ·············· (325)
  2. The Bob Dylan Incident Broke the Line between Literature
     and Non-literature ·················· (328)
  3. Can Visual Arts and Language Arts Share the Same Prize? ······ (332)

Reference ························· (334)

Indexes ·························· (353)

Postscript ························· (366)

绪　论

从历时的动态的角度看，人类艺术的发展大致可以分为三个时期，即以图像为主的时期、以文字为主的时期和"文字"与"图像"并立的时期。20世纪后半期之后，由于电子、网络、信息技术的迅猛发展，图像艺术再度兴盛，形成与语言艺术并峙的另一艺术高峰。随着图像进军艺术的中心舞台，文字与图像之间的关系越来越成为学者关注的热点。对此进行研究，不仅有助于我们进一步理解文字与图像之间的关系，解决相关的理论与实践问题，也有利于我们在艺术实践中，正确处理文字与图像之间的关系，促进文字艺术与图像艺术的健康发展。因此，这种研究不仅必要，而且必需。

一　国外相关现状综述

就西方来看，最早的艺术性图像是洞穴壁画，如西班牙的阿尔塔米拉洞窟里的野牛，法国拉斯科洞窟中的野马、野牛和鹿。[①] 这些壁画都出现在两三万年之前。经过漫长的发展，到古希腊、罗马时期，图像扩展到雕塑、建筑和绘画等各个方面。古希腊图像艺术已经达到很高的水平，很多作品如《掷铁饼者》、《米洛的维纳斯》、《拉奥孔》群雕等，到现在仍是不可企及的典范。文艺复兴时期欧洲文学繁荣，但丁、彼特拉克、薄伽丘、莎士比亚等一系列著名作家都取得了重大成就。而这一时期图像艺术也取得了重大进展，达·芬奇、拉斐尔、米开朗基罗、提香等著名艺术家也创作出众多的重要绘画与雕塑作品。

随着图像艺术的发展，相关的理论研究也逐步展开。黑格尔以其博大的理论体系，既探讨了文字艺术（文学），也探讨了图像艺术（绘画、雕塑、

---

① 当然，这些壁画不是"纯艺术"的产物，原始人画下这些壁画，应该有其实用的目的。

建筑），并涉及二者之间的关系。而莱辛更是以整部著作《拉奥孔》探讨了诗与画之间的界限及关系。进入20世纪之后，荷尔德林、海德格尔以其学术的敏锐性，首先宣布世界已经进入图像时代。在这之后，西方对于图像与文字的研究大致从四个方面展开：一是以加拿大批评家麦克卢汉为代表，从媒介的角度切入文字与图像的研究；一是以索绪尔为代表，侧重文字的研究；一是以米歇尔、阿恩海姆、克莱夫·贝尔为代表，侧重图像的研究；一是以马克·维根、杰夫生·亨特为代表，侧重文字与图像之间关系的研究。但西方学者在研究文字与图像关系时，侧重于其外部的关系，如文字与图像的转化、配合、处理等，对于文字与图像之间的相异与互渗、文字与图像的内在生成关系关注不够，对于文字与图像中言、象、意的关系的探讨也还有待加强。

麦克卢汉的研究主要在媒介方面，但是他也从媒介的角度涉及文字与图像的问题。关于媒介，麦克卢汉做了一系列的判断，如媒介即技术，媒介即感知，媒介即文化，媒介即环境，等等。但是他最著名的两个判断则是媒介即讯息，媒介是人的延伸。所谓"媒介即讯息"，意思是说，人类只有在拥有了某种媒介之后，才有可能从事与之相适应的传播和其他社会活动。媒介影响了我们思考和理解的习惯。对于社会来说，真正有意义、有价值的"讯息"不是媒介所传播的内容，而是媒介本身，是媒介的性质、它所开创的各种可能性以及带来的社会变革。每个时代的媒介传递的内容都是由媒介本身的性质所决定的。原始时代，人们靠口耳形式传播信息，产生的是史诗和神话；工业时代，人类通过报纸、书籍等传递图文信息，通过电视、广播等传递音频和视频信息，如果没有这些媒介，也就不会有图文、音频和视频；信息时代，人类通过互联网传递信息，没有互联网这个媒介，就不会有网络直播、VR虚拟、网上网下互动等新的内容。由此可见，当一个媒介出现时，不管它传播的内容是什么，其出现本身就足以产生有价值、有意义、有内容的变革信息，给社会、给相关的媒介组织、给人的生活和思维方式带来极大的影响。

所谓"媒介是人的延伸"，意思是说，任何媒介都不外乎是人的感觉和感官的扩展或延伸：文字和印刷媒介是人的视觉能力的延伸，广播是人的听觉能力的延伸，电视则是人的视觉、听觉和触觉能力的综合延伸。这一思想与马克思在《1844年经济学哲学手稿》中论及金钱的作用时的观点有相似之处。马克思说:"依靠**货币**而对我存在的东西,我能付钱的东西,**即货币能购买**的东西,就是**我**——货币持有者**本身**。货币的力量多大,我的力量就多大。货币的特性就是我——货币持有者的特性和本质力量。因此,我**是**什么和我**能够**做什么,这决不是由我的个性来决定的。我是**丑**的,但是我能给我买到**最美**的女人。可见,我并不**丑**,因为丑的作用,丑的吓人的力量,被货币化为乌有了。……既然我能够凭借货币得到人心所渴望的**一切东西**,那我不是具有人的一切能力了吗?这样,我的货币不是就把我的种种无能变成它们的对立物了吗?"① 马克思从社会的角度论述了货币的力量,认为货币的力量也就是货币持有者的力量。麦克卢汉也是从人本的角度论述媒介的性质的,他认为媒介是人的身体与头脑的延伸。二者之间的确有着某种内在的联系。

对于麦克卢汉媒介即讯息的观点,学界一般持肯定、接受的态度。这一思想的确深刻,给我们带来了新的东西。而对于他的媒介即人的身体的延伸的观点,则有人提出了批评。弗里德里希·基特勒(Fredirch Kittler)认为,媒介技术与人类身体之间应是一种能够相互影响的"双向"关系,但在麦克卢汉的理论构想中,这种"双向"的关系成了一种"单向"的、决定性的关系。"身体"决定"媒介",而媒介则对身体不产生任何影响。基特勒认为,麦克卢汉的这种思维方式与他自身的知识结构和学术训练不无关系。麦克卢汉最初从事的行业是文学批评,他是从文学批评家的角度来思考媒介的,"身体"与"人类"才是他思考媒介与技术的出发点。也正因为如此,对于麦克卢汉的媒介理论而言,与其说是一种"技术决定论",不如说是"人文主义"传统在数字时代的"延伸"。基特勒通过考察发现,媒介技术的历史有一套只属于"自己"的发展逻辑,它不仅独立于个人的身体,也独立于集体的身体,而且它发展的结果会反过来对人类的感知和器官造成压倒性的影响。在基特勒看来,人类的"身体"及其历史性变化不是决定媒介技术变化的动因,而是媒介技术自身发展的一种结果。基特勒举例说,古

---

① [德]马克思:《1844年经济学哲学手稿》,载《马克思恩格斯全集》第42卷,人民出版社1979年版,第152—153页。

希腊哲人苏格拉底和柏拉图等将人类的"灵魂"视为一种空白的、有待书写的"白板"（tabula rasa）。然而"白板说"这一哲学隐喻其实直接源于当时人们所使用的书写媒介，也即古希腊人用来书写的基本工具"蜡板"。换句话说，古希腊人把"灵魂"想象为一种有待书写的"白板"，其基本前提是在实际生活中已经存在一种可以用来记录书写的"板"。如果现实生活中没有这种"板"，古希腊哲人也就不一定能够提出"白板说"。媒介对人产生了影响。

基特勒的观点是有道理的，当然，麦克卢汉的观点也不一定是错的。其实这是一个问题的两个方面。一方面，从某种意义上说，媒介的确是人的身体的延伸，人本身的需求与规定性决定了媒介的产生与发展；另一方面，媒介的产生与发展又必然要对人和人的发展产生影响。只强调任何一个方面都是不对的。

从媒介的角度出发，麦克卢汉也涉及图像与文字及二者的关系。他认为："艺术的功能是向人传授如何感知外部环境。……这个观念赋予艺术一个厚重的角色，它传授感知而不是什么珍贵的内容。"[1]"诗人或创作人员比批评家更加用心利用新技术，以便建立新的感知平台。"[2] 文学和艺术都需要利用新的媒介技术，以更好地感知和反映客观的世界。麦克卢汉指出，在"印刷术出现之前，读者都是靠舌头来传递口头的文学。""活字印刷术的发明（活字印刷是把装配线的方法首次用于一种手工艺），快速的默读随之来临。""印刷术使文人孤栖书房。它培养了雄心勃勃的个体，就像马洛笔下的坦伯林和浮士德一样。"[3] 不同的媒介形式对人的生存与生活产生影响。值得注意的是，麦克卢汉把文字和书籍划入视觉的范畴，认为"由于书籍非常倚重视觉文化，在一个感官深刻介入的世界里，它就成为拉开距离和保持客观性的手段"[4]。口耳相传使人们聚集，而阅读则使人们独处，使人与人

---

[1] ［加］马歇尔·麦克卢汉：《麦克卢汉如是说：理解我》，何道宽译，中国人民大学出版社2006年版，第64页。

[2] ［加］埃里克·麦克卢汉、弗兰克·秦格龙编：《麦克卢汉精粹》，何道宽译，南京大学出版社2000年版，第392页。（埃里克·麦克卢汉是马歇尔·麦克卢汉的儿子。——引者注）

[3] ［加］埃里克·麦克卢汉、弗兰克·秦格龙编：《麦克卢汉精粹》，何道宽译，南京大学出版社2000年版，第450页。

[4] ［加］马歇尔·麦克卢汉：《麦克卢汉如是说：理解我》，何道宽译，中国人民大学出版社2006年版，第179页。

之间不知不觉地拉开了距离。文学的口头表达和书面表达，竟对人的生存方式产生了不同的影响。而艺术在媒介的影响下，也发生了新的变化。"现代绘画不允许单一的观点和冷静的扫描。现代绘画提供了一个对话的机会，这种艺术形式固有的参数使对话成为可能。现代艺术形式正在偏离理性—视觉世界，进入知觉参与的整体的世界。""从艺术家的观点来看，艺术的追求不再是传递理性上有条理的思想感情，而是直接参与经验去体会。无论在报界、广告业还是在高雅艺术中，现代传播的整个趋势是走向过程的参与，而不是对观念的领悟。"① 在新的媒介的参与下，现代艺术正在逐渐走向对话、感知与体验，不再强调以明晰的画面表达清晰的思想。这只要比较一下西方古典绘画与现代绘画便可知道。

　　索绪尔是个典型的语言学家。至少在笔者有限的阅读中，他没有涉及文学和艺术问题。但他的语言理论，却对文学艺术特别是文学产生了划时代的深远影响。这可以从两个方面探讨。其一，索绪尔的语言学理论深刻地影响了 20 世纪西方乃至世界的哲学与社会科学，产生了所谓的"语言学转向"。在这种转向中，俄国形式主义、新批评、结构主义、解构主义等哲学、文学思潮相继兴起，对文学和艺术创作、理论与批评都产生了重大影响。其二，索绪尔语言学的许多重要观点，如共时研究与历时研究、能指与所指、深层结构与表层结构、语言与言语，等等，也对文学和艺术创作、理论与批评产生了重要影响，成为其基本的话语与批评模式。索绪尔关于语言与思想不可分割、语言运作的过程也就是思想形成的过程的思想，改变了将语言看作人类的一种表达工具，有一定的思想等在那里，再由一定的语言进行表达的传统观念，使人们认识到，思想与语言是相辅相成、同时形成、不可分割的。语言事先形塑了思想，有什么样的语言就会有什么样的思想，语言并不受制于思想，而是二者共同受制于人类的活动。这种新的思想对于文学艺术和文艺批评的影响，怎么估计也不会过分。索绪尔关于符号、关于能指与所指的论述，为文艺批评引进了新的话语和批评模式，他的后继者对于能指与所指之间存在结构性空白的创造性发现，导致了解构主义的产生，使人们能否准

---

① ［加］埃里克·麦克卢汉、弗兰克·秦格龙编：《麦克卢汉精粹》，何道宽译，南京大学出版社 2000 年版，第 92、114—115 页。

确地表达自己这一看来不言自明的问题,成为一段时间哲学、社会科学和文艺批评讨论的焦点之一。不过,索绪尔的语言理论更有利于文学批评,他的语言和文字属于两个不同的系统的观点,也还值得商榷。

W. J. T. 米歇尔是美国芝加哥大学的教授,图像理论美国学派的代表作家,在中国最有影响的西方图像理论家之一。他因最早提出"图像转向"的概念而在学界著名。不过,米歇尔的"图像转向"更多的是指图像内部从艺术图像的研究转向非艺术图像的研究,而不是我们理解的从文字转向图像,从文字研究转向图像研究。米歇尔的图像理论实际上是视觉文化理论,他的视觉文化并不包括传统的视觉艺术如美术或绘画。米歇尔主张从大众传媒的角度去研究非艺术的图像,如新闻媒体、广告中的图像,不再把传统艺术概念中作为艺术作品的图像作为自己的研究对象。他以"图像转向"为号召,要求超越绘画和传统的视觉艺术,使图像研究成为后现代以来文化研究的一个重要内容。因此,米歇尔的图像理论和"图像转向"实际是广义的,是当代文化研究的一个组成部分,与我国学界甚至商界的理解有一定的出入,但对研究文字与图像之间的关系却有一定的启示作用。

鲁道夫·阿恩海姆是德裔美国著名艺术理论家,他的视觉艺术理论在20世纪西方文艺理论界产生了重大影响,并一直影响到现在。从亚里斯多德到黑格尔,西方艺术理论走的一直是形而上的思维路线,习惯于用自上而下的逻辑推理的思维方法思考艺术问题。阿恩海姆走的则是形而下的路线,将自下而上的实验方法应用到艺术分析中来。阿恩海姆的视觉艺术理论有两个支点。一是格式塔心理学,一是科学实验。阿恩海姆主要是从视知觉的角度研究艺术,他在视知觉方面的研究与结论往往都有具体的实验数据支撑。格式塔心理学又叫完形心理学,是德语"Gestalt"一词的音译。格式塔心理学强调经验和行为的整体性,认为整体大于部分之和,主张以整体的动力结构观来研究心理现象。格式塔心理学家认为,心理现象是完形的,不能被人为地区分为元素;人所经验到的现象都自成一个完形,完形是一个通体相关的有组织的结构,本身含有意义,不一定受以前经验的影响。格式塔心理学家认为,物理现象和生理现象也有完形的性质。也正因为心理现象、生理现象和物理现象都具有同样的完形性质,所以它们是同型的。无论是人的空间知觉,还是人的时间知觉,都是和大脑皮层内的同样过程相对等的。格式塔心理学试图通过这种同型理论来解决心物关系和心身关系的问题。阿恩海姆是格式塔心理学派的代表人物之一。他认为:"人的诸心理能力在任何时候都是作为一个整体活动着,一切知觉中都包含着思维,一切推理中都包含着直觉,一切观测中都包含着创造。"① 由此可见,有些问题光靠纯粹的概念、判断和推理是无法解决的,这时就需要运用视觉。阿恩海姆认为,视觉对事物的接受并非被动的,它本身就含有理性思维和判断推理的成分。"视觉形象永远不是对于感性材料的机械复制,而是对于现实的一种创造性的把握,它把握到的形象是含有丰富的想象性、创造性和敏锐性的美的形象。"② 视觉活动作为人类观察和理解世界的一种方式,本身就是一种完整的认知活动。这种认知活动与人的智力是密切联系着的,是一种积极而有目的的活动。视知觉并非像摄影那样对现实事物进行机械的复制,它是一种创造性的活动,事物的形状、结构、大小、轻重等要素都会在视觉活动中进行一种有效的编码组合,最后以一种整体的图式呈现在观察者的眼中。从此基点出发,阿恩海姆对艺术的许多问题进行了深入的探讨,得出了许多富有启示性的结论。对于语言,阿恩海姆也提出了自己的看法。他认为语言的确是人类不可或缺的重要交流媒介,然而没有一种描述或者解释能够把人对于对象的经验完全表达和传递出来,语言有它自身的边界。运用到艺术领域中,语言这种局限仍然存在。从这个角度,可以说,文字与图像各有自己的界线,文字能够做到的事,图像不一定能够做到,而图像能够做到的,文字也不一定能够做到。这一观点看起来平易,实际上有着重要的意义。

从时间上看,英国批评家克莱夫·贝尔(Clive Bell, 1881—1964)的著名论断"有意味的形式"在 20 世纪初就提出来了,但其真正在中国学界产生影响,则是在 20 世纪 90 年代之后,并且至今仍有不小影响。贝尔认为:"在各个不同的作品中,线条、色彩以及某种特殊方式组成某种形式或形式

---

① [美]鲁道夫·阿恩海姆:《艺术与视知觉》,滕守尧、朱疆源译,四川人民出版社1998年版,序言第5页。
② [美]鲁道夫·阿恩海姆:《艺术与视知觉》,滕守尧、朱疆源译,四川人民出版社1998年版,序言第5页。

间的关系,激起我们的审美感情。这种线、色的关系和组合,这些审美地感人的形式,我称之为有意味的形式。'有意味的形式',就是一切视觉艺术的共同性质。"① 所谓形式,就是作品的外在表现,所谓意味,就是那些能够唤起观看者审美感情的因素。不过,贝尔对于形式的界定十分严格。在他看来,"有意味的形式"所指的形式只能是那些与现实无关的、纯粹的形式。因此,那些写实的、叙述性的艺术品的形式不在他所说的形式之内。而他所谓的情感也不同于生活中的情感,它不是一种愉悦性的情感,而是一种审美的情感,一种纯形式的情感。当某种事物的外在表象以一种特殊的形式唤起我们的审美情感时,这一形式就是"有意味的形式",而具有这种形式的事物也就是艺术品。贝尔的理论实际上具有严格的形式主义与心理美学的背景。但人们在理解和运用的过程中,往往忽略了这一背景,并且泛化了其特定的内涵,倾向于从普遍性的角度来理解"意味"和"形式",将"有意味的形式"理解为蕴含着思想情感的形式,从而为艺术增加了一条新的理解与分析的途径。这一理论对当代中国艺术甚至文学理论产生了较大影响。

二 21世纪国内图像与视觉文化研究综述

对于文字与文学的研究,在中国可谓古已有之,源远流长;而对于图像的研究,在中国同样源远流长。比如南齐谢赫的《古画品录》、北宋郭熙的《林泉高致》都是画论方面的重要著作;苏轼的"诗画同一说"、石涛的"搜尽奇峰打草稿""笔墨当随时代"等观点,至今仍有很强的理论意义。但由于文学的压倒性优势,漫长的封建社会以及20世纪上半期,图像未能取得与文学相等的地位。因此,现代意义上的图像、图像与文字关系的研究直到20世纪末才在国内深入开展起来。

20世纪与21世纪之交,图像在国内迅速兴起。1990年,电视连续剧《渴望》播出,"悠悠岁月"唱遍大街小巷。一般认为,这标志着商业电视剧在中国的兴起。1994年3月,中国获准加入互联网,并在同年5月完成全部联网工作。与此同时,电子技术飞速发展,到21世纪初,电子技术全面进入中国人的日常生活。2007年,第一代苹果智能手机诞生,2011年,腾

---

① [英]克莱夫·贝尔:《艺术》,周金环等译,中国文联出版公司1984年版,第4页。

讯公司推出微信，2013年智能手机开始在中国普及。这一系列的变化，导致图像在国内迅速发展。随着图像的再次崛起，相关的研究也蓬勃发展起来。21世纪以来国内学界对于"图像"的研究，可以从图像理论、视觉文化、文字与图像关系三个方面进行论述。

（一）图像理论：理论突破与阐释困境

信息技术的发展使得图像在当代社会占有越来越重要的地位。这一现实状况反映在学术界，则是受西方影响的、起步于20世纪末期的图像研究，在进入21世纪之后逐步成为了学界关注的中心问题之一。图像研究有图像理论和视觉文化两个重要的分支。在21世纪前20年已经结束的今天，对21世纪以来的图像理论与视觉文化研究加以梳理和反思，为新的研究提供一个较为扎实的研究基础和出发点，是十分必要与有意义的。

1. 西方图像理论的介绍与本土图像理论的建构

图像理论在西方有着漫长的历史，与图像有关的论述更是可以追溯到古希腊。尹德辉与于静波认为，图像理论在西方不仅起源早，而且在其发展过程中不断融合人类各个学科的知识，并且在哲学、美术史、文化研究等不同层面都得到了论述。[①] 与图像理论在西方较为成熟的发展状况不同，国内图像理论起步较晚，是在西方图像理论影响下，进入21世纪后才逐渐升温的。

（1）西方图像理论的介绍

国内图像理论是在西方图像理论的影响下起步的，对西方图像理论进行介绍，理所当然地成为了21世纪以来国内图像理论研究的重要组成部分。21世纪以来，国内对西方图像理论进行的介绍，呈现出范围广泛、经典图像理论及新兴图像理论并重的特点。可大致划分为哲学层面的图像理论介绍、美术史与文化研究层面的图像理论介绍两个部分。

先看哲学层面的图像理论介绍。在这一层面上，柏拉图、维特根斯坦、胡塞尔、罗兰·巴特等主要西方哲学家对图像的论述均被涉及。除了对图像理论家的图像理论做个案研究外，还有学者另辟蹊径，从哲学史的角度梳理

---

① 参见尹德辉、于静波《图像研究：美术史、视觉文化与当代西方图画理论》，《文艺争鸣》2014年第3期。

不同哲学家的图像理论之间的联系，为开展哲学层面的图像理论研究提供了一个新颖的思路。

谭善明认为在柏拉图的对话中，柏拉图一方面从真和善的角度批判图像的虚假和图像制造者的不良动机，另一方面却又在对话中使用了众多的"文学图像"。并且，在柏拉图与苏格拉底围绕"肉体之眼"与"心灵之眼"的对话中，实际上表达了柏拉图的一个重要观点：图像在引导灵魂走向真理的过程中具有重要的修辞作用。① 谢旭斌和戴端认为，维特根斯坦的语言图像论中的核心观点是图像表现的是一个逻辑的事实世界，事实世界的图像语言具有内在逻辑的、必然的结构表达与形式表达，而非空洞的形式与虚幻的先验形式。因此，维特根斯坦语言图像论对逻辑、思想的重视，能够为当下浅表化、娱乐化的图像现实提供有益的启示。② 对胡塞尔的图像理论研究，多是围绕胡塞尔现象学中的"图像意识"进行的。朱全国认为，胡塞尔通过话语表述方式的区别，区分了语言符号意识与图像意识，他在文中指出胡塞尔的图像话语表述方式分别有象征性图像表述、现实感知基础上的图像表示、类似于现实感知基础上的图像表述三种。③ 肖德生对胡塞尔现象学中的图像意识与感知、想象做了区分。他认为感知的意向性使得胡塞尔告别了在《逻辑研究》中提出的图像论，而在对图像意识与想象的本质进行分析后，他认为想象与图像意识之间的共性是两者构建的都不是事实本身而是关于缺席事实的图像。而两者之间的差别在于图像意识中存在的对图像事物的感知立意、物理图像与图像客体之间的争执关系在想象中都不存在。④ 对罗兰·巴特的图像理论研究，多是从其图像理论与结构主义符号学之间的关联出发的。盛佳认为，罗兰·巴特早期对视觉图像采用结构主义符号学的研究方法，将符号学理论应用于图像的阐释中，提出了"图像分层理论"和"图像之神话"。但在图像研究后期，罗兰·巴特认为图像作为符号能指是开放的，作为所指的含义是无限的。

---

① 参见谭善明《图像与灵魂运动——论柏拉图对话中的"图像"》，《文学评论》2018 年第 2 期。
② 参见谢旭斌、戴端《维特根斯坦的图像论及其当代启示》，《江西社会科学》2017 年第 9 期。
③ 参见朱全国《感知、想象与隐喻：胡塞尔的图像意识分析》，《西南大学学报》（社会科学版）2016 年第 3 期。
④ 参见肖德生《胡塞尔论感知、想象与图像意识》，《江汉论坛》2012 年第 11 期。

因此，他认为罗兰·巴特的图像理论实际上呈现出的是一条从结构主义到后结构主义的清晰路径。① 谭善明同样关注了巴特带有结构主义符号学特色的图像理论，但他的研究侧重关注图像符号的编码系统与意识形态内涵之间的关系。他认为巴特的图像理论揭示了摄影图像中的修辞编码系统实际上是带有意识形态内涵的，但巴特又强调一种超越意识形态的惊奇式的图像体验。因此，在巴特的图像理论中，强调观者的身体体验是超越该悖论的一条有效途径。②

与前述学者对个别哲学家的图像理论进行研究不同，罗绂文从哲学史的角度厘清柏拉图、胡塞尔和英伽登的"图像"在来源、逻辑认识上的差异。他认为柏拉图用神之"光"来遍照"可见世界"和"可知世界"，使世界在我们的视觉和灵魂中形成"像"与"象"（相）共同交织的"图像世界"；胡塞尔用主体意识之"意向性"来构造人之"图像意识"的三重结构；英伽登则在胡塞尔"图像意识"基础上，用进一步抽象化为"表象"的"类似性"，来完善胡塞尔的"图像意识"的"摹像性"，从而确定人在"图像意识"中本质直观的"观像"行为。通过历时地考察不同图像理论间的关联，罗绂文的研究为在哲学层面展开图像理论研究提供了一个新颖的角度。③ 上述所举研究仅是从哲学角度对图像加以论述的较有代表性的一部分。这类介绍虽然多是抽象的哲学概念的辨析与讨论，但是对从形而上的高度对图像本质进行把握提供了有益的启示，并且对国内学界建立本土图像理论提供了方法论支持。

与哲学层面的抽象不同，美术史与文化研究层面的图像理论与图像经验有着更密切的关联，可以直接地用于图像分析。因此新世纪以来，这一部分的图像理论引起了更多学者的关注。涉及的图像理论家有瓦尔堡、潘诺夫斯基、贡布里希、汉斯·贝尔廷、梅洛-庞蒂、W. J. T. 米歇尔等。

---

① 参见盛佳《从结构主义到后结构主义：论罗兰·巴特对视觉图像的符号学分析》，硕士学位论文，西南交通大学，2013年。
② 参见谭善明《图像修辞与意识形态的超越——罗兰·巴特摄影图像理论论析》，《北方论丛》2012年第2期。
③ 参见罗绂文《试论图像意识的发生与内在逻辑关系——以柏拉图、胡塞尔和英伽登的"图像"理论为中心》，《江苏社会科学》2013年第2期。

吴琼对瓦尔堡的图像理论进行研究后指出,"好邻居"原则和细节阅读是瓦尔堡图像研究的基本特征,其中细节阅读实际是一种文化和历史症状阅读,他的目的是在这一阅读中为现代文化的危机找到治愈的方向。[①] 对潘诺夫斯基图像理论的研究,学者们更多的是关注其图像理论与形式主义图像理论之间的关系。张红芸认为,潘诺夫斯基的图像学理论,突破了形式主义美学的纯粹形式分析模式,将图像纳入广阔的文化史与精神史的视野中,采用跨学科的视角对图像进行文化研究,探索图像所蕴含的象征与历史、文化内涵,因此他的图像理论是一种全新的图像理论。[②] 林成文认为,潘诺夫斯基的透视理论,实际上展示了潘诺夫斯基从形式主义向图像学理论过渡的特质。[③] 学者们对图像学的另一代表贡布里希的图像理论进行的研究,更多地着眼于他的图像理论对潘诺夫斯基图像理论的纠正与超越。罗小华认为,贡布里希缩小了图像学的应用范围,有效地规避了图像学研究中的过度阐释问题。[④] 陈静指出,贡布里希对桑德罗·波提切利的画作《春》进行的解读实际上是对潘诺夫斯基图像学方法的质疑:认为图像学的真正工作是在还原艺术家创作情境的前提下,在找到其原意图的基础上,对作品意义进行阐释。[⑤] 侧重关注语言和图像关系的梅洛-庞蒂、W.J.T 米歇尔的图像理论也进入了学者的研究视野。杨向荣与何晓军认为梅洛-庞蒂图像理论的基本内涵存在于他对绘画进行的多维度的阐释中,并且语图对比关系的引入使得梅洛-庞蒂的图像理论向外不断延伸。[⑥] 许莉着重指出了米歇尔图像理论中存在对意识形态的关注。她认为对语图混合关系的强调,构成了米歇尔图像理论与主流图像理论之间最大的区别,对语图混合关系的强调同时也是米歇尔试图超越意识形态束缚的一种尝试。[⑦]

[①] 参见吴琼《"上帝住在细节中"——阿比·瓦尔堡图像学的思想脉络》,《文艺研究》2016 年第 1 期。
[②] 参见张红芸《欧文·潘诺夫斯基艺术图像研究的"人文精神"》,《中国社会科学报》2018 年第 6 版。
[③] 参见林成文《从形式主义到图像学——潘诺夫斯基的透视学理论研究》,《中南大学学报》(社会科学版) 2016 年第 5 期。
[④] 参见罗小华《贡布里希对图像学的修正》,《武汉理工大学学报》(社会科学版) 2017 年第 1 期。
[⑤] 参见陈静《从对〈春〉的解读看贡布里希的图像学思想》,《新美术》2018 年第 3 期。
[⑥] 参见杨向荣、何晓军《梅洛-庞蒂的图像理论建构及其反思》,《传媒观察》2018 年第 5 期。
[⑦] 参见许莉《混合的艺术:图像与语言之间-W.J.T. 米歇尔"图像—语言混合论"研究》,硕士学位论文,西南交通大学,2014 年。

特别值得一提的是，在这些阐释与介绍中，除经典图像理论之外，晚近的图像理论也得到了学界的关注。柳贞娥认为迪迪－于贝尔曼的图像理论是在回归历史化的语境之下出现的；古代残存概念和现代精神分析学说的结合，构成了迪迪－于贝尔曼的图像理论的基础。① 蓝江认为，与传统图像理论把图像视为对过去的固化不同，阿甘本的图像理论强调的是观者对图像所进行的一种辩证的衔接活动，并且阿甘本更进一步要求观者在这一衔接活动中实现诗意的创生。② 学者贺华与郑二利的研究围绕布雷德坎普的图像理论展开。贺华写了三篇文章③，对布雷德坎普图像理论做了基本介绍。贺华认为布雷德坎普的研究吸收了潘诺夫斯基的图像学精神，借鉴了瓦尔堡的文化人类学研究方法，既发扬了德语国家的图像学传统，又赋予图像学研究强烈的新媒体特征。学者郑二利也围绕布雷德坎普的图像理论展开自己的研究。他指出，强调图像有独立的"人格"，反对把图像作为静观的对象或被阐释的符号，主张图像和观者之间存在相互影响，构成了布雷德坎普图像理论最大的特点。④ 对晚近图像理论所进行的研究，在研究热度上可能不敌经典图像理论，但这类研究反映了国内学者对西方图像理论前沿的关注。从另一角度来说，这一研究也为更多学者提供了新的广阔研究空间。

（2）本土图像理论的构建

在阐释与介绍西方图像理论的过程中，国内学界也开始了自己的建构。大概从21世纪第二个十年开始，学者们纷纷从现象学、存在论、视觉主义等形而上的高度对图像的本质进行思考，为国内图像理论的自主研究奠定了基础。

以李金辉、肖伟胜为代表的学者，从现象学的角度对图像的本质进行思

---

① 参见柳贞娥《萤火虫之光——迪迪－于贝尔曼的残存美学》，《新美术》2018年第10期。
② 参见蓝江《在美杜莎与宁芙之间——论阿甘本的图像理论》，《文艺理论研究》2015年第6期。
③ 贺华：《视像时代的图像学——霍斯特·布雷德坎普的图像研究》，硕士学位论文，中央美术学院，2008年；贺华：《布雷德坎普的新图像学——作为图像学的艺术史》，《美术向导》2012年第2期；贺华：《艺术史的图像学——浅析布雷德坎普的德国新图像学》，《美术观察》2016年第3期。
④ 参见郑二利《别一种图像理论：图像的欲望与行为研究》，《廊坊师范学院学报》（社会科学版）2018年第1期；郑二利《理解图像：布雷德坎普图像行为理论解析》，《中北大学学报》（社会科学版）2018年第3期。

考。李金辉认为，一方面，现象学中的直观原则使得现象学从某种意义上来说是对"视觉"的研究；事物在直观中又总是显示为"可见之物"与"视觉图像"。另一方面，视觉总是伴随着一定的"视觉场"或"视域"，进而"视觉图像"就是一定"视域"内的"视觉图像"。因此，借用现象学中"视觉图像"与"视域"的概念，他提出构造一种"视觉图像现象学"理论范式的主张。[①] 肖伟胜发表了多篇文章[②]，用现象学与存在论结合的方式对图像意识的本质进行阐释。他认为图像意识行为有狭义与广义之分，狭义图像意识行为即图像感知行为，广义图像意识包括了本源表象、直观表象、符号表象和图像表象四种样式，这些表象分别对应感性的感知、简捷的感知、空洞的意指、图像感知等意向方式，它们实际上是对象之物或存在者在表象中的被表象方式。他还进一步明确了广义图像意识行为与"现象"之间的区别，他认为广义图像意识行为是一种从此在出发的对"表象"的把握，而"现象"是就存在者的照面方式来把握的。

还有学者从存在论的角度切入图像理论研究。李鸿祥认为认识论的图像论，出发点是观念以及观念形象，无法回答"人何以喜欢观看，喜欢表现人观看活动的图像"的问题，只有从客观性的思维中摆脱出来，从根本上认识到人的视看活动不仅是一种发生于肉眼感官和图像对象之间的活动，还是人的身体的全部感官参与其中的活动，是整个身体存在的全部活动。也只有从人的存在出发，图像研究才能获得永久的动力。[③]

也有学者坚持图像学本位，尝试以此为基础构建图像理论。尚杰在考察了以语言作为媒介的传统哲学排斥图像的根源之后，提出建立"视觉哲学"的概念。[④] 丁勤的《图像学》在考古实物与古代文献的基础上，从历史渊源、偶像的塑造与权力象征、图像的形式与功能意义探究等方面，结合统计

---

① 参见李金辉《视觉图像现象学——以"视域"的发生和构造为基础的理论范式》，《世界哲学》2012 年第 1 期。

② 肖伟胜：《图像意识的四种形态及其认识论阐明》，《西南大学学报》（社会科学版）2011 年第 5 期；肖伟胜：《从观看到观察：图像意识的存在论阐明》，《西南大学学报》（社会科学版）2013 年第 3 期。

③ 参见李鸿祥《图像与存在》，上海书店出版社 2011 年版，导言第 4、7 页。

④ 参见尚杰《差异与图象》，《江海学刊》2010 年第 5 期；尚杰《语言的图象与图象的语言——"语言哲学"转向"视觉哲学"》，《浙江学刊》2010 年第 4 期。

学的方法，探讨了反映在视觉图示之中的艺术观念的变化。①

学者们有意识地从形而上的角度，自主地构建图像理论的尝试，突破了图像理论亦步亦趋的研究状况，展示了构建本土图像理论的一种可能。

2. 本土图像理论的阐释困境

学者们尝试从形而上的角度高度自主地构建图像理论，取得了一定的成果，使得国内的图像理论在一定程度上摆脱了跟随西学的局面。然而，21世纪以来图像理论在实际运用中的情况却并不乐观。西方传入的图像学理论主导了图像研究的局面，而国内学者尝试构建的图像理论，在图像研究实践中则难以施展。

（1）图像理论的实践：图像学主导的图像研究格局

由瓦尔堡学派创立的图像学从20世纪末传入国内以来，一直主导着国内图像研究，成为国内图像解读使用最为频繁的方法。在实践批评中，图像学方法不仅被用于西方图像阐释，还被用于对中国传统绘画作品的解释，随着图像意指范围的不断扩大，图像学方法还进一步渗透到了传统书法艺术、地域志、现代影视作品等研究中。

作为一套从西方传入的图像理论，理所当然地被国内学者用来解读西方图像作品。戚灵岭用图像学的方法，对达·芬奇的画作《本西像》进行分析，认为这幅画作反映了达·芬奇与本西、达·芬奇与其赞助人本博以及精英文化圈内部的关系。②李素军用图像学的方法对尼德兰画家扬·凡·艾克的作品《阿尔诺芬尼夫妇像》进行细读之后发现，画作中存在象征主义和现实主义两种并置的美学手段和表达方式，反映了社会从中世纪向文艺复兴过渡时期，两种不同的审美倾向。③

与此同时，图像学理论还被广泛运用于对中国传统绘画与图像的解读。王小波用图像学的方法对阎立本的《步辇图》进行阐释，认为《步辇图》内含着阎立本对于王公贵族审美趣味的投合、汉藏两族政治与外交上的友好

---

① 参见丁勤《图像学》，辽宁美术出版社2016年版，第30、46页。
② 参见戚灵岭《〈本西像〉的人文读解》，《新美术》2007年第6期。
③ 参见李素军《图像细读：发掘视觉艺术的含义——以〈阿尔诺芬尼夫妇像〉为例》，《文艺研究》2015年第11期。

关系以及对大唐盛世的赞美等含义。① 刘晓杰借用图像学的方法对《雪夜访普图》进行考察后认为其体现了绘画作为政治附庸的宣传教化功能，还从侧面展示了封建等级制度的残暴。② 图像学理论及其方法，不仅仅被用于传统绘画的分析，甚至还被用到中国传统书法艺术的分析③、地域志的研究④等领域中来。并且，随着影像技术的发展，图像学理论还延伸到了中国当代影视作品的阐释领域⑤。

（2）对本土图像理论体系阐释困境的反思

面对移植的图像学理论几乎垄断了国内图像阐释的现状，有学者进行了反思，指出了图像学理论在面对中国本土图像时，可能存在的阐释失灵的状况。邵琦认为："西方的美术始终以'意义'为主导——神教教义、政治含义、社会理义的宣传与揭示是其美术的主体。所谓的'图像学'正是通过对美术作品的图像的分析，呈现其背后的神教、政治、社会象征意义，这是前提。中国美术，则早有'成人伦，助教化'和其后的'新型修养'两个阶段。后者，大抵以'文人画（艺术）'来概称。这就意味着：中国美术的'成人伦，助教化'阶段与西方美术有较高的公约性或可比性，而中国美术的'文人画（艺术）'阶段，则与西方美术几乎没有公约性或可比性。这就决定了源自西方美术的'图像学'，作为一种'跨文化'的方法，如果说可以作为'他山之石'被借用的话，那么，也只能仅限于中国美术早期并且是以'成人伦，助教化'为指归的作品和历史。"⑥ 实际上，许多学者都对用西方传入的图像理论来解读本土图像的有效性提出了质疑。方汀在《中国美术史研究的反思》一文中指出，由于西方美术将形式作为一条重要的实现原则，加上宗教对西方绘画艺术的影响等因素，西方传入的基于图像的风格史研

---

① 参见王小波《用图像学分析阎立本的〈步辇图〉》，《北京印刷学院学报》2016 年第 1 期。
② 参见刘晓杰《〈雪夜访普图〉的图像学解读》，《齐鲁艺苑》2013 年第 4 期。
③ 参见邵仲武、郭琳琳、闫薇、卢肖扬《以"图像学"管窥颜真卿书法艺术的三大境界》，《美与时代》（中）2016 年第 3 期。
④ 参见曾迪来、李女仙《广东古村落平面形态的图像学分析——以沙湾古镇的"三雕一塑"为例》，《美术大观》2015 年第 7 期。
⑤ 参见邢祥虎《动观·看进：基于图像学理论的电影场景母题化解析》，《电影艺术》2018 年第 4 期。
⑥ 邵琦：《适用，是前提》，《美术观察》2016 年第 11 期。

究对传统绘画的解释只能部分有效。① 刘晓杰也指出："图像学是一种产生于西方文化情境中的美术史方法……虽然图像学未必完全适用中国的绘画作品分析，但它比较适合解释中国佛教艺术绘画及现存文本记载的历史人物画。"②

吊诡的是，一方面从西方传入的图像学理论无法完全有效地解释本土图像已被学界所认识，另一方面国内学者试图构建的本土图像理论，多是抽象的、形而上的探讨，无法在实际的图像研究中施展开来。因此，如何把对图像的形而上的分析与当下的现实结合起来，不让理论蹈空沦为虚谈从而能够对本土图像进行有效解释，成为本土图像理论在当下需要思考的问题。

（二）视觉文化：理论的构建与批评实践中心的变化

受到影像技术的发展、文化研究、消费社会的到来等因素的影响，图像研究的另一分支视觉文化研究也于 20 世纪末起步。以"视觉文化"为主题在《中国学术文献网络出版总库》（CNKI）"哲学与人文社会科学"范围内进行"指数"检索，相关文献量变化如图 0－1 所示。

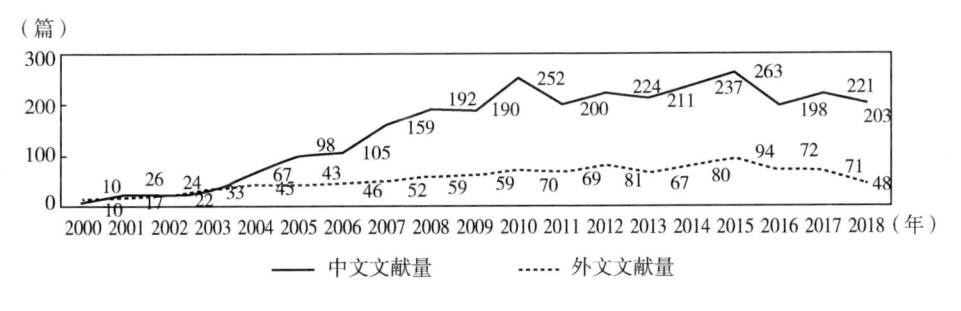

图 0－1 视觉文化研究相关文献量变化情况

通过图 0－1 可以看出，自 2007 年以后，视觉文化研究开始获得了越来越多的关注。视觉文化研究趋势在 21 世纪以来的变化，实际上是由图像在当代社会占有越来越重要的地位所决定的。21 世纪以来，国内视觉文化研究概况可以从视觉文化理论探讨、视觉文化批评实践重心的变化两个方面进行概括。

---

① 参见方汀《中国美术史研究的反思》，《美术观察》2016 年第 11 期。
② 刘晓杰：《〈雪夜访普图〉的图像学解读》，《齐鲁艺苑》2013 年第 4 期。

1. 视觉文化理论的探讨

视觉文化作为一门移植的、独立的跨学科现象，从理论的角度进行研究，明确视觉文化研究的属性、核心概念、研究对象、研究方法等问题，一直都是 21 世纪国内视觉文化研究中十分重要的议题。

在视觉文化研究中，周宪是一位有代表性的学者。早在 21 世纪伊始，周宪就发表了一系列文章，对视觉文化的基本理论问题进行廓清。在《文化研究的新领域——视觉文化》一文中，他就对视觉文化研究进行了介绍。在文章中，他指出视觉文化研究兴起的原因包括了现实世界视觉支配的结构形成、文化研究的拓展、多学科或跨学科学术范式的转换、批判理论传统在当代社会的延续等。他认为视觉文化是现实生活中人对视觉形象做出的理解和解释，这种理解和解释不仅是主体对形象的解释，还涉及个体与群体、现实与传统、人与环境等复杂的互动的关系。值得一提的是，在这篇文章中，周宪就已经注意到了视觉文化研究本土化的问题，提出了视觉文化研究要构建本土化的研究模式[1]。在另两篇文章中，[2] 周宪指出消费理论可以作为一条解释本土视觉文化的有效途径，是对视觉文化进行理解的核心。在《文化的转向：当代传媒与视觉文化 看的方式与视觉意识形态》[3] 一文中，周宪明确了对看的方式以及形式形态的分析是视觉文化研究的任务。在《反思视觉文化》[4] 一文中，周宪对"视觉文化"这一概念进行了思考，他认为视觉文化可以是一个文化领域，它不同于词语的或话语的文化，是视觉性占主因的当代文化。同时，视觉文化也用来标识一个研究领域，是广义的文化研究的一个分支。这一视觉文化的定义，为学术界沿用至今。在《视觉文化的三个问题》[5] 中，周宪指出，对视觉经验的社会建构的分析始终是视觉文化研究的焦点，并且视觉文化的演变也就是看的"范式"的嬗变。

---

[1] 参见周宪《文化研究的新领域——视觉文化》，《天津社会科学》2000 年第 4 期。

[2] 周宪：《视觉文化与消费社会》，《福建论坛》（人文社会科学版）2001 年第 2 期；周宪：《符号政治经济学视野中的"视觉转向"》，《文艺研究》2001 年第 3 期。

[3] 周宪：《文化的转向：当代传媒与视觉文化 看的方式与视觉意识形态》，《福建论坛》（人文社会科学版）2001 年第 3 期。

[4] 周宪：《反思视觉文化》，《江苏社会科学》2001 年第 5 期。

[5] 周宪：《视觉文化的三个问题》，《求是学刊》2005 年第 3 期。

同时，视觉文化研究不仅预示着由单一学科向跨学科的发展，视觉文化研究同样要保持清醒的批判意识。周宪的视觉文化研究，较早地明确了视觉文化研究的属性、视觉性作为视觉文化研究重点以及视觉文化研究的范式与策略等基本理论问题，为视觉文化研究在国内的进一步发展奠定了基础。

如果说周宪关注的是视觉文化基础理论的铺设以及视觉文化研究与中国视觉经验结合的问题，那么曾军的视觉文化研究，则是一方面关注视觉文化基础理论的更新，另一方面侧重对"观看"的研究。在《从"视觉"到"视觉化"：重新理解视觉文化》一文中，他认为"视觉化"已经形成了完整的知识谱系，因此在视觉文化研究中应该用"视觉化"对"视觉性"加以替代。① "观看"构成了曾军视觉文化研究的另一重要部分。他借用阿恩海姆的视知觉理论、布尔迪厄关于"纯粹凝视的学说"以及阿尔都塞关于阅读式症候群的理论，指出，人对视像表征的把握以及视像表征体系的运作，包括了"视知觉的完形"、"纯粹的凝视"和"观看的症候"三个彼此独立而又相互关联的阶段。② 在《视角研究的多重视角》一文里，曾军一方面结合叙事学的"视角"概念与福柯的"话语"理论，指出"视角"的研究内在地包括了意识形态的分析；另一方面，借助现象学的"意向性"，他提出了"视取向"的概念，认为观看中"视角"的研究包括了各种表征符号的意向性、观者的意向性以及两者之间的博弈的问题。③ 在另一篇文章中曾军指出，观看的技术利用并控制"视取向"的各种手段日趋复杂，并发展成为一整套全新的视觉技术。这套全新的视觉技术包括了视线吸引和视线控制、为满足文化消费行为进行的视觉说服、观者对于视线控制与视觉说服的反抗三个部分。④ 曾军还对观看行为中的政治进行了考察。他认为观者与表征的关系一方面表现为一种权力支配关系，另一方面也表现为一种文化认同关系：权力支配关系主要体现为观者观看位置的"主动/被动"，文化认同关系则意味着观者在进行表征观看中的文化身份的"认同/拒斥"；在观看行为中，

---

① 参见曾军《从"视觉"到"视觉化"：重新理解视觉文化》，《社会科学》2009年第8期。
② 参见曾军《观看的诗学问题》，《株洲师范高等专科学校学报》2006年第1期。
③ 参见曾军《视角研究的多重视角》，《社会科学研究》2006年第4期。
④ 参见曾军《视取向：视觉的艺术》，《东方丛刊》2006年第3期。

观者所追求的"自由观看"本身就是一种对情境限制进行抵抗的政治。[①] 曾军认为,分析媒介技术对人类观看方式的影响以及在此过程中建构起的视觉体制,是一条文艺学研究切入视觉文化的更为恰当的路径。而观看的文化分析可从"视框"、"时空"、"视角"、"境遇"和"观者"五个部分展开。[②] 从"观看"的角度对视觉文化进行研究,推动了视觉文化研究向更深的理论层次跃进,并且也为学者进行视觉文化研究提供了另一条有效的途径。

张伟的视觉文化研究更多地继承了文化研究的传统,对视觉文化与消费主义、权利关系的运作等问题的关注,构成了其视觉文化研究的特征。《从"技术驱遣"到"体制建构"——现代视觉传媒艺术的权力运作与叙事策略》[③]《从"视觉机制"到"视觉体制"——现代视觉图式的权力架构与意义延展》[④] 两篇文章是张伟对现代视觉艺术与现代传媒技术,以及其背后的权力运作关系的讨论。两篇文章都指出了科技使得现代视觉艺术与视觉文本处在高度自律的表意形式与更为隐蔽的权力控制的悖论中;现代视觉艺术背后的权力以更加潜隐的独特方式控制着视觉文本的叙事策略与意义,形成了视觉文本的资本化及其增值效应、视觉指涉意义的虚化以及审美旨趣的消解等问题。在《从"非礼勿视"到"视觉狂欢"——图像时代的视觉伦理及其文化表征》《"视觉转向"与身体美学的现代逻辑》两篇文章里[⑤],张伟从现代社会的伦理范式出发,对视觉文化进行考察。在前一篇文章中他指出,图像主导的现代视觉机制与既定的伦理规范渐趋背离,并且消费意识使得这一背离加重,从而形成了视觉形式与意义深度之间的失衡状态。在后一篇文章中,张伟指出,一方面,现代视觉机制深度消解了传统"身心二元"的既定内涵,提升身体审美旨趣的同时孕化了身体的资本效应,催生了"身体消费"的美学实践;另一方面,借助现代视觉传媒的技术支撑,现代视觉机制使权力对身体的规制更

---

① 参见曾军《视觉文化与观看的政治学》,《文艺理论研究》2007 年第 1 期。
② 参见曾军《观看的文化分析》,《文学评论》2008 年第 4 期。
③ 张伟:《从"技术驱遣"到"体制建构"——现代视觉传媒艺术的权力运作与叙事策略》,《现代传播》2016 年第 5 期。
④ 张伟:《从"视觉机制"到"视觉体制"——现代视觉图式的权力架构与意义延展》,《广东社会科学》2017 年第 2 期。
⑤ 张伟:《从"非礼勿视"到"视觉狂欢"——图像时代的视觉伦理及其文化表征》,《兰州学刊》2017 年第 1 期;张伟:《"视觉转向"与身体美学的现代逻辑》,《文艺理论研究》2017 年第 4 期。

趋隐性，它造就了现代社会对身体的过度迷恋与膜拜，并营造了一种普泛的社会"窥视欲"，在促进身体审美多元化的同时又衍生了普遍的身体焦虑。在另三篇文章中①，张伟结合视觉时代文学及文学批评范式的变化，指出当下文学批评实践应导向文学批评视觉化/文学文本视觉阐释，主张建立视觉批评。并将视觉批评和"公共阐释"论这一现代中国阐释学元话语理论相联系，指出将视觉批评纳入公共阐释论体系内将有助于扩宽公共阐释论的指涉阈限。不难发现，学者张伟的视觉文化研究，呈现出与文化研究之间直接的亲缘关系。

近些年来在国内颇为活跃的加拿大华人学者段炼更多关注视觉文化研究的方法论问题。在《绘画图像的符号化问题——视觉文化符号学的读图实践》一文中，段炼提出从视觉文化研究的角度引入符号学进而对图像进行解读，并将之命名为"视觉文化符号学现象"。他指出视觉文化符号学的研究对象依次是视觉符号、作为视觉文化现象的符号、视觉艺术中的图像符号；视觉文化符号学的研究方法以符号学方法为主，同时也借鉴了如图像学、叙事学、传播学、阐释学等相关学科的方法论。② 在另一篇文章中，段炼指出应该将传统艺术史所关注的绘画、雕塑、建筑等艺术形式，以及新兴的摄影、影视等艺术形式都视为符号。他认为，视觉文化与视觉艺术符号学依旧属于视觉文化研究与艺术史研究领域。③ 段炼指出视觉文化的要义在于阐释图像，在于探索图像的编码和解码机制，进而研究图像作为符号的传播机制。④ 当代符号学，不是一个狭隘的概念或理论，而是以跨学科为特征的学术理念，超越了索绪尔的语言和文本的内在局限。在艺术研究中，当代符号学跨越了传播学、叙事学、图像学的界线，以行为和事件将视觉叙事和图像符号贯通起来，这也使得视觉文化研究向艺术史和当代艺术研究的回归成为

---

① 张伟：《视觉批评何以可能——图像时代文学阐释的视觉转向与审美创构》，《河南社会科学》2017年第3期；张伟：《"视觉转向"与文学经典"再经典化"的演化逻辑——兼及建构"视觉批评学"之可能》，《南京社会科学》2017年第4期；张伟：《"公共阐释"论与现代视觉批评的审美逻辑》，《内蒙古社会科学》（汉文版）2018年第6期。
② 参见段炼《绘画图像的符号化问题——视觉文化符号学的读图实践》，《美术研究》2013年第4期。
③ 参见段炼《视觉文化与艺术史研究中的符号学》，《美术观察》2014年第6期。
④ 参见段炼《符号阐释的世界——视觉文化研究与艺术史研究的多维观点》，《美术观察》2014年第9期。

可能。① 将现代符号学与视觉文化研究结合起来的思维路径,为研究者提供了新的切入视觉文化研究的方法。

如果说上述视觉文化的研究者们是各有侧重地从不同角度搭建视觉文化的理论体系,那么在他们之外的更多学者则是以"散兵突击"的形式对视觉文化的基础理论进行讨论,这类研究同样有效推动了国内视觉文化基础理论的发展。李长生在《视觉文化研究四题:视觉化、视觉性、视觉制度与视觉现代性》② 一文中对视觉文化研究的视觉化、视觉性、视觉制度与视觉现代性四个概念进行了讨论。刘晋晋在《视觉文化之名》③《何谓视觉性?——视觉文化核心术语的前世今生》④ 两篇文章中,分别对"视觉文化"与"视觉性"两个视觉文化研究中的核心概念进行了历时梳理。除此之外,《论视觉的二重性》⑤《走出视觉文化研究的理论误区》⑥《国内视觉文化研究的范式及其特征》⑦ 等诸多文章,都是学者从不同角度对视觉文化基础理论进行的研究。与周宪等学者的视觉文化研究相比,"散兵突击"式的研究方式虽然没有构筑起相对完整而连贯的理论体系,但它们一方面使得国内视觉文化研究更为全面,另一方面也弥补了系统化的视觉文化理论未能论及的空白。

2. 批评实践中的视觉文化以及重心的转移

视觉文化的跨学科性和现实指向性,决定了视觉文化与不同学科之间交叉融合与互渗的可能。段炼针对 21 世纪第二个十年的视觉文化研究提出了三大谱系:一是从哲学、美学和文学视角出发进行的视觉文化研究,属于文化研究在视觉文化领域的拓展;二是从艺术研究的视角出发进行的视觉文化研究,是当代艺术研究在视觉文化领域的拓展;三是从影视新媒体及其传播的视角出发进行的视觉文化研究,偏向对于流行文化的观照。⑧ 这三大谱系

---

① 参见段炼《符号涅槃?——视觉文化研究的方法论前沿》,《美术观察》2017 年第 10 期。
② 李长生:《视觉文化研究四题:视觉化、视觉性、视觉制度与视觉现代性》,《文艺评论》2014 年第 5 期。
③ 刘晋晋:《视觉文化之名》,《美术研究》2011 年第 1 期。
④ 刘晋晋:《何谓视觉性?——视觉文化核心术语的前世今生》,《美术观察》2011 年第 11 期。
⑤ 李鸿祥:《论视觉的二重性》,《文艺理论研究》2004 年第 1 期。
⑥ 毛宣国:《走出视觉文化研究的理论误区》,《文化研究》2016 年第 2 期。
⑦ 徐沛:《国内视觉文化研究的范式及其特征》,《内蒙古社会科学》(汉文版)2006 年第 1 期。
⑧ 参见段炼《符号涅槃?——视觉文化研究的方法论前沿》,《美术观察》2017 年第 10 期。

的划分也可以概括21世纪第一个十年视觉文化的发展状况。因此,借用段炼对视觉文化研究的划分,可以将21世纪以来的视觉文化批评实践大致划分为上述三大谱系。需要指出的是,随着现代影像技术等因素的发展,"第三谱系"的视觉文化批评实践在三大谱系中所占比重越来越大。

首先是"第一谱系"内的视觉文化批评实践,也即从哲学、美学和文学视角出发进行的、广义的文化研究上的视觉文化批评实践。在这一谱系的视觉文化批评实践内部,学者们或者直接继承了文化研究的衣钵,考察视觉文化与消费社会、意识形态之间的关系,针对视觉文化的弊端提出相对应的治理方案,如《当代视觉文化背景下的身体境遇》[1]《当代视觉文化的公共性及其治理》[2]等;或者侧重从文学研究的角度出发,全面考察视觉文化给文学带来的变化、冲击,如《剧本化倾向、影像化诉求和电影化技巧——当代小说叙事的新视角》[3]《视觉文化与当代读者审美趣味的转向》[4]等。这类批评实践直接显示了视觉文化研究与文化研究之间的亲缘关系。

其次是"第二谱系"内的视觉文化批评实践,也即从艺术研究的视角出发进行的视觉文化批评实践。从艺术研究视角出发的视觉文化批评实践,不仅涉及了一般认为的与视觉文化直接相关的绘画、摄影等艺术,同时学者们还从视觉文化的角度对书法、建筑等艺术形式进行了考察,"视觉"一词的外延在实践批评中得到了动态的延伸。这一谱系的视觉文化批评实践,学者们集中考察了各门艺术在视觉文化时代发生的变化,如《信息时代的中国油画的文化与审美特征》[5]《探析当代风景油画艺术语言特征——从视觉文化语境下解读》[6]等。这一谱系的视觉文化批评实践,对"视觉"有着更为全面的理解。

最后是"第三谱系"的视觉文化批评实践。一个比较明显的趋势是,21世纪以来在视觉文化批评实践的内部,"第三谱系"所占的比重在加大。以学

---

[1] 袁芃:《当代视觉文化背景下的身体境遇》,《社科纵横》2012年第7期。
[2] 闵学勤、郑丽勇:《当代视觉文化的公共性及其治理》,《文艺理论研究》2015年第2期。
[3] 徐巍:《剧本化倾向、影像化诉求和电影化技巧——当代小说叙事的新视角》,《社会科学》2009年第3期。
[4] 徐巍:《视觉文化与当代读者审美趣味的转向》,《西北大学学报》(哲学社会科学版)2006年第3期。
[5] 陶晶:《信息时代的中国油画的文化与审美特征》,《文艺研究》2010年第5期。
[6] 杨友成:《探析当代风景油画艺术语言特征——从视觉文化语境下解读》,《文艺评论》2013年第9期。

界对于视觉文化关注度明显提升的 2007 年与过去的 2018 年为例，2007 年视觉文化研究中的中文文献量共计 111 篇，其中涉及视觉文化研究的"第三谱系"的文献量为 32 篇左右，约占总数的 1/3。然而，2018 年视觉文化中的相关文献量为 129 篇，其中涉及视觉文化研究"第三谱系"的文献却达到了 65 篇左右，占据了视觉文化研究的半壁江山。①"第三谱系"在视觉文化实践批评中所占比重逐渐变大的现象，实际上是现代影像技术的高速发展、现代图像在人们日常生活中的地位日益突出等现实因素在学术研究中的客观反映。

在这一谱系的视觉文化批评实践中，学者们或者对电影、电视等传统的影像在视觉文化时代的变化或新的特征进行研究，对传统影像在视觉文化时代产生的弊病进行反思，如《图像时代中国电影文化的审美反思》②；或者将新兴的影像形式与视觉文化结合进行考察，如《微电影：网络时代视觉文化传播的新形态》③ 等。对电影、电视等传统影像媒体加以关注，同时兼顾了微电影、3D 电影等新兴的影像，表明了这一谱系内的视觉文化批评实践具有较强的现实指向性。

综上所述，可见，国内的图像理论在经历了对西方图像理论进行介绍的阶段后，学者们开始有意识地构建本土图像理论，但是如何使自主构建的图像理论能够有效地对图像进行解释，仍是本土图像理论亟须解决的问题。作为图像研究另一端的视觉文化，进入 21 世纪之后，一方面学者们在理论层面进行了较为全面的探讨，另一方面，视觉文化批评实践和视觉经验达到了较好的结合，而新媒体影像技术的发展，使得从这一层面出发进行的视觉文化批评实践的比重不断增大。

总体来看，进入 21 世纪以后，国内围绕着"图像"进行的研究经历了一个逐步深入的过程。在译介和使用"西学"的基础之上，学者们还从形而上的角度尝试自主构建图像理论，但也应该注意，这种理论的构筑应该更多地与图像实践相结合，才能避免形而上的、抽象思辨的倾向，对社会现实

---

① 数据来源于知网。在知网"哲学与人文科学"的文献分类下，以"视觉文化"为主题，以"中文文献"和"发表年度"为筛选条件，得出的数据。
② 宋薇：《图像时代中国电影文化的审美反思》，《武汉理工大学学报》（社会科学版）2010 年第 1 期。
③ 王志永：《微电影：网络时代视觉文化传播的新形态》，《中州学刊》2014 年第 5 期。

给予更多的观照。视觉文化从译介西学与相关理论的有限探讨，进入了成体系构建本土视觉文化理论的阶段，并且随着当代社会生活的发展，视觉文化批评实践的重心向"第三谱系"偏移。

三 21世纪国内文字与图像关系研究综述

与图像的研究相关的第三个方面是文字与图像关系研究。

随着电影、电视、网络和电子技术的产生、发展，人类社会再次进入"读图时代"，图像成为与文字并峙的人类交流与表征的两大工具与途径，成为人类最重要的两种交流媒介。进入21世纪之后，随着图像的发展，文字与图像关系①问题也逐渐成为学界研究的热点与重心之一。

（一）文字与图像关系研究的兴起

图像的兴起，对文字形成挑战，图像艺术的发展，对文字艺术产生挤压，传统的文学的地盘逐渐受到影响，图像与文字的关系由此受到人们关注，学界的探讨也越来越多、越来越热烈。

1. "图像转向"与图像研究

电子信息技术的发展使"图像"一词的意指范围不断扩大，既包括了雕塑、绘画等传统意义上的图像，也指涉了照相摄影、电影电视等现代意义上的图像。并且，伴随着媒介的快速更新、现代生活节奏的加快以及消费社会的到来等客观因素，图像以其自身的特性，在现代社会生活中扮演着越来越重要的角色，重塑了社会文化生活格局。

图像优势地位的凸显，早在20世纪的西方就已引发关注。本雅明在《机械复制时代的艺术作品》一书中指出，复制技术的发展，将会消解艺术品的灵魂；② 30年代，海德格尔也做出"世界将被把握为图像"的预言；居伊·德波的《景观社会》更是对现代社会的"景观"进行了全面考察。③ 并

---

① "文字与图像关系"也有学者称为"语图关系""文学与图像关系"，本书采用"文字与图像关系"这一术语。但是在广义上运用，即"文字与图像"也指文字艺术（文学）与图像艺术（如绘画、雕塑、建筑、影视等）。
② 参见［德］瓦尔特·本雅明《机械复制时代的艺术作品》，王才勇译，中国城市出版社2002年版，第10页。
③ 参见［法］居伊·德波《景观社会》，王昭风译，南京大学出版社2006年版，第3页。

且得益于图像研究的悠久历史,以及米歇尔等图像理论研究者的努力,图像的阐释与图像研究从早期美术史研究内部,逐步向外延伸至文化研究领域,形成了较为系统的图像阐释体系。

社会经济和科学技术发展差距等原因,使得图像霸权的相关症候在20世纪与21世纪之交的时候才在国内出现。图像文化时代的正式到来,使得图像本身成为学者的研究对象。如何在当代社会文化语境下对视觉现象进行有效阐释,如何描述图像得以生成的运作机制等问题,催生了国内的图像理论研究和视觉文化研究。图像的崛起使得以文字为主导的文化格局发生改变,这一现象在21世纪以后也在国内出现。国内电影票房的强劲表现,可以被视作图像对当代文化的巨大影响力的具体体现。既有统计数据显示,21世纪以前,票房破亿的影片仅有1998年上映的《泰坦尼克号》一部,电影总票房为3.6亿元;进入21世纪以后,几乎所有年度票房总冠军的票房都上了亿[①]。更值得注意的是,21世纪第二个十年的年度电影票房总冠军的票房均不低于10亿元,近年来更是出现了《战狼2》(56.39亿元)、《红海行动》(36.22亿元)、《美人鱼》(33.9亿元)等"票房奇迹"[②]。

2. "文学终结论"及其论争

随着图像的崛起,图像对文学逐渐形成一种挤压。在这种挤压之下,文字与图像的关系逐渐成为学界关注的热点问题之一。21世纪初期围绕"文学终结论"展开的论争,可以视作文字与图像关系问题重返学界视野的开始。2001年《文学评论》发表了米勒的《全球化时代文学研究还会继续存在吗?》一文,米勒在文中提出的"文学终结论"[③] 引发了学界声势浩大的"图文之争"。在这场讨论中,学者们对于"读图时代"文学与图像关系的认识,大致可以分为强调图像对文学的绝对优势、强调文学特性的保持以及介于前两种观点之间的折中观点。

欧阳友权认为:"在'E媒体'独步天下的时代,图像叙事借助数字技

---

① 2003年除外,当年票房最高的影片为《手机》,最终票房为5300万元。
② 参见2016—2018年内地电影票房总排行榜,http://58921.com/alltime/2016、http://58921.com/alltime/2017、http://58921.com/alltime/2018,2019年6月22日。
③ [美] J. 希利斯·米勒:《全球化时代文学研究还会继续存在吗?》,国荣译,《文学评论》2001年第1期。

术的力量，不断蚕食和争夺文学、历史、政治、教育和日常生活等诸多领域的叙事权，改变着媒介叙事的文本风貌，人与世界的关系被简化成了人与图像的关系，并逐步交由图像化来表征。于是，原有的文字叙事优势荡然无存，传统文化的主打产品——书写的文学一步步从文化主打走向生活边缘，又从生活边缘滑向文化艺术的边缘。"① 周宪认为："'读图时代'的到来标志着图像主因型文化取代传统的语言主因型文化，'读图'的流行隐含着一种新的图像拜物教，也意味着当代文化正在告别'语言学转向'而进入'图像转向'的新阶段。"② 张邦卫则更进一步明言："从根本上说，语言与图像是不相容的。正是这种不相容性与此消彼长，使'语言的式微与图像的狂欢'成为当代必须面对的残酷的文化事实。"③ 对图像在当下文化语境中绝对优势地位的强调，同时也使部分学者转向图像理论与视觉文化研究，图像理论与视觉文化的发展反过来又较有效地解释了"读图时代"国内视觉/图像兴盛的现象。

与前述学者强调图像的绝对优势地位不同，部分学者更为强调的是文学自身特性的继续保持。童庆炳指出，读图时代文学之所以能够继续存在和生存下去，是因为文学是人类情感的表现形式，文学有自己独特的审美场域，而"文学终结论"不过是过分地夸大了电子图像的影响。④ 彭亚非认为文学固有的人文本性与美学本性、内视艺术性与时间本质等内在属性，决定了文学具有永恒的价值。⑤ 盖生的观点则更进一步，他认为，"文学丰富的精神内存及广阔的自由想象空间使图像永远不可替代"，当下文化语境甚至还为重建文学经典提供了可能。⑥

更多学者则更加谨慎地面对读图时代文学与图像的关系。一方面，他们认为电子媒介时代的到来无可避免地给文学带来了影响；另一方面，图像对

---

① 欧阳友权：《数字化语境中的文学嬗变》，《理论与创作》2004年第3期。
② 周宪：《"读图时代"的图文"战争"》，《文学评论》2005年第6期。
③ 张邦卫：《图像增殖：语言的式微与图像的狂欢——数字化时代审美文化的范式转型》，《长沙理工大学学报》（社会科学版）2005年第2期。
④ 参见童庆炳《文学独特审美场域与文学人口——与文学终结论者对话》，《文艺争鸣》2005年第3期。
⑤ 参见彭亚非《图像社会与文学的未来》，《文学评论》2003年第5期。
⑥ 参见盖生《"文学终结论"疑析——兼论经典的文学写作价值的永恒性》，《文艺理论研究》2006年第2期。

文学影响的产生并不意味着文学的消亡。2006年《文艺争鸣》第1期针对"文学终结论"刊发了系列文章，卫岭、肖翠云、高磊分别针对"文学终结论"发表了自己的观点。卫岭认为电子信息技术促进了"图像文学"这一新的文学形式的产生，丰富了文学样式，但是作为新样式的"图像文学"无法取代传统的文学样式；①肖翠云认为新媒体技术提供的图像使得以文字为主导的传统文学变得更加丰富，但是文学内在的审美世界并没有发生改变；②高磊则对"文学终结论"提出的历史、现实语境进行考察，认为该命题的提出与中国文学实际的发展状况并不符合。③吴子林也认为"文学终结论"的核心是如何看待科学技术进步与文学发展之间关系的问题。④此外，易兰的《语言·语言学·文学——透视文学"终结"论》[《重庆理工大学学报》（社会科学版）2014年第1期]、曹芳芳的《由"文学终结论"引发的思考》[《美与时代》（下）2013年第1期]、梁冬华的《文学终结论的反思——以解构经典浪潮、图像艺术对文学的冲击为出发点》[《辽宁师范大学学报》（社会科学版）2010年第2期]、张琳的《从"文学终结论"析文学困境之原因》（《湛江海洋大学学报》2006年第5期）等都表达了类似的观点。朱立元晚近发表的《"文学终结论"的中国之旅》一文，是对21世纪初学界围绕"文学终结论"的论争所进行的较为系统的研究与总结。文章中，朱立元首先梳理了国内学界对米勒的"文学终结论"的态度——经历了从早期的批评、反对，到后来周密的学理分析与同情式的阅读理解的变化。同时，文章也对"文学终结论"进行了本义考辨，认为"文学终结论"的"文学"有广义与狭义之分，狭义的"文学"指的是西欧近代经济社会和思想文化现代转型过程中，多种因素综合作用、动态建构的产物，是在特定的历史条件下形成的。"文学终结论"的真实含义则是全球化电信时代，特定的社会历史条件消失之后，狭义的"文学"逐步走向终结，广义的"文学"，即超越时空的、作为人类一切文化特征的"文学"，却是永恒

---

① 参见卫岭《从文学载体的变化看文学终结论》，《文艺争鸣》2006年第1期。
② 参见肖翠云《文学终结论：修辞制造的幻象》，《文艺争鸣》2006年第1期。
③ 参见高磊《应该终结的"文学终结论"》，《文艺争鸣》2006年第1期。
④ 参见吴子林《"文学终结论"刍议》，《文艺评论》2005年第3期。

的、普世的。在此基础上，朱立元认为21世纪初期学界对"文学终结论"的论争，反映了在图像转向、视觉文化和日常生活审美化、全球化等现实语境中，学界对文学理论的未来发展、转型和学科边界等诸多问题的思考。①

图像的优势地位在21世纪的凸显，使得文字与图像关系格局发生变化，学界围绕着"文学终结论"进行的论争，是学者们对这一文化格局的变化所做出的灵敏反应与即时探讨。这场论争将文字与图像关系这一历史悠久的文艺美学命题带回了学界视野，对这二者关系的重新认识具有极强的现实意义。但诚如赵宪章所言，在这场论争中，学者们更多的依旧是从文化研究的层面，对"读图时代"文字与图像地位的变化，做出一种情绪上的表达，远非文字与图像关系学理上的研究。而只有对文字与图像关系进行学理上的研究，才能从根本上对"读图时代"文字与图像关系的变化做出回答，也才能从根本上解答文字在当下文化语境中所面临的困境。②

（二）文字与图像关系理论的构建

"读图时代"图像给文学带来的影响是客观存在的，因此，只有从文学与图像在当代图像文化语境中孰轻孰重的论争中摆脱出来，深入到文字与图像关系的学理层面的讨论，才能够从根本上辨清二者之间的关系，也才能够对文字与图像关系这一古老的文学理论问题做出根本的回应。21世纪以来关于文字与图像之间关系的理论探讨，也经历了一个逐步深入的过程。

1. 文字与图像关系的初步研究

面对图像的汹汹来势，学者们最初开始思考"读图时代"文学的生存策略以及文学自身产生的变化问题。这类问题的讨论集中出现于21世纪的第一个十年，为文字与图像关系的研究从早期的价值层面判断转向理论框架的构建做了铺垫。

在图像强势入侵的新语境下，对文学的立足点加以确认，成为了亟须学者做出回答的问题，也是学界对于文字与图像关系最早研究的问题之一。金惠敏在《图像的增殖与文学的当前危机》一文中指出，图像时代文学需要

---

① 参见朱立元《"文学终结论"的中国之旅》，《中国文学批评》2016年第1期。
② 参见赵宪章《文学和图像关系研究中的若干问题》，《江海学刊》2010年第1期；赵宪章《文学与图像关系研究：向学理深层挺进》，《中国社会科学报》2012年9月21日第B01版。

回归现实性并且戳穿意识形态的外衣才能应对图像带来的挑战。① 吴昊在梳理中西文学与图像关系发展史的基础上，指出图像时代文学生存的两条途径——文学借助影像发展自身以及发展影视不具备的文学特性。② 黄柏刚认为图像时代文学可以借助现代传媒以及符号体系以生成文学新质，实现文学自身在电子媒介时代新的发展。③ 田春指出语言自身的有形（图）性、图像在传递信息时的优越性，使得文学能借鉴与利用图像的表现方式。④

"文学图像化"作为图像给文学带来的直接影响，在 21 世纪的第一个十年自然也就进入了学者的研究视野，成为文字与图像关系早期研究中又一重要的议题。王纯菲认为"文学图像化"是文学顺应图像化趋势做出的努力，这种努力表现在图像化叙事、网络结构、图像化众生展示以及文学图像的影视转换等方面，构成了图像时代文学的一大特征，但也使得文学的部分特性流失。⑤ 胡平平也认为图像社会中文学的存在方式发生了改变，文学图像化的趋势具体表现在经典文学的图像化阐释、文学写作的图像化倾向上。⑥ 张经武认为"文学图像化"是文学针对图像时代做出的自适性改变，图像化的文学依旧具有其自身的审美价值。⑦ 面对"文学图像化"的现实趋势，有学者持较为激烈的反对态度，黄有发指出："影视趣味对于小说创作的影响，在这个文学市场化的年代里，正日益显现其威力。在某种意义上，影视剧本写作的规范正在摧毁传统的、经典的小说观念。"⑧ 当然，也有学者持与此相反的观点。刘巍在《关于"文学图像化"的几点思考》一文中以更加温和的态度对"文学图像化"现象进行了讨论，认为"文学图像化"既有着漫长的历史实践经验，也不乏对人性的关怀，"文学图像化"将日常生活审

---

① 参见金惠敏《图像的增殖与文学的当前危机》，《中国社会科学》2004 年第 5 期。
② 参见吴昊《图像与文学关系的历史考察——兼谈文学在"图像时代"的生存策略》，《文艺评论》2007 年第 3 期。
③ 参见黄柏刚《图像时代文学的新质融入与发展的可能性探讨》，《茂名学院学报》2005 年第 2 期。
④ 参见田春《图像在文学变革中的应用》，《华南师范大学学报》（社会科学版）2005 年第 4 期。
⑤ 参见王纯菲《新世纪文学的图像化写作与文学的越界》，《文学评论》2008 年第 1 期。
⑥ 参见胡平平《从文学到文学性：图像社会文学存在方式研究》，硕士学位论文，中南大学，2008 年。
⑦ 参见张经武《当下文学的图像化追求》，《东方丛刊》2008 年第 1 期。
⑧ 黄有发：《挂小说的羊头 卖剧本的狗肉——影视时代的小说危机》（上），《文艺争鸣》2004 年第 1 期。

美化，又具有自身的深度。①需要特别指出的是，对"文学图像化"的讨论最早开始于21世纪的第一个十年，但是进入第二个十年后依旧是学者们所关注的问题。

总之，21世纪的第一个十年，对于文字与图像的关系，学界主要围绕着图像时代文学的生存策略以及"文学图像化"的问题加以讨论，为下一阶段文字与图像关系更深层次的理论探讨做了必要准备。

2. 文学与图像关系理论框架的构建

进入21世纪的第二个十年，学者们开始尝试用不同的方法切入文字与图像关系的研究，建立起不同的理论框架，使文字与图像关系的研究向更深的学理层面挺进。

借用语言学、符号学等方法对语言与图像关系进行研究后，赵宪章认为语言和图像之间存在着互文的关系，并且在对"语—图互文"关系进行深入研究后提出了"文学图像论"。围绕着"语—图互文"关系，赵宪章发表了"文学与图像关系新论"系列论文，对语言和图像间的关系进行探讨。在该系列文章中，他以符号学的方法，指出语言符号实指，而图像符号虚指的特性，明确了语象在语图关系研究中的核心地位以及语图之间互访的机制、特点等问题，试图描绘出语图之间互动关系的普遍模式。在《语图互仿的顺势与逆势——文学与图像关系新论》一文中，赵宪章认为语言符号的实指性以及图像符号的虚指性，形成了语言艺术崇实，而图像艺术尚虚的功能性差异，也导致了在语言和图像共享同一文本时，语言对图像的模仿呈现出"逆势而上"、图像对语言的模仿呈现出"顺势而为"的特点；作为强势符号的语言进入作为弱势符号的图像的世界时，二者符号属性的差异，使得语言"驱逐"图像的情形出现。②在《语图符号的实指和虚指——文学与图像关系新论》一文中，赵宪章指出，任意性与相似性分别为语言符号与图像符号的意指生成的机制，决定了语言实指而图像虚指的意指功能。他认为与图像意指生成的相似性（隐喻）机制类似，语象的生成根源于语言借助隐喻的手段从实指性向虚指性滑动，语言也因此形成了超越字面义的语象义，而

---

① 参见刘巍《关于"文学图像化"的几点思考》，《理论学刊》2010年第7期。
② 参见赵宪章《语图互仿的顺势与逆势——文学与图像关系新论》，《中国社会科学》2011年第3期。

文学艺术的世界在语象的基础之上得以构架起来。① 在该系列文章发表后，赵宪章发表了《"文学图像论"之可能与不可能》，这篇文章可以看作对此前"语—图互文"关系研究的一个阶段性总结。该文章正式提出了"文学图像论"，明确了语图关系研究的"球体"文学观、符号学的研究方法、语—图关系的研究范围以及"语象"作为语图关系的重点等问题。② 赵宪章除了对语言和图像之间的互动关系进行论述，还对文学之所以能够成像的根源进行探讨，在《文学成像的起源与可能》与《"文学成像"缘自"语中有象"》两篇文章中，借助梅洛-庞蒂的图像理论与石涛的画论，指明了文学成像的内外动力以及文学成像的基本模式。③ 与此同时，他还在具体的文本中对其"语—图互文"关系进行检视。《诗歌的图像修辞及其符号表征》与《小说插图与图像叙事》两篇文章，是在"文学图像论"的观照下对诗意图以及插图小说中语图关系进行的研究。前文指出诗歌中诗意图的两种模式，明确诗意图的双重属性以及诗歌文本与诗意图之间存在的互文关系④；后文则指出了插图小说中插图的本质、插图的分类、插图的符号表征等问题。⑤ 赵宪章对文字与图像关系的研究围绕着"语—图互文"开展，以符号学、现象学、语言学为研究方法，他的研究既涉及了基础理论的搭建，又包括了语—图关系在具体文本中的分析考察，寻找语—图互动的普遍模式是其"文学图像论"的旨归。

语—图之间的互文关系也因此成为部分学者的共识。段德宁在"语—图互文"的基础上借助修辞学和符号学的相关理论，将"语—图互文"研究向前推进。在《语图互文修辞的理论基础及其策略》与《试论语图修辞研究——兼谈两种语图互文修辞格》两篇文章中，段德宁将"语—图互文关系"明确到"语—图互文修辞关系"的研究中，指出语言修辞与图像修辞

---

① 参见赵宪章《语图符号的实指和虚指——文学与图像关系新论》，《文学评论》2012 年第 2 期。
② 参见赵宪章《"文学图像论"之可能与不可能》，《山东师范大学学报》（人文社会科学版）2012 年第 5 期。
③ 参见赵宪章《文学成像的起源与可能》，《文艺研究》2014 年第 9 期；赵宪章《"文学成像"缘自"语中有象"》，《中国社会科学报》2014 年 10 月 17 日第 B01 版。
④ 参见赵宪章《诗歌的图像修辞及其符号表征》，《中国社会科学》2016 年第 1 期。
⑤ 参见赵宪章《小说插图与图像叙事》，《文艺理论研究》2018 年第 1 期。

在共生转换中存在表意差异等问题。① 在《语图互文修辞的理论基础及其策略》一文中，段德宁认为中国古代所谓的"言象意"、西方逻辑化言说方式对视觉性的强调，都表明了图像修辞在语言修辞中的重要性。而现代图像符号学使得图像超越了语言的牢笼而成为一个占有意义的符号形式，形成了超越语言学的修辞学概念，也就使得从图像修辞的角度对图像修辞策略进行研究成为可能。在对"语—图互文"修辞的理论基础进行梳理之后，段德宁提出了"语—图互文"存在合力性的修辞策略、张力性的修辞策略、悖论性的修辞策略三种策略情态。② 李明彦在"语—图互文"关系的理论中寻找中国传统诗学的因素，认为中国古代文论中的"言象"论、"诗画"论以及"虚实"论可以为"语—图互文"关系提供更多的理论支持。③ 龚举善以语—图之间的互文关系为基点，认为"语—图互文"关系可以有效地弥补当代图像叙事中存在的趣味浅表化、图像话语权力化问题。④ 张玉勤和刘君则挖掘了"语—图互文"关系得以形成的心理机制，认为"联觉同构"是"语—图互文"得以形成的根本动因，并指出了"联觉同构"的三种作用形态分别是意象攫取、感觉移借、统觉效应。⑤

"语—图互文"为学者考察文字和图像之间的关系提供了有效视点，但许多学者选择从不同视点对文字与图像之间的关系进行考察。

与赵宪章的研究更强调"语—图互文"有所区别，赵炎秋则主要研究文字与图像的关系，发表了"艺术视野下文字与图像关系研究"系列论文，对文字与图像的关系进行了多方面研究。该系列论文认为，文字以所指表征世界，图像以能指表征世界；图像使用的媒介具有自然性，文学所使用的媒介是人为的；文字与语言同属一个系统。在《异质与互渗：艺术视野下的文

---

① 参见段德宁《语图互文修辞的理论基础及其策略》，《河南师范大学学报》（哲学社会科学版）2016年第1期；段德宁《试论语图修辞研究——兼谈两种语图互文修辞格》，《内蒙古社会科学》（汉文版）2017年第4期。

② 参见段德宁《语图互文修辞的理论基础及其策略》，《河南师范大学学报》（哲学社会科学版）2016年第1期。

③ 参见李明彦《语图互文理论中的中国诗学因素》，《文艺争鸣》2014年第12期。

④ 参见龚举善《图像叙事的发生逻辑及语图互文诗学的运行机制》，《文艺评论》2017年第1期。

⑤ 参见张玉勤、刘君《论"语—图"互文中的"联觉同构"》，《内蒙古社会科学》（汉文版）2018年第6期。

字与图像关系研究》①一文中，赵炎秋认为，文字与图像看似对立，其实二者既有异质的一面，又有互渗的一面。文字与图像的异质性表现在以下三个方面：二者反映世界的方式是直接、直观的，还是间接、抽象的；人们用感官把握到的二者的形式与其最终在脑海中形成的形式是否一致；二者与思想的关系是间接、分离的，还是直接、同一的。文字与图像的互渗性表现在二者的相互支撑性、相互渗透性和相互转化性三个方面。从艺术史的角度看，文字与图像并不是平衡与平行发展的，而是此消彼长的。这种此消彼长，其内因在于各自的长处与不足，外因则是人类的艺术生产与消费方式，以及与这种方式相联系的科技的发展水平。《实指与虚指：艺术视野下的文字与图像关系再探》②一文认为，从表达思想的角度看，文字是实指的，图像是虚指的；从表征世界的表象的角度看，图像是实指的，文字是虚指的。当二者同处一个文本的时候，谁居主导地位纯粹是一个观察角度的问题，而不是一个优劣问题。《文字和文学中的具象与思想——艺术视野下的文字与图像关系研究》③一文提出，在构建形象的过程中，文字的能指与所指必须一起转化为具象。但这种转化存在不完全性。之所以存在这种转化的不完全性，从文字的角度看，有三个原因：其一，文字是一个独立运作的有意义的符号系统，承载着一个民族的历史与文化，不大容易在表象中消除自身的独立性；其二，文字与思想有着天然的联系，文字在转化为具象的时候，具象所意指的思想与文字所表达的思想（所指）有时会出现重合或者近似的现象，这个时候，文字就直接或间接地参与了形象的思想的建构，从而出现转化的不完全性；其三，文学作品中往往存在一定的提示性、交代性文字，提示或暗示着形象的内涵与思想。

还有学者借用叙事学与媒介学方法对文字与图像的关系进行研究。毛凌莹在《互文与创造：从文字叙事到图像叙事》一文中，开始借用叙事学与媒介学方法对文字与图像关系进行研究，指出由于媒介的本体特征不同，文

---

① 赵炎秋：《异质与互渗：艺术视野下的文字与图像关系研究》，《文艺研究》2012年第1期。
② 赵炎秋：《实指与虚指：艺术视野下的文字与图像关系再探》，《文学评论》2012年第6期。
③ 赵炎秋：《文字和文学中的具象与思想——艺术视野下的文字与图像关系研究》，《文学评论》2018年第3期。

字叙事和图像叙事在互通之中存在差异，从文字叙事到图像叙事的转换是一种具有互文性的对话。① 龙迪勇则继续沿着叙述学和媒介学方法相结合这一途径，对文字与图像之间的关系进行考察，语词与图像两种不同的叙事媒介在叙事中的相互关系是其研究的核心。对此，龙迪勇发表多篇文章，这些文章围绕语词作为时间性叙事媒介与图像作为空间性叙事媒介的界定，以及两种媒介之间存在的相互跨越的现象进行讨论。在《图像与文字的符号特性及其在叙事活动中的相互模仿》一文中，龙迪勇指出图像与词语作为两种不同类型的叙事媒介有着不同的符号特性，并从符号特性的角度梳理出叙述中文字叙事和图像叙事间相互模仿的关系形态。② 在对图像和文字两种叙事媒介进行界定与划分的基础上，龙迪勇又将研究重点转向两种叙事媒介在叙事中相互跨越的现象的研究，提出了"跨媒介叙事"的概念。他在《空间叙事本质上是一种跨媒介叙事》③《模仿律与跨媒介叙事——试论图像叙事对语词叙事的模仿》④《从图像到文学——西方古代的"艺格敷词"及其跨媒介叙事》⑤ 几篇文章中集中讨论了图像叙事和语词叙事之间存在的跨媒介叙事现象，指出此种跨媒介叙事实际是一种有着漫长历史渊源的美学追求。在《空间叙事本质上是一种跨媒介叙事》一文中，龙迪勇借用莱辛、玛丽-劳尔·瑞安对媒介进行划分的学说，指出词语与图像分别是时间性的叙事媒介以及空间性的叙事媒介，认为跨媒介叙事的本质是"跨越、超出自身作品及其构成媒介的本性或弱项，去创造出本非自身所长而是他种文艺作品特质的叙事形式"。龙迪勇在总结自身此前空间叙事研究历史的基础上，认为空间叙事的本质就是一种跨媒介叙事。并指出空间叙事研究中的两个问题域，一是由时间性叙事媒介所建构的叙事文本所关涉的"内容"层面的"空间叙事"，以及结构层面的"空间形式"问题；二是由空间性叙事媒介所建构的

---

① 参见毛凌莹《互文与创造：从文字叙事到图像叙事》，《江西社会科学》2007年第4期。
② 参见龙迪勇《图像与文字的符号特性及其在叙事活动中的相互模仿》，《江西社会科学》2010年第11期。
③ 龙迪勇：《空间叙事本质上是一种跨媒介叙事》，《河北学刊》2016年第6期。
④ 龙迪勇：《模仿律与跨媒介叙事——试论图像叙事对语词叙事的模仿》，《学术论坛》2017年第2期。
⑤ 龙迪勇：《从图像到文学——西方古代的"艺格敷词"及其跨媒介叙事》，《社会科学研究》2019年第2期。

叙事图像或叙事空间，在表征故事、延续时间、建构秩序时所产生的种种问题。在《模仿律与跨媒介叙事——试论图像叙事对语词叙事的模仿》一文中，龙迪勇延续了此前研究中对词语作为时间性叙事媒介、图像作为空间性叙事媒介，以及不同叙事媒介之间存在互相跨越现象的判定，同时借用法国社会学家塔尔德的"超逻辑模仿律"中的"从内心到外表""从高位到低位"两条模仿规律，指出词语因其符号属性更容易成为其他媒介模仿的范本；塔尔德的"模仿律"也从根本上解释了图像作为一种空间性叙事媒介追求时间性叙事效果的原因。学者们从叙述学和媒介学结合的角度，对图像和文字/语言间的关系进行讨论，为文字与图像关系研究提供了一个新颖的视角，也使得人们对文字与图像之间关系的认识朝着更全面的方向发展。

对文字与图像关系进行历史的梳理，是文字与图像关系研究的又一有效途径。高建平早在《文学与图像的对立与共生》一文中就对中西历史上"图"与"词"关系的观念进行了历史梳理，提出人的社会生活实践是处于共生关系的文学与图像背后的动力源的观点。[1] 杨向荣则将文字与图像关系的研究具体到"诗画"关系的研究中来。在中国传统文艺美学史和西方文艺美学史中，寻找文字和图像关系的学理渊源并据此进一步探讨文字与图像之间的内在张力，构成了其研究的最大特色。在《从中国古代的诗画理论看图文内在张力》和《诗画一律及其图文张力解读》二文中，从中国古代文艺美学中的"诗画同源""诗画一律"命题出发，杨向荣指出图像与文字之间存在的相互言说、相互矛盾的"张力"关系。[2]《"诗画"视域中的图文关系探究》和《反视觉观与视觉中心主义——古希腊模仿论的视觉张力解读》二文则侧重于梳理西方文艺美学理论中"诗画"的相关论述，并指出这些论述对后世图文关系研究可能带来的影响、启示。[3] 在《"诗画"视域中的图文关系探究》一文中，杨向荣一方面从西方文艺美学史的角度，历史地追溯了柏拉图的反视觉主义、达·芬奇对柏拉图的反叛及其对诗画关系的思

---

[1] 参见高建平《文学与图像的对立与共生》，《文学评论》2005年第6期。
[2] 参见杨向荣、巩辉《从中国古代的诗画理论看图文内在张力》，《包装学报》2014年第3期；杨向荣、叶荷健《诗画一律及其图文张力解读》，《沈阳工程学院学报》（社会科学版）2016年第3期。
[3] 参见杨向荣《"诗画"视域中的图文关系探究》，《求索》2014年第10期；杨向荣《反视觉观与视觉中心主义——古希腊模仿论的视觉张力解读》，《复旦外国语言文学丛论》2016年第2期。

考、德国启蒙时期诗画关系间的争论；另一方面从中国文艺美学史的角度，在中国古代文人画以及苏轼的诗画主张中，分别对"诗画同源"以及"诗画一律"进行了论述。在此基础上，他认为诗画关系的核心是诗画之间的共性与差异，而共性与差异又构成了诗画之间的张力，进而指出文字与图像间的关系问题实际上也是对文字与图像间张力的理解。① 从历史的角度对文字与图像关系的学理渊源进行梳理，使得文字与图像关系研究的逻辑起点和言说立场更明确。

除了上述学者之外，还有许多学者也参与到文字与图像关系基础理论的构建中来。实际上，早在"文学图像论"正式提出之前，包兆会就基于对"图文体"和文学名著改编的影视作品两种艺术形式的考察指出，图像叙事与文字叙事之间相互借鉴，图像与文字之间存在相互"缝合"、对立统一的关系。② 其观点为"语—图互文"关系的提出奠定了初步基础。陆涛指出了语象的存在是语言得以图像化的基础，在语象被遮蔽的情况下，描述与比喻修辞的使用则使得语象凸显出来。③ 其观点明确了在文字与图像关系研究中语象的重要作用

在 21 世纪第二个十年，学者们运用符号学、语言学、叙事学等方法对文字和图像关系进行研究，构建起不同的理论框架，突破了 21 世纪初学界更多地从文化研究层面对文字与图像关系做情绪上的表态的局面，也为从根本上回答文字与图像关系这一古老的文艺美学问题提供了不同的角度。更进一步而言，在学者们从不同角度构建文字与图像关系理论的过程中，除了借鉴"西学"的各种方法之外，本土的理论资源在文字与图像关系理论的构建中也起到了不可忽视的作用。借用石涛的画论和梅洛－庞蒂的图像理论，赵宪章阐释了文学成像的动力和模式；在中国文艺美学史与西方文艺美学史的对照下，杨向荣将文字与图像的关系研究落实到"诗画"之间的张力研究中来。简言之，文字与图像关系研究在向着学理层面挺进的同时，呈现出

---

① 参见杨向荣《"诗画"视域中的图文关系探究》，《求索》2014 年第 10 期。
② 参见包兆会《"图文"体中图像的叙述与功用——以传统文学和摄影文学中的图像为例》，《文艺理论研究》2006 年第 4 期；包兆会《当代视觉文化背景下的"语—图"关系》，《江西社会科学》2007 年第 9 期。
③ 参见陆涛《从语象到图像——论文学图像化的审美逻辑》，《江西社会科学》2013 年第 2 期。

了本土化倾向。

(三) 文字与图像关系的实践批评

在建立文字与图像关系的基本理论之外，更多的学者选择运用相关理论对具体的文本和作品进行阐释，在个案研究中对二者关系进行分析，使抽象的理论知识更加有血有肉。以"文字与图像关系"为主题在《中国学术文献网络出版总库》（CNKI）"哲学与人文科学"范围内进行"指数"初级检索，共有文献 34 篇。分别以与"文字与图像关系"切近的"文学与图像关系"和"语图关系"为主题在 CNKI"哲学与人文科学"范围内进行"指数"初级检索，文献量分别是 72 篇和 82 篇。涉及文字与图像关系实践批评的研究文献，其研究范围大致可以划分为文学范围内的文字与图像关系实践批评、绘画书法等艺术领域里的文字与图像关系实践批评、影像技术等新媒体领域内的文字与图像关系实践批评三大部分。

文字与图像关系研究与文学作品、文学现象相结合使得这一研究结出了累累硕果，研究涉及的作品、现象横贯古今中外，不仅包括了对个别文本、文学现象文字与图像的考察，还包括了对较长历史范围内文字与图像关系的考察。刘须明在《论拜厄特小说的语图叙事及其文学价值》一文中探讨了拜厄特小说文本具有视觉性的根源，认为对于语图叙事的使用增强了小说的可读性与可视性，顺应了当代读者审美接受方式的变化。[①] 陆涛在《莫言小说研究中的语图符号学方法》一文中指出，可以采用语图符号学的方法对莫言小说中的意象以及据莫言小说改编的影视作品进行研究，指出了研究所具有的理论价值和现实意义。[②] 赵敬鹏在《论〈水浒传〉"朴刀"的失传——基于文学与图像关系视角》一文中，从文学与图像关系这一新的视角出发，通过比勘朴刀的语象与其在《水浒传》图像中的显现，认为朴刀在明代就已经失传。[③] 除了对个别文学文本与文学现象的文字与图像关系进行考察，还有学者着眼于较长历史时间段内文字与图像的关系。龙迪勇和杨莉在

[①] 参见刘须明《论拜厄特小说的语图叙事及其文学价值》，《当代外国文学》2018 年第 2 期。

[②] 参见陆涛《莫言小说研究中的语图符号学方法》，《东方论坛》2017 年第 1 期。

[③] 参见赵敬鹏《论〈水浒传〉"朴刀"的失传——基于文学与图像关系视角》，《中国文学研究》2014 年第 3 期。

《"总体艺术"与西方浪漫主义文学的图文一体现象》一文中，考察了图文一体的现象和浪漫主义哲学之间的关系，认为该时期作品体现出的图文一体的特征，实际上是对于机械主义观念的反抗。① 许结在文字与图像关系视野下对古代文学中"赋"这一文学体裁进行了重新考察，并发表了多篇文章。这些文章讨论了赋体和图像产生关联的文学原理、题画赋的历史演变与主要类型、王会赋与王会图的历史联结与共性、汉赋与绘画之间的联系等问题。② 在文字与图像关系视野内对"赋"进行考察，实际上也为古代文学研究指出了一条新的研究路径。王怀平在《魏晋南北朝文学与图像艺术的"语—图"会通》一文中，从文化语境、显现形态、会通逻辑、历史影响等几个方面对魏晋南北朝时期"语—图"会通的现象进行把握，指出这一现象出现的历史必然、历史征象与历史影响。③ 无论是在单一文本、文学现象内进行的文字与图像关系实践批评，还是在一个较长历史时期内对文字与图像关系进行的具体考察，实际上都反映了文学领域文字与图像研究的广阔空间。

特别值得注意的是，在文学领域对文字与图像关系进行研究的同时，学者们也对丰富的本土文本资源与理论资源进行了开掘。邱丹和吴玉杰从"语—图互文"理论出发，指出先锋派文学作品封面图像不仅仅是一种视觉语言，还参与了文本的意义构建。④ 王洪岳和杨春蕾认为2003年工人出版社出版的《丰乳肥臀》中的插图，以自己特有的图像叙事方式与小说叙事构成了充满张力的互文和对话关系。⑤ 对本土文本资源的开掘，还包括了对为数众多的古代文学文本中文字与图像关系的研究。王志阳从《周易》的卦象与卦辞关系入手分析中国文学与文化中的文字与图像关系，认为一方面文辞

---

① 参见龙迪勇、杨莉《"总体艺术"与西方浪漫主义文学的图文一体现象》，《文艺争鸣》2018年第11期。

② 参见许结《赋体与图像关联的文学原理》，《天中学刊》2019年第2期；许结《论题画赋的呈像与体义》，《江海学刊》2019年第2期；许结《王会赋·图：帝国形态的历史影像》，《社会科学研究》2018年第6期；许结《汉赋"蔚似雕画"说》，《济南大学学报》(社会科学版) 2018年第4期。

③ 参见王怀平《魏晋南北朝文学与图像艺术的"语—图"会通》，博士学位论文，南京大学，2013年。

④ 参见邱丹、吴玉杰《先锋派文学作品封面图像的"语图互文"现象》，《辽宁大学学报》(哲学社会科学版) 2018年第4期。

⑤ 参见王洪岳、杨春蕾《论插图本〈丰乳肥臀〉"语—图"互文及审美特征》，《文艺理论研究》2016年第2期。

是文学的工具和载体,另一方面图像决定了文辞的创作以及文辞意义的再生。[1] 孟晨和张玉勤以视觉隐喻为理论切入点,以明刊《红拂记》为文本,讨论"语言"与"图像"在戏曲文本中的互动效果、相互作用规律。[2] 涉及文字与图像关系的本土理论资源,在具体的实践批评中也引起了学者的关注。韩清玉在《文学图像学视域下的宗白华诗画关系论》一文中指出,宗白华诗画关系论中,存在对诗与画之间的互文特性与共性升华的认识,并指出艺术空间的时间化是宗白华诗画关系论的枢纽。[3] 赵敬鹏在《论明代"文学与图像关系"理论的问题域及其意义——以"诗画关系"为中心》一文中指出,明代诗歌对绘画的影响主要体现在前者为后者提供了"命题"与文人性,但"诗画一律"与"诗画异质"两种对立的思想在这一时期同时存在,这也意味着中国"诗画"关系在明代已经走向成熟。[4] 在《禅宗美学视野下的文字与图像关系研究——当代图像的异化及其与禅宗公案的异趣同构》一文中,邓绍秋从诗意接受和中国古代"境生"创造的角度出发,指出当代图像与中国古代禅宗公案之间存在异质同构的关系,进而他认为,禅宗公案的禅趣与诗意可以作为现代人超越视觉异化倾向的一条有效途径。[5] 在文字与图像关系的实践批评中,对本土文本与理论资源的开掘,一方面显示了文字与图像关系研究可以为传统文学研究带来新的研究视角;另一方面,也反映了文字与图像关系在实践批评中的本土化倾向。

还有研究者侧重于从绘画、书法、摄影等其他艺术领域出发,开展文字与图像关系的批评实践活动。徐博超以"语象"为切入点,着重对徐渭花鸟画中的题画诗进行了考察,认为徐渭的题画诗突出了"画法入诗"与"草书入画"的特点,诗画语象实际上也直接地展露了徐渭本人的内心情

---

[1] 参见王志阳《中国文化中的文学与图像关系新论——以〈周易〉〈诗经〉为例》,《兰州学刊》2013年第10期。

[2] 参见孟晨、张玉勤《视觉隐喻视阈下明刊〈红拂记〉的语图关系》,《四川戏剧》2018年第3期。

[3] 参见韩清玉《文学图像学视域下的宗白华诗画关系论》,《内蒙古社会科学》(汉文版)2018年第6期。

[4] 参见赵敬鹏《论明代"文学与图像关系"理论的问题域及其意义——以"诗画关系"为中心》,《文学研究》2018年第1期。

[5] 参见邓绍秋《禅宗美学视野下的文字与图像关系研究——当代图像的异化及其与禅宗公案的异趣同构》,《四川师范大学学报》(社会科学版)2013年第4期。

绪。① 在《马格利特绘画艺术中的图文关系研究》一文中，张磊对20世纪超现实主义画家马格利特的"词语—形象"系列绘画作品进行了分析，认为该系列画作中文字与图像间存在着图文一致、图文互释、图文悖论与图文异义四种关系，并结合画家本人的《词语与形象》一书，对该系列绘画作品中文字与图像的共性与差异进行了分析。② 李彦锋对中国绘画史中的文字与图像间关系进行了历时梳理，认为在中国绘画史中语言和图像之间存在着以原始岩画为代表的"语图一体"、先秦至隋唐时期的"语图分体"、宋元及其之后的"语图合体"三种关系形态。③ 杨光影以文字与图像关系理论为基础，对南宋宫廷艺术中的诗画关系进行研究，他认为由于受到宫廷政治文化语境的影响，南宋宫廷艺术主要包含宫廷对于政治寓意的传达、宫廷对于文人诗意的雅赏、宫廷对于民间风俗的观看三方面内容。与此相对应，艺术品中也就存在着"诗画互释，表达政意""取象于诗，画改诗意""画呈民情，诗观得失"三种文字与图像关系的形态。④ 从绘画、书法等艺术领域对文字与图像关系进行的实践批评，丰富了文字与图像关系研究的视野，在文学之外，为文字与图像关系理论构建提供了新颖的视角与材料。

由于信息技术的发展，文字与图像关系的研究也被运用到影像技术等新媒体领域内。根据文学作品改编的影视作品中文字与图像关系、新媒体文本中文字与图像关系是这一领域内的两大研究重点。对原作与改编作品之间图文关系的研究，涉及了《白鹿原》《小时代》《陆犯焉识》《失恋33天》等大众耳熟能详的影视作品，这些文章大多就语言文本转化为图像文本的可能性与原则等基本问题进行了探讨。叶禹彤与张玉勤以"互文性"为基础，对影视作品中文字与图像间的转换机制、原则问题进行了探讨。在《〈小时代〉影视改编的多重互文分析》一文中，他们认为电影《小时代》一方面还原了小说《小时代》中的梦幻场景，延续了文学文本中的华丽语言；另一方面也存在"跨

---

① 参见徐博超《论徐渭题画诗的"以画法入诗"》，硕士学位论文，中国石油大学（华东），2006年。
② 参见张磊《马格利特绘画艺术中的图文关系研究》，硕士学位论文，湘潭大学，2016年。
③ 参见李彦锋《中国绘画史中的语图关系研究》，博士学位论文，上海大学，2010年。
④ 参见杨光影《南宋宫廷艺术中的文学与图像关系研究——以诗画关系为探讨中心》，博士学位论文，东南大学，2017年。

文本性"完成度不足，导致剧情出现过于跳跃、连贯性不足的问题。① 在《从〈失恋33天〉看电影改编中的语图关系》一文中，他们认为文字与图像之间符号特性的差异，使得在从文学文本转换为图像文本的过程中，文字与图像间出现了增加与完备、精简与连贯、还原与凸显三种形态。② 在《〈归来〉与〈陆犯焉识〉叙事比较：艺术视野下的文字与图像关系研究之三》③ 一文中，赵炎秋认为电影艺术中存在着图像与文字两种叙事媒介，图像主导电影叙事，但图像叙事固有的不足导致了文字叙事在电影中同样不可缺少，妥善处理图像与文字的关系是电影成功的关键。《归来》以图像为主导、文字配合叙事的叙事格局，一方面使得影片极具视觉冲击性，另一方面也决定了电影不得不对小说原著进行大规模改编，而从图像叙事特性的角度来说，影片的这种改编实际上是成功的。与此同时，赵炎秋指出与文字叙事相比图像叙事存在缺乏概括性、潜在逻辑性不足的固有缺陷。但在影片《归来》中，张艺谋并没有通过增加图像叙事密度、借用文字进行交代等手段对图像叙事的缺点进行处理，因此导致了影片出现叙事容量与复杂性不够、逻辑不够严密等问题。

如果说，将文字与图像关系研究带入大众耳熟能详的电影中去，体现了文字与图像关系研究的现实关怀与即时性，那么在新媒体文本中进行文字与图像关系的批评实践，则反映了文字与图像关系研究内在的前沿属性以及既有理论的可塑空间。针对新媒体文本中的文字与图像关系，鲍远福发表了多篇研究文章。在《新媒体文本表意论：从"语图关系"到"语图间性"》一文中，鲍远福认为随着科学技术和现代传媒的发展，传统文学表意实践中的语言和图像关系，无法有效解释新媒体出现以后"语图文本"中的语言和图像关系。他引入"间性"这一概念所特指的一种对话的、多元的关系，对新媒体文本中语言和图像的关系进行概括。他认为，在新媒体语义场中超越传统文本表意实践中语言和图像简单的二元关系，构建新媒体文艺中多元文本互动的"语图间性"理论模型是一种必然。因此，他进一步描述了从

---

① 参见叶禹彤、张玉勤《〈小时代〉影视改编的多重互文分析》，《电影文学》2014年第2期。
② 参见叶禹彤、张玉勤《从〈失恋33天〉看电影改编中的语图关系》，《电影文学》2017年第7期。
③ 赵炎秋：《〈归来〉与〈陆犯焉识〉叙事比较：艺术视野下的文字与图像关系研究之三》，《中国文化研究》2014年第3期。

"语图关系"到"语图间性"审美转化的六种理论模型,即"望文生图""读图思文""图文悖谬""图文互见""文嵌图内""图溢文外"。① 在《叙事图像与图像叙事——网络游戏中的语—图符号之关系研究》一文中,鲍远福对网络游戏中的语—图关系进行考察,认为在网络游戏中存在着"语图'共享'文本的'互文性'表意""语言'嵌入'文本的'参与性'表意""图像'溢出'文本的'指涉性'表意"三种语—图关系形态。② 在《语图关系研究视域中的"微叙事"》一文中,鲍远福对新媒体语境下出现的"微叙事"进行考察,在对"微叙事"进行定义、分类、审美特征分析的基础上,他认为"微叙事"中的语图关系形态,一方面可以增加创作者和接受者之间的表意互动,使得制作和欣赏间实现了语图符号的互文建构,另一方面也启发我们发现图像时代文学艺术创作和接受的某种新问题、新动向和新视角。③

文字与图像关系批评实践,具有鲜明的跨学科特点和现实指向性。许结将文字与图像关系和"赋"这一文体相结合进行研究,所获得的研究成果,实际上展示了文字与图像关系的实践批评能拓宽文学研究与艺术研究的研究领域,改变文学研究与艺术研究原有的研究疆域。在具体的批评实践中还应该注意的是,除了在文本、作品中对已有文字与图像关系理论加以运用、阐发外,更应该通过批评实践对已有理论进行积极的反思。鲍远福对新媒体语图文本中语言和图像关系进行考察后提出的"间性"概念,可以被视作学者在批评实践的基础上,对既有理论的自觉反思与修正的一次示范。也唯有如此,才能实现文字与图像关系批评实践与理论构建之间的良性互动,推动文字与图像关系理论向着更完善的方向发展。

国内文字与图像关系的研究是伴随着图像文化在当代的兴起而起步于21世纪的。借由21世纪初期"文学终结论"的论争,文字与图像的关系问

---

① 参见鲍远福《新媒体文本表意论:从"语图关系"到"语图间性"》,《南京邮电大学学报》(社会科学版)2016年第1期。
② 参见鲍远福《叙事图像与图像叙事——网络游戏中的语—图符号之关系研究》,《重庆工商大学学报》(社会科学版)2014年第4期。
③ 参见鲍远福《语图关系研究视域中的"微叙事"》,《廊坊师范学院学报》(社会科学版)2016年第2期。

题引起了学界关注。文字与图像关系理论层面的讨论，从早期的围绕文学的生存策略以及"文学图像化"两大问题的讨论，转向采用不同的方法切入文字与图像关系研究，形成了不同的研究走向与理论框架。在批评实践层面，运用相关理论对具体的文字与图像作品进行阐释，一方面使得抽象的理论知识更加有血有肉，另一方面又为文学与图像关系理论的进一步构建提供了材料。

四 本专著的研究过程、主要内容、影响与意义

本书是国家社会科学基金一般项目"艺术视野下的文字与图像关系研究"的最终研究成果。课题承担者从20世纪90年代开始关注文学形象的问题，对此进行了长期的思考。2010年之前基本完成了对文学形象相关问题的思考。这时，图像理论开始在国内兴起、传播，并逐渐成为学界关注的热点问题。于是课题承担者的思考也逐渐由形象理论转到图像理论特别是图像与文字的关系上来，陆续发表了几篇文章。并于2013年申报了国家社会科学基金一般项目。

本课题预定于2015年年底结项，但一直拖到2019年3月才最后完成。事情比较多是原因之一。课题立项后，课题承担者还在做自己所在学院的院长，为了不尸位素餐，在行政上花了不少时间。后来不做院长了，但由于各种原因，又陆陆续续接了其他几个研究任务，这又花费了不少时间。但是最重要的原因，还是自己对有些问题没有想清楚，不敢贸然下笔。课题承担者对国家社科基金项目持敬畏的态度，总想把它做好，把它做成精品，不想敷衍塞责，随随便便凑点字数交差。①但文字与图像的关系十分复杂，要思考清楚并不容易。比如，文字与图像同为人类表达与交流的重要工具，从艺术的角度看，二者的本质区别究竟在哪里？不同的学者从不同的角度给出了答案。但在笔者看来，有些答案并不准确，有些只涉及现象，没有深入本质。经过反复思考，笔者发现，文字与图像（包括文字艺术和图像艺术）的区别看似很多，但根本区别其实只有两条：其一，文字以抽象的符号作为自己

---

① 笔者这里只是说自己的情况，绝没有鼓吹延期结项的意思，也没有要出精品就要延期的意思，更没有按时结项的学者是在敷衍塞责的意思。请看到这段话的先生、女士明察。

构建世界的手段，而文字符号是有意义的人为的系统，符号的能指是抽象的声音与线条，没有感官具体性；图像以从自然提取出来的线条、色彩、体积、光线以及自然的人体和其他实物作为自己构建世界的手段，这些材料具有感官具体性，但自身缺乏意义，更没有形成意义的体系。其二，文字是用所指也即符号的意义表征世界，图像是用能指也即图像的表象来表征世界。文字与图像（包括文字艺术和图像艺术）的其他区别都是从这两个根本区别生发出来的。再如，索绪尔认为，语言①与文字分属两个不同的系统，文字只是记录语音的工具。国内许多学者也持这个观点。但这必然会产生一系列的问题：如果语言与文字不属于同一符号系统，那么二者之间就存在转换的问题，而任何转换都会造成一定的偏离与损失，那么，文字在表达语言的时候是否与语言完全一致？如果是完全一致的，如何能够说文字是语言之外的另一符号系统？如不一致，文字能否准确地表达语言？将口头文学用文字记录下来时是否存在变形？研究文学能否通过研究文字进行？另外，在语言与图像的关系之外是否还存在文字与图像的关系？探讨文学与图像的关系是从语言入手，还是从文字入手？等等。笔者经过反复研究，发现索绪尔的观点中其实存在矛盾，他的确明确论述过语言与文字分属两个不同的系统，但他的其他一些论述实际上又支持二者属于同一个系统的观点。笔者以为，文字与语音同是语言能指的组成部分。从历时的角度看，文字与语音的确存在一定的分歧，但从共时的角度看，文字与语音却是密切结合、不可分割的，它们一个从音、一个从形的角度共同表达相同的思想也即所指，彼此之间有着固定的对应关系。语言的发展离不开文字的参与。因此，语言与文字属于同一个系统。又比如，图像用能指也即表象表征世界，但图像也要表现一定的思想。那么，文字与图像中的表象与思想之间是什么关系？国内学者喜欢用中国古代文论中有关"言象意"的相关论述来解释图像中的表象与思想之间的关系。但其实这是不对的。中国"言象意"观的代表人物是魏人王弼。王弼认为"言""象""意"三者之间是递进的表达与被表达关系。通过"言"可以认识"象"；通过"象"可以认识"意"。但明白了"意"，就不要再执着于"象"；明白了"象"，就不要再执着于"言"。笔者认为，

---

① 索绪尔讲的语言指的是语音与意义结合而形成的符号体系，不包括记录语音的文字。

王弼有关"言象意"的观点是在他阐释《周易》时提出的，他的观点在《周易》阐释的范围内是对的，扩大到整个文字与图像的领域就不对了。因为首先，图像中不存在《周易》中存在的"言"；其次，就"象意"关系来说，文学与图像中的"象"也绝不是"达意"的手段。在文学与图像中，"象"始终是居于主导地位的，"意"需要通过"象"才能得到，得到"意"之后也无法"忘象"。就这样，用了大约十年的时间，才陆续将与本书相关的问题思考清楚，由此拖延了结项的时间。

本书共 320 千字（不包括图像），分为绪论、正文、附录和参考文献四个部分。绪论主要评述国内外相关研究的现状，介绍本成果的研究过程、主要内容、影响与意义。正文分为六章：第一章讨论文字与图像本身的问题；第二章讨论文字与图像的相互关系；第三章讨论文学语言与文学形象；第四章讨论在文字（语言）艺术内部，文字与文学中的具象与思想之间的相互关系；第五章讨论图像中的表象与思想之间的关系；第六章讨论文字与图像作品中的"言象意"关系。附录包括三节，围绕文字与图像，对二者的关系从不同的角度进行了探讨，目的是能更多侧面地了解文字与图像的关系。参考文献收录了本书注释所涉及的文献，以及作者在本书的写作过程中曾参阅过的文献。参考文献的目录不够完备，不过，本书的目的也不是求全。列出这些参考文献主要不是为了完整地提供进入这一研究领域所需掌握的知识，而是说明作者在写本书时受了哪些人的启发与恩惠。牛顿承认，他之所以取得举世公认的成就，是因为他站在巨人的肩膀之上。克里斯蒂娃认为，任何文本都具有互文性。套用她的表述方式，可以说，任何思想也是互文性的。没有哪个人能够凭空发展出一个思想体系，必然要借助前人与同时代人的思想。在参考文献中将对自己有过帮助的文献列出来，也是对这些文献的作者表达敬意的一种方式。因此，这个参考文献目录虽然不够完整，但笔者还是将它附在了后面。

从艺术的角度，研究文字与图像之间的关系，其意义不是为了应付图像的高调崛起及其对文字造成的挤压，而是为了更好地理解文字与图像之间错综复杂的关系，理解它们各自的特点；理解文学作品的形象与思想、形象与文字、形象的思想与文字的词义之间的关系；理解图像艺术的表象的构建与类型，以及表象与思想、表象与世界之间的关系。以使我们能够更好地发挥文字（语言）艺术和图像艺术各自的长处，避免各自的不足，推进我国文字（语言）艺术与图像艺术的发展与繁荣，推进有中国特色的文字与图像关系理论的建构，建构有中国特色的文字与图像关系的话语体系，繁荣中国的文艺理论。

因此，本书力图在大量占有资料的基础上，吸收国内外学者特别是当下学者们关于文字与图像关系的相关思想，结合具体的文字与图像作品，进行独立自主的研究，力争拿出符合中国国情、具有原创性的观点与结论，形成比较完整的理论体系。

本成果的学术创新主要表现在如下几个方面：

1. 本成果对文字和图像艺术作品中的"言""象""意"关系进行了深入系统的思考，对三者的内部机制、运作规律和相互关系做了深入的阐发，阶段性地解决了这一学术研究中的重点与难点问题。

2. 以"言""象""意"关系的探讨为基础，本成果进一步探讨了文字与图像、文字艺术与图像艺术的相互关系，讨论了各自的特点与异同，形成了中国学者自己的观点和认识。

3. 本成果从中国学者的角度，研究文字与图像关系，在研究中重视中国文化和中国文学艺术典籍，强调中国文化传统和中国的文字与图像实践，突出中国因素、中国视角、中国学者的思考与判断。有助于形成中国自己的文字与图像关系理论，增进中国学者在国际学术界的话语权。

4. 本成果形成了自己系统的理论与观点，丰富与发展了国内学术界在文字与图像关系领域的研究。

在研究方法上，本书以马克思主义为指导思想，采用比较研究的方法，吸收20世纪语言和图像方面的相关理论，结合具体的艺术现象，进行归纳、推理，注意微观与宏观的结合，力争切入研究对象，得出经得起实践检验的观点。其创新主要表现为三个结合：其一，是西方图像理论、图像与文字关系理论和国内学界相关研究的结合；其二，是理论的思考与推衍和具体的文字与图像作品、具体的文艺经验的结合；其三，是马克思主义文艺思想与20世纪以来语言与图像前沿理论的结合。

本成果的应用价值以及社会影响和效益表现在：其一，本成果的研究有利于我们更好地理解文字与图像之间错综复杂的关系，理解文字与图像和文字艺术与图像艺术"言""象""意"之间的关系,以及它们各自的特点,从而使我们能够更好地发挥文字和图像各自的长处,避免各自的不足,推进我国文字(语言)艺术与图像艺术的发展与繁荣;其二,本成果的研究利于推进有中国特色的文字与图像关系理论的建构,建立有中国特色的文字与图像关系的话语体系,繁荣中国的文艺理论,增强中国文字与图像关系理论在国际文艺理论界的话语权;其三,本成果的研究有利于构建有中国特色的图像理论的分支"文字与图像关系"理论,推进中文专业的学科建设,增进相关专业的学生对文字与图像关系理论的了解,增进其对图像理论及文艺理论的了解。

在《在中国文联十大、中国作协九大开幕式上的讲话》[①] 中,习近平总书记对广大文艺工作者提出了四个希望:"希望大家坚定文化自信,用文艺振奋民族精神","希望大家坚持服务人民,用积极的文艺歌颂人民","希望大家勇于创新创造,用精湛的艺术推动文化创新发展","希望大家坚守艺术理想,用高尚的文艺引领社会风尚"。习总书记的这四个希望,对中国文艺和文艺工作者提出了新的要求,必将指引中国人民、中国文艺界攀登文艺高峰的征程,有着十分深远的意义,值得我们认真学习。

在四个希望中,"文化自信"排在第一位。这是筑就文艺高峰的基础。因为中华民族的文艺要具有"鲜明的中国特色、中国风格、中国气派",就必须建立在中国文化的基础之上。习近平指出:"文化是一个国家、一个民族的灵魂。历史和现实都表明,一个抛弃了或者背叛了自己历史文化的民族,不仅不可能发展起来,而且很可能上演一幕幕历史悲剧。文化自信,是更基础、更广泛、更深厚的自信,是更基本、更深层、更持久的力量。坚定文化自信,是事关国运兴衰、事关文化安全、事关民族精神独立性的大问题。没有文化自信,不可能写出有骨气、有个性、有神采的作品。"[②] 在道路、理论、制度和文化四个自信中,文化自信是最基础的。文化,是一个民族千百年来精神的积淀、历史的集结、文明的成果,是民族的标志和精神内

---

① 习近平:《在中国文联十大、中国作协九大开幕式上的讲话》,《人民日报》2016 年 12 月 1 日第 2 版。
② 习近平:《在中国文联十大、中国作协九大开幕式上的讲话》,《人民日报》2016 年 12 月 1 日第 2 版。

核。有了文化自信,才可能有民族自信;有了文化和民族的自信,道路、理论、制度的自信才可能有扎实的根基。

强调文化自信,从某种角度来说,正是因为当下我们对中华文化的自信还不够强。明清时期,特别是清代晚期之后,中国的发展陷入停滞,国力迅速衰退,国人文化自信心降到有史以来的最低点。这种丧失的文化自信,至今仍未完全恢复。民国时期自不必说,20 世纪 50 年代一边倒地学习苏联,是缺乏文化自信的表现;六七十年代唯我独尊地走向另一极端,表面上看是自信的表现,实际上仍是一种畸形的文化不自信。因为这种自大不是建立在对外界与自我的客观认识的基础之上,而是一种主观的自我膨胀和自我陶醉。进入新时期之后,国人的文化自信逐渐增强。但在不断增长的文化自信的大潮中,仍有消极的因素。表现在文艺领域,就是存在着习近平总书记所说的"亵渎祖先、亵渎经典、亵渎英雄的事情"[①];存在着以西方的标准为标准、以西方的好恶为好恶,照搬西方的经验与观点的现象;存在着盲目推崇西方文化与文艺思想,照搬西方话语,套用西方理论,生吞西方概念的现象。从而导致创新力的不足,中国文化与文艺无法成为世界文化与文艺中的强力一元,无法与世界文化与文艺大国进行平等的对话。

自然,坚定文化自信,并不意味中华文化没有缺点与不足。任何民族文化都有进步与落后两个方面,有积极与消极两种因素。中华文化当然也不例外。不过,对于中华文化的缺点与不足,我们应该辩证、历史、全面、发展地看。古人云:"不以一眚掩大德。"(《左传·僖公三十三年》)我们也不应因为中华文化中消极和落后的因素而否定其积极、进步的一面,否定整个中华文化。文化是个复杂的整体,其落后、消极的因素往往与进步、积极的因素纠缠在一起,难以截然分开。而且,现在看来落后、消极的因素,在历史上可能起过积极、进步的作用。即使在历史上没有起到进步、积极作用的因素,其能作为中华文化的一个组成部分留存下来,也一定有其历史的、必然的原因。我们应该仔细分辨,了解其产生的历史原因,肯定其可能含有的合理因素。这样,才能达到习近平总书记的要求:"广大文艺工作者要善于从中

---

① 习近平:《在中国文联十大、中国作协九大开幕式上的讲话》,《人民日报》2016 年 12 月 1 日第 2 版。

华文化宝库中萃取精华、汲取能量，保持对自身文化理想、文化价值的高度信心，保持对自身文化生命力、创造力的高度信心，使自己的作品成为激励中国人民和中华民族不断前行的精神力量。"①

如果更进一步思考，我们就可发现，强调文化自信，突出中国元素，其实不仅仅是为了创造中国自己的理论和话语体系，也是因为中华文化、中国元素是我们与生俱来的文化基因，我们研究的基础和出发点。马克思指出："人们自己创造自己的历史，但是他们并不是随心所欲地创造，并不是在他们自己选定的条件下创造，而是在直接碰到的、既定的、从过去承继下来的条件下创造。"② 历史的创造是这样，物质材料的生产、思想的产生也是这样。任何思想都不可能凭空出现，它既要受到思想生产者所处的社会历史条件的限制，也要受到思想生产者所遇到和所接受的思想材料的限制。比如马克思主义文艺思想。在马克思、恩格斯生活的时代，工业革命已经取得成功，资本主义世界市场已经形成，工人阶级与资产阶级的矛盾已经上升为社会的主要矛盾。但是，全球化的进程还刚刚开始，信息时代还未出现，消费社会还在孕育，全球化的人员、物品、信息的流通还处于初级阶段。③ 世界文学的概念虽然已经出现，但各国之间特别是欧洲与亚洲、非洲之间的文化与文学的大规模交流尚处于初始阶段。马克思、恩格斯接触的，主要还是欧美特别是欧洲的文学与艺术。他们讨论的文艺问题，并由此形成的文艺思想，都受到欧美文艺特别是 19 世纪欧美文艺的影响，并在欧美文艺的范围之内。比如在马克思、恩格斯生活的时代，电影、电视、电子技术还没有产生。④ 因此，他们的思考就不可能涉及电影、电视、电子图像。图像理论、图像与文字的关系等现在流行的研究话题不可能进入他们的视野，他们的文艺思想中也就不可能有这样内容。另一方面，正因为欧美工人阶级的崛起和

---

① 习近平：《在中国文联十大、中国作协九大开幕式上的讲话》，《人民日报》2016 年 12 月 1 日第 2 版。

② [德] 马克思：《路易·波拿巴的雾月十八日》，载《马克思恩格斯选集》第 1 卷，人民出版社 2012 年版，第 669 页。

③ 电报 19 世纪 30 年代发明，电话 19 世纪 80 年代发明，飞机 20 世纪初发明。由此可知，马克思、恩格斯生活的时代信息、交通还不发达。他们终生没有去过美洲，也没来过东方。

④ 马克思去世于 1883 年，恩格斯去世于 1895 年，在恩格斯去世的那一年快结束的时候，法国的卢米埃尔兄弟才发明了电影（1895 年 12 月 28 日）。

欧美社会主义文学的产生，才有马克思主义经典作家关于社会主义文艺和充分的现实主义的论述。由此形成了他们以解决现实文艺问题为主要内容，以提倡现实主义文艺为主要特点的文艺思想。

马克思主义经典作家离不开他们生活的时代与社会，离不开他们所"直接碰到的、既定的、从过去承继下来的条件"，我们当然更是如此。因此坚持文化自信，突出中国元素、中国观点，绝对不是可有可无的摆设，而是中国学者研究的依凭，成功的保证。中国学者的研究离开了中国文化、中国材料，想成功是比较困难的。

正因为此，本书在写作的过程中，一直努力遵循习近平总书记的相关论述，有意识地运用中国材料、突出中国元素、中国视角，表达中国学者对文字与图像关系的思考与判断。希望能够在文字与图像领域建构中华民族的文化自信方面，起到一点微薄的作用。

"文章千古事，得失寸心知。"学术研究总难做到十全十美。专著完成之后，笔者遗憾地意识到，它离自己所力图达到的目标还有一段距离。"路漫漫其修远兮，吾将上下而求索。"两千多年前屈原的吟唱，似乎说出了我此时的心声。

本书的不当之处，还请专家、读者斧正。

第 一 章
文字与图像

我们已经进入读图时代。这一判断似乎已经成为一种社会共识。在这种语境中，图像与文字的关系问题也就成为人们热议的话题。而要了解、把握文字与图像的关系，就有必要先对文字与图像的基本问题有一个比较准确的界定和基本的了解，以此作为我们进一步讨论的出发点。本章将先讨论艺术视野、文字与图像等概念，然后讨论图像时代诗画也即文学和以绘画为代表的视觉艺术之间的异同，再从表象与思想的角度，讨论语言文化与视觉文化的不同类型。

第一节 文字、图像与艺术视野

文字与图像是人类表达与交流的两种主要手段。从人类文明发展的角度看，人类最先使用图像（我们把实物如动植物也划入图像的范围）进行表达和交流，文字产生之后，由于其使用、保存、传播的便捷和表达的明确，很快便取代图像成为人类表达与交流的主要手段。但图像并没有消失，仍然是人类表达与交流的重要手段，以图像为主体的艺术如绘画、雕塑、戏剧等仍是人类重要的艺术形式。20世纪之后，由于科技的发展与人类生活的变化，图像再次崛起，与文字并列，再次成为人类表达与交流的主要手段之一。但文字与图像牵涉的范围极广，甚至与人类思维的方式有着密切的联系。全面探讨二者之间的关系，不是本书所能承担的。本书将自己的探讨限定在艺术的角度与范围，从艺术的角度出发，界定图像与文字。目的是进一步深入研究对象。

一　文字与图像的内涵与范围

图像有狭义与广义之分。狭义的图像指二维平面上的静止形象。这类图像有两个特点，一是二维，一是静止。如绘画、照片和包括卡通在内的各种类型的图片。它们都在二维平面上展开，画面没有变化。广义的图像指所有用视觉直接把握的艺术形式，它包括如下几种类型：1. 二维平面上的静止图像如绘画、图片。2. 二维平面上的活动图像。这类图像虽然仍在二维平面上展开，但其画面却是活动的、变化的。这类图像又可分为纯活动图像如无声电影，没有声音的录像、哑剧片等，配有其他因素的活动图像如电影、电视、有声录像等。这类活动图像不仅有变化的画面，而且有与之匹配的声音。3D 电影则处于二维与三维之间，戴上特制的眼镜，我们可以看到三维的图像。但 3D 电影的画面实际上是通过偏光原理，用两台摄影机同步拍摄两条略带水平视差的电影画面，在放映时通过两台放映机同步将两条电影画面同时放映出来，再通过特制的偏光眼镜进入观众眼中所形成的。其画面的基础仍是二维平面。因此最好还是划入二维平面上的活动图像这一范围。3. 三维立体形象如雕塑、建筑、全息摄影、虚拟现实（VR）等。雕塑与建筑属于传统的三维立体形象，其重要特点是有实体的物质存在。而全息摄影、VR 等则没有实体的物质存在，纯粹是光影形成的虚幻的三维形象，属于新兴的三维立体形象。4. 现实中的活的形象如舞蹈、戏剧、人体艺术等。这类图像的主体往往是活的人体，通过人体的动作与造型形成各种不同的图像。至于自然事物、广告、网络则比较复杂。自然事物不是人的创造品，不属于艺术的范围。但它们仍有自己的感性外在表现形式。从这个角度说，宽泛地说，也可划入图像的范围。但它们不在艺术的范围之内，因此本书一般不予涉及。至于网络，严格地说，只是一个载体，上面有文字也有图像，无法将它完全纳入图像的范围。而广告则横跨了图像的各种类型，它可以是二维的，也可以是三维的，或者是现实生活中的活的形象，如人体广告；可以是静止的如图片或广告画，也可以是活动的如广告片；可以是无声的，也可以是有声的。原因在于，广告不是根据媒介与表现形式，而是根据目的与用途划分的，因此它虽然属于图像的范围，但却无法纳入上述各种类型之中。① 本书讨论的图像是广义的。

语言由能指和所指构成。语言的能指包括声音与字形。声音由听觉把握，字形由视觉把握。索绪尔认为，在语言中，语音是本源性的，文字只是记载语音的符号。这种观点被称为语音中心主义。本节不准备辨析语音与文字的关系（我们将在第三章讨论这个问题）。只是指出从阅读实践看，当今人们消费语言的艺术作品，显然更加依赖文字而不是语音。从文字产生之后，文学作品就更多地以书面的形式与读者接触，现代的文学作品更主要是以文字（书面）的形式存在，而不是以语音（口头）的形式存在。自然，文字与语音实际上是合一的。有无文字的语音，但没有无语音的文字（考古发现的已经死亡的语言除外）。但是，有语音无文字的语言无疑是一种未发展成熟的语言，在这种语言的基础上形成的文学作品也不可能是成熟的文学作品。另一方面，"听故事"与"看文本"毕竟是两种不同的文学接受方式。傅修延认为，"故事的讲述方式总是会受到感知媒介与途径的影响"，而读者的接受途径或媒介也会对信息接受产生影响，"这种影响的一个典型例子，是电视观众与电台听众对同一新闻得到的印象不尽相同"。② 不过，就现代社会的阅读实践来看，人们接受文学作品更多的还是通过文字，通过语音接受文学作品的可以说是微乎其微。③ 本书强调语言能指的视觉形式即文字（字形）方面。用文字代表语言和语言的艺术作品，一是为了与图像相对，一是考虑当今文学作品的存在和接受实际。

当然，文字也是靠视觉把握的，从这个意义上说，它与图像有共同之处。但是这两种视觉把握有着本质的区别。视觉对图像的把握是直观的把握，通过感官（眼睛）把握到的形式与在心灵中形成的形式是同一的；而视觉对文字的把握则是间接的，通过感官（眼睛）把握到的形式与在心灵中形成的形式是不同一的。换句话说，视觉把握到的字形并不是心灵所接受到的最后形式，视觉把握的是字形，心灵把握的则是概念。而在文学中，心

---

① 广告实际上也有纯文字的，文字与图像结合的。只是纯文字的广告在广告大家族中所占的分量比较小，文字与图像结合的广告一般偏重于图像。我们按照一般的习惯，仍将广告划入图像的范围。

② 傅修延：《为什么麦克卢汉说中国人是"听觉人"——中国文化的听觉传统及其对叙事的影响》，《文学评论》2016年第1期。

③ 当然，也不是没有，如评书、广播小说等。

灵把握的概念还需通过一系列的转换，最终才能形成形象，给人以美的愉悦与情感的满足。另一方面，视觉把握图像无须伴随其他的感官活动，而人们在用视觉把握文字时则总要联系到它的声音，暗含着听觉的活动。因此，文字与图像虽然都经由视觉把握，但两者是两种不同的媒介，有着不同的运作规律，产生着不同的艺术效果，不能同等视之，语言艺术不能归入视觉艺术的范围。

二　艺术视野

文字与图像是人类表达与交流的两种主要手段，牵涉面十分广泛，从婴儿的牙牙学语，到幼儿的信手涂鸦；从日常对话，到文学作品；从街头宣传画，到达·芬奇《最后的晚餐》；从敦煌壁画，到全息摄影；等等，都是文字与图像涉及的范围。任何一部著作，都无法讨论如此广泛的问题。为了使问题集中、深入，本书将讨论的范围限定在艺术之中。

从艺术的角度看，文字指的就是语言的艺术作品，也即文学。文学是语言的艺术作品，它不仅以语言的形式存在着，而且其整个活动也是通过语言进行的。以艺术构建形象的手段和使用的材料为标准，可以把艺术分为造型艺术、表演艺术、语言艺术和综合艺术四个大类，文学是语言艺术。文学区别于其他艺术门类的基本特征就在于它是通过语言来塑造形象，表现社会生活和人的思想感情的。作为语言的艺术，一般认为文学有如下三个特点：形象具有间接性、表现社会生活不受时空的限制、长于表现人的内心世界。但是，文学虽然是语言的艺术，其最核心的要素却是形象。文学的奥秘就是用语言构建出栩栩如生的形象。从文字与图像的关系的角度看，语言艺术最核心的问题必然是语言如何构建形象，语言为什么能够构成形象，以及在文学形象中，具象与思想之间的关系，形象的思想与词语的词义之间的关系，等等。这些问题，学界的讨论还很不够，需要继续探讨。

广义的艺术，包括文学。但通行的艺术概念，却不包括文学。艺术与图像有着密切的联系，但严格地说，二者并不是同一的关系。一方面，很多图像不一定是艺术。比如，一个妇女不识字，临时要出门买菜，于是将小孩托付给了邻居。怕丈夫回来后因找不到他们而担心，便画一个小孩，用个箭头指向隔壁，又画一个妇女，手里拿一个菜篮。这两个图像就很难说是艺术。

另一方面，有些艺术也不一定需要图像，如音乐。音乐用有组织的乐音来塑造形象，反映现实生活，表达思想感情，基本的表现手段是旋律和节奏。一般将其分为声乐和器乐两大类。声乐指用人声演唱的音乐形式，器乐指用乐器演奏的音乐形式，声乐与器乐也可以合起来演奏。但无论是声乐，还是器乐，抑或是二者的结合，都与图像没有什么关系。[①] 由此可见，艺术可以分为两种，一种是视觉艺术，一种是非视觉艺术也即听觉艺术。图像艺术是一种视觉艺术。本书一般不涉及听觉艺术，也即音乐。

在本书中，我们谈的图像同时也包括图像艺术及其作品，谈的文字同时也包括文字艺术及其作品。而在这些作品中，既包括精英的，也包括通俗的。

我们知道，从价值与市场的关系看，文学艺术与科学是有区别的。科学产品的价值与市场价值的分离不很明显，越是高精尖的产品，其经济（市场）价值也越高；而文学艺术产品的价值与市场价值则往往出现分离的现象，高精尖的产品，其市场价值有可能赶不上通俗化的产品。这种现象形成的原因，可以从两个方面探讨。其一，任何学科的内部结构，都是金字塔形的，越往上越高精，受众面也越小。比如数学，算术领域的加减乘除几乎人人知道，人人也都需要。往上一点，知道和需要代数的人就要少一些，知道和需要微积分的人则更少，而哥德巴赫猜想之类的数学难题知道的人则微乎其微，在日常生活中需要它的人也几乎没有。文学艺术当然也是如此。比如文学，从塔尖到塔底，至少可以分为四个层级。最顶层的是探索文学，其创作者旨在对文学形式、文学内容或人类社会、人类精神生活的某些方面进行深入的思考或有意识的试验。如罗伯-格利耶的《嫉妒》、歌德的《浮士德》、乔伊斯的《为芬尼根守灵》等。第二层级是纯文学，其创作者坚持文学的审美价值和精神价值，重视文学内容与形式的精美与创新，其创作指向是文学意义上的读者而不是消费意义上的读者。如《红楼梦》《战争与和平》《红与黑》等。第三层级是通俗文学，通俗文学重视消费意义上的读者，重视作品的娱乐性与消遣性，重视读者的消费需求，创作追求畅销而不

[①] 自然，这并不排除为了取得某种效果或其他原因，在音乐表演的过程中增加一些图像的元素，如演员的表演、图像的背景、灯光形象等。

是创新。如张恨水、琼瑶等的作品。第四层级可以称为低俗文学，这种文学的创作指向主要是商品意义上的消费者而不是文学意义上的读者，它通过唤起、满足与刺激文学消费者的欲望而赢得消费者，艺术不够精致，模式化现象严重。如一些所谓的地摊文学。四种文学由下到上构成一个金字塔的结构，越往上作品越高精，相应地，读者也越少。低俗文学与通俗文学的读者占据了读者总数的大部分，纯文学次之，探索文学的读者更是寥寥无几。有些作品如乔伊斯的《为芬尼根守灵》，除了专业人士，一般读者很少问津。

其二，是评判标准的不同。科学产品接受的主要是学科评判，面向的是专业人士，其产品价值不会因接受者的多寡而变化。公众将对产品价值的判断权赋予了相关的专业人士与管理机构，这些专业人士和管理机构具有相应的专业知识和较高的判断能力，对科学产品价值与市场价值的评判比较符合其实际，因此，科学产品的价值与市场价值之间较少出现大的差距。爱因斯坦的相对论尽管全世界只有屈指可数的几百个科学家能够真正懂得，但并不影响它的市场价值，或者说，它无所谓市场价值，它的经济价值隐含在相关的专业人士和管理机构的认可之中，公众的购买与否不对其市场价值，更不对其价值产生直接影响。而文艺产品则既要接受学科评判，又要接受公众评判。因为它面向的是广大公众，公众既然要对其进行阅读、消费，就必然要对其进行评判。因此，文学产品的价值与接受者的多寡有着直接的关系，公众的购买与否决定了其市场价值的有无和大小，并间接影响到对其精神价值的判定。毋庸讳言，公众评判必然导致市场决定论，它以文学作品在市场的表现和销售业绩作为评判文学作品的主要标准，销售排行榜在其中起着重要作用。当然，文学产品也要接受学科评判，但一般而言，相关专业人士与管理机构的评判不可能对它的市场价值产生决定性的影响，因为相关管理机构特别是专业人士的经济能力有限，其购买（包括奖励）不可能成为文学市场价值的决定性因素。而且，政府与机构的购买与奖励往往被视为一种组织行为，也不一定会被市场接受。自然，公众评判要受到学科评判的影响，但是公众评判很难与学科评判完全一致，因为二者的出发点、标准等都不会完全相同。公众既然参与了评判，它就有自己的评判标准，这种标准不可能与学科标准重合。另一方面，与科学评判相比，文学的学科评判的内部机制也更加复杂，内部分歧也更加严重，这自然也要影响到它在公众眼中的权威性。

这样，就产生了一种悖论：在文学领域，精神价值高的不一定市场价值高，精神价值低的反而有可能市场价值高。①

本书讨论的文字艺术与图像艺术，既包括精英作品，也包括通俗作品。当然，这并不意味作者认为二者处于同一层次，价值是一致的；而是因为，文字与图像的关系，既在精英作品中存在，也在通俗作品中存在，必须将二者共同纳入研究的范围，才能讲清本章所讨论的问题。

第二节　读图时代的诗画差异

诗画关系，或者语言艺术与视觉艺术之间的异同，一直是批评界关心的话题。对二者之间异同的探讨，不同时代有不同的看法。这既有批评家的原因，也有时代和社会的原因。在图像艺术高度发展的今天，重新探讨诗画之间的关系及其异同，既有必要，也有意义。

一　诗画同一说与诗画差异说

诗画关系一直是批评家们关心的问题。无论是在中国，还是在西方，18世纪之前占主流地位的观点一直是诗画同一说。18世纪后半叶之后，诗画差异说逐渐走向前台，占据主导地位。但诗画同一的观点也并没有消失，与诗画差异说相辅相成，仍在发挥着自己的作用。

实事求是地说，两种观点都有自己的理由。诗画同一说侧重的是诗画的共同点。这一共同点是由二者的形象性决定的，二者都追求形象地反映世界，以建构成功的形象作为终极的目标。苏轼说："味摩诘之诗，诗中有画；观摩诘之画，画中有诗。"② 苏轼的这一论述是诗画同一说的典型看法之一。王维对自然的观察十分细致，感受十分敏锐，他的诗歌善于在动态中捕捉客观事物的光和色，然后以恰当的构图、明丽的色彩表现出来。如他的名句"大漠孤烟直，长河落日圆"。诗句以广阔的荒漠与垂直的狼烟，悠长的黄

---

① 参见赵炎秋《学科视野下的文学与市场》，《文学评论》2014年第6期。
② 苏轼：《书摩诘蓝田烟雨图》，载《东坡题跋》，屠友祥校注，上海远东出版社1996年版，第261页。

河与西下的夕阳构成鲜明的对比，通过文字的描写构成两幅雄浑的画面，栩栩如生，仿佛就在读者眼前。而且，大漠是黄色，狼烟是黑色，落日是红色，诗句虽未用表颜色的词，却暗含着色彩的对比。再如王维的另一首题名为《画》的诗："远看山有色，近听水无声。春去花还在，人来鸟不惊。"处处以自然景色与画作的景色对比，既显示了画的形神兼备，也写出了人对画中美好事物的向往和对现实隐含的忧伤。这就是所谓的诗中有画。而画中有诗则意指画有诗的意境，体现出某种诗意。王维的画作笔墨清新、格调高雅，善于运用留白，表达出一种诗的意境。而这又与中国画对于神似、意境的追求是一致的。

诗画同一说盛行在18世纪之前，与这一时期诗画的分化还不彻底是有一定关系的。艺术的根本目的是塑造形象，通过形象反映生活、表现人的思想感情。诗画均是如此。但诗画的形象是不同的，其所表现的生活与思想感情也有区别。早期的诗人、画家和文艺批评家注意的主要不是它们的不同之处，而是它们的共同之处。这是诗画同一说能够成立的基础。其积极作用是使诗画相互靠拢，各取对方所长，完善自己的内容、形式和表现手段。但是，诗画同一说也有其消极的一面。它在一定程度上阻碍了诗画的进一步分化，遮蔽了两者的差异，使诗画不能充分地发挥各自的优势和长处，形成各自的范围和领域，选择各自的对象和主旨，这自然会影响到诗画各自的发展。因此，随着社会的进展，诗画进入一个新的发展时期的时候，诗画之间的差异便必然成为人们关注的中心。

最早系统地提出诗画差异并产生了重大影响的当数德国美学家、文艺批评家莱辛。莱辛生活在18世纪中期的德国。当时的德国，正处于资本主义上升时期，但封建阶级的实力还很强大，掌握着政权，处于统治地位。朱光潜认为："莱辛之所以要严格辨清诗和画的界限，是和他所进行的启蒙运动分不开的。"[①] 当时德国新古典主义盛行，新古典主义强调诗和画的共同点而忽略它们的不同点。而"就当时宫廷文艺实践来说，诗歌中仿古牧歌诗体和田园诗体的作品颇流行，侧重自然景物的描绘；绘画中侧重宣扬封建社会英雄理想的历史题材以及宣扬封建道德理想的寓言体裁。这种诗和画都受封

---

① 朱光潜：《西方美学史》上卷，人民文学出版社1979年版，第313页。

建文艺信条的束缚，呆板无生气，为着革新诗和画，就必须弄清楚它们各自的界限"①。莱辛是启蒙主义者，资产阶级文艺理论家。他要求文艺表现资产阶级的理想与追求，塑造资产阶级人物，表现资产阶级的日常生活，就不能依靠只能表现静态的生活画面的绘画或雕塑，而必须依靠能够表现广阔的社会生活、表现人物的行动、表现历史的发展过程的诗也即文学。而要达到这一目的，就必须充分发挥诗作为文字艺术所具有的长处和特点。这样，就必须划清诗与画之间的界限，把诗也即文学从诗画一体的束缚中解放出来，使其能够充分发挥自己的特点与长处，表现现实社会也即资产阶级的生活。②

由此可见，诗画差异说兴起并逐渐占据主导地位实际上是社会发展的需要，也是艺术发展的必然。

二 莱辛诗画差异说的主要内容

莱辛探讨诗画差异的主要著作是《拉奥孔》。拉奥孔是特洛伊城的祭司。希腊人久攻特洛伊城不下，于是假装撤兵，在特洛伊城外留下一个巨大的木马，里面藏着希腊的勇士们。特洛伊人把木马作为战利品拉进城内，到了晚上，躲在木马中的希腊勇士们从木马中爬出来，打开城门，与重新返回的希腊军队一起，攻占了特洛伊。当初，在特洛伊人试图将木马拉进城内时，曾受到特洛伊城的祭司拉奥孔的警告，但特洛伊人不听，拉奥孔一怒之下把长矛向木马掷去，因此得罪暗中佑助希腊的雅典娜。于是，她派出两条巨蛇，将拉奥孔的两个儿子缠住，拉奥孔为救儿子也被蛇咬死。这个故事在古希腊流传很广。公元前1世纪中叶，古希腊罗得岛的雕塑家阿格

---

① 朱光潜：《西方美学史》上卷，人民文学出版社1979年版，第313页。
② 中国古人也有与莱辛一致的观点。如明代李东阳，他在《麓堂诗话》中写道："自有诗以来，经几千百人，出几千万语，而不能穷，是物之理无穷，而诗之为道亦无穷也。今令画工画十人，则必有相似而不能必出者，盖其道小而易穷。而世之言诗者每与画并论，则自小其道也。"（丁福保编：《历代诗话续编》下册，中华书局1983年版，第1373页。）不仅认为诗画有别，而且强调诗优画劣，与莱辛的观点有异曲同工之妙。明代张岱认为："若以诗句之意作画，画不能佳；以有画意为诗，诗必不妙。""诗以空灵为妙诗；可以入画之诗，尚是眼中银屑也。"（张岱：《琅嬛文集·与包严介》，岳麓书社1985年版，第152页。）张岱认为，以诗意入画，按画意写诗，都不可能出优秀之作。这实际上就是强调诗画差异，否定诗画同一。

桑德罗斯（Agesandros）和他的儿子波利佐罗斯（Polydoros）与阿典诺多罗斯（Athanodoros）三人以此为题材，创作了一组名为"拉奥孔"的大理石群雕（图1-1），古罗马诗人维吉尔也在其史诗《伊尼特》中讲述了这一故事。在维吉尔的史诗中，拉奥孔父子被大蛇缠咬时，放声哀号，身体和表情极大地扭曲；而在群雕中，拉奥孔父子则没有放声哀号，身体与表情也没有很大的扭曲。莱辛在《拉奥孔》这部著作中，主要通过对二者的比较、分析，从四个方面探讨了诗画之间的差异。

图1-1 ［古希腊］阿格桑德罗斯等：《拉奥孔》雕像

其一，是媒介的角度。莱辛认为，"绘画用来摹仿的媒介符号和诗所用的"媒介符号是完全不同的，"绘画用空间中的形体和颜色而诗却用在时间中发出的声音"。而"符号无可争辩地应该和符号所代表的事物互相协调"。"在空间中并列的符号就只宜于表现那些全体或部分本来也是在空间并列的事物，而在时间中先后承续的符号也就只宜于表现那些全体或部分本来也是在时间中先后承续的事物。"[①] 绘画用线条与颜色为媒介，这些媒介符号是

---

① ［德］莱辛：《拉奥孔》，朱光潜译，人民文学出版社1979年版，第82页。

在空间中展开的，因此它们也只适合表现在空间中展开的事物，也即真实或想象中存在的物体。而诗的媒介是语言，语言是一个个连续的字符（声音），是呈直线排列、在时间中先后承续的，因此它只适合表现在时间中先后承续的事物。

其二，是题材的角度。在莱辛看来，诗和画都是对现实世界的摹仿，因此现实世界也就是它们的题材。现实世界中的事物有静止的，也有运动的。画的媒介是在空间中展开的，因此画的题材主要是以并列的方式在空间中存在的静止的事物。而诗的媒介是在时间中展开的，因此诗的题材主要是以动态的方式在时间中存在的运动的事物，而且其侧重的也不是事物，而是事物的运动。当然，"绘画也能摹仿动作，但是只能通过物体，用暗示的方式去摹仿动作"。"绘画在它的同时并列的构图里，只能运用动作中的某一顷刻，所以就要选择最富于孕育性的那一顷刻，使得前前后后都可以从这一顷刻中得到最清楚的解释。"[①] 所谓"最富于孕育性"，是指绘画表现的那一顷刻，既表现了现在，也包含了过去，又暗示了未来。比如拉奥孔父子三人被两条大蛇缠绕的故事。维吉尔的诗描写他们是张开嘴大声地哀号，而在《拉奥孔》雕像中，他们的嘴则处于将张而未张的时刻。这个时刻就是"最富于孕育性"的时刻。因为嘴将张而未张一方面包含了他们被蛇缠绕而感到痛苦的过程，另一方面也预示了他们即将开口哀号的情景。而就诗来说，"诗也能描绘物体，但是只能通过动作，用暗示的方式去描绘物体"。"诗在它的持续性的摹仿里，也只能运用物体的某一个属性，而所选择的就应该是，从诗要运用它那个观点去看，能够引起该物体的最生动的感性形象的那个属性。"这个属性一般地说就是动作，诗应该在动作中描写事物。如"荷马要让我们看阿迦门农的装束，他就让这位国王当着我们面前把全套服装一件一件地穿上：从绵软的内衣到披风，漂亮的短筒靴，一直到佩刀。"[②] 扣住这一穿衣的动作，阿迦门农的装束就生动地展现出来了。如果只是对装束做静态的铺陈，在莱辛看来是不对的，因为那是在拿诗的短处与画的长处竞争，注定是不能取得胜利的。如《红楼梦》对宝玉和黛玉初次相见时宝玉装束

---

① [德] 莱辛：《拉奥孔》，朱光潜译，人民文学出版社1979年版，第83页。
② [德] 莱辛：《拉奥孔》，朱光潜译，人民文学出版社1979年版，第83、85页。

的描写:"头上戴着束发嵌宝紫金冠,齐眉勒着二龙抢珠金抹额;穿一件二色金百蝶穿花大红箭袖,束着五彩丝攒花结长穗宫绦,外罩石青起花八团倭缎排穗褂;登着青缎粉底小朝靴。……项上金螭璎珞,又有一根五色丝绦,系着一块美玉。"① 整段文字只是静态地铺陈贾宝玉的装束,就很难生动,充其量只是渲染了宝玉的装束。读者虽看到一大堆名词和描写,但对宝玉的具体装束还是不甚了了。②

其三,是观众接受的角度。观众接受诗与画,所用的感官是不同的。观众对画的接受主要靠眼睛,对诗的接受主要靠耳朵。莱辛指出:"颜色并不是声音,而耳朵也并不是眼睛。""在绘画里一切都是可以眼见的,而且都是以同一方式成为可以眼见的。"③ 所谓"以同一方式成为可以眼见",是指出现在画面中的任何物体都是以空间的形式为观众的视觉所感知。神与凡人,如果不通过空间形式如大小、形状、颜色或身穿的服饰、特殊的标志等区别开来,在接受者眼中是没有区别的。如欧洲古典绘画中的许许多多的维纳斯,就外形来说,也就是人间的一个美妇人而已。而诗的媒介则是"在时间中发出的声音"。接受声音的感官自然只能是耳朵。对于耳朵来说,"听过的那些部分如果没有记住,就一去无踪了。如果要把它们记住,要把它们所留下来的许多印象,完全按照它们原来出现的次第,在脑里重新温习一遍,要它们显得象是活的一样,而且还要以合适的速度把它们串连起来回想,以便终于达到对整体的理解,这一切需要花费多少精力啊"。而"对于眼睛来说,看到的各个部分总是经常留在眼前,可以反复再看"。"因此,时间上的先后承续属于诗人的领域,而空间则属于画家的领域。"④ 换句话说,诗适合描写时间承续中的事物或事物的运动,画适合描写空间中静止的事物。⑤

---

① (清)曹雪芹、高鹗:《红楼梦》(上),人民文学出版社1996年版,第48页。
② 这里只是从莱辛诗画界限的角度对《红楼梦》中的这段引文进行分析,并没有贬低《红楼梦》叙事艺术的意思。其实从另一个角度看,《红楼梦》正是通过这种铺陈,来渲染一种富贵的氛围,来塑造贾宝玉的形象。这样的描写,在《红楼梦》中还有很多。
③ [德]莱辛:《拉奥孔》,朱光潜译,人民文学出版社1979年版,第69、81页。
④ [德]莱辛:《拉奥孔》,朱光潜译,人民文学出版社1979年版,第82、92、97页。
⑤ 应该指出的是,莱辛关于诗的语言的观点是语音中心主义的。实际上,现在文学的语言更多的是印在纸面上供读者阅读而不是聆听的。而阅读主要也是靠的视觉。参见赵炎秋《异质与互渗:艺术视野下的文字与图像关系研究》,《文艺研究》2012年第1期。

其四，是艺术理想的角度。画的目标是美，而诗的目标则是表情与个性。画的对象是空间中静止的物体，"物体美源于杂多部分的和谐效果，而这些部分是可以一眼就看遍的。所以物体美要求这些部分同时并列；各部分并列的事物既然是绘画所特有的题材，所以绘画，而且只有绘画，才能摹仿物体美"。既然只有绘画才能摹仿物体美，那么绘画就应把物体的美，或者简单点说，把美作为自己的目标。虽然作为摹仿的技能，画也能描写丑，但"作为美的艺术，绘画却把自己局限于能引起快感的那一类可以眼见的事物"。"凡是为造型艺术所能追求的其他东西，如果和美不相容，就须让路给美；如果和美相容，也至少须服从美。"[①] 诗则不同。"诗人既然只能把物体美的各因素先后承续地展出，所以他就完全不去为美而描写物体美。"莱辛认为，物体美只有同时呈现出来才能达到理想的效果，诗无法做到这一点，因此，诗不把物体美作为自己描写的对象，"荷马故意避免对物体美作细节的描绘"。"凡是不能按照组成部分去描绘的对象，荷马就使我们从效果上去感觉到它。"[②] 或者化美为媚，描写动态中的美。而这就是表情与个性。表情是动态的，而个性也只有在情节中，在事件的发展中才能展现出来。因此二者都是一种动态的美。

莱辛的观点，可以通过比较列宾的名画《意外归来》（图1-2）与杜甫的名诗《羌村三首·其一》得到较好的说明。

《意外归来》描绘一个流放多年的革命者突然回到家中时，家人的各种反应。妻子背朝观者，从沙发上不由自主地站了起来，在头脑中搜寻丈夫往日的形象。两个孩子正在做功课，大的男孩似有所悟，他还记得爸爸最后离开时的模样，而小女孩的脸上则表现出疑虑，她从未见过此人，不知道此人是谁。女佣站在门口，她带着疑惑的目光让这位"客人"进去。而另一位坐在钢琴后的大概是其亲戚的女眷，则正在意外的震惊中处于将站而未站起来的状态。画作抓住男子进门的那一瞬间各种人的反应，表达了革命者的艰辛与不屈。

杜甫的《羌村三首·其一》则是另外一种表达方式：

[①] ［德］莱辛：《拉奥孔》，朱光潜译，人民文学出版社1979年版，第14、111、135页。
[②] ［德］莱辛：《拉奥孔》，朱光潜译，人民文学出版社1979年版，第111、120页。

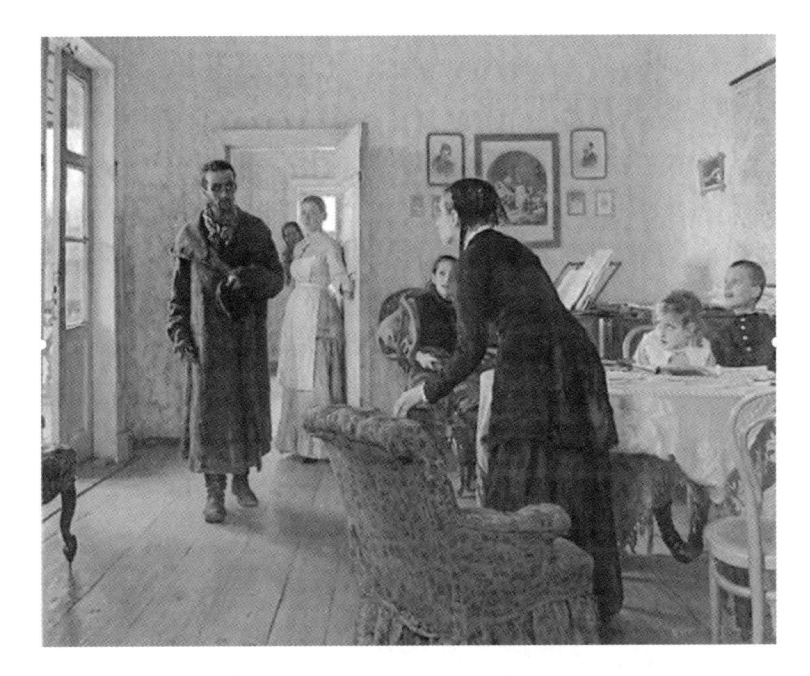

图1-2　［俄］列宾：《意外归来》

峥嵘赤云西，日脚下平地。
柴门鸟雀噪，归客千里至。
妻孥怪我在，惊定还拭泪。
世乱遭飘荡，生还偶然遂！
邻人满墙头，感叹亦歔欷。
夜阑更秉烛，相对如梦寐。

这首诗描写诗人经过安史之乱，突然回到家中的情形。诗作以时间为线索，从黄昏写到夜半，从鸟雀到妻孥到邻人再到夫妻二人独处，逐个地写出相关的人、物及其反应，写出归家的不易与惊喜。

画作的焦点集中在某一时间点上的空间存在，诗作的焦点则是集中在时间流逝中的人物表现。画抓住的是空间并列的事物，诗侧重的则是时间承续的描写。莱辛关于诗画差异的观点在二者的不同中得到了很好的体现。

三 莱辛诗画差异说的局限

莱辛的《拉奥孔》写在语言艺术取代视觉艺术成为艺术的主要形式的时候，他的扬诗抑画的主张符合当时艺术的发展趋势，而且扣住了诗画各自的特点，深入、系统，因此他的诗画差异论很快得到普遍的认同，并且至今仍是批评界主流的看法。

但是，莱辛的探讨也存在一定局限。

第一，是范围的局限。莱辛《拉奥孔》的副标题是"论画与诗的界限"，但实际上，莱辛讨论的对象不限于画与诗。在《拉奥孔》中，诗实际上等于文学，而画则等于视觉艺术。在《拉奥孔》中，莱辛经常将画与艺术并举，他讨论的主要对象之一"拉奥孔雕像群"也不是绘画而是雕塑。进一步分析，我们可以看到，莱辛在《拉奥孔》中所谈的艺术并不包括音乐，也不包括舞蹈等人体活动艺术，他讨论的艺术实际上主要限于绘画和雕塑，也就是他所说的造型艺术，用今天的话来说就是视觉艺术或图像中的静止的二维和三维形象。但是，视觉艺术或者说图像的范围并不局限于绘画和雕塑。如前所述，视觉艺术至少包括如下几种类型：1. 二维平面上的静止形象如绘画、图片；2. 二维平面上的活动图像，又可分为纯活动图像如无声电影、没有声音的录像、哑剧片等，配有其他因素的活动图像如电影、电视、有声录像等；3. 三维立体形象，静止的如雕塑、建筑，活动的如全息摄影、木偶剧等；4. 现实中的活的形象如舞蹈、戏剧、人体艺术等。米歇尔认为："画与诗对莱辛来说包括所有可能的艺术符号，因此它们是表示整个时间和空间意义范围的举隅。这个比喻的奇异性现在对我们来说已经比较清楚了，但似乎并不会阻止我们将其更新，以新的互补的对仗形式探讨符号的领域：文本与形象，符号与象征，象征与语像，换喻与隐喻，能指与所指——所有这些符号的对立，我认为，重申了传统的比喻描写诗与画之间差异的方式。"[①] 对于米歇尔来说，莱辛《拉奥孔》探讨的艺术的范围明显过于狭窄，有必要"将其更新"，增加视觉艺术包含的范围。这一看法无疑

[①] ［美］W. J. T. 米歇尔：《图像学：形象、文本、意识形态》，陈永国译，北京大学出版社2012年版，第59页。

是正确的。

第二，是时代的局限。《拉奥孔》发表于 1766 年，距今已 250 多年。250 多年过去，人类社会、科技文化、文学艺术都发生了翻天覆地的变化。电子媒介时代的今天，诗与画或者说语言艺术与视觉艺术同纸质时代的诗与画或者说语言艺术与视觉艺术相比，已经有了巨大的变化。就视觉艺术而言，首先，艺术产品不再是二维或三维空间中的静止、单个的形象，也包含了运动、连续的形象。其次，电子媒介使视觉形象的制作、复制、传播、保存、欣赏变得极其容易，使其大规模的展开成为可能。最后，电子媒介时代，诗与画融合的方式远比纸质媒介时代多样，融合的程度也远远超过纸质媒介的时代。而电子媒介时代的语言艺术与纸质媒介时代的语言艺术相比，也发生了一定的变化，如网络文学中的超文本、手机文学、摄影文学等，这些都是莱辛生活的时代所不可想象的。此外，文学观念与文学实践也发生了巨大的变化。莱辛生活的时代，欧洲文学还处于启蒙时期，现实主义文学还未成熟，作为流派的浪漫主义文学还处于萌芽时期，而现代派文学连产生的社会条件都还未具备。就艺术看，18 世纪的德国乃至欧洲艺术还处于古典时期，巴洛克、洛可可风格盛行，视觉艺术以绘画、雕塑为主，戏剧还未被纳入视觉艺术或图像的范围考察。艺术中的现实主义与浪漫主义风格正在形成，现代主义与后现代主义还未产生。时代的局限自然要对莱辛的观点产生重大的影响。

第三，莱辛探讨诗画界限的出发点也存在问题。朱光潜认为："《拉奥孔》是从文艺摹仿自然一个基本信条出发的。莱辛就'自然'这个笼统的概念进行了分析，指出自然有静态与动态之分，由于所用媒介不同，诗只宜于写动态而画则宜于写静态。摹仿自然就要服从自然的规律；诗与画的这种界限就是一条自然规律。"[①] 文学艺术是否摹仿自然，相关的讨论已经很多，本书不准备涉及。本书想指出的是，诗与画在摹仿自然方面的确是有不同，但这种不同本身不是诗画差异的根源，更深层的根源在于它们表现与建构世界的媒介与手段不同。由于这些不同，才造成了它们在摹仿自然时的种种不同。莱辛不从诗画媒介本身去探讨诗画之间的差异，而从

---

① 朱光潜：《西方美学史》上卷，人民文学出版社 1979 年版，第 314 页。

它们摹仿自然的角度去探讨，从某种意义上说，是没有抓到诗画差异的本质。

由于上述局限，莱辛对于诗画差异的探讨也不可避免地存在一定的局限，特别是他对于艺术的看法，存在的问题更多。因为在他探讨的范围内，当时的艺术或者说视觉艺术与现在的视觉艺术之间的差距更大。如他认为诗适合表现运动中的物体，画适合表现静止中的物体。现代艺术实践特别是影视艺术实践已然证明，视觉艺术同样可以表现运动中的物体或者说物体的运动。而且影视既在空间，也在时间中展开，其连续画面的性质，就决定了它们必须以运动中的物体为自己的主要表现对象，如事件的发展、人物性格的形成、人物之间关系的变化，等等。而诗也即文学在表现静止中的事物时虽然不像画或者视觉艺术那样具有明晰的具体性，但也不好说它不适合表现静止的事物。因为文字具有描绘的功能，为了达到某种目的，文学甚至要大量地描写静止的事物，而且能够取得很好的效果。如中国古代的赋、巴尔扎克小说中的环境描写等。再如，莱辛认为画的目标是美，而诗的目标则是表情与个性。这一点也早已为现代艺术所打破。西班牙画家萨尔瓦多·达利的油画《内战的预兆》、意大利艺术家皮耶罗·曼佐尼的罐头作品《艺术家之屎》、法国艺术家杜尚的实物作品《泉》，这些现代艺术的目标很难说是美，而是丑、是惊世骇俗、是异想天开。而现代文学也早已超出古典文学的范围，打破古典文学的范例。很多现代文学作品如意识流小说、未来主义的诗歌，也很少描写人物表情、塑造人物性格，而把重点放在了对人物心理，物体如汽车、机器等的描写之上。

四 读图时代诗画之间的主要界限

莱辛也意识到："一切物体不仅在空间中存在，而且也在时间中存在。物体也持续，在它的持续期内的每一顷刻都可以现出不同的样子，并且和其他事物发生不同的关系。在这些顷刻中各种样子和关系之中，每一种都是以前的样子和关系的结果，都能成为以后的样子和关系的原因，所以它仿佛成为一动作的中心。因此，绘画也能摹仿动作，但是只能通过物体，用暗示的方式去摹仿动作。另一方面，动作并非独立地存在，须依存于人或物。这些人或物既然都是物体，或是当作物体来看待，所以诗也能描绘物体，但是只能通过动作，用暗示的方式去描绘物体。"① 莱辛看到了物体也在时间中存在，但是局限于当时绘画的实际，他认为绘画无法表现出事物在时间中的连续存在。高建平指出，莱辛在讨论诗与画的界限时，"没有也不可能说到一种情况，这就是当图像也成为时间艺术时，情况会是怎样。这种情况在莱辛时代不可能出现，而到了20世纪，这已经成为事实。随着电影和电视的出现，过去的时间与空间艺术的分野就受到了挑战"②。电子技术使图像表现事物在时间中的连续存在成为现实。因此，莱辛对诗画差异的看法，放在18世纪，从摹仿自然的角度看，自然有它的合理性和必然性，并且在今天仍然能够给我们以丰富的启迪。但在世界已经进入信息、电子、图像时代的今天，他观点的局限就显现出来了，我们有必要重新对之进行探讨。这种探讨不应放在次要的、再生性的差异上面，而应着眼于主要的、原生性的差异。因为次要的、再生性的差异是由主要的、原生性的差异决定的，也只有在后者的基础上才能得到解释。

笔者以为，诗画之间的界限主要表现在两个方面。

其一，画或者说视觉艺术（图像）所使用的媒介具有自然性，诗或者说文学所使用的媒介是人为的。视觉艺术所使用的媒介或者是自然界的事物本身，如雕塑所用的石头、黏土、木材、金属，舞蹈中的人体等，或者是自然事物的感性存在形式（表象），如摄影、电影、电视中的形象，或者是自然事物某些属性的提取物，如绘画中的线条、色彩。线条是自然事物轮廓的提取物，色彩是自然事物颜色的提取物。因此，视觉艺术的媒介与自然有着天然的联系。而诗或者文学所使用的媒介是语言，一种人为的符号，它与自然事物之间的关系是偶然的、武断的、约定俗成的，与自然没有天然的联系。花，如果用图像表示，古今中外的人都能认知，而用语言表现出来，就只有使用这种语言的人能够认知。因此，视觉艺术或者说图像的物质存在形式与世界的"感性存在"是一致的，观众可以凭借自己的感官主要是眼睛直接把握到它所表现的世界。而文学则没有这种物质性，没有与世界的"感性存在"的一致性。读者无法通过自己的感官直接把握到它所表现

---

① ［德］莱辛：《拉奥孔》，朱光潜译，人民文学出版社1979年版，第83页。
② 高建平：《文学与图像的对立与共生》，《文学评论》2005年第6期。

的世界，而只能先把握符号，通过心灵的转换之后才能把握文学所表现的世界。

其二，画或者说视觉艺术用能指表现与建构世界，诗或者说文学用所指表现与建构世界。图像的媒介是人们能够用感官把握的线条、色彩、体积和影像，它们与自然的"感性存在"是一致的，由它们构建的艺术作品，其能指与自然的表象有着同构性与一致性。一张人物照片，无论是将它放大还是缩小，是着色还是黑白，甚至进行适度的变形，人们都能把握照片中的图像，甚至能够认出这张照片的主人是谁，假如他认识这个人的话。一张山水画，即使画家追求的是神似，画中的自然山水有一定的变形，但仍不影响观众对画面的视觉把握，不影响观众根据自然对画面进行评判。如果按照瑞士语言学家索绪尔的二分法，将图像分为能指与所指两个部分，那么，图像与客观事物产生直接联系的是它的能指，所指则是图像的能指所表征的意义。而文学则不同。文学的媒介是语言（文字），语言的能指是有规则的声音和线条①，所指是其所表征的客观事物的概念。语言符号是人为的，它们与自然的"感性存在"没有一致性，由文字（语言）构建出的文学作品，其能指与自然的"感性存在"没有一致性与同构性。文字（语言）的能指不直接与客观事物产生联系，它只能通过所指与客观事物产生联系。如鲁迅的《阿Q正传》通过一定的文字构建了阿Q的形象，但读者无法直接通过感官从文字中把握到阿Q的形象，他必须通过这些文字的能指把握到它的所指，再通过心灵的转换，把握到所指所建构的阿Q的形象。而严顺开扮演的阿Q，观众凭感官（眼睛）就可以直接把握。另一方面，诗或文学用语言的所指构建世界，所指的核心是概念，概念是思想形成的基础。这决定了诗或文学更容易表征世界的概念、属性、规律等抽象的方面，更容易表达思想，而要表征世界的表象、表现世界的感性存在则要困难一些。图像用能指表征世界，能指是其所表征的世界表象的或精确或近似或象征的反映。这决定了图

---

① 瑞士语言学家索绪尔认为，语言与文字是两个不同的符号系统，这种观点在语言学界和文艺理论界很有影响。笔者不同意这个观点，认为文字是语言的一个有机的组成部分，是语言符号能指的两种表征方式之一，研究语言和文学可以通过文字进行。参见赵炎秋《语言与文字：艺术视野下的文字与图像关系研究之四——重读索绪尔〈普通语言学教程〉》，《湖南师范大学社会科学学报》2015年第6期。本书第三章也会讨论这个问题。

像更容易表征世界的表象，在表达思想，表征世界的概念、属性、规律等方面则要困难一些。① 美国批评家波特曼认为，图像容易使人肤浅，文字容易使人深刻。这实际上也是因为在接受图像时，人们可以只把握它的能指，而在接受文字（语言）时，人们必须把握它的所指。长此以往，自然就会造成或肤浅或深刻的情况。

笔者以为，诗画之间或者说视觉艺术与文学之间的界限主要表现在上述两个方面。当然，诗画之间的界限可能不止这两点，如果深入思考，还可以找出很多。如就图像而言，人们用感官把握到的形式与其最终在脑海中形成的形式是一致的；而就文字而言，人们用感官把握到的形式与其最终在脑海中形成的形式是不一致的。再如，相对于文字，图像更容易把握与消费，更能给观众带来感官的刺激与感性的愉悦。而文字则更能在知解力与想象力的运作与和谐中给读者带来美的愉悦。② 但这些区别，都是从上述两个主要差异中衍生出来的，它们之间的关系是主从的关系。

自然，图像在表现与建构世界的时候，可能会产生虚假表象和拟象等问题，图像表现的世界与客观世界不对应甚至完全相反。而文字所构建的文学世界也可能存在模糊、意义不明的问题。但这并不影响我们对图像与文字或者说画与诗的差别的探讨与界定，它们属于另外一个问题。

当然，诗画或者说语言艺术与视觉艺术之间的界限总是变动的，二者之间不可能存在永恒不变的界限，但在一定的时期之内二者之间的界限又是相对固定的，探讨这种界限有利于我们对这两种艺术形式的把握与运用。

第三节　视觉文化和语言文化的分层

与图像和文字相应的是视觉文化和语言文化。从艺术的角度看，两种文化的核心要素是表象和思想。两大要素在两种文化中的比率与地位是不同的。根据这种比率，把握两种文化的区别，以及两种文化内部的分层，有利于我们从一个重要的侧面，进一步了解语言和视觉文化，了解图像与文字在

---

① 参见赵炎秋《实指与虚指：艺术视野下的文字与图像关系再探》，《文学评论》2012 年第 6 期。
② 参见赵炎秋《异质与互渗：艺术视野下的文字与图像关系研究》，《文艺研究》2012 年第 1 期。

两种文化的定性与定量中的地位与作用。这是十分有意义的。

一 从文字与图像的角度看语言文化与视觉文化的不同类型

图像与文字在某种意义上，也可以说是视觉文化和语言文化。不过，无论是视觉文化，还是语言文化，都从来不是一个单一的结构，二者之间的界限也从来不是截然分明的。恩格斯认为："我们所接触到的整个自然界构成一个体系，即各种物体相联系的总体……这些物体处于某种联系之中，这就包含了这样的意思：它们是相互作用着的，而它们的相互作用就是运动。"[①]列宁在恩格斯论述的基础上，对世界的普遍联系，做了一个精辟的总结性说明："一切 vermittelt（德语，联系的意思。——引者注）＝都是经过中介，连成一体，通过过渡而联系的。"[②]也就是说，事物之间总是互相联系的，一事物通过中介与他事物联系起来，而它自己也成为另一事物与他事物联系的中介。视觉文化和语言文化也是如此。它们之间并没有一道鸿沟，鸿沟这边是视觉文化，鸿沟那边是语言文化。它们之间也是通过无数中介慢慢过渡的。根据不同的标准，可以将它们划分成不同的类型。

视觉文化以图像为主要载体，语言文化以文字为主要载体。但是视觉文化中也可容纳文字，它在运用图像的同时也可加入一定的文字。而语言文化也可容纳一定的图像，在运用文字的同时也可加入一定的图像。因此，作为两种基本的要素，文字和图像实际上在两种文化中都可以存在。但它们在两种文化中所占分量与重要性绝不是固定、静止、不变的，而是相对、流动、变化的。随着两种要素的变化，视觉文化也就逐渐过渡为语言文化，反过来，亦是如此。

这种过渡可以从形式的角度考察，即从图像与文字在某一作品或某类作品中的分量与比例变化的角度考察。比如一幅画，它可以全由图像也即画面组成，没有任何文字，如达·芬奇的《蒙娜丽莎》（图1-3）。也可以除了画面之外，还配以一定的文字以揭示与画面相关的思想，像中国古代的画配诗，如郑板桥的《竹石图》（图1-4）。画配诗，或者说图画与文字的组合

---

① ［德］恩格斯：《自然辩证法》，《马克思恩格斯选集》第三卷，人民出版社2012年版，第952页。
② ［苏联］列宁：《哲学笔记》，《列宁全集》第55卷，人民出版社1990年版，第85页。

体，其中的画面与文字可以有不同的组合。它可以是画面占80%，文字占20%，或者画面占60%，文字占40%，或者分别占40%和60%，或者分别占20%和80%。在二者关系上，可以是画面为主，诗为辅，也可以是诗为主，画面为辅。如果一幅画配诗中文字所占的比例逐渐扩大，由原来的20%扩大到80%，由原来的画面为主转变为文字为主，那么，画配诗也就逐渐变成了诗配画。在诗配画中，画面的成分还可逐渐减少，乃至完全消失，这时，这一诗画的组成体就变成了纯文字的组合，纯画面的视觉文化变成了纯文字的语言文化。反之亦然。

图1-3　[意] 达·芬奇：《蒙娜丽莎》

自然，我们这样论述，并不是说有某一个具体的作品可以通过这种比例的变化从一部纯画面的视觉文化作品变成一部纯文字的语言文化作品，而是

图1-4 郑板桥:《竹石图》

说从纯画面的视觉文化作品到纯文字的语言文化作品之间有着无数的中间状态,如果粗略划分,大致可以分为如下几种类型:纯图像的视觉文化作品如达·芬奇的《蒙娜丽莎》;以图像为主、文字为辅的视觉文化作品,如郑板桥的题画诗,日本的卡通;以文字为主、图像为辅的语言文学作品,如连环画，摄影小说①；纯文字的语言文学作品如曹雪芹的《红楼梦》。

比如清代画家郑板桥的《竹石图》，画面主要由竹子、石头和兰花组成。竹子高低错落、挺拔清峻、浓淡相宜；石头方劲挺峭、轮廓分明；兰花生机蓬勃、意趣横生。整个画面构图奇险，孤高有节。画面右边有诗云："乌纱掷去不为官，华发萧萧两袖寒。写去数枝清挺竹，秋风江上作渔竿。"两者相辅相成，相映成趣，显示出画家自甘淡泊、清高自许、坚韧顽强的品格和对官场黑暗的厌恶与抵制。画面的形象与思想的清晰恰到好处地配合在一起。纯图画或纯文字作品一般很难达到这种效果。

而达·芬奇的《蒙娜丽莎》则没有一个文字，完全是通过画面，展示蒙娜丽莎迷人的千年微笑。

不仅图画，其他视觉文化作品与语言文化作品之间也存在这样的过渡关系，如电影。无声电影可以说是纯画面的视觉文化；有声电影是图像为主、文字为辅的视觉文化作品；政论片是文字为主、图像为辅的语言文学作品；但有时政论片也可以只出现文字和声音，不出现画面。如果某部政论片从头到尾都只有文字和声音，没有画面，那么就可以将其视为纯文字的语言文化作品。

不过，把在银屏上出现的文字与声音作品说成是纯语言文化作品，可能会遭到很多人的质疑，因为在通行的观念中，在银屏上呈现的作品一般都被归入视觉文化的范畴。但是严格地说，银屏只是作品呈现的载体，作为载体，它无法决定其承载的作品的属性。一部《红楼梦》，在纸上呈现出来，是语言文化作品，制作成电子产品，在银屏上呈现出来，它还是语言文化作品。这里的关键不是它由什么载体呈现，而是它的主体是画面或者说具象，还是文字或者说语言。自然，以银屏为载体的作品只能用视觉来把握，但用视觉来把握的，不一定都是具象的东西。文字虽然是用视觉把握，但是第一，它不是具象的画面而是抽象的符号，它所表达的东西不能由感官直接把握，而必须经过心灵的转换；第二，文字总是与语音联系在一起的，即使在银屏上出现文字的时候没有出现相应的声音，人们在看到文字的时候也总是

---

① 摄影小说以小说为文字脚本，配以单幅的照片，通过精心的编排制作，组合成画面跳跃、情节连贯的小说作品。其中的文字可多可少、可长可短，但从故事讲述的角度而言，文字是占主导地位的。

会有意无意地联想到它的声音。因此，文字作品只能属于语言文化的范围。①

二 从思想与表象的角度看语言文化内部的分层

不过，从形式的角度观察同一组合体中文字与画面的分量与比例的变化，虽然有助于我们把握语言文化和视觉文化之间的关系，但这种把握还是浅层次的。要更加深入地把握语言文化和视觉文化的关系，我们还必须了解这两种文化内部，表象与思想这两种要素的相对流动和变化。这样，我们还必须换一个考察角度，从两种文化内部思想与表象之间的关系来进行考察。

图像表现的是世界的外在感性形式或者说是表象，语言表现的是思想。从这个角度，也可以说，视觉文化以表象为自己主要的表现对象，而语言文化以思想为自己主要的表现对象。但是，视觉文化并不仅仅表现表象，它在表现表象的同时，也必然要表现一定的思想；而语言文化在表现思想的同时，也必然要形成一定的表象。因此，作为两种基本的要素，表象与思想实际上在两种文化中都存在着，但它们在两种文化中所占分量与重要性是不同的。我们可以根据这两种因素在图像文化和语言文化中的分量与重要性，在两种文化的内部进行适当的层次区分。

其实，语言并不是绝对的一般与普遍的。它既有普遍一般的一面，又有具体特殊的一面。不过，在一般语言中，这具体特殊的一面还是次要的，比较模糊、混沌。因为语言的基本构成单位是语词，而语词首先是以它的共义也即概念而为人们所把握的。但是，采取一定的措施，人们可以把语言中比较次要、模糊的具体、特殊的一面放大、突出出来，使它变得清晰、具体、明确，从而形成比较清晰、具体的语象，再在语象的基础上构建起栩栩如生的形象。因此，语言文化作品不仅可以表达抽象的思想，也可以表现具体的形象也即世界的感性表现形式。②

这种双重性是由语言的性质与地位决定的。一方面，语言由词构成，词

---

① 参见赵炎秋《语言与文字：艺术视野下的文字与图像关系研究之四——重读索绪尔〈普通语言学教程〉》，《湖南师范大学社会科学学报》2015年第6期。

② 第三章会具体探讨这个问题。

的核心是词义，词义的核心是概念。概念是从若干个别事物中抽象出来的，在保持抽象意义的同时，它又与个别具体的事物保持着一定的联系。另一方面，人们理解概念总是以自己的生活经验为基础，而这些生活经验总是感性具体的。在理解概念的时候，人们必然把这些感性具体的东西与概念联系起来。因此，语言既有普遍一般的一面，也有具体特殊的一面。[1] 同时，语言是我们认识世界、表现世界的主要途径与手段，它既要表现世界理性的一面，表现抽象的思想，也要表现世界感性的一面，表现感性的形式。因此一方面，作为思想的直接现实（索绪尔语），语言要以自己的运作，表现抽象的思想；另一方面，作为人类认识、表现世界的主要途径之一，在必要的时候，语言又需要唤起自己内部具体特殊的一面，构建形象，表现世界的感性表现形式。这看似矛盾，其实并不矛盾。因为作为人类认识、交流、表达的主要途径之一，语言必须全方位地与客观世界和人的主观世界产生联系，抽象的思想和具体的表象，都需表达，缺一不可。

由此可见，语言文化内部同样存在思想与表象两大要素，只是这思想由语言（文字）表现，表象也是由语言（文字）构建的。但在不同的文本中，两个要素之间的地位和比率是不一致的，有的语言文化作品，思想的表达占据了绝对优势，有的语言文化作品，表象的构建占据了绝对优势。大致划分，可分为思想主导型、表象配合思想型、思想配合表象型和表象主导型四种。

思想主导型的语言文化作品以表达思想为其主要任务，哲学著作可以作为这类作品的代表。这类作品一般有两个特点：其一，其语言的能指与所指之间的联系是紧密、清晰的，一般不存在模糊、歧义之处；[2] 其二，所有的所指或者说语词的语义都以普遍一般的形式存在，直接表达着抽象的思想。如马克思的《关于费尔巴哈的提纲》中有这样一段话："关于环境和教育起改变作用的唯物主义学说忘记了：环境是由人来改变的，而教育者本人一定是受教育的。因此，这种学说必然会把社会分成两部分，其中一部分凌驾于

---

[1] 参见赵炎秋《形象诗学》第 4 章，中国社会科学出版社 2004 年版。

[2] 当然，这并不意味纯思想表达的语言文化作品完全不存在模糊、歧义之处，但是尽量减少，甚至消除模糊、歧义之处，是这类作品的基本要求之一。

社会之上。环境的改变和人的活动或自我改变的一致，只能被看做是并合理地理解为**革命的实践**。"① 这段论述批评了将人与环境割裂开来，否定人的能动性，否定人既有受环境影响的一面，又有改造环境的一面的旧唯物主义思想。而在这种割裂与否定的后面，则是对于人的实践的忽视或无知。整段论述以句号为标志，分成三个句子。其中第一、第二两个句子构成因果关系，以第二个句子前面的两个字"因此"为标志，第三个句子顺承第一、第二两个句子，指出由于实践，环境的改变与人的活动之间的关联与一致便不仅是可能的，也是必然的。论述中的每一个字词的意思都是准确、清晰的，句子之间的关系也是清晰、明确的，甚至每个字词的位置都是固定的，无法调动。整段论述中语言运作的指向是抽象的思想。毛泽东的《在延安文艺座谈会上的讲话》也是思想主导型的语言文化作品。整篇文章围绕文艺为工农兵服务和文艺如何为工农兵服务展开论述，形成了一个比较完整的文艺思想体系。

自然，思想主导型的语言文化作品中也不是完全没有表象的存在。只是这些表象是零散的，没有内在自足性的，完全是为思想的表达服务的。去掉这些表象并不影响思想的表达。如马克思在《资本论》中谈到在劳动力市场工人与资本家虽然是平等的，但一旦签订劳动合同，工人为资本家雇佣之后，双方的地位就不平等了。资本家昂首阔步地走在前面，而工人则畏首畏尾地跟在后面。这一表象十分生动。但是把这一表象去掉，却并不影响意思的表达。这一表象只是起到了使论述更加生动、更有感染力的效果。

表象配合思想型的语言文化作品仍然以思想的表达为主，但在这类作品中，表象也占据了一定的分量。虽然在与思想的关系中，它仍然处于次要、从属的地位，是为思想的表达服务的，但它已经形成了比较具体的形象，在思想的表达中起着不可或缺的作用。这在一些说理、议论性的文章中比较常见。如鲁迅的杂文《论"费厄泼赖"应该缓行》。"费厄泼赖"是英语 Fair play 的音译，原为体育比赛和其他竞技所用的术语，意思是光明正大的比赛，不用不正当的手段。英国曾有人提倡将这种精神用于社会生活和党派斗争中，

---

① ［德］马克思：《关于费尔巴哈的提纲》，载《马克思恩格斯文集》第一卷，人民出版社 2012 年版，第 134 页。

认为这是每一个绅士应有的涵养和品德。在当时的中国，也有一些欧美派人士如林语堂提倡这种精神。但鲁迅认为，在当时的中国，革命派和反动派、改革派和反改革派正在进行殊死的斗争，革命与改革所取得的每一点成果，都时刻面临丧失的危险。反动派虽然一时失利，但并没有认输。在这种情况下，如果革命者和改革者单方面地实行"费厄泼赖"，只能给对手的反扑和进攻提供机会和准备的时间，结果只能是革命和改革的失败和倒退。宽容不能纵恶，纵恶不是宽容，斗争不能中途停顿。整篇文章的论述围绕这一中心思想展开。但在论述的过程中，作者成功地塑造出了"落水狗"和"叭儿狗"这两种形象，文章的论述也围绕这两个形象展开。表象很好地帮助了思想表达，同时使文章论述具体、鲜明、形象。不仅"痛打落水狗"的精神深入人心，而且"叭儿狗"这一形象也鲜明生动，历历在目。不过从整篇文章看，思想的表达仍是主要的，表象是从属的、为思想的表达服务的。

思想配合表象型的语言文化作品可以寓言为代表。这类作品的文字在运作的过程中，形成的主要是表象，不过这表象有着明确的指向性，表达着某一明确的思想。换句话说，虽然作品的主体是表象，但作品的目的是通过这一表象表达某种思想，整个表象的内容、结构与指向都与这一思想联系着。如庄子的《庖丁解牛》，这篇作品叙述了庖丁高超的解牛技巧："手之所触，肩之所倚，足之所履，膝之所踦，砉然向然，奏刀騞然，莫不中音，合于《桑林》之舞，乃中《经首》之会。"塑造了"臣之所好者，道也"，解牛"依乎天理"，"以神遇而不以目视，官知止而神欲行"的庖丁形象。但无论是叙述解牛技巧，还是塑造庖丁形象，都不是文章的目的。文章的目的是要通过庖丁解牛的故事，说明任何事物都有其内在的本质与客观规律，只有掌握了事物的本质和规律，并按照这本质和规律行事，才能成功地把握、处理事物，得心应手地解决问题。也正因领会到了这一点，梁惠王才能"闻庖丁之言，得养生焉"[①]。养生与解牛本是风马牛不相及的两件事，但在把握、遵循各自的内在规律上却是一样的。梁惠王听懂了庖丁那番话的意思，当然也就明白了养生的道理。

《伊索寓言》也是这样。比如《农夫与蛇》的故事。蛇代表忘恩负义的

[①] 陈鼓应注释：《庄子今注今译》，商务印书馆2014年版，第116、117页。

小人，农夫代表无原则的仁爱者。农夫救了一条冻僵了的蛇的性命，而温暖过来后的蛇却咬死了农夫。农夫临死前悟到自己不该对蛇发善心。寓言顺理成章地提出了不应对恶人滥施仁慈的思想。

表象主导型的语言文化作品的主要代表是文学。这类作品的文字在运作的过程中，要调动本身隐含着的感性具体的一面，形成具象，并进而构成完整的形象世界。这类作品与思想配合表象型的语言文化作品最根本的区别，在于这类作品的表象虽然也蕴含着丰富的思想，但它并不直接与某一特定的思想固定联系起来，形象的构建本身就是目的。作者创作的目的就是构建形象，不一定要把握形象所表达的思想，甚至，有时作者自以为把握到了的思想反而是不准确的。美国作家杰克·伦敦的小说《海狼》出版之后，评论家和读者都认为这部小说表现了尼采的超人思想。但杰克·伦敦却表示，他写这部小说的目的之一就是要批评超人思想，但最后他不得不同意批评家和读者的意见，承认这部小说的确表现了超人思想，他对海狼拉森持过于肯定的态度。他的意图未能在小说中得到恰当的表现。换句话说，他对自己塑造的形象的把握并不准确。另一方面，纯表象表达的语言文化作品中的表象也即作品的形象世界是内在自足的。在作品本身的范围内，无需依附于其他的东西如某种框架或某种思想，它既是目的，又是主体，与作品是合二为一的关系。侧重于物质存在，它是作品；侧重于表象，它就是一个形象的世界。如《红楼梦》，它既是一部语言的文学作品，也是一个由文字构建的形象世界。这个形象世界是独立自足的，不需要从这个世界之外为其本身或其内部的某些部分的存在寻找支撑或者理由。比如贾宝玉，他的前身是一块无才补天的石头，后来幻化入世，在贾府、在大观园过了一段风花雪月的生活，然后又回复为石头，回到原来的所在大荒山青埂峰。这就是他在作品中的基本存在。无需证明，也无需证伪，他自己就是一个自足完整的世界。当然，这并不是说，我们不可以从认识论、价值论、从社会学、人类学的角度对这部作品或者小说的形象世界进行批评、分析；或者说，这部小说与创作它的作者、它所由产生的历史与社会、它所存在的文学语境以及已有的文化传统没有联系。而只是从本体论的角度，说明小说所构建的形象世界是独立自足的，无需依赖外界的支撑。

三 从表象与思想的角度看视觉文化内部的分层

与语言文化作品相对,视觉文化作品由图像构成,表现的是世界的表象。不过,表象与思想、形式与内容、现象与本质实际上是互为表里、无法分割的。一定的表象必然要蕴含一定的思想。在具体的作品中,艺术家可以侧重表现表象本身,也可以侧重表现表象所内含的思想。视觉文化内部同样存在表象与思想两大要素之间的关系问题。在不同的作品中,两个要素呈现出不同的比率,其重要性也各有不同,由此形成视觉文化作品不同的类型。大致划分,也可分为四种类型,即表象主导型、表象显示思想型、思想溢出表象型、思想主导型。

表象主导型的视觉文化作品主要是一些一般所说的纯艺术作品。所谓表象主导,并不是说这类作品不表达思想,或者说这类作品的思想性不强,而是说这类作品的思想隐含在表象之下,二者之间没有直接、固定、显性或者约定俗成的联系,需要通过认真的分析,反复的探查,才能发掘出来。自然,说思想隐含在表象之下,有可能会使人产生误解,以为表象就像一座矿山,而思想则是隐藏在山中的矿藏,只需将它挖掘出来就行了。这种理解是错误的。实际上,在表象主导型的作品中,表象只是提供了思想形成的潜质和规定性,思想的真正形成,还需要观众和批评家的欣赏、分析和挖掘。在这类作品中,表象与思想之间的关系是开放的、间接的、不固定的,不同的人,不同的时代、民族、社会,不同的解读体系,得出的思想不一定相同。有些作品甚至只表达一些比较宽泛的思想,除了这些宽泛的思想,很难再从中挖掘出某种更加"具体""深刻"的东西。如《米洛的维纳斯》(图1-5),除了说她表现了美、青春和内心的安宁与美德,或者再加上她体现了古希腊人对于美的崇拜和他们对于人体美的理想之外,我们还能挖掘出什么思想来呢?达·芬奇的《蒙娜丽莎》的情况也与此类似。符号学家将符号分为能指与所指两大部分。语言的能指是语音和文字,所指是它所表达的思想也即语词的语义;图像的能指是画面也即表象,所指是这表象所表达的思想。认真分析我们便能发现,语言通过所指来表征世界,而图像则通过能指来表征世界。因此,视觉艺术家的主要任务便是通过表象将世界的感性表现形式表现出来,心中构思的表象越完美,表现得越充分,艺术品就越成功。在思想与表象的关系中,表象处于更加重要的位置。这是表象主导型的视觉文化作品不一定思想性强或者思想深刻的重要原因,即使成功的表象主导型作品也是如此。

图1-5 《米洛的维纳斯》

表象显示思想型的视觉文化作品在构建表象的同时,也表达某种或某些明确、具体的思想。宗教画、寓意画等可为这类作品的代表。自然,任何表象都是会隐含或意味着某些思想的。但在表象主导型的视觉文化作品中,表象本身并不明确地指向某种思想,表象本身以及表象呈现的语境也不提供某种线索或某种规定性,使人将它与某种思想明确地联系起来。而表象显示思想型的视觉文化作品由于其表象本身的规定性、文化内涵、呈现的语境等原因，其表象直接地与某些思想产生联系。如1952年毕加索为联合国和平大会画的简笔画《和平鸽》（图1-6），表达了他对和平的祈祷与向往。首先，按照《圣经》的说法，大洪水之后，挪亚放出一只鸽子，傍晚时分，鸽子嘴着一条橄榄枝飞回来了，这意味着洪水已退，大地某个地方露出了旱地，世界生命开始了新的转机。因此，在西方文化中，人们一直把叼着橄榄枝的鸽子当成平安、和平的象征。这是毕加索的鸽子简笔画能够表示和平的意思的主要原因。其次，这幅画是画家专门为1952年的世界和平大会而画的。最后，这幅画的作者毕加索本人一直强烈地向往和平，他一生画过多幅关于和平鸽的画，大多与表达和平的愿望有关。这些原因加强了毕加索这幅鸽子的简笔画内含的和平意蕴。

图1-6　［西班牙］毕加索：《和平鸽》

思想溢出表象型的视觉文化作品可以宣传性的艺术品为代表。这类作品中，作者表达某种思想的愿望过于强烈，或者目的过于明确，于是思想突破表象的限制，直接地表现出来。如我国20世纪八九十年代的计划生育宣传画（图1-7）。画面一般是一男一女两个成人，各伸出一只手，牵着一个年幼的孩子，构成一个M的图形；或者是男士抱着孩子，女士紧贴在男士身旁，三人身子微倾，注视着美好的前方……这些画的目的都是一个：突出一对夫妇只生一个孩子好的思想。为了适应思想表达的需要，这类作品往往存在简化、变形、刻意突出某种因素的现象，并且往往伴随着文字的提醒，以使观众即使在不经意的状态中，也能知道它的意思。由于主题先行，这类作品一般具有公式化、模式化、简单化等特点，缺乏真正的艺术作品所需要的那种人无我有的独创，那种匠心独运的艺术构思，那种个体生命的充盈贯注，那种惟妙惟肖的细腻描绘，那种鲜明突出的个性张扬，那种含蓄象征的表达方式，那种对立统一的艺术张力，那种巧夺天工的艺术技巧。这种先天不足，决定了这类作品即使再成功、影响再大、传播再广，也不可能成为艺术精品。但从社会生活、社会运转、群众动员、思想发动的角度而言，它又是必不可少的，因此，这类作品也是视觉艺术的一个不可或缺的组成部分。

图 1-7 计划生育宣传画

如果思想继续溢出表象，最后压倒表象，使表象成为某种单一思想的标志，这时，思想主导型的视觉文化作品就出现了。这类作品中，表象在某种程度上退化成为一种符号，成为某种思想的标示。如一些艺术化的商标、公共场所供人辨识的图标，等等。由于目的在于表达某种固定的思想，这类作品的表象一般趋向简洁与变形，不追求与客观事物的形似，并且也不要求具有艺术作品通常追求的唯一性和独立性。它们的价值在于它们的实用性，也即它们能否表达某种特定的思想。而一种思想往往可以由多个表象来表达。所以，这类作品中的表象往往也是不确定的，只要其他表象能够起到同样的作用，就可以取而代之。如男女公共厕所的标示，一般是抽象化了的男女图示（图1-8），但它们完全可以由其他图标所代替，如用男女的头像，或者烟斗与高跟鞋、女式软帽与男式礼帽，等等。在这类作品中，表象与思想之间关系的确定一般有三种途径。一种是与客观事物形似，如厕所上的男女图标。一种是与文化传统有关，如中国古代建筑上用蝙蝠代表福，用仙鹤代表长寿，等等。一种是约定俗成，通过一定的途径，使某种表象与某种思想联系起来，成为社会的共识，如用某种图标代表某一公司或某一商品。自然，这种共识既然是约定俗成的，也有可能是任意、武断的，并不考虑个体的特殊情况。如用烟斗作为男厕所的标示，就没有考虑女性吸烟的情况。不过，这种任意与武断和语言的任意与武断又有不同，它还是建立在表象与客观事物之间的某种相似性或相联性的基础之上，如烟斗同男性之间的联系[①]；而且必须具有具象性，而不是一种抽象的符号。

图1-8 厕所的男女图标

[①] 女性虽然也有抽烟的，但没有男性普遍，因此社会一般将烟斗与男性联系起来；这就和男性也有蓄长发的，但只是个别现象，社会一般将长发与女性联系起来一样。

作为图标的男女形象,纯粹是利用了它与现实事物的形似,很难说有什么艺术性。而且很容易被其他的类似性质的图标所代替,如烟斗和高跟鞋、男式礼帽和女式软帽等。

而下面的图标(图1-9)代表、象征"三一集团",则是通过反复的宣传、运用,约定俗成的结果。

图1-9 "三一集团"的图标

裘锡圭认为:"在文字产生之前,人们曾经用画图画和作图解的办法来记事或传递信息。通常把这种图画和图解称为文字画或图画文字。"[①] 思想压倒表象的视觉文化作品如果再进一步简化与抽象化,就有可能成为文字画或图画文字。如现在网络中的一些符号,微信中的一些表情符号,等等。

图画文字是对客观事物的间接模拟,它和有声语言有直接联系,它记录了语言中词的声音和意义。图画文字再进一步简化,就成为现代意义上的文字,如汉字中的一些象形字(图1-10)。从这个意义上说,图画文字是文字的雏形,或者可以称为原始文字。图画文字是人类文明史上的一次质的飞跃,但是很难划入艺术的范畴。因为它的主要目的是表达声音与意义,而不是事物的表象。

---

① 裘锡圭:《文字学概要》,商务印书馆1988年版,第1页。

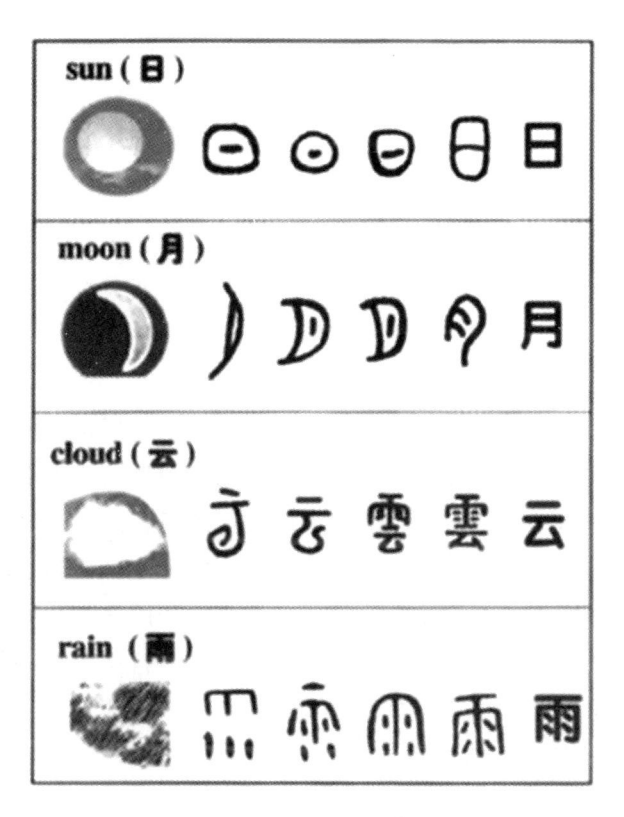

图 1-10　图画文字

本章小结

本章讨论文字与图像本身的问题。

本书讨论的图像是广义的,指所有用视觉直接把握的艺术形式。文字指语言和语言的艺术作品。之所以这样,一是为了与图像相对,一是考虑当今文学作品的存在和接受实际。文字与图像是人类表达与交流的两种主要手段,牵涉面十分广泛。为了使问题集中、深入,本书将讨论的范围限定在艺术之中。艺术产品常常出现价值与市场价值分离的现象,这一方面是由于学科内部的金字塔结构,一方面是由于文艺产品既要接受学科评判,又要接受公众评判。

关于诗画关系，18世纪之前占主流地位的观点一直是诗画同一说。18世纪后半叶，诗画差异说逐渐走向前台，占据主导地位。两种观点都有自己的理由，但也都有自己的局限。在世界已经进入信息、电子、图像时代的今天，诗画之间的界限主要表现在两个方面：其一，画或者说视觉艺术（图像）使用的媒介具有自然性，诗或者说文字艺术使用的媒介是人为的。其二，画或者说视觉艺术用能指表现与建构世界，诗或者说文字艺术用所指表现与建构世界。在图像与文字的基础上，形成了视觉文化和语言文化两大文化类型。

表象与思想是视觉文化与语言文化的两大要素，根据图像与文字、表象与思想两类因素在视觉文化和语言文化中的比率与地位，可以将两种文化分为不同的小类。从形式的角度也即根据语言与图像在同一作品中的比率，可以将两种文化分为纯图像的视觉文化作品、图像为主文字为辅的视觉文化作品，文字为主图像为辅的语言文化作品、纯文字的语言文化作品。根据思想与表象在语言文化作品中的比率与地位，可以将语言文化作品分为思想主导型、表象配合思想型、思想配合表象型和表象主导型四种类型。根据思想与表象在视觉文化作品中的比率与地位，可以将视觉文化作品分为表象主导型、表象显示思想型、思想溢出表象型、思想主导型四种类型。

第 二 章
文字与图像的相互关系

文字与图像的关系可以从许多方面进行探讨。广义地说，凡是同时牵涉到文字与图像的文章，都必然要涉及二者之间的关系。而狭义地说，只有正面探讨二者之间关系的，才是真正的文字与图像关系研究。本章在狭义的意义上研究文字与图像的关系，拟从两个方面进行探讨，一是二者各自的质的规定性是什么，以及二者之间的相辅相成；二是二者在表征世界方面有什么不同。

第一节 文字与图像的异质和互渗

文字与图像作为人类认识与表达世界的两种主要手段，既有相互对立的一面，又有相互联系的一面。相互对立的一面表现为二者的异质，相互联系的一面表现为二者的互渗。异质性表现在二者反映世界的方式、二者对人们展示出来的形式、二者与思想的关系三个方面。互渗性表现在二者的相互支撑性、相互渗透性和相互转化性三个方面。弄清二者的对立与联系，是把握、研究文字与图像关系的基础。

一 文字与图像的异质性

德国批评家莱辛曾在《拉奥孔》中探讨过文字与图像的关系。他认为，虽然"说画是一种无声的诗，而诗是一种有声的画"有一定的道理，但"画和诗无论是从摹仿的对象来看，还是从摹仿的方式来看，却都有区别"。[1] 莱

---

[1] ［德］莱辛：《拉奥孔》，朱光潜译，人民文学出版社1979年版，第2、3页。

辛的观点是正确的。就二者关系来看，文字与图像既有相互对立的一面，也有相互联系的一面，我们可以分别将它们称为异质性与互渗性。但是在《拉奥孔》中，莱辛的重点是讨论诗与画的界限，对于诗画之间的异质与互渗则关注不多。

日本学者浜田正秀将文字与图像视为人类两种不同的"精神武器"："语言是精神的主要武器，但另有一种叫做'形象'的精神武器。形象是现实的淡薄印象，它同语言一样，是现实的替代物。形象作为一种记忆积累起来，加以改造、加工、综合，使之有可能成为精神领域中的代理体验。然而它比语言更为具体、更可感觉、更不易捉摸，它是一种在获得正确的知识和意义之前的东西。概念相对于变化多端、捉摸不定的形象而言，有一个客观的抽象范围，这样虽则更显得枯燥乏味，但却便于保存和表达，得以区分微妙的感觉。形象和语言的关系，类似于生命与形式、感情与理性、体验与认识、艺术与学术的那种关系。"① 浜田正秀的论述涉及了文字与图像的异质性，可惜没有深入下去。

本书认为，"异质性"指的是文字与图像的不同的质的规定性。这种规定性决定了文字与图像不同的性质、特点和艺术生产与消费的方式。这种异质性主要表现在三个方面。

其一，就存在与反映世界的方式而言，图像以具象的形式存在，它对世界的反映是直接的、直观的，而文字则是以符号的方式存在，它对世界的反映是间接的、抽象的。黑格尔曾经指出："诗人所给的不是事物本身而只是名词，只是字，在字里个别的东西就变成了一种有普遍性的东西，因为字是从概念产生，所以字就已带有普遍性。"② 因此他认为，"我们把我们所意谓的一个感性存在用语言说出来是完全不可能的"③。严歌苓认为，文学与影像"最大的差异是文学可以描写那些不可言说的东西，比如人物的内心活动，而影像只能展现出表面的东西"④。语言的核心是概念，概念没有直观性，而语言的能指也没有直观性，它只是一些声音（语音）与线条（文

---

① ［日］浜田正秀：《文艺学概论》，陈秋峰、杨国华译，中国戏剧出版社1985年版，第32页。
② ［德］黑格尔：《美学》第1卷，朱光潜译，商务印书馆1979年版，第213页。
③ ［德］黑格尔：《精神现象学》上册，贺麟、王玖兴译，商务印书馆1979年版，第66页。
④ 严歌苓：《文学，是我安放根的地方》，《光明日报》2015年3月19日第11版。

字），因此，文字（语言）不能像图像那样直观地表现世界的"感性存在"，而只能将其间接地表现出来。作者先将世界文字化，读者再根据相关的文字还原作者所感受的世界。读者如果不识字或者没有相关的还原能力，就无法感受到作者所感受的世界。① 另一方面，图像的物质存在形式与世界的"感性存在"是一致的。它用线条、色彩、光线、固体材料（体积）或人体构成图像的物质存在，本身就是形象的。梅兰芳先生的"黛玉葬花"无论是在舞台上表演，还是照片照下来，或者绘成图画，塑成雕塑，它都是形象的物质存在。而文字的物质存在形式则只是干巴巴的符号，不经过心灵的转换，人们是无法直接在这符号中看到形象的。图像与文字的这一区别造成了图像的易接受性、拟真性和文字的难接受性、间离性。就传达的信息与思想的丰富而言，图像要多于文字，然而，就传达的信息与思想的清晰与条理而言，图像又不如文字。浜田正秀认为："在一个概念里面有好几个形象，但即便使用好几个概念也不能充分地说明一个形象。"② 一个概念可以用多个形象来表达，而一个图像中隐含的信息，却不是几个概念（文字）就能说明的。这正好说明了文字与图像之间的这种关系。

其二，就图像而言，人们用感官把握到的形式与其最终在脑海中形成的形式是一致的；而就文字而言，人们用感官把握到的形式与其最终在脑海中形成的形式是不一致的。一幅画，它在我们眼前是什么形式，我们最终把握到的也是这种形式；而一篇小说，比如鲁迅的《阿Q正传》，读者最终把握到的，或者说读者阅读的最终结果肯定不是它呈现在其眼前的形式即那几十页文字，而是阿Q从出生到中兴到死亡的人生经历，他的性格，有关的人物与场景。自然，阿Q的形象是靠这些文字塑造出来的，但是这些文字能够塑造这些形象，不是因为它们本身的物质形式，而是它们表达的概念或者说它们承载的意义。维特根斯坦认为，符号"在使用中才是活的"，"命令和它的执行之间有一道鸿沟。它必须由理解的动作填平"。"'学会它'的意思是：使他能够做它。"③

---

① 这一过程十分复杂，笔者在第四章会做详细探讨。
② ［日］浜田正秀：《文艺学概论》，陈秋峰、杨国华译，中国戏剧出版社1985年版，第32页。
③ ［德］维特根斯坦：《哲学研究》，汤潮、范光棣译，生活·读书·新知三联书店1992年版，第174、160页。

读者必须能在那几十页文字中把握到阿Q的形象和相关的生活,才能说是把握了这部小说。如果他只是认识字,却无法形成相应的形象,则不能说把握了这部小说。而把握图像则不存在这个问题,看到了某个图像,也就把握了这个图像。因此,相对于文字,图像更容易把握与消费,更能给观众带来感官的刺激与感性的愉悦。而文字则更能在知解力与想象力的运作与和谐中给读者带来美的愉悦。

比如黛玉的形象。《红楼梦》用了很多文字,对黛玉的外貌进行了描写,但读者对黛玉的长相仍然不甚了了。而梅兰芳扮演的黛玉,一张图片便将黛玉的形象在观众脑海中固定下来(图2-1)。①

图 2-1 梅兰芳扮演的葬花时的黛玉

---

① 自然,这并不意味着图像一定比文字优越。图像在表象的表现上比文字更有优势,但在思想的表达上,文字塑造的形象相比图像的表象则更清晰、明确。而且即使在具体的表象上也存在一些复杂的现象。《红楼梦》中描写的黛玉虽不具体,但给了读者想象的余地。梅兰芳扮演的黛玉虽然给了观众具体的表象,但观众的想象也就此被限制了。

其三，图像与思想的关系是间接的、分离的；而文字与思想的关系是直接的、同一的。语言的核心是概念，概念则是思想最重要的组成部分。索绪尔认为，语言是思想的直接现实，思想与语言是不可分割的。它们就像纸的正反两面，"思想是正面，声音是反面。我们不能使声音离开思想，也不能使思想离开声音"①。对于人类来说，并不是先存在某种思想，然后再寻找一定的语言来表达。两者实际上是同时形成的。思想由语言构建，思想形成的过程也是语言运用的过程。这里的关键是思想需要清晰、明确，而能够承担清晰、明确、系统、复杂地保存、表达、交流思想的任务的只能是语言。因为思想是抽象的，语言也是抽象的，思想由概念组成，语言的核心也是概念，两者之间有着天然的一致性。而图像由于其形象、具体的品质，无法构成与思想的天然的一致性，因而也就不可能与思想形成直接、同一的关系。思想只能含蕴在图像之中，两者之间没有直接、固定的联系，更不是同一的关系。如果强行将某种思想与某种图像固定搭配起来，比如用鸽子表示和平，那么这些图像也就部分地符号化了。人们在观看这些图像的时候，更多的不是感受其中的形象，而是在领会其中的意义，而这种接受实际上已有运用文字的性质了。自然，这不是说图像中没有思想，或者通过图像不能保存、表达、交流思想，而是说，当我们要将思想抽象出来，作为思想来保存、表达和交流的时候，只能运用语言。图像只能将思想蕴含在表象里面，再由读者、批评家挖掘出来。而在挖掘图像的思想时，还少不了语言的运用。

海德格尔在20世纪30年代曾经预言"世界图像时代"的来临。但他认为："从本质上来看，世界图像并非意指一幅关于世界的图像，而是指世界被把握为图像了。"② 海德格尔将"关于世界的图像"与"世界被把握为图像"区别开来，是很有意义的。它说明，事物以图像的方式呈现出来和我们以图像的方式来把握事物，并不是一回事。所谓"关于世界的图像"，也就是说世界以图像的方式向人们呈现出来，但世界以图像的方式向我们呈现出

---

① ［瑞士］索绪尔：《普通语言学教程》，高名凯译，商务印书馆1980年版，第158页。
② ［德］海德格尔：《林中路》，载孙周兴、王庆节编《海德格尔文集》，商务印书馆2015年版，第98页。

来，并不意味着我们就能将世界把握为图像。而且，即便把世界把握为图像，也不等于用图像的方式把握世界。把世界把握为图像只是一种结果，也就是说，世界最终以图像的形式对我们存在，而以图像的方式把握世界则不仅指把握的结果，而且指把握的方式，把握的过程也完全是图像在运作，这实际上是做不到的。把握世界的感性存在和以感性的方式把握世界只是人类把握世界的一个方面，另一个方面而且可能是更重要的方面则是以理性的方式把握世界以及把握感性存在背后所隐含的本质与规律，而这些则很难通过图像和图像的运作来实现。如果进一步分析，我们可以发现，对于世界的感性存在的把握也有两种方式。一种是用感性的方式（主要是图像）将感性存在以其本来面貌表现出来，一种是将感性存在语言化，以文字的形式表现出来。[1] 由此可见，由于语言与思想的直接和同一，即使在图像时代，它仍然有着不可取代的地位。因此，阿恩海姆尽管力挺图像，强调视觉在思维中的作用，认为"语言并不是思维活动之不可缺少的东西"，但他也不得不承认，语言"的确有助于思维"[2]。

　　由此可见，语言的艺术作品更能清晰地表达复杂深邃的思想，图像的艺术作品则更能表现世界的感性存在。文字表达意义更加准确、清晰、直接，也更能表达系统、复杂的意义；图像相对而言则要含混、模糊、间接一些，很难表达特别系统、复杂的意义。美国批评家道利斯·A.格拉博（Doris A. Graber）曾批评电视对美国政治和美国民众的不良影响，认为"在许多方面，电视时代已经反拨了人类学习知识的时钟，回到了只能眼见为实时代的学习。电视让人们即刻或稍后就能看到事件的发生，无须再依靠文字的描述。自从有了文字印刷的新闻，即使运用照片和图解，也不可能全然捕捉事件的发生。人们原本指望电视时代的公众能够比以前更好地把握现实，包括政治现实世界。这个指望已经显然落空。目前的研究者大多数都指出，尽管电视新闻的政治内容多多，但大多数美国人认识政治的水平却是令人失望"[3]。这

---

[1] 关于语言如何表现现实的感性存在，请参看赵炎秋《文学形象的语言构成》，《文学评论》1996年第4期。

[2] ［德］鲁道夫·阿恩海姆：《视觉思维》，滕守尧译，四川人民出版社1998年版，第305页。

[3] Doris A. Graber, "Seeing is Remembering: How Visuals Contribute to Learning from Television News", *Journal of Communication*, 40（1990）: p. 134.

段论述涉及了图像的形象具体的长处和在思想表达方面的不足,是有道理的。图像用表象表征世界,人们把握了表象,就一定程度上完成了对图像的把握,并不一定要深入到图像的思想。如果这些表象是零碎的、片断化的,就更会使人远离思想,从而使人走向浅薄。而文字的能指是抽象的,人们如果停留在对文字能指的把握上,没有任何意义,他只能进而把握文字的所指,才能说是把握了文字。而文字的所指也即思想。因此,把握文字的同时也就把握了思想,从而使人走向深刻。

异质性决定了文字与图像的竞争与对抗,决定了二者各有存在的理由。从艺术欣赏的角度看,它们各自满足了人类的特定要求,无法互相取代,也不能二者合一。

二 文字与图像的互渗性

陈平原2007年在《新史学》创刊座谈会上发言时说,他在做图像研究时碰到的最大的困难就是,"没有相关的文字我们几乎没有办法解读图像,或者说没办法阐发图像。但是带进了文字以后,我们如何保持图像的完整性,最后不要变成只是用图来做说明,我觉得这是一个比较大的困难。结果如何将图像和文字联合,我不知道。我自己的感觉是,到目前为止,我们看到的研究图像的论文,尤其中文系和历史系写的论文都碰到这个问题,我自己的著作也是这样,包括黄克武他们编的也是这样,以前的郑振铎,都有这个问题。我们其实都是用配图的办法来读,而没想到图像本身可能伸展出一种文字涵盖不了说明不了的问题"[1]。陈平原的研究经验一方面说明图像与文字的异质,图像有"文字涵盖不了说明不了的问题",另一方面也肯定了两者之间的互渗,文字可以"解读图像""阐发图像"。

文字与图像的互渗性,指的是二者之间的相互联系与相互渗透。这种互渗性也主要表现在三个方面。

其一,是文字与图像之间的相互支撑性。所谓相互支撑是指文字与图像在表现、交流以及效果上是互相依赖的。这方面的常见形式有传统的诗配

---

[1] 陈平原:《我真正用力的是图像和文字之间的关系》,http://fcs123.blog.163.com/blog/static/753942142008622841113754/,2011年10月20日。

画、现代的摄影小说等。作为人类交流与表达的两种主要手段或媒介，无论是文字，还是图像，都无法仅仅单凭自身完成人类认识与表达世界的任务。文字需要图像，以使自己的表现更加直观、具体、形象。在一段文字材料中穿插几幅图片，无疑会使已有的表达更加形象、具体，更有吸引力。而图像也需要文字，以使自己内涵的意义能够敞亮、澄明。比如1991年问世的那张为"希望工程"做宣传的"大眼睛女孩"的照片。那是一张黑白照片，照片中一位小姑娘手拿铅笔，睁着一对大眼睛，望着前方。人们从这张照片看到了贫困地区的孩子对读书的渴望，对社会的诉求。实事求是地说，这张照片在当时的确产生了轰动性的影响。据照片的拍摄者解海龙介绍，当时拍这张照片时，苏明娟正在教室里低头写字，她偶尔抬头的时候，解海龙发现，这女孩的眼睛特别大，有一种直抵人心的感染力。于是他拍下了这张照片。因为那大睁着的眼睛能够被人解读出强烈的渴望，因此这张照片被中国青少年基金会选为希望工程宣传标识。由此可见，无论是其产生的过程，还是画面本身，"大眼睛女孩"都不是必然地与"渴望读书"这样的思想联系在一起的。它之所以能让人们做这样的解读，实际上是与这张照片的标题"我要读书"以及与这张照片相关的解说分不开的。也就是说，这张照片蕴含着多种解读的可能性。如给它配上"期待团圆"这样的标题再加上相关的解说，它也可以表示农村留守儿童对于同父母一起生活的渴望；给它配上"外面的世界"这样的标题再加上相关的解说，它又可以表示落后地区的孩子对于发达地区的向往。由此可见，没有文字参与，这张照片意义的确定与澄明实际上是不可能的。照片如此，影视等图像艺术更是如此。如果没有文字（语言）的参与，影视作品的艺术表现力、意义的深广性都将大打折扣。

  其二，是文字与图像之间的相互渗透性。相互渗透性是指文字与图像各自包含了一些对方的因素并且少不了对方的参与。

  在美国纽约的现代美术馆里，有这样一件艺术作品。作品的创作者约瑟夫·科苏斯将一把真实的折叠椅、一张等大的该椅子的照片和一张放大了的关于"椅子"的词条并置在一起，命名为"一把和三把椅子"（图2-2）。真实的椅子与椅子的照片构成椅子的能指，而关于椅子的词条则提供了椅子的所指。科苏斯试图通过这种方式完成对"椅子性"的探讨，使人们全方位地理解"椅子"。真实的椅子只是为我们提供了椅子的实物，椅子的照片为我们提供了椅子的图像，但是，如果我们要真正地把握"椅子"这一客体，我们还必须在观念上把握它。我们首先得给它命名；其次得了解它的功能，椅子是人坐的；最后得掌握它的基本形式，椅子由四条腿、一个椅面、一个靠背构成。这就离不开文字。然而另一方面，要确切地把握"椅子"，我们又无法离开椅子的实物和椅子的照片。由此可见，要全面真正地把握"椅子"，我们既不能离开椅子的图像（实物和照片），也不能离开椅子的概念（文字）。两者实际上是无法分割的。椅子的图像本身就包含了相关的概念（文字），椅子的文字（概念）本身也包含了相关的图像（实物或图片）。换句话说，在一般情况下，文字与图像实际上是互相暗含的。这是文字与图像的相互渗透性的第一层意思。

图 2–2　［美］科苏斯：《一把和三把椅子》

相互渗透性的第二层意思是从形成的过程看，文字与图像也是互相渗透的。形象思维与抽象思维作为人类思维的两种基本形式在人类思维的过程中是互相交叉、渗透的。语言是抽象的，但它又可以描写、塑造形象。语言艺术在形成过程中少不了图像的参与。很多作家往往是在形成生活的相关意象之后，再用文字将其表达出来。众所周知的故事是屠格涅夫创作《父与子》的契机。他在火车上邂逅了一个青年，这个青年的睿智与玩世不恭给他留下了深刻的印象。分手之后，这位青年的形象不断地在他脑海中浮现并且不断地清晰、完善，并最终促使他动笔写作了《父与子》这部小说，塑造了巴扎洛夫这个聪明、有思想的矛盾的虚无主义者的形象。图像艺术形成的过程，也同样有着文字的渗入。图像虽然最终以形象的形式出现，但其形成的过程，则无法排除文字的存在。一幅画的构思，对它的意义、目的、诉求的把握，对与这幅画有关的知识、背景的把握，对这幅画后面的世界的了解，更多地只能依靠语言。离开了另一方，无论是文字，还是图像，要单靠自己的运作形成艺术作品，实际上是不可能的。比如王迎春的中国画《走出雪山草地的红军》（图2-3）。这幅画创作于2011年，与国内以前比如20世纪70年代的相同画作相比，画面上的红军衣衫褴褛，疲惫不堪。为什么不像以前那样将红军画得衣帽整洁、红光满面呢？王迎春解释说，因为要尊重历史，尊重自己对历史的认识。[①] 将走出雪山的红军画得穿着整洁、红光满面，好看是好看了，但与实际不符，也就不真实了。而一幅画作如果不符合历史的真实，也就失去了它应有的价值。这既是他画画时的认识，也是他对画作的解释。离开了文字，这幅画作的形成，实际上也是不可能的。

图2-3 王迎春：《走出雪山草地的红军》（中国画）

[①] 王迎春：《〈走出雪山草地的红军〉创作谈》，http：//arts.cntv.cn/art/special/hl/20130109/106619.shtml，2021年3月5日。

其三，是文字与图像的相互转化性。曹雪芹用文字写出了《红楼梦》，我们可以将它转化为图像（影视），《红楼梦》改编成电视剧仍然是《红楼梦》，不可能成为其他的东西。另一方面，一个图像，也可用文字进行描述，比如照片《我要读书》中的那个大眼睛姑娘。先有影视剧本，再拍成电影电视，或先拍成了电影电视，再出小说（如《手机》），更是现在常见的现象。

然而，问题不在于说明文字与图像之间的相互转化是一个客观的存在，而在于说明这种客观存在的内在机制，或者说，文字与图像之间为什么能够互相转换。

我们以为，这种内在机制首先在于文字的图像表述能力和图像的文字内蕴，其次在于文字和图像之间的同构性。

前面说过，在一般情况下，文字与图像实际上是互相暗含的。从某种意义上说，文字与图像都只是表现世界的一种形式。世界可以表现为图像，也可以表现为文字。语言并不是思维着的头脑或者说理性的产物，而是生活的凝集。卡西尔认为："语言概念的最初功能并不在比较经验与选择若干共同属性；它们的最初功能是要凝集这些经验，打个比方，就是把这些经验融合为一点。但是，这种凝集的方式总是取决于主体旨趣的方向，而且更多地是为观察经验时的合目的性的视角，而不是经验的内容所制约的。无论什么，只要它看上去对于我们的意愿或意志，对于我们的希望或焦虑，对于我们的活动或行为是重要的，那么，它，并且唯有它，才有可能获得'语言'意义的标记。意义的区分是表象得以固化（solidification）的前提；而表象的固化则如上述，又是指称这些印象的必要条件。"[①] 语言是生活的凝集，表象的固化。语言不仅要表现世界的本质、规律等抽象的东西，它也要将世界的感性存在凝结成概念，通过概念表现出来。抽象的文字背后隐藏着感性的世界。人们在学习语言的时候，也就把握了语言背后的感性世界。如一个孩子在看到椅子的时候，他的父母就告诉他这是椅子。经过一段时间，他便能将椅子这个词与真实的椅子联系起来，不仅联系到椅子的实质，而且联系到

---

① ［德］恩斯特·卡西尔：《语言与神话》，于晓等译，生活·读书·新知三联书店1988年版，第63—64页。

椅子的表象。当他看到的不是真实的椅子,而是椅子的图像的时候,也就能知道这是椅子。反过来,当他看到椅子这个词时,他自然也能联想到椅子的感性形式。由此可见,文字与图像之间不是绝缘的,而是相通的。图像本身蕴含着文字的因素,文字可以描绘形象。因此,一定的图像可以用一定的语言表述出来,一定的语言也可以用一定的图像加以表现。语言的积累和成熟达到一定程度的时候,事物的表象或图像的文字化就是顺理成章的事。

苏珊·朗格曾讨论事物之间的同构性问题:当你在商店买灯罩时,你先看中的是一个绿色的灯罩,然后你又要一个大些的紫色的同样的灯罩,无论是你自己,还是售货员,都不会弄错你要的是什么。那么,这两个灯罩的共同之处是什么呢?"这一共同之处不是别的,而是指组成这两种灯罩的各个部分之间的相互关系模式。至于这两种灯罩的空间质,那是毫不相等的,因为在它们之间没有一个地方的实际尺寸相同。然而它们的形状是相似的,这就是说,组成这两种灯罩的各个部分之间的空间关系是相同的,因此,它们才有相同的'形状'。"[①] 换句话说,两个事物只要具有这种"同构性",不管它们其他方面如何不似,人们都会将它们看作同类事物。两个长相相似的父子之间也存在这种同构性。严格地说,父子的长相没有一处是一致的,父亲的鼻子要比孩子的大许多,父亲的眼睛也要比儿子的大许多。父亲的一切,其占据的空间都要比孩子的大。但他们身体的各个部分之间的空间关系是相同的,正是这空间关系的相同,决定了父子的相似。

文字的作品与图像的作品之间也存在这种同构性。这种同构性主要建立在核心要素与关系的相同上。一部根据《水浒传》改编的电视剧,只要它描写的是一个叫宋江的小吏领着一群好汉与官府作对,时代背景、基本情节、人物关系、主要人物的姓名性格不变,其他一些因素再怎么变,人们也会认为它是《水浒传》。因为两者之间具有同构性。一幅画中一个纤弱的古装美女荷着小锄、提着花篮,篮子盛着一些落花。熟悉《红楼梦》的人就知道这位女子是林黛玉,尽管这位女子与他想象中的黛玉或者他看到的别的画中的黛玉长得完全不同。因为这幅画与《红楼梦》中描写的黛玉葬花有着同构性。

自然,正如有学者曾经指出的:"无论是图像到语言,还是语言到图像,

---

① [美]苏珊·朗格:《艺术问题》,滕守尧等译,中国社会科学出版社1983年版,第15—16页。

'转换'不等于'等值','同构'不等于'同步',势必存在意义的增值或衰减。"① 由于文字与图像之间的异质性,二者在相互转换的过程中总会丢失一些东西,使它们不可能完全同一,但只要保持了这种同构性,两者之间的转换就是成功的。人们可以凭着这种同构性将两者与其他艺术品区别开来。

互渗性决定了文字与图像并不是你死我活的关系,它们之间实际上是相辅相成的。

三　文字与图像的此消彼长

文字与图像的异质性决定了二者各自的独立性,无法相互取代;而互渗性又决定了二者之间相辅相成、无法离开对方而独立存在,由此形成二者之间的张力。如果仅从二者之间关系的角度静态地看,文字与图像应该处于一种平衡和平行的发展状态,但是历史告诉我们,文字与图像并不是平衡与平行发展,而是此消彼长的。龙迪勇认为:"语词与图像都是叙事的工具或手段,但在和语词的长期共存与竞争中,图像总是处于被贬抑的地位。"② 这是事实。但我们也应看到,在历史漫长的发展过程中,也有很长一段时间图像处于优势的地位。

从图像与文字的角度看,人类艺术的发展大致可以分为三个时期。

第一个时期是图像为主的时期。这一时期从史前时期一直持续到文字产生之后很长一段时间,人类艺术的主要形式是"图像"。在史前时期或"前文字时代",人类主要靠非符号化的信号、摹仿、结绳、图画、契刻、肢体语言等方式传递信息,思维方式上主要是实物—具象思维。如看见野牛,便在山洞里画上野牛,遇见朋友,便露出笑容,碰到敌人,便做出凶恶的姿态,等等。通过这种方法来传递信息,进行沟通。后来,逐渐产生了语言,大约在公元前 3500 年,在古埃及、克里特和中国,开始出现文字。但人类早期语言尚不成熟,加之书写材料的笨重与昂贵(如龟甲、金石、泥板、木

---

① 张玉勤:《图像对语言的僭越与图像批评的生成——从竹林七贤故事的语图互文关系谈起》,《文艺理论研究》2019 年第 5 期。

② 龙迪勇:《图像叙事与文字叙事——故事画中的图像与文本》,《江西社会科学》2008 年第 3 期。

板、竹简、锦帛、羊皮等),手工抄写的复制与传播方式的困难与耗费,文字在产生之后很长一段时间都无法大规模地传播与使用,以文字为基础的语言艺术自然也就很难大规模地展开。以图像为主的艺术如绘画、雕塑、舞蹈、戏剧等仍在人类艺术生活中占据着重要的位置。

第二个时期是文字为主的时期,人类艺术的主要形式成为"文字"。这一时期在我国大概从东汉蔡伦发明造纸术开始,欧洲大概从8世纪造纸术传入后开始。造纸术、雕版印刷以及后来的活字印刷术的发明,使文字活动的大规模展开成为可能,以文字为基础的语言艺术特别是小说的大规模展开也成为可能,文字逐渐超过并取代图像成为艺术的中心,并在18、19世纪和20世纪前半期达到其黄金时代。巴尔扎克、托尔斯泰、狄更斯、拜伦、华兹华斯、雨果、李白、杜甫、曹雪芹、罗贯中、施耐庵、吴承恩等文学家以及他们的作品,几乎是家喻户晓。

第三个时期人类艺术进入了"文字"与"图像"并立的时期。20世纪后半期之后,由于电子、网络、信息技术的迅猛发展,"图像"再度兴盛,新的图像艺术逐渐进军人类艺术的中心舞台,形成与语言艺术并峙的另一艺术高峰。新图像艺术的特点之一,是图像中占据主导地位的已不再是传统的绘画、雕塑、舞蹈、戏剧,而是由新的科学与技术手段所催生的电影、电视、摄影、图片、电子图像、三维影像、全息摄影、虚拟现实等。媒介专家麦克卢汉1964年宣称:"图画似的消费时代已经死了,图像(iconic)时代已经来临……"[1] 美国学者丹尼尔·贝尔认为:"当代文化正在变成一种视觉文化,而不是印刷文化,这是千真万确的事实。"[2] 波德里亚提出"拟象"理论。美国学者米歇尔认为我们已经进入"一个不仅由图像所再现的世界,而实际上是由图像制造所构成并得以存在的世界"[3]。但是尽管如此,语言艺术仍在发展,原有的文类如小说、诗歌、散文、戏剧文学依然存在,新的文类如影视文学、网络文学迅速发展,而与新媒介结合的新的形式如手机文

---

[1] [加]马歇尔·麦克卢汉:《理解媒介》,何道宽译,商务印书馆2003年版,第213页。

[2] [美]丹尼尔·贝尔:《资本主义文化矛盾》,赵一凡等译,生活·读书·新知三联书店1992年版,第156页。

[3] [美]W. J. T. 米歇尔:《图像理论》,陈永国、胡文征译,北京大学出版社2006年版,第31页。

学、摄影文学、广告文学等更是无孔不入。

由此可见，在人类艺术史上，无论是一般意义上的文字与图像，还是艺术意义上的文字与图像，都不是平行发展的，而是此消彼长的。这其中的原因仅靠文字与图像的异质与互渗是无法解释的，我们还需要将视线从文字与图像本身移到文字与图像之外，从其他方面寻找原因。

其一，是科技的发展在文字与图像的此消彼长中的作用。毫无疑问，一方面，在自然状态下，人们把握图像比把握文字更加容易。因为与图像相联的视觉是天生的，人类先天地具有接受图像的能力。考古发现，人类最早的艺术品不是文字，而是图像，如岩洞里的壁画，各种实物如兽骨、鸟羽做成的装饰品等。而与文字相联的知识、文化等则是后天习得的。一个幼儿几乎不需多少训练便能接受图像，如妈妈的面孔、周围的实物、简单的绘画与图片等，但要掌握起码的文字，则至少得花几年的时间学习。另一方面，在纯自然状态下，人们制作图像实际上也比制作文字容易。人们运用自己的身体与实物很容易就能制造出一个图像的艺术品，进行绘画与雕塑也不是十分困难。让幼儿信笔涂鸦比让他学习文字更加容易。图像在很长一段时间内超过文字成为人类艺术的主要形式，与这两个原因有较大的关系。造纸术与印刷术产生之后，文字生产的条件大大改善，文字的制作、保存与传播更加容易。而由人的身体制造的活的形象如戏剧、舞蹈难以保存与传播。建筑、雕塑等三维立体图像难以传播。一方面，绘画、书法等二维平面图像虽然可以与文字一样保存与传播，但是图像作品的制作比文字作品困难；另一方面，在情感与叙事的容量上，它们又远不及文字作品特别是小说；而且，在原创的意义上，绘画与书法作品几乎无法复制，原作与复制品的价值可以说是有天壤之别，而文字作品则可以大规模地复制，而且不影响其价值。因此，在印刷时代，图像活动的大规模展开远不如文字容易，于是，文字取代图像成为人类艺术的主要形式，小说、诗歌、散文、剧本，成为这一时期主导的艺术形式。而在信息时代，网络、摄影、计算机、电子技术和复制技术的产生，使情况再次发生变化。图像的制作、保存与传播变得轻而易举，图像活动的大规模展开成为现实。从价值的角度看，电子图像的复制也不影响其价值，一张电子照片，无论复制多少张，复制品的价值不会低于被复制品的价值。这样，图像再次繁荣，在人类艺术中的地位也逐渐上升，成为与文字并立的另一高峰。①

其二，文字与图像在人类艺术中地位的此消彼长，与植根于科学技术发展的人类艺术消费方式也有密切的联系。弗洛伊德认为，人类不会放弃任何可能的享受。② 艺术消费也是如此。人们总是寻找最方便、最舒适、最能得到愉悦与享受的艺术消费方式。相对于文字来说，消费图像自然要更方便、更舒适，得到的感官愉悦与直接的快感也要更大一些。因此，在同样的条件下，人们自然更喜欢消费图像。笔者曾经在自己任教的中文系对学生做过一次调查：在小说和根据小说改编的电影中，你更愿意看小说还是电影？结果70%以上的学生选择了电影，尽管他们的专业要求他们首选小说。

不过事情总是复杂的。消费图像虽然方便、舒适，但在摄影、电子与网络技术产生之前，人们要得到欣赏图像的机会并不容易。他必须步行或坐车、骑马到剧院才能欣赏到戏剧与歌舞，必须到画廊、博物馆才能欣赏到绘画与雕塑，必须到建筑物的所在地才能欣赏到建筑。而且这些地方大都是公共场所，他不能随心所欲。如达·芬奇的油画《最后的晚餐》画在米兰的圣玛利亚感恩修道院的大厅的北墙上，要看这幅绘画的原作，得千里迢迢地跑去米兰。此外，还有较高的经济上的支出。经济相对拮据的观众，即使有心，也不一定消费得起。而文字则不同，一本书、一张桌子、一杯茶，就能供读者愉快地渡过一个晚上。因此，虽然电影在 20 世纪初就产生了并且得到人们的喜爱，但是由于电影公共消费的性质，它并没有对文学造成多大的威胁，两者基本上是相安无事、并行不悖的。然而，电视、录像、电脑、网络、智能手机产生之后，情况则起了变化，图像的消费不仅变得容易，而且成

---

① 从微观的角度看，甚至一种新的材料的产生也会对图像与文字产生影响。本雅明认为："钢铁在建筑中的使用是拱门街出现的第二个条件。""这些拱门街是豪华工业的新发明。它们是玻璃顶、大理石地面，经过一片片建筑群的通道，它们是本区房主的联合经营的产物。这些通道的两侧，排列着极高雅豪华的商店。灯光从上面照射下来。所以，这样的拱门街堪称一座城市，更确切地说，一座微型城市。"（［德］本雅明：《发达资本主义时代的抒情诗人》，张旭东、魏文生译，生活·读书·新知三联书店1989年版，第178页。）钢铁的使用，造成新的城市景观。新的城市景观必然会影响到人们的图像消费与图像意识，从而对文字与图像产生一定的哪怕是微小的影响。

② 在其著作中，弗洛伊德多次表示过类似的意思。比如他在《性学三论与论潜意识》中写道："人类是一种永不疲倦的寻觅者……要他放弃他所享受过的快乐是极其困难的。"载车文博编《弗洛伊德文集》第三卷，长春出版社2004年版，第264页。

为家庭甚至个人消费行为。当下的青年，随便拿个终端设备如手机、iPad、电脑等，便可以欣赏图像；而家庭妇女，则往往是边做家务边欣赏肥皂剧，或者坐在沙发上，睡眼蒙眬地边打瞌睡边看电视，渴了喝喝茶，饿了吃点东西，既方便，又舒适。图像的消费比文字的消费更加方便、容易。而且，阅读文学作品需要全神贯注，否则就很难把握。而观看图像艺术，则可三心二意，虽然把握不畅，但至少不会出现丈二和尚摸不着头脑的现象，至少图像本身可以进入观者的意识并被观众部分地把握。于是，图像成为了文字强劲的竞争对手。

周宪曾经发问："'读图时代'的来临，是否意味着文字主因的文化已经被图像主因的文化所代替？是否可以说今天图像比文字更具魔力和吸引力？是否可以断言今天确实存在着图像对文字的霸权？"他引用罗兰·巴特的相关论述，认为巴特对此的回答是肯定的。[①] 本书的回答则是中性的。本书认为，文字与图像在艺术中的地位并不是永恒不变的，二者时刻处于博弈之中。在这种博弈中，二者的此消彼长，其内因在于各自的长处与不足，外因则是人类的艺术生产与消费方式，以及与这种方式相联系的科技发展水平。谁在博弈中占据优势，归根结底取决于二者的这种长处与不足同人类的艺术生产与消费方式，以及与这种方式相联系的科技的发展水平与物质生产方式之间的关系。这种博弈现在并未结束，而且可能永远也不会结束。

第二节　文字与图像的实指与虚指[②]

文字用所指表征世界，图像用能指表征世界，这是二者最重要的区别

[①] 参见周宪《"读图时代"的图文"战争"》，《文学评论》2005年第6期。
[②] 本节是在与赵宪章先生的一篇文章商榷的基础上形成的。赵宪章这篇文章的题目是《语图符号的实指和虚指——文学与图像关系新论》，发表在《文学评论》2012年第2期。在这篇文章中，赵宪章认为：语言和图像有着不同的意指功能。前者是实指符号，后者是虚指符号，从而导致文学崇实、绘画尚虚的艺术风格及其不同的评价标准。语言和图像的关系史证明，能指和所指关系的"任意性"造就了语言的实指本性，"相似性"原则决定了图像的隐喻本质和虚指体性。人为的制作工艺及其对于视觉机制的迎合，使图像符号作为"假相"具有了合法性；但是语言作为实指符号本身并不会"说谎"，"谎言"来自使用语言说话的人。进一步探讨可以发现，"隐喻"作为语言修辞意味着语言的图像化、虚指化，即语言脱离实指功能、变身为图像（语象）隐喻，从而滑向虚拟的文学空间。语图符号的实指和虚指并行而不悖，语言实指和语象虚指的交互变体成就了文学。

之一。这一区别,决定了文字与图像许多其他的不同,引出许多值得探讨的问题。文字与图像同处一个文本之中时,二者谁居主导地位,以及二者的实指与虚指的问题,就是两个值得探讨的问题。认真探讨这些问题,不仅有利于增进我们对于文字与图像不同特点的认识,也有利于我们更深入地理解它们之间的联系。

一 文字与图像同居一个文本时谁居主导?

进入 21 世纪以来,文字与图像的关系成为理论界关心的热点问题之一。以赵宪章教授为首的南京大学研究团队在这方面做了不少工作,发表了不少重要论文。《文学评论》2012 年第 2 期发表的赵宪章教授的《语图符号的实指和虚指——文字与图像关系新论》(以下简称"赵文")就是其中的一篇。拜读之后很受启发,也引起了笔者的一些思考。思考的结果,有些与"赵文"不同的观点。现写出来,以就教于赵宪章教授和大方之家。

"赵文"开始,作者描述了这样一种影视观看经验:"当电影机或电视机的影像系统发生故障时,屏幕一片漆黑或雪花闪烁,只有声音传播清晰依旧,受众仍然可以听出叙说的大概;反之,如果是它的声响系统发生故障,只有画面仍在照常播放,接受效果则会大大逊于前者。""赵文"认为,"这一视听经验告诉我们:语言作为声音符号具有实指性,图像则是虚指性符号;'实指'和'虚指'的不同,决定了当它们共享同一个文本时,语言符号具有主导性质,图像符号只是它的'辅号'"。

"赵文"的这一结论,从它自身所依据的逻辑来看,是站得住脚的,但如果跳出它的逻辑框架,从另一角度来看,则存在很大的问题。因为我们同样有另外的视听经验,指示着相反的结论。比如卓别林的哑片,除了偶尔的字幕之外,基本上就没有文字(语言),但我们能够把握其叙说的意思,得到审美的享受,并不因为没有文字的辅助而不知其所云。在图像与文字同处一个文本的时候,文字也不一定居于主导地位。如张艺谋执导的电影《英雄》,图像产生的效果很多是文字所无法达到的。如影片中的箭头如蝗虫般地占满银幕,棋馆中无名与长空的厮杀,黑红蓝绿白色彩的运用,等等。在许多由小说改编的电影中,小说往往是默默无闻的,即使在由它改编的电影已经产生轰动效应之后,仍然还是默默无闻。如冯小刚执导的电影《集结号》大红大紫之后，其小说原作杨金远的《官司》仍不大为人们所知。而实际上，从故事、情节与人物等方面看，电影对小说的改动并不多，只是一个用文字呈现，一个用图像（当然，也少不了文字或语言）呈现。从逻辑上看，如果在图像与文字处于同一个文本时，文字占主导地位，图像只起辅助作用，那么，纯文字文本至少应该不比依据它改编的影视作品效果差。但事实往往不是如此，很多小说改编成电影后，电影的效果和影响大大超过了小说原作。如苏童的小说《妻妾成群》与张艺谋的电影《大红灯笼高高挂》，陈源斌的小说《万家诉讼》和张艺谋的电影《秋菊打官司》，等等，都是如此。这说明，断言图像与文字"共享同一个文本时，语言符号具有主导性质，图像符号只是它的'辅号'"，是站不住脚的。

　　自然，也有根据小说改编的影视作品，其接受效果不如小说原作的。如根据《红楼梦》改编的影视作品，不管是1987年版的央视《红楼梦》，还是2010年版的李少红导演的《红楼梦》，不管是越剧《红楼梦》，还是黄梅戏《红楼梦》，其效果都比不上小说原作。但这也不能说明文字优于图像，就像不能依据《集结号》说明图像优于文字一样。这里的根本原因在于文字与图像是两种不同的表达与交流手段，各有自己的特点与运作规律。一方面，如果不是创造性的再创作，完全按文字的特点与运作规律组织起来的文字作品，转换成影视作品后，其审美效果必然要大大减弱；另一方面，完全按照图像的特点与运作规律组织起来的影视作品，转换成文字作品后，也必然要丢失许多东西。而在文字与图像同处一个文本的情况下，是文字处于主导地位，还是图像处于主导地位，并不取决于文字与图像本身的属性，而是取决于这个文本主要是根据文字的特点和运作规律组织的，还是根据图像的特点与运作规律组织的。

　　让我们以连环画与动漫这两种不同的艺术形式为例略做说明。连环画是以文字为主的图文作品。连环画的作者往往是将文字内容先写出来，然后再由画家根据文字配以适当的图画，图画主要起一种补充、具象化的作用。如果将图画去掉，或者将文字单独提出来，读者仍可把握故事的大致内容。而动漫则是另一种情况。动漫是以图像为主的图文作品。动漫作者不是先用文字勾勒出故事的大致内容再以图像加以配合，而是将图像、文字与绘制符号综合起来，以图像为主进行构思。因此，在动漫中，起主导作用的是图像，如果去掉图像，或者将动漫中的文字单独提出来，读者可能就无法理解，更谈不上产生审美效果。

再回到"赵文"的论断上来。笔者以为，认为在图像与文字共处同一个文本时，文字总是居于主导地位，这种观点实际上是一种"思想中心主义"，而这是文字工作者最容易犯的错误。索绪尔认为，"语言是组织在声音物质中的思想"，"语言对思想所起的独特作用不是为表达观念而创造一种物质的声音手段，而是作为思想和声音的媒介，使它们的结合必然导致各单位间彼此划清界限"。① 一方面，语言使思想与声音对应起来，形成一个紧密的结合体，从这个意义上说，语言是思想的直接现实。而另一方面，图像对应的不是思想，而是世界的表象，因此，图像无法成为思想的直接现实。

因此，应该承认，在精准地表达思想这一方面，图像的确不如语言。但是问题在于，仅仅把握思想，并不能使人类完整地把握世界，进行表达与交流。在谈到政治经济学的研究方法时，马克思指出："整体，当它在头脑中作为思想整体而出现时，是思维着的头脑的产物，这个头脑用它所专有的方式掌握世界，而这种方式是不同于对世界的艺术精神的、宗教精神的、实践精神的掌握的。"② 笔者曾经指出，马克思这段话实际上提出了人类掌握世界的三种方式：理论掌握、实践掌握和艺术掌握。这三种掌握方式对人类来说具有同等重要的意义，缺一不可。③ 人类既需把握世界的本质，也需把握世界的表象；既需把握思想，也需把握形象；既需理性，也需感性。因此，至少在艺术领域，不能片面地说侧重思想表现的语言比侧重表象表现的图像更重要，反过来，亦不可。语言（或者说文字）与图像的不同属性应该说各有长处，满足着人们艺术欣赏的不同需要。当人们需要把握世界的表象时，他们更倾向于图像；但当他们需要把握思想时，则更倾向于文字。一位哲学教授要论证自己的观点，当然不可能用图像，而一位画家要表达自己对

---

① ［瑞士］索绪尔：《普通语言学教程》，高名凯译，商务印书馆1980年版，第157—158页。
② ［德］马克思：《〈政治经济学批判〉导言》，载《马克思恩格斯选集》第二卷，人民出版社2012年版，第701页。
③ 参见赵炎秋《形象诗学》第七章第一节，中国社会科学出版社2004年版。

黄昏的印象，则更倾向于拿起画笔。"赵文"断言当文字与图像共享一个文本时，文字占据主导地位，实际上是从对思想的把握的角度出发的。要把握思想，文字当然更重要。而如果要把握的是世界的表象，图像则必然占据更为优先的地位。"赵文"其实也意识到了这一点。在谈到当图像系统出现故障，观众仍然可以通过声响系统听出叙说的大概之后，"赵文"接着指出："进一步说，如果正在播放的视像不是'叙事'而是'说理'，在声响系统发生故障时，那就更是不知所云了；而倾听没有视像的'说理'却无大碍。"这就隐含了这样的意思：影视作品如果是以说理为主如政论片，那么文字（音响系统）占主导地位；如果影视作品是以"叙事"为主如故事片，那么文字能否占据主导地位则很难说。因为在这种情况下，观众更加需要把握的是世界的表象，更愿意通过对表象的把握来感知其隐含的思想，而不是抛开表象，直接把握思想。有些电影院为了吸引潜在的观众，往往将正在播放的电影中的音响（包括声音）通过播音系统广播出来。但观众并不会因为听到了电影里的声音而不去观看电影（政论片等以"说理"为主的影片除外），这声音反而只会刺激他去买票观看。这说明，对这些观众来说，这部电影吸引他的主要还是图像，而不是文字，在"思想"与"表象"的选择中，他更倾向于"表象"，更愿意观看表象而不是倾听思想。

二　文字用所指表征世界，图像用能指表征世界

"赵文"之所以认为当语言与图像共享一个文本时，语言占主导地位，是因为它认为，语言是实指的，而图像是虚指的。"赵文"认为："语言和图像的不同意指功能首先取决于它们有着不同的生成机制：语言符号能指和所指的联系是'任意的'、约定俗成的，图像符号遵循的是'相似性'原则。能指和所指的'任意性'联系为语言提供了充分自由，从而使精准的意指成为可能；'相似性'原则意味着图像必须以原型为参照，并被严格限定在视觉的维度，从而先验地决定了它的隐喻本质，符号的虚指性也就由此产生。"语言和图像作为意指符号的结构是不同的："前者从能指到所指是'同构的'、'直线的'，二者是'不可分离的'、'胶合在一起的'；后者从能指到所指是'非同构的'、迂回的，二者是'并列的'、平铺的。能指和所指的'同构'与'胶合'意味着精准意指之可能，'非同构'和'并列'

则意味着它们的共时呈现,后者的意指效果也就必然是浑整的。"语言的能指(语音、线条)与它们的所指(意义、概念)之间的关系是任意的、同构的、胶合的,语言的能指能够精确地指向所指,因此,语言是实指的。而图像的能指(图像本身)和它的所指(原型、世界)之间的关系是相似的、非同构的、并列的,图像的能指无法精确地意指,因此,图像是虚指的。

笔者以为,"赵文"的论述,在逻辑上存在一定的瑕疵。如果从符号的角度看文字与图像,文字的能指是有规则的线条,所指是表征客观事物的概念;图像的能指是人们能够用感官把握的线条、色彩、光线、体积、人体等所构成的表象,所指是这些表象所表征的意义。文字的能指不直接与客观事物产生联系,它只能通过所指与客观事物产生联系。而图像则不同,图像与客观事物产生直接联系的是它的能指,所指则是图像的能指所表征的意义。如前面提到的美国艺术家约瑟夫·科苏斯的《一把和三把椅子》。真实的椅子、椅子的照片和关于椅子的词条,帮助我们完整地把握了与椅子相关的世界。这里,词条相当于文字,照片相当于图像,两者都是世界或者说事物(椅子)的表征。词条表征的是椅子的概念,照片表征的是椅子的表象。但是,词条表征椅子的概念不是通过构成这一词条的文字的能指,而是通过这些文字的所指。照片表征椅子的表象通过的则是照片的能指(椅子的图像),而不是照片的所指(与这图像联系的概念)。换句话说,文字与世界联系是通过与能指联系着的所指,能指本身与外部世界没有必然的联系。[①]比如,汉语用"人",英语用"man"来表征"人"这一智慧生灵,但它们之所以能表征人,靠的是它们所表达的概念,即它们的所指,而它们的能指,"人"和"man"的声音与字形同作为智慧生灵的人则没有必然的联系。图像则不同。一张人的照片或图片,无论是中国人,还是英国人,都知道它

[①] "赵文"实际上也是这种看法。文章认为,"象形文字之所以是'文字'而不再是'图画',就在于它不再如图像那样'以形表意'。'日'、'月'、'水'等作为文字,无论是'象形体'书写还是其他形体的书写,已经不影响它们的意指,而它们作为'图画'的不同书写则会对意指产生直接影响"。图像以其具象表达意义,它的能指与所指的联系是变动的,不固定。而文字的能指与所指之间的联系则是不变的、固定。文字的能指并不直接与事物产生联系,只要能够与其他文字的能指区别开来,某个词的能指的变动不影响其意义的表达。参见赵宪章《语图符号的实指和虚指——文学与图像关系新论》,《文学评论》2012年第2期。

表征的是人，因为它的能指与人的表象是一致或相似的，而它的所指则隐含在它的能指之下，并不与图像所表现的表象发生直接的联系。这一点在比较复杂的图像中更加明显。如毕加索画的鸽子。图像的能指是一只鸽子的表象，而所指则至少有两层意思，一是鸽子的概念，一是和平的愿望。鸽子的概念这一所指与图像的能指是一致的，而和平的愿望与图像的能指所表征的表象则没有直接、必然的联系。西班牙画家萨尔瓦多·达利的画作《内战的预兆》（图 2 - 4）就更是如此。图像的画面是清晰的，虽然变了形，但仍然联系着我们所熟悉的一些表象，如人的头部、四肢、躯体等。但其所指则很模糊，我们只能通过它的能指来追溯其所指，揣测画家可能是想以此来象征战争的恐怖和血腥，就像是一场血肉横飞、尸骨四迸、人身解体、令人毛骨悚然的噩梦。换句话说，与世界联系着的是画作的能指，画作的所指是能指所隐含的意义。

图 2 - 4 ［西班牙］达利：《内战的预兆》

图像与文字在表征世界上的这一区别往往为人们所忽视，其实却是一种十分重要的、根本性的区别。文字用所指表征世界，所指的核心是概念，概念是思想形成的基础。这决定了文字更容易表征世界的概念、属性、规律等抽象的方面,更容易表达思想,而要表征世界的表象则要困难一些。图像用能指表征世界,能指是其所表征的世界的表象的精确或近似、象征的反映。这决定了图像更容易表征世界的表象,在表达思想,表征世界的概念、属性、规律等方面则要困难一些。① 然而,人类要把握世界,进行表达与交流,表象与思想是同等重要的,缺一不可。从另一方面来说,它们也是互相支撑、相辅相成的。图像需要文字揭示其所暗含的思想,使思想得到澄明;文字也需要图像的帮助,使其表达更加形象具体。② 诚如陈平原所说:"抽象的语言表达不清楚的,直观的图像让你一目了然;反过来,单纯的图像无法讲述曲折的故事或阐发精微的哲理,这时便轮到文字'大放光芒'了。"③顺着这一思路,有学者提出,中国古代存在一种"图文本","即语言和图像共存于一个文本之中,二者共享一个文本"。"在'图文本'这一宏观视野下,'图像'与'语言'不再是孤立的、敌对的、各执一端甚至相互抵消的异质媒介,而呈现出交汇融合的关系。"④ 美国作家艾萨克·辛格在谈到自己由波兰迁移到美国的经历时,曾深有感触地说:"从一个国家来到另一个国家,迁移入境,这是一种危机。我有一种感受,觉得自己的语言就这样白白丢掉了,头脑里的形象不见了,我所见到的成千上万的事情,我在波兰用意第绪语是叫不上名字来的。以地铁为例吧,我们在波兰没有见过地铁,

---

① 自然,这并不是说图像不能表现思想,文字不能表征表象。文字可以通过塑造形象的方式来表征表象,图像可以通过暗示、象征等方式来表征思想。这里的问题十分复杂,本书将在后几章探讨。

② 比如,斯拉沃热·齐泽克认为:"每一个意识形态的普遍原则(Universal)——例如,自由、平等——都是'虚假的',只要它必定包括打破其统一、揭露其虚假的一种特例。例如,自由不仅是一个包括许多种类的普遍概念(新闻言论自由、意识自由、商业自由、政治自由等等),而且,依靠一种结构的必然性,还是一个颠覆这种普遍概念的特殊自由(工人在市场上自由出卖自己劳动的自由)。这就是说,这种自由正好是有效自由的反面:由于'自由地'出卖其劳动,工人丧失了他的自由——这种自由的出卖行为的真正内容是工人之受奴役于资本。当然,关键就在于,恰恰是这种悖论性的自由,其反面的形式,关闭了'资产阶级自由'领域。"([斯洛文尼亚]斯拉沃热·齐泽克:《马克思怎样发明了症候?》,载[斯洛文尼亚]斯拉沃热·齐泽克、泰奥德·阿多尔诺等《图绘意识形态》,方杰译,南京大学出版社2002年版,第403页。)也就是,工人阶级出卖自己劳动力的自由,恰恰否定了资产阶级鼓吹的自由,说明了资产阶级的自由是"虚假的"。而资产阶级又不可能取消工人阶级出卖劳动力的自由,这是资本主义经济得以发展的根本保证之一。这样复杂的思想,一般来说,图像是无法表达的。同时,任何一个画像,要用文字将其画面上的表象如图像那样清晰、具体地表现出来,也是不可能的。

③ 陈平原:《看图说书》,生活·读书·新知三联书店2003年版,第7页。

④ 张玉勤:《论中国古代的"图像批评"》,《中国文学研究》2012年第1期。

因此，我们的意第绪语中没有地铁的名称。可突然之间，我不得不跟地铁打交道了，还要跟区间列车和当地火车打交道，我的感受是，我丢失了自己的语言，也丧失了对周围事物的感觉。……所有这一切令人头痛，因此，有好几年我无法写作。"① 辛格遇到的是双重的困难：对于新碰到的事物，他没有掌握相应的语言，对于新见的文字，他又没有掌握相应的事物。因此，他感到自己的语言丢掉了。他的语言是真的丢掉了吗？从字面意义上说，是没有丢掉的，那些语言还在那里，与那些语言相应的思想还在那里。但是，支撑着这些语言的世界变换了，与他以前掌握的语言相联的世界消失了，而与他新学的语言相联的世界他又还不熟悉，从这个意义上说，他的语言是丢掉了。这说明，把握一种语言，仅仅把握它所表达的思想（概念）是不够的，还必须把握与它相应的世界以及世界的表象。缺乏世界及其表象的支撑，也就无法真正地把握语言及其所表达的思想。农村的孩子来到城市，有时容易出现失语的现象，城市的孩子来到农村，有时也会出现这种现象。从某种意义上说，实际上也是因为环境变了，他们无法及时地把握与他们所掌握的语言相连的世界以及世界的表象。鲁迅《故乡》中的迅哥儿，羡慕少年闰土知道许多他不知道的新鲜事儿，其实也只是环境变化的原因。如果两人去到城市，很可能是少年闰土羡慕迅哥儿知道许多他所不知道的新鲜事儿了。

"赵文"实际上并没有注意到图像与文字的这一区别。它谈的文字的"同构""胶合"指的是符号内部的关系，具体地说，指的是文字的能指与所指之间的关系；谈的图像的"非同构""并列"指的则是符号与它所表征的世界之间的关系，具体地说，指的是图像的能指与它所表征的事物的表象之间的关系，而不是图像的能指与所指之间的关系。二者显然不在同一个逻辑层面上。探讨建立在不同的逻辑层面上，其结论自然也就存在不足。这种不足表现在两个方面，其一，是能指与所指的混淆。语言的所指是符号意义上的所指，语言所表征的世界被排除在这一关系之外；而图像的所指则不是符号意义上的所指，而是图像所表征的世界，符号意义上的所指被排除在这一关系之外。其二，就符号与事物的关系来说，语言的能指能够精确地指向

---

① 王宁主编：《诺贝尔文学奖获奖作家谈创作》，北京大学出版社1987年版，第474页。

所指,并不意味语言是实指的。图像的能指无法精确地意指思想,也不意味它就是虚指的。这完全是由观察的角度决定的。如果从思想的角度看,语言当然是实指的,因为它能准确地表达思想,而图像则不能。但如果从表象的角度看,图像则是实指的,因为它能准确地表征表象,而语言则不能。同样的道理,当图像与文字共享一个文本的时候,谁占主导地位也是不确定的。侧重思想把握的时候,语言占主导地位,而侧重表象把握的时候,则是图像占主导地位。要了解一个人的品质,我们可能需要语言,要了解一个人的长相,我们则可能更需要图像。"赵文"没有考虑这些复杂情况,将文字占主导地位视为图像与文字共享同一个文本时的唯一情况,实际上仍是一种"思想中心主义"的表现。

三 语言与图像的实指和虚指及其相互转化

"赵文"认为,"语言本身作为实指符号并不会说谎,但是却存在使用语言进行说谎的人"。语言符号不存在"意指落空"的现象,而"图像符号则有所不同:图像意指的达成除须具备'信誉默契'的条件外,它的'相似性'制作工艺本身就是造成虚拟意指的先天性因素"。[①] 语言的能指与所指关系的任意性决定了语言的能指总是能够指向所指,语言的意指不存在落空或虚假意指的情况,因此,语言总是实指的。而图像的能指与所指之间的关系是相似性,这决定了它们之间联系的不确定性,图像的意指存在落空或虚假意指的情况,因此,图像总是虚指的。

这种说法是否准确值得商榷。

索绪尔认为,可以将语言"比作一张纸;思想是正面,声音是反面。我们不能切开正面而不同时切开反面,同样,在语言里,我们不能使声音离开思想,也不能使思想离开声音"[②]。语言的能指与所指之间的联系是任意的,因此也就是直接、固定、紧密的。看到能指就能知道所指。在这个意义上,

---

[①] 参见赵宪章《语图符号的实指和虚指——文学与图像关系新论》,《文学评论》2012年第2期。

[②] [瑞士] 索绪尔:《普通语言学教程》,高名凯译,商务印书馆1980年版,第158页。

语言的确不存在意指落空的现象。① 但是如果不局限于符号内部，而将现实考虑进来，情况就不同了。

黑格尔曾经指出："诗人所给的不是事物本身而只是名词，只是字，在字里个别的东西就变成了一种有普遍性的东西，因为字是从概念产生的，所以字就已带有普遍性。"② 他认为，"我们把我们所意谓的一个感性存在用语言说出来是完全不可能的"③。语言只能表现事物的共性，并且是以抽象的形式表现。在讨论宗教神与语言的起源的时候，卡西尔认为，两者的源头是一致的，都是人类生活的提升和凝集。他认为，宗教神经历了瞬息神、专职神和人格神三个发展阶段。所谓瞬息神，"就其根源而言，是瞬息之间的创造物；如果说它的存在依赖于某种完全是具体而个别的、并且不复重现的情形，然而，它却获得了某种实体性，从而把它高抬到了远离产生它的偶然条件之上。……它不再作为某个一时的造物，而是作为一种高高在上的客观力量出现在人面前；瞬息神的意象不再只是起着保存关于它最初所意味的也就是它最初所是的那个东西——从恐惧中的解脱，抑或愿望或希冀的实现——之记忆的作用，它现在留了下来，并且，当记忆渐渐模糊直至最后完全消失之后，这一意象仍然长时间地持续存在着"④。如一次闪电偶尔打死了一个人，周围的人看见了，于是对闪电产生一种敬畏，将它作为一种神奇的力量来膜拜，见到闪电就下跪磕头。即使闪电没有实际发生，也不影响他们将闪电作为一种意象顶礼膜拜。这就是瞬息神。语言的产生与此类似。人们在自己的生活中不断地获取各种经验，这些经验有的由于相同或不断重复，有的由于与人的主体需求和意愿相符而得到人们的"注意"，为了把握这些现象，使其在自己的意识中固定下来，人们便使其与一定的符号联系起来，这就是初始的语言。按照卡西尔的说法，语言的形成在于凝集、比较经验，选择事物的若干共同属性。但不管是凝集、比较还是选择，语言处理的总是事物或大或小的某一方面的共性，它将这种共性抽象出来，用某种符号加以命

---

① 解构主义认为，语言的能指与所指存在着空白、延移、滑动，能指与所指的关系实际上也是不确定的。这一观点不影响本书的论述，暂不考虑。
② ［德］黑格尔：《美学》第 1 卷，朱光潜译，商务印书馆 1979 年版，第 213 页。
③ ［德］黑格尔：《精神现象学》上册，贺麟、王玖兴译，商务印书馆 1979 年版，第 66 页。
④ ［德］卡西尔：《语言与神话》，于晓等译，生活·读书·新知三联书店 1988 年版，第 61—62 页。

名。因此，语言不等于事物本身，语言只能表征事物的共性，或者给事物命名。这种表征与命名不仅不等同于这个事物，而且也无法表征整个事物。一个人生下来，可以叫张三，也可以叫李四。但无论是张三，还是李四，这些名字同样不是这个人本身。世界上可能同时存在无数个张三，如果我说"这是张三"，谁也不知道这个张三是谁。即使这个张三在世界上是唯一的，或者我们运用限定的方法使他变成唯一的，如"这是生活在中华人民共和国湖南省长沙市岳麓区高桥乡里仁村一组的今年40岁的男性张三"。通过这种严密的限定，我们把张三准确地定位到张三这个人，从符指的角度说，已经精准了，但我们仍然不知道张三是谁。因为现实中的张三是活生生的人，而语言中的张三只是一个符号，一个对张三的命名。只把握这个符号，是无法把握这个活生生的人的。因此，语言不存在意指落空的情况只能是就语言的能指与所指的关系而言，而不是就语言与事物的关系而言。就语言与事物的关系而言，语言同样是虚指的，并不因为它的任意性而成为实指的，因为任意性只能在符号内部起作用，在符号与事物之间则不起作用。

　　另一方面，图像由于以具象的形式存在，因此，它的能指与它符号意义上的所指的联系是不固定的，模糊的，多向度的，图像的能指不能明确地指向它的所指，从这个意义上说，图像的确是虚指的。但如果换一个角度，从图像与事物的表象的关系的角度看，图像就很难说是虚指的了。图像的能指与事物的表象是一种异质同构的关系。所谓异质，是说它们不是同一事物，处于不同世界。事物的表象处于客观世界，是客观世界事物的外在表现形态，而图像则属于艺术的领域，是人精神生产的产物。同构，是指它们的构成要素及要素之间的关系是一样的。这种异质同构性决定了图像与事物的一致性，看到图像就能把握事物的表象，看到一个人的照片就能知道这个人的外貌。在这个意义上，图像无疑是实指的。

　　为了进一步说明问题，我们先看两幅图文共同体。

　　图2-5是历史上流传的明朝开国皇帝朱元璋的画像，画像上方有一行文字："明太祖真像"。图2-6是比利时超现实主义画家马格利特1926年画的一幅画，名为《形象的背叛》。画面中央是一个巨大的烟斗，画面下方是一行工整的手写体法文："这不是一只烟斗"。图2-5"赵文"引用并分析过，文章认为，画像上方虽有文字明确说明这幅画是"明太祖真像"，但它

图 2-5　朱元璋画像

图 2-6　[比利时] 马格利特:《形象的背叛》

并不能说服我们相信这就是明太祖真像,因为题款没有作者署名,读者与这幅画像及其题款的作者之间达不成"信誉默契"。因此,语言看似存在"意指落空"的现象,但这种"落空"是就语言的效果而言,并非由语言本身产生。"赵文"对图2-6也进行过分析。文章认为,在这一图文共同体中"语言和图像则表现为一种'悖反'关系,语言的实指性决定了我们宁可相信'这不是一只烟斗'而将图像'驱逐'"。① 两者都肯定了语言的实指性和图像的虚指性,肯定了在图文共同体中,实指的语言相对于虚指的图像的主导地位。

  不过,笔者以为,"赵文"的解读仍是建立在"语言中心主义"的基础上的。它只是从语言的角度考虑问题,而忽略了图像。两幅图文共同体都是对事物(一为人一为物)表象的一种表征,而文字则是对这表征与其所表征的事物的关系进行说明。图2-5肯定,图2-6否定,两者正好构成一种对照的关系。先看图2-5。如果我们假设,题款的作者留了名并且具有良好的信誉度,我们是否就会相信画像就是朱元璋的真像呢?实际上仍然很难相信。因为我们无法肯定这幅画像与朱元璋真实表象的相似程度。这就像一个人拿着张三的照片告诉别人说,这是李四。没有见过张三的人可能相信这就是李四,而见过张三的人都不会相信这是李四。可见这张照片是张三还是李四并不是由描述它的语言决定的,也不完全是由使用这一语言的人的信誉度决定的(当然,有一定的关系),而是由这张照片与它所表征的事物的相似度决定的。使用语言的人必须证明这种相似度,否则无论他怎样信誓旦旦,仍然难以说服别人相信,因为语言的实指性只存在于符号意义上的能指

---

① 在另一篇文章中,赵宪章也提出了同样的观点。他指出:"《形象的背叛》作为一幅画,其中的烟斗形象和说明文字共享同一个文本;无论就图像和文字所占有的画面空间而言,还是就观者观看的时间顺序而言,最具优势的应该是烟斗形象,其次才是说明文字;那么,为什么占据较小空间,并且是后看到的文字,反而推翻了占据较大空间,并且是先看到的图像呢?传统的'先入为主'在此为何失效了呢?或者说,观者为什么宁肯相信'后看到'的、'小空间'的文字说明,而不肯相信'先前看到'的、'大空间'的烟斗图像呢?这就涉及语言和图像两种符号的不同功能:语言是实指性符号,图像是虚指性符号。正是语言的实指性,决定了它的可信性。所以,当两种符号的'所指'发生矛盾时,语言的权威性便突显出来,从而赢得'不容置疑'的效果。"(赵宪章:《语图互仿的顺势与逆势——文学与图像关系新论》,《中国社会科学》2011年第3期。)

与所指之间，它并不能成为判定语言与它所指事物之间关系的依据。① 这种关系的判定需要一种更为复杂的机制，其核心则是语言与现实世界之间的联系。

再看图2-6。那行法文提醒我们"这不是一只烟斗"。我们在某种意义上也认可这不是一只烟斗，因为它的确只是烟斗的表象的一种表征，而不是烟斗本身。但另一方面，我们也相信，这幅画像与烟斗的表象极其相似，它能够帮助没见过烟斗的人"认识"烟斗。这行文字虽然解构了绘画的相似性与确认性之间的传统联系，② 将相似性从确认性中解放出来（福柯语），但是它并不能否定图像与其所表征的事物的表象之间的相似性，换句话说，它实际上无法"将图像'驱逐'"。图像仍在那里。一般观众仍然肯定这种相似性，根据这种相似性肯定画中的烟斗与现实的烟斗之间的关系，并根据这种相似性来认识现实生活中的烟斗。"这不是一只烟斗"这行文字否定的，不是烟斗的图像与现实的烟斗在表象上的相似性，它否定的，只是烟斗的图像与现实的烟斗之间的等同性。就像张三去世之后，他的孩子将他的照片放大后挂在墙上。一方面，这不是张三，因为这幅照片没有张三的实体，无法代替张三；另一方面，这又是张三，因为它的表象与曾经真实存在过的张三相似，因此，张三的孩子才把它挂在墙上，以慰思念之情。这其实是两个层面的问题。一个层面是表象，在这个层面上，我们必须承认马格利特画的是一只烟斗，现实中的烟斗也就是这个样子；另一个层面是实体，在这个层面上，我们又必须承认，马格利特画的烟斗不是一只真实的烟斗，你无法拿它来吸烟。

中国古人对视觉的作用持一种谨慎的态度。刘泰然认为："先秦诸子很

---

① 美国批评家保罗·梅萨里认为，从技术的角度可以对影像进行人为的操作，从而达到视觉欺骗的目的："第一，在镜头前刻意安排的'摆拍'；第二，照片后期制作中的裁剪、修改；第三，对一组照片剪辑时，未加说明地打破时间的原先时序，给观者造成有关事件发展的错误印象；第四，拍摄、编辑时为追求戏剧性效果而对对象、视点、构图等构成元素进行'艺术'选择；第五，通过给照片添加错误的文学说明来误导受众。"（[美] 保罗·梅萨里：《视觉说服——形象在广告中的作用》，王波译，新华出版社2004年版，第144页。）这里说的第五种视觉欺骗其实就是指的这种情况：图像的真实性无法通过添加说明性语言确定，而是由图像和它所表征的世界之间的关系确定的。
② 绘画的相似性与确认性是指绘画由于同客观事物的表象具有相似性，因而使看画的人将绘画与绘画所描写的对象联系起来，将画面上的表象看作现实的事物。

少抽象地、孤立地探讨视觉问题。很多有关视觉的论述不是张扬视觉的可见性，而是对可见性的限制。"如老子的"五色令人目盲"，庄子的"失性有五：一曰五色乱目，使目不明"。诸子"刻意强调视觉的有限性，强调明与昧之间的界限是很容易被打破的，带有对视觉行为的一种警惕：对眼睛的过度使用，对可见性的过度张扬，对视觉占有的不能自制，带来的后果是昏昧、失明"。① 这种观点在一定程度上限制了对图像（视觉对象）作用的过分肯定。"乱花渐欲迷人眼"，视觉对世界的把握与占有是有限的，对象太多、太强，可能导致视觉把握的失败，也即无法从概念上占有对象。但这并没有否定图像的主体是表象，相反，正是因为图像只能表征表象，才会造成视觉把握的失败。因为视觉把握不能只停留在表象阶段，还应涉及表象所表达的思想。

由此可见，语言的实指性只局限在符号意义上的能指与所指关系的范围之内，而不能延伸到语言与事物的关系之中。图像的虚指性也只存在于符号意义上的能指与所指关系的范围之内，在图像与事物的关系中，图像通过"同构性"等能够如实或近似地表征事物的表象，并进而通过对事物表象的表征而程度不同地表征事物。在这个意义上，图像也是实指的。

四　文字与图像的实指和虚指的常态与变态

进一步深入分析，我们可以发现。即使在符号的意义上，语言也具有虚指性的一面。这一点"赵文"也看到了，但是从"隐喻"的角度论述的。"赵文"认为："既然图像的隐喻本质导致图像的虚指性，那么，语言的隐喻也就意味着导致语言的虚指性，即语言符号脱离它的实指轨道而滑向虚指空间——由'语象'所图绘的虚拟世界。这个世界就是诗的世界、文学的世界，整个语言艺术的世界。"比如"公路上一些甲虫在慢慢地爬行"这个句子，作者用"甲虫"隐喻"汽车"，"甲虫"这个词就不再是它的字面义，或者说它的意义就不再是它的自身所是，而是指向了另外一个本来与它无关的事物，这时，"作为实指符号的'甲虫'这个词也就变体为语象虚指"。"赵文"以此来解释语言进入艺术世界之后的意指形制。"这时，'语象'作

---

① 刘泰然：《中国古代视觉意识》，社会科学文献出版社2018年版，第11页。

为艺术符号，它的意指已经漂移出自身的本义而变体为'喻体'虚指，并通过'相似性'和'喻旨'发生意义关联。语言进入艺术之后，就是这样由'任意性'变身为'相似性'，类似图像生成机制的'语象机制'由此生成。"

笔者同意"赵文"语言具有虚指性的一面的判断，也理解"赵文"的论述角度，认为是有道理的。但是笔者认为，"隐喻"不是生成语言虚指性的主要原因，更不是唯一原因。隐喻是语言形成的方式之一。如"山脚"这个词，就是用隐喻的方式形成的，但它早就在长期使用的过程中被任意化了，约定俗成了，其隐喻义早就成了它的本义，只有在词源学的考察上人们才会注意它的隐喻性。这种意义上的隐喻不能形成语言的虚指性。只有隐喻的临时运用才能形成语言的虚指性，但一旦这种临时运用为公众所接受，成为一种集体的经常的行为，这种临时性也就会逐渐成为任意性，语言的虚指也就逐渐消失，成为实指了。鲁迅的小说《风波》里，七斤因为没了辫子，对皇帝又坐了"龙庭"感到十分恐惧。这里"龙庭"一词，并不是指龙王居住的地方，而是指皇帝居住的地方，隐指政权的所在。龙庭表示皇帝居住地方的意义，开始肯定是在隐喻的层面运用，但后来大家都这样用，约定俗成，这一意思就成了其固定的词义之一。七斤这样的乡下农民，用起来都十分自如了。这种隐喻性在运用过程中的逐渐消失，是语言变化中常见的现象，这一点决定了隐喻不能成为生成语言虚指性的主要原因。

我们认为，符号意义上的语言的虚指性的主要成因是语言的构象性。语言是普遍一般的，但在这普遍一般的下面，语言也有具体特殊的一面。文学语言将这具体特殊的一面放大、组合，形成形象。在形成形象的过程中，语言经过了两次转换。首先，是语言的能指与所指全部转化为形象的外在的感性层次，或者，借用符号学的术语，转化为形象的能指。其次，是这外在的感性层次生成新的意义即形象的所指。但形象的外在的感性层次与其内在的意义的关系是不固定的、开放的、隐晦的，这样，本来是实指的语言的意指就变得不明确了，换句话说，语言成为虚指的了。[①] 如李商隐的《无题·相见时难别亦难》中的颔联"春蚕到死丝方尽，蜡炬成灰泪始干"。这联诗的

[①] 关于语言构成形象的问题，请参看本书第三章第二节。

字面意思十分明确,但它在整首诗中,意思就虚化了。"相见时难别亦难,东风无力百花残。春蚕到死丝方尽,蜡炬成灰泪始干。晓镜但愁云鬓改,夜吟应觉月光寒。蓬山此去无多路,青鸟殷勤为探看。"阅读这首诗时我们会联系其他诗句去探求这联诗句的意义,追索其中的意蕴和象征,它的字面义反而变得不重要了。本来意指明确的语言在诗中反而变得不明确了,变成虚指的了。这种现象在文学作品中是普遍存在的,不仅诗歌,小说、散文等中也处处可以看到。

与语言的虚指性相应,在符号的意义上,图像在一定条件下也可以具有实指性。也就是说,图像的符号意义上的能指能够准确地指向其符号意义上的所指。索绪尔指出,可以"把语言叫做分节的领域:每一项语言要素就是一个小肢体,一个 articulus,其中一个观念固定在一个声音里,一个声音就变成了一个观念的符号"[①]。如果从符号的角度看,实际上不只语言,图像也是如此,只要某一观念长期地固定在某一图像里面,这一图像也就在一定程度上成为了语言意义上的符号,具有了实指性。比如蝙蝠,在生物学的意义上,的确不是使人愉悦的一种动物,但由于它与"福"同音,在中国传统文化中,蝙蝠的表象因此成为"福"的象征,"变成了一个观念的符号",具有了实指性。

符号意义上图像的实指性一般在三种情况下发生。

第一种情况是图像承载了确定或比较确定的文化内涵。一般认为,语言承载着大量的文化内涵,甚至可以说,在某种意义上,一个民族的语言就等于这个民族的文化。但对图像的文化内涵人们相对而言就有所忽视。维特根斯坦说,"我看见一幅描绘一张笑脸的画。如果我想把这笑一会儿当作善意的、一会儿当作恶意的该怎么做?难道我不是常常在时间和空间的背景中想象它吗?它要么是善意的,要么是恶毒的。因此我可以给这幅画提供一个幻想:微笑者正在对一个玩耍的孩子微笑,或对着敌人的痛苦微笑"[②]。从欣赏的角度看,人们必须联系一定的时空背景才能观赏一幅画。反过来,从创

[①] [瑞士]索绪尔:《普通语言学教程》,高名凯译,商务印书馆1980年版,第158页。

[②] [德]维特根斯坦:《哲学研究》,汤潮、范光棣译,生活·读书·新知三联书店1992年版,第199页。

作的角度看，画家在创作一幅画时也无法离开一定的时空背景。画像与文化有着千丝万缕的联系，而且图像本身也是文化的一个组成部分。因此，任何图像都有一定的文化内涵，如果这种文化内涵在历史发展的过程中被明确化、固定化、为人公认。这时，图像的符号意义上的所指也就明确化了，其与能指的联系成为固定的，图像的意指便由虚指成为了实指。比如，中国古代的鼎本来只是烹煮食物的器物，但由于比较贵重，一般平民用不起，便逐渐演化成为财富与权力的象征。随着时代的发展，鼎的实际作用逐渐消失，但其文化含意却被保留了下来。不同阶层的人所用鼎的形制、大小都被明文规定下来。鼎成为一种符号，其能指与所指的联系被固定了下来。再如，据《圣经》记载，洪水逐渐消退之后，挪亚为了知道陆地是否露出，放出了一只鸽子。鸽子衔回了一枝橄榄枝。《圣经》成为西方文化的经典之后，这个故事广为人知，鸽子与橄榄枝也就成为和平、安宁、友好等的表征。意指得到了坐实，图像也就具有了实指性。再比如中国人喜用蝙蝠、梅花鹿、丹顶鹤、喜鹊四种动物作为房间的装饰，在中国古代建筑的窗户上，经常可以看到这四种动物。主要原因是这四种动物与中国人喜欢的"福禄寿禧"同音。将这四种动物作为房间的装饰，图个吉利和喜庆。久而久之，这四种动物也就有了"福禄寿禧"的文化内涵，图像与具体的观念联系起来，成为一种实指性的符号。

　　第二种情况则是图像的类型化。图像就其本质来说是个体对个体的表征。换句话说，一个图像只能表征一个独特的个体，如一个人的照片只能表征这个人的外表，一张画只能表征这张画的表现对象。[①] 自然，事物总是个性与共性的统一，单一的个体可以表征种、属共同的特点与属性。如一张老虎的照片可以使没有见过老虎的人知道老虎是什么样子。但就表象而言，单一个体的图像仍是独特的。如一张老虎的照片表征的表象，仍是这只老虎的表象，不可能是所有老虎的表象。能够显示这一表象的独特性的所有细节都在这一图像中表现了出来。但是，也不排除这种现象，即某些图像侧重的不是表现对象的特征和细节，而是表现对象的代表性及其种、属的本质、特点

[①] 当然，并不影响图像创作者表征虚拟的对象，但即便是表征虚拟的对象，这张图像也是独一无二的。如达利的《内战的预兆》。

等。比如交通标志上出现几个孩子的图案，表示附近有学校，司机要谨慎驾驶，车辆慢行。这几个孩子就是一种种、属的标志，并不指代具体的个体。图像的侧重点发生这样的变化之后，图像也就逐渐类型化，意指对象逐渐明确直至固定。如现在街头的一些计划生育宣传画，两个大人牵着一个小孩，构成 M 型构图。这种图像有的以真人为画面元素，有的则做图案化处理。但不管是真人，还是图案，它表征的都不是具体的家庭和个体，而是一种家庭类型，一种"只生一个孩子好"的思想。在这种情况下，图像的能指与所指便会产生某种固定的联系。

　　第三种情况是通过某种特定的语境，使图像与某种特定的概念联系起来，使图像的能指与所指产生某种固定的联系。任何图像都不可能独立地存在，必然处于某种语境之中。一般情况下，这种语境不会对图像的意指性产生重要的影响。马格利特画的那只烟斗不管是挂在客厅里，还是陈列在展览馆里，都还是那只著名的烟斗，使人们在观赏的同时产生思考。但如果将它安放在公共场所的一个房间的门口，即使画面上的那行文字不去掉，人们一般也会忽略其图像与文字之间的张力，忽略其所隐含的哲思，而将它理解为吸烟室或男厕所等的标志。或者虽然没有忽略这些张力与哲思，但仍倾向于从吸烟室或男厕所的标志的角度来看待这一图像。特定的语境限制了这幅名画的所指的范围，使它与某种特定的概念联系了起来。凡·高的名作《农夫的鞋》，如果挂在一个公共场所的门口，也很有可能被当成衣帽间或存鞋处（如果这个地方进入室内不许穿鞋的话）的标志。

　　自然，图像即使在实指的情况下，它的意义指向仍然没有文字那样明确和固定。因为文字是一种完全抽象了的符号，它的能指与所指的联系完全是约定俗成的、任意的，文字的能指本身不具任何意义。这决定了这种联系是稳固的、明确的。而图像即使是在实指的情况下，其能指与所指的联系仍然要依靠一定的中介如文化传统、特定的语境等，其能指仍是具体的、个别的，其实指性仍然与图像能指的个别性有着密切的联系，换句话说，并不是完全任意的。马格利特的"烟斗"之所以在公共场所会被人看作吸烟室的标志，与它的能指是一只烟斗的表象是分不开的。因此，图像的实指无法取消其能指蕴含的意义，其能指与所指的联系也不可能像文字那样明确和固定。

由此可见，语言与图像的实指与虚指只是一个或然的问题，它一方面取决于我们是以思想作为判断的依据，还是以表象作为判断的依据；另一方面取决于图文自身的要素及其运作方向，以及其外部条件。而在图文共同体中，谁居主导地位更纯粹是一个角度的问题，而不是一个优劣的问题。

应该强调的是，从思想的角度看，语言是实指的，图像是虚指的；从表象的角度看，图像是实指的，语言是虚指的。这是二者的常态，也是二者的本质与基本功能，是二者满足人类交流与表达需要的根本保证。而语言在表象方面的实指化，图像在思想方面的实指化，则是二者的变态，是二者的次要功能，它们虽然也是人类表达与交流所必须的，但相对其常态而言，不能不说是次要的，辅助性的。①

赵宪章先生知识丰富，思想敏锐，是一个笔者所钦佩的学者。但"智者千虑，或有一失"。真理越辩越明，思想在碰撞中才能升华。笔者商榷的目的即本于此。希望在讨论中我们对文字与图像的关系能够达到越来越深刻、越来越清晰、越来越一致的认识。

第三节　可能世界理论与文字和图像 艺术中的虚构世界

文字作品与图像作品既要反映客观世界，也要表现想象世界，但文字艺术和图像艺术表现的则一般是想象也即虚构的世界。在讨论了实指与虚指之后，进一步讨论文字与图像的虚构世界及其真实性的问题，对我们进一步理解文字与图像之间的关系是有帮助的。讨论虚构世界可以有不同的角度，本节想从20世纪中叶西方兴起的可能世界理论的角度进行探讨，从一个新的侧面把握文字与图像虚构世界的问题。

---

① 自然，这只是就一般情况而言。在艺术领域，情况则复杂得多。语言在表象方面的实指化是语言艺术产生的基础，而图像在思想方面的实指化则会破坏图像的艺术性。因此，在艺术领域，语言在表象方面的实指化成为其运作的主要目的，而图像在思想方面的实指化则是其在艺术领域应该极力避免的。

一　可能世界的相关理论

亚里斯多德认为，历史学家与诗人"的差别在于一叙述已发生的事，一描述可能发生的事。因此，写诗这种活动比写历史更富于哲学意味，更被严肃的对待；因为诗所描述的事带有普遍性，历史则叙述个别的事"。"为了获得诗的效果，一桩不可能发生而可能成为可信的事，比一桩可能发生而不能成为可信的事更为可取。"[1] 亚里斯多德的论述已经涉及可能世界的问题。因为不管是"可能发生的事"，还是"不可能发生而可能成为可信的事"，它们实际上都不是真实的存在，或者说，它们都不是现实世界的组成部分。它们存在于观念领域并且由于符合现实世界的可然律和必然律而被人们认为是可信的、可能发生的。这在某种意义上也就是可能的世界。不过亚里斯多德并没有从本体论的角度将它们与现实世界并列起来，而是从认识论的角度将它们看成是现实世界的反映。它们之所以得到肯定，只是因为它们与现实世界的相通性。它们是根据现实世界的可然律与必然律所建构的世界，是依存于现实世界的。因此，亚里斯多德的"可能世界"还不是现代可能世界理论所意指的可能世界。

莱布尼兹在亚里斯多德的基础上向前走了一步。他认为："世界是可能的事物组合，现实世界就是由所有存在的可能事物所形成的组合（一个最丰富的组合）。可能事物有不同的组合，有的组合比别的组合更加完美。因此，有许多的可能世界，每一个由可能事物所形成的组合就是一个可能世界。"[2] 莱布尼兹与亚里斯多德最大的不同在于，他赋予可能事物以本体的地位，并将其作为构成世界的基础。莱布尼兹的世界包括现实世界与可能世界两个方面，现实世界只是实现了的一种可能世界。正如恺撒死后，恺撒的甥孙屋大维和恺撒的两员部将安东尼和雷必达都有可能成为罗马最高统治者，但竞争的结果，是屋大维获胜，成为罗马皇帝，其他两人或被黜，或自杀。三种可能只有屋大维的成为了现实，其他两种可能则永远只是可能。不

---

[1]　[古希腊] 亚里斯多德、[古罗马] 贺拉斯：《诗学　诗艺》，罗念生、杨周翰译，人民文学出版社 1962 年版，第 29、101 页。

[2]　转引自周礼全《模态逻辑导论》，上海人民出版社 1986 年版，第 397 页。

过，在所有的可能事物中，"实现"了的可能事物总是少数，因此，在莱布尼兹的世界中，由所有"存在"的可能事物的组合所形成的现实世界，相对于由可能事物的组合所形成的可能世界要少得多。

不过，莱布尼兹的可能世界具有"神创说"的色彩。他认为现实世界是最完美的，因为它是上帝创造的。上帝是最高的善，是全知全能的。而人类是他的子民。因此，他在众多的可能世界中选择一种，让其成为人类生活于其中的现实世界，因此，现实世界不可能是不完善的。针对部分人认为现实充满痛苦、罪恶，因而并不完美的抱怨，莱布尼兹辩解说："首先，世界必然是不完美的，否则的话，它将与完美的上帝相等同。因此抱怨世界是不完美的，就像断言它根本不存在一样，是非常荒谬的。其次，任何进一步改善这个世界的方法都将会不可避免地使得世界变得更糟。换言之，这是所有可能世界中最好的世界。"① 换句话说，现实世界虽然并不完美，但它却是所有可能的世界中最完美的一种。

现代可能世界理论扬弃了莱布尼兹的"神创说"，也不再认为现实世界是可能世界中最完美的一种，但在核心观点上与莱布尼兹是一致的，即都认为世界是可能世界的聚合，现实世界是可能世界的一种，是实现了的可能世界。可能世界理论家大卫·刘易斯认为："毫无疑问，事物可能是不同于它们的实际情况的另一种样子。我相信，并且你也相信，事物能够以无数多种方式不同于其实际状况。而这意味着什么呢？日常语言允许这种释义：事物除了其实际的存在方式之外，存在着许多可能的存在方式。就其表面而言，这是一个存在量化。这就是说，存在着适合某种描述——即'事物的可能存在方式'——的许多实体。我相信，事物能够以无数多种方式不同于其实际状况；我相信，对于我所相信的东西的释义是可允许的；我就其表面价值来理解这种释义，所以我相信可以称之为'事物的可能存在方式'的实体的存在。我宁愿把它们叫做可能世界。"②"我和我周围的环境构成现实世界，其他的可能世界也是同一类型的东西。"③ 另一可能世界理论家克里普克认

---

① 转引自［美］加勒特·汤姆森《莱布尼兹》，李素霞、杨富斌译，中华书局2014年版，第90页。
② 转引自陈波《逻辑哲学引论》，人民出版社1990年版，第170—171页。
③ David Lewis, *Counterfactuals*, Cambridge: Harvard University Press, 1973, p. 86.

为:"不能脱离现实世界中的事物和诸事物间的相互关系来认识可能世界。可能世界或者是现实世界,或者是现实世界的可能状态(或历史),是现实世界的非真实情形。"[1] 两人的观点略有不同。刘易斯将现实世界与可能世界视为"同一类别",可能世界也是一种"实体存在",两者在本质上没有区别,区别只在于不同的个体与环境。"我和我周围的环境构成现实世界",另外的个体与环境则构成另外的现实世界,如外星人(假如有的话)与他的环境构成了他们的现实世界,相对于"我和我周围的环境"构成的现实世界,外星人和他周围的环境构成了可能世界,反之亦然。克里普克则强调现实世界的现存性,认为只有现实世界是实现了的可能世界,其他可能世界只是现实世界的"可能状态"或"非真实情形"。但在强调可能世界的本体地位,强调现实世界只是可能世界中的一种这一基本点上,两者则是完全一致的。

二 可能世界与现实世界

从各自的出发点来说,刘易斯与克里普克的说法都是可以成立的。从实存性来看,可能世界可以分为两种。一种是实际存在但由于主体的局限而无法被我们认知的世界,如外星生物。科学家们一般认为外星生物甚至是外星高级生物的存在是可能的。因为宇宙实在太浩渺了,不可能只有地球存在生命。但由于人类认知的局限,我们只能将外星生物作为一种可能,换句话说,即使它们是真实存在的,对于人类来说也只是一个可能的世界,因为人类目前还无法证实他们的存在。如果我们把主体的范围从整个人类缩小到一个群体甚至一个个体,主体认知的局限无疑会更大。对于某个具体的群体或个体而言,肯定会有一部分现实世界处于他们的认知范围之外,而被他们划入可能世界的范围。如对哥伦布以前的欧洲人来说,美洲肯定只能是一个可能的世界,但它却实际存在着。我们可以将这种可能世界称为"具实存性可能世界"。刘易斯的可能世界应该是这一层面上的可能世界。因此他断言:"我和我周围的环境构成现实世界,其他的可能世界也是同一类型的东

---

[1] [美] 索尔·A. 克里普克:《命名与必然性》,梅文译,上海译文出版社1988年版,第15页。

西。"① 另一种可能世界则是非实存性的。它只是事物的一种可能趋势和状态，但并没有成为现实。如安东尼，在恺撒死后的罗马后三杰中，他的势力在开始时并不亚于屋大维，因此，他成为罗马的最高统治者也是可能的。但是，他在与屋大维的战争中失败，自杀身亡，未能成为罗马帝国的最高统治者。因此，他成为罗马皇帝永远只是一种可能，无法成为现实。这种可能世界只是现实世界的"可能状态"，而不是与现实世界"同一类型"的另一世界。这种可能世界我们可以称之为"非实存性可能世界"。克里普克所谈的可能世界便是这一层面的可能世界。很明显，两种可能世界在实存性上是不同的，我们必须将其区别开来。这样，我们对于可能世界、可能世界和现实世界的关系，才能有一个正确的理解。

如果我们上面的分析有道理，那么，说现实世界是实现了的可能世界就会遇到一定的问题。因为"具实存性可能世界"实际上也是一种现实的世界，只是由于认识主体的局限而无法认知。因此，它与我们已经认知的现实世界并不构成非此即彼的矛盾关系，两者之间可以同时存在，并不互相排斥。只有"非实存性可能世界"才是真正的可能世界，也才是符合现代可能世界理论要求的可能世界。因为如果将现实世界作为一种实现了的可能世界，它必然要同与它处于同一层面的其他可能世界构成非此即彼的矛盾关系。如罗马后三杰，屋大维做了罗马的最高统治者，安东尼和雷必达就不可能成为罗马的最高统治者。三者之间构成非此即彼的排他关系。也正因为这种排他关系的存在，在罗马的最高统治者这一事物上，屋大维、安东尼和雷必达才能形成三个相互联系的不同的可能世界（其中一种是实现了的），这样的可能世界才是符合现代可能世界理论的相关规定的可能世界。

如果讨论再深入一步，我们可以发现，非实存性可能世界又可分为两种类型。一种是具备现实可能但最终未能成为现实的可能世界。如罗马后三杰之一的安东尼，在开始的时候他确实具备与屋大维争夺罗马最高统治权的实力，但由于他迷恋埃及女王克娄巴特拉的美貌，长期滞留埃及不归，并擅自将罗马在东方的大片殖民地送给克娄巴特拉，引起罗马人的愤怒并失去在罗马的权势，后又在与屋大维的战争中失败，他成为罗马皇帝的可能最终未能

---

① David Lewis, *Counterfactuals*, Cambridge: Harvard University Press, 1973, p. 86.

成为现实。另一种类型是只有逻辑上的可能，但缺乏现实可能的可能世界。如和罗马后三杰同时的某位罗马公民，从逻辑上说，这位罗马公民也有成为罗马最高统治者的可能，因为当时罗马实行的还是共和制，任何一位罗马公民理论上都可以成为国家的最高统治者。但由于出身、经历、才能、地位等各种条件的限制，这位罗马公民实际上不具备任何成为罗马最高统治者的现实因素，他成为罗马最高统治者只是一种基于逻辑的假设与想象。我们可以将前一种可能世界称为"基于现实的可能世界"，将后一种可能世界称为"基于逻辑的可能世界"。

区分这两种可能世界是必要的，因为它们与现实世界有着完全不同的关系。"基于现实的可能世界"是从现实世界内部发展出来的一种可能世界，其发展链条的上半截植根于现实世界，是现实世界的有机组成部分，但是由于某种原因其发展链中途断了，中断之后，这一世界的后继部分失去了其现实性，因而从现实世界移入了可能世界，如前面所述的安东尼的例子。而"基于逻辑的可能世界"不是从现实世界内部发展出来的，而是逻辑推演、假设、想象的结果。如那位罗马公民，现实中不存在任何使他成为罗马最高统治者的因素，他成为罗马最高统治者的可能纯粹是在罗马共和体制的基础上推演出来的。

另一个例子可能更能说明问题。一个女人一生大概可以排卵三百到五百个，从逻辑上说，这三百到五百个卵子都有成为婴儿的可能。但实际上只有少数几个卵子能够发育成为婴儿。因为卵子发育成为婴儿有一个必备条件，即它必须与精子结合。与精子结合后的受精卵具备发育成婴儿的现实性。但在发育的过程中，有的受精卵在胎儿时期就夭折了，未能发育成为一个独立的新生命。只有那些经过十月怀胎并顺利生产下来的，才能成为一个新的生命体。因此，就人类新生命这一"可能世界集"[①] 而言，出生的婴儿是现实世界，夭折的胎儿（或受精卵）是"基于现实的可能世界"，未受精的卵子则只能是"基于逻辑的可能世界"。

由此可见，可能世界至少可以分为两类三种，第一类，"具实存性可能

[①] "可能世界集"，索尔·A. 克里普克提出的术语，由所有可能世界集合而成，本书主要在同一类型、同一层面的可能世界的集合体这一意义上运用这一术语。

世界";第二类,"非实存性可能世界"。后一类可能世界又可以分为两种,即"基于现实的可能世界"和"基于逻辑的可能世界"。这三种可能世界与现实世界的关系是不同的。"具实存性可能世界"实际上也是现实世界;"基于逻辑的可能世界"是与现实世界平行的可能世界,永远也不可能与现实世界发生交集;只有"基于现实的可能世界"才是从现实世界生发出来,与现实世界有着交集的可能世界。现代可能世界理论认为,现实世界是实现了的可能世界,它与其他可能世界的关系是非此即彼的矛盾关系。一种可能成为了现实,也就意味着其他可能不能成为现实。屋大维成为罗马的最高统治者,也就排斥了安东尼和雷必达在同一时空成为罗马最高统治者的可能。但这种矛盾关系只存在于现实世界与"基于现实的可能世界"之间,其他两种可能世界与现实世界之间则不构成这种矛盾关系。因为这两种可能世界一种是实存的,但在主体的认知范围之外,一种是依据逻辑假设想象的,没有成为现实的可能。因而这两种可能世界很难与现实世界发生交集。既然很难发生交集,它们之间自然也就很难形成非此即彼的矛盾关系。

讨论可能世界与现实世界的关系可以有两个出发点,一个是现实世界,一个是可能世界。从可能世界出发,可能世界体系中包含了现实世界,现实世界只是可能世界中的一部分,只不过它获得了"现实化"。而某种世界是否"现实化了",是与人类的普遍认知水平密切相连的。我们今天说外星人可能存在,是人类根据现有的认知水平或逻辑规律来判定的,但因为还不能完全确定,所以,外星人或外星世界现在还只处于可能世界的领域。等人类真正地掌握了外星人的确切信息之后,外星人就从可能世界进入了现实世界。从现实世界出发,人类认知到的现实世界之外的世界都是可能世界。外星世界之所以是可能世界,不是因为它们不存在,而是因为它们不在人类的认知范围之内,人类尚未把握它们。当然,人类的认知是不断发展的,人类的创造也是不断发展的,因此,现实世界与可能世界都是不断变化的。我们选择现实世界作为自己论证的出发点,并不排斥可能世界作为出发点的合理性。

三 可能世界与虚构世界

现代可能世界理论认为,虚构世界也是可能世界,是一种特殊的可能世界。笔者以为,这种特殊性就在于,首先,它是纯精神性的可能世界。一般可能世界，无论是"具实存性可能世界"，还是"非实存性可能世界"，都具有一定的物质因素。"具实存性可能世界"是在我们认知范围之外的现实物质世界；"基于现实的可能世界"是从现实世界生发出来的，与现实世界有着很多的交集；"基于逻辑的可能世界"虽然没有成为现实的可能性，但它仍然具备一定的现实物质基础。虽然女人的卵子没有受精无法成为一个新的生命，但卵子本身是物质的、现实的，它有成为新的生命的潜质。那位罗马市民虽然没有成为罗马最高统治者的任何现实的可能性，但作为个体他是现实的、物质的，罗马的共和体制使他逻辑上有成为罗马最高统治者的可能。但文字与图像的虚构世界则是纯精神的，没有任何的物质的因素。道勒齐尔认为："虚构世界是由非现实可能事态组成的集合，虚构世界及其构成物、虚构个体，被赋予确定的本体地位，即非现实可能的地位。虚构个体的存在与特性并不依赖于现实原型。"[1] 这里强调的实际上也就是虚构世界的本体性和自证性。

特殊性的第二个方面，在于虚构世界是纯想象性的，它完全是人类头脑运作的结果。当然，纯想象性并不是说人类在想象它的时候没有现实的依凭，而是说它是人类头脑的产物，具有内在的自足性，可以按照自己的逻辑生发与发展。如唐代传奇小说《南柯太守传》。小说写主人公淳于棼家宅南有大古槐一株，古槐根部有一蚁穴。他常与朋辈豪饮槐下。一日大醉，由二友人扶归家中。忽见二紫衣使者，称奉大槐安国王之命相邀。遂出门登车，向古槐穴而去。入大槐安国后，拜见国王，招为驸马，又拜为南柯郡太守。治郡二十载，颇有政绩，大受宠任。后因迎战檀萝国军失败，加之公主病死，日重的威权又遭国王猜忌，遂被夺去权势，送归故里。梦觉之后，见二友人还在，斜阳尚未西落。遂与二友来到槐下洞穴，但见群蚁隐聚其中，积土为城郭台殿之状，情形与梦中所见相符。于是感人生之虚幻，遂栖心道门，弃绝酒色。淳于棼本是作者想象之人物，但在这一想象人物的基础之上，又生发出梦入大槐安国，做驸马、当太守的故事，想象纵横，自成逻辑。

不过，也正因为其纯精神性与纯想象性，虚构世界也就与一般可能世界

---

[1] Lubomir Dolezel, *Heterocosmica: Fiction and Possible Worlds*, Baltimore and London: The Johns Hopkins University Press, 1998, p. 16.

拉开了距离。一般可能世界总有一定的物质与现实基础，具有成为现实世界的可能性或潜质。"具实存性可能世界"只要进入人类的认知范围，便成为现实世界；"基于现实的可能世界"与现实世界有因果的链条，"因"的那段就是现实世界的组成部分，只是未能结出相应的"果"；"基于逻辑的可能世界"也具备成为现实世界的一定的物质潜质。而文字与图像艺术虚构的世界则完全没有这种物质性与现实性，是一种纯想象的精神性产品，永远没有成为现实的可能。现代可能世界理论将其称为特殊的可能世界，突出其与一般可能世界的区别，是可取的。

自然，也有部分虚构世界的内容最后在现实世界得到了实现。如凡尔纳的《海底两万里》中描写的鹦鹉螺号潜艇，《八十天环游地球》中的利用各种交通工具八十天内绕地球一周，现在不仅成为了现实，而且已经落后于现实了。现在的潜艇比凡尔纳小说描写的鹦鹉螺号要先进得多、复杂得多、庞大得多；而环绕地球，八十天时间已经太多，坐飞机一天时间就足够了，坐高铁理论上也只要几天。小说描写的，早已成为了现实。

但是，我们只要认真思考一下便能发现，成为现实的并不是虚构世界本身，而是虚构世界的概念和虚构世界中所涉及的事物的概念。如潜艇，现实世界建造的并不是凡尔纳的鹦鹉螺号，小说描写的那艘潜艇并没有在现实世界出现。现实世界出现的只是与鹦鹉螺号潜艇类似的水下航行器。凡尔纳小说，扩大点说科幻小说，再扩大点说所有文字与图像艺术所描述的事物，之所以能够部分地在现实世界现身，原因只有两个，一是它所描写的事物符合现实世界的规律与发展方向，一是它所描写的事物得到了现实世界人们的喜爱，这促使他们努力地使其所描写的事物再现。但现实再现的，并不是文字与图像艺术创造的虚构世界本身，也不是虚构世界中的具体事物。现实再现的，只是虚构世界及其事物的仿造品。虚构世界本身是无法成为现实的，因为它们属于两个不同的世界。如按照《红楼梦》对大观园的描写修建一所仿古庭园，或按照陶渊明《桃花源记》中的描写建造一处古典风味的园林，等等。

由此可见，虚构世界中的内容和事物在现实世界中的"出现"并不能否定虚构世界的纯精神性和纯想象性，叙事虚构世界只能是一种特殊的可能世界。

四　文字与图像艺术中的虚构世界的真实性问题

现代可能世界理论强调虚构世界的本体性，认为在虚构世界的范围内，其各个个体都是真实的。这也就是虚构世界语义的真实性。格勒认为："虚构作品可以被视为是对现实世界之外的可能世界的真实情况的描述。"① 这里的关键在于，可能世界与现实世界一样，是具有自己的本体性的世界。虚构世界是通过想象构建起来的可能世界，它也就是一个独立的世界，在这个世界中存在的事物和个人，其真实与否就不应根据它们同现实世界的关系来判断，而应根据它们在虚构世界中的相互关系，根据虚构世界本身的逻辑来判断。如《南柯太守传》中的故事，淳于棼本身是小说中的一个人物，他醉酒之后梦见自己在大槐安国做了驸马、太守，梦醒之后才发现这是一个梦，这个梦与其宅南大槐树下的蚂蚁洞有关。淳于棼是否做了这个梦，这个梦是否与槐树下的蚂蚁洞有关，我们不能根据现实世界或现实世界的常识与逻辑来判断，而应根据想象构建的虚构世界来判断。也就是说，尽管在现实生活中很难出现一个人的梦境在自家宅中的一棵树下的蚂蚁洞中得到应验的现象，但这不能成为判断《南柯太守传》中淳于棼的梦是否真实的标准。就虚构世界来说，淳于棼的梦、他的梦在槐树下的蚂蚁洞中得到应验都是合乎逻辑的，因而都是真的。他的做驸马、太守之所以是梦，并不是根据我们的现实生活经验判定的，而是根据虚构世界本身的规定性判定的。

既然虚构世界的语义真值应该在虚构世界的范围内进行判断，根据虚构世界的真值标准来判断虚构世界的事物与虚构命题的真假，那么，虚构世界的事物与命题的真假以及其真假的程度就不受它们与现实世界的关系的影响。如曲波的《林海雪原》，其中的人物有的有现实生活中的原型，有的是作者纯粹的虚构。小说中的杨子荣、孙达得有现实生活的基础，白茹则是作者虚构的人物，但按照虚构世界的语义真值评判，在小说的虚构世界中，杨子荣、孙达得并不比白茹更真实。现实世界的人写入小说，在小说中他们便不再以现实中的人而存在，而成为虚构世界中的形象，与纯想象的人物没有质的区别。

---

① Rod Girle, *Possible Worlds*, Bucks: Acumen, 2003, p. 35.

道勒齐尔认为:"作为非现实可能,所有虚构实体都具有相同的本体性质。"① 在虚构世界中,所有构成体的真值在起点上都是一样的。当然,这并不意味所有构成体在终点上的真假度也是一样的,不同的构成体的真假度最终还是有区别的,但这种区别仍是由虚构世界本身的标准决定的,而不是现实生活。如法捷耶夫《毁灭》中的美谛克,他因在做尖兵时开小差,使后面的部队遭到敌人的伏击,损失惨重。小说初稿是让他由于自责而自杀,定稿则改成他乘机开了小差。开小差的美谛克比自杀的美谛克就更真实,因为这更符合他的极端自私、只爱自己的性格。不过这种评判的标准来自小说虚构世界本身,而不是现实生活。

现代可能世界理论对于虚构世界语义真值的界定,一方面将虚构世界与现实世界区别开来,一方面肯定了虚构世界的本体性与自足性,对于我们理解与正确定位叙事虚构世界有着积极的作用。但要全面理解人类想象虚构的世界,还需考虑它与现实世界的关系。

虚构世界是一种特殊的可能世界,其特殊性就在于它的纯精神性和纯想象性。这导致它与现实的关系和一般可能世界的不同。一般可能世界或者是已经存在但不为人类主体所认知的现存世界,或者是从现实因果链中发展出来的未能成为现实的可能世界,或者是从逻辑上说具有现实潜质但未能成为现实的可能世界。它们与现实的关系更多的是一种现实性与可能性的关系。而虚构世界是一种纯想象的精神产品,没有实现的可能。但任何人都不可能完全凭空地想象出一个新的世界,他必须有所依凭,这依凭主要就是他所生活的现实世界。他只能以自己所生活的现实世界为基础,根据自己在现实世界中的观察、体验,对现实世界的理解、把握等来想象自己的虚构世界。因此,文学虚构世界与现实世界的关系主要不是现实性与可能性的关系,而是反映与被反映的关系。这里自然就有一个反映得真实与否的问题。因此,要全面理解文学(也包括艺术)虚构世界的真实性问题,还得探讨它与现实世界的关系。

从与现实世界的关系的角度考察,虚构世界的真实问题实际上就是其对

---

① Lubomir Dolezel, *Heterocosmica: Fiction and Possible Worlds*, Baltimore and London: The Johns Hopkins University Press, 1998, p. 18.

现实世界的反映是否真实与准确的问题。其衡量的标准是现实世界和现实世界的可然律与必然律。自然，现实世界本身不能自动成为衡量的标准，作为标准的仍是人类对于现实世界的认识。毋庸置疑，这种认识也是主观的，但它毕竟是以客观现实为基础，以客观现实为出发点，要受到客观现实的检验与制约的。因此，虽然它是主观的，但仍带有很强的客观性品格。除了现实因素的标准，从与现实的关系考察虚构世界的真实性，还有两组因素。一组是意识形态因素。这里的意识形态是广义的。它不仅指不同的阶级、阶层、集团因为地位、经济、利益等的不同而形成的不同的思想体系，也包括由于地理环境、文化传统等的不同而形成的观念、看法上的差异。还有一组是文化因素，包括体裁、流派、作品等。三组因素以现实因素为主，但其他两组因素也会对人们对虚构世界真实性的判断产生重要影响，特殊情况下甚至会产生主要的影响。自然，三组因素并不总是一致的。当三种因素一致倾向于真实的判断时，虚构世界的真实性最强。三种因素不一致时，则可能出现两种情况，一种是三种因素的判断并存，一种是其中一种因素的判断排斥了其他因素的判断，对叙事虚构世界真实性的判断出现了一边倒的情况。[①]

五　文字艺术虚构世界与图像艺术虚构世界的差异

由于文字与图像之间的差异，虽然都是想象的产物，但是文字艺术的虚构世界与图像艺术的虚构世界之间，也存在着差异的一面。这可以从以下几个方面探讨。

其一，文字艺术的构建材料是人为的抽象符号，是一种心灵性的东西，无须物质支撑。因此，文字艺术的虚构世界具有全方位性。它可以建构客观世界，也可以建构主观世界，可以构建视觉的世界，也可以构建非视觉的世界，可以构建人们熟悉的世界，也可以构建人们陌生的世界。总之，凡是人类的想象所能达到的世界，文字艺术都能建构出来。[②] 而图像艺术的建构材

[①] 关于叙事虚构世界的真实性问题，笔者已在拙文《论文学作品的真实性品格及其主观规定性》（《人文杂志》1997年第1期）中做了比较详细的说明，请参阅，本节不再赘述。

[②] 文字虽然具有普遍抽象性，但它可以通过一定的方法，调动自己潜在的具体特殊的一面，塑造空间的视觉形象。具体的论述请见第三章第二节。

料则是从自然中提取的线条、色彩、光线、体积、人体等，具有一定的物质性，需要一定的物质支撑。因此，图像艺术在构建自己的虚构世界时，在范围上要受到一定的限制，不可能具有全方位性。首先，图像艺术构建的世界一般集中于视觉领域，很难扩展到视觉领域之外的地方；其次，图像艺术构建的世界需要一定的物质支撑，绘画需要线条与色彩，摄影需要光线，雕塑需要体积，影视除了需要线条、色彩、光线、体积之外，还需要人体以及各种设备。缺少这些，图像艺术就无法建构自己的世界。《阿凡达》的导演卡梅隆1995年就形成了《阿凡达》的构思，但由于技术条件不成熟，他一直等到2005年条件具备了才开始拍摄。而文学作品一般不会受这样的限制。作者构思成熟，便可以开始创作，一般不受物质条件的制约。

其二，由于文字艺术虚构的世界在范围上不受限制，图像艺术虚构的世界局限于视觉的领域，对于二者的真实性的评价标准也就不同。对于文字艺术虚构世界真实性的评价既要根据虚构世界本身的规定性，更要根据现实世界的规定性。不仅在现实中把握虚构世界需要根据虚构世界的真值标准和现实世界的现实标准两种标准，实际上，在虚构世界内部，这两种标准也是同时运用的。如《红楼梦》，贾宝玉衔玉而生，林黛玉仙草托生，一僧一道幻形入世，甄士隐得道成仙，马道婆魔法魇人，在小说世界中都是真实的存在，并毋庸置疑，这里运用的是虚构世界的真值标准。而贾母批那些才子佳人小说的胡编乱造，用的则是现实的标准："既说是世宦书香大家小姐都知礼读书，连夫人都知书识礼，便是告老还家，自然这样的大家人口不少，奶母丫鬟伏侍小姐的人也不少，怎么这些书上，凡有这样的事，就只小姐和紧跟的一个丫鬟？你们白想想，那些人都是管什么的，可是前言不搭后语？"（第五十四回）贾母虽是虚构的人物，但她这里批判的依据，却是与现实生活，与曹雪芹处身其中的现实生活一致的，虚构的人物却用了现实的标准。虚构世界的真值标准和现实世界的现实标准同时并存于《红楼梦》的叙事虚构世界之中。而评判图像艺术虚构世界的真实性，更多运用的则是现实世界的标准。这有两个方面。一是现实世界的常识与可然律和必然律，一是现实世界的外在表现形态。前者与文字艺术虚构世界的评判标准大体一致，但因为图像艺术表现的对象局限于视觉的范围，因此运用的程度与方式也有一定的区别。一般地说，虽然二者都要运用现实的常识与可然律和必然律，但文字艺术虚构世界更重视可然律与必然律，而图像艺术虚构世界更重视现实世界的常识。就外在表现形态来说，图像艺术虚构世界，由于它的可视性，在评价其真实性的时候，客观世界的外在表现形态所占权重也就更大，人们常常会运用自己对外在世界的表象的把握和理解，来评判图像艺术创造的虚构世界。而文字艺术虚构世界虽然也要表现世界的视觉表象，但一方面，它还要表现世界的非视觉的一面，另一方面，即使表现的是世界的表象，这表象也有一定的模糊性、间接性和含混性，有时只能模糊评判。这样，客观世界的外在表现形态这一标准，在对其真实性的评判中所占的权重也就相对而言要少一些。

其三，文字用所指表征世界，图像用能指表征世界，这导致二者建造的虚构世界在形态与类型方面存在差异。一方面文字艺术建造的虚构世界能够深入到客观世界的各个方面，更容易表现现实的动态发展；另一方面文字艺术创造的虚构世界也更容易深入、表现人的内心世界，表现人类复杂多样的内心活动。如托尔斯泰的《童年》。小说开始，主人公尼考林卡正在床上睡觉，家庭教师伊万内奇走进来用自制的蝇拍拍打苍蝇，把他吵醒了，他很不高兴，觉得眼前的这个小个子德国人讨厌极了，讨厌到连他穿的棉袍、戴的小帽和帽子上的帽缨都令人厌恶。接着，伊万内奇温和地叫他起床，并用手友好地搔他的脚后跟。他咯咯地笑起来，感到了伊万内奇的友好与善良，联想起自己刚才还不喜欢他，忽然自责起来。自责使他难过，难过使他流出了眼泪。"卡尔·伊万内奇吃了一惊，放开我的脚，不安地问我到底是怎么回事？是不是做了什么噩梦？……他那慈祥的德国人的面孔、他那竭力要猜出我为什么流泪的关注神情，更使我泪如雨下了：我很惭愧，而且不明白在一分钟之前，我怎么居然能不喜欢卡尔·伊万内奇，认为他的棉袍、小帽和帽缨讨厌呢？现在，恰好相反，我觉得这些东西都非常可爱，连帽缨都似乎成了他很善良的明证。我对他说，我哭，是因为我做了一个噩梦，梦见妈妈死了，人们抬着她去下葬。这完全是我瞎编的，因为我一点也不记得夜里做了什么梦。但是，当卡尔·伊万内奇被我的谎话所打动，开始安慰我、抚爱我的时候，我觉得好像自己真的做了那场噩梦，我流泪是由于别的原因了。"[①] 小

[①] 参见［俄］列夫·托尔斯泰《童年 少年 青年》，谢素台译，人民文学出版社1984年版，第3—5页。

说详细描写了在这一短暂的时间中，尼考林卡心理变化的过程，并通过这一变化过程展示出人物的思想性格。车尔尼雪夫斯基很赞赏托尔斯泰的心理描写，将其称为"心灵的辩证法"。文字艺术在这方面的优势，图像艺术很难企及。图像用能指表征世界。这一特点使图像艺术能够清晰、具体地表现世界的感性表现形态。但是因为它塑造的虚构世界局限于视觉的领域，因此图像艺术的虚构世界就很难像文字艺术虚构世界那样，深入到世界的方方面面，也无法表现人物复杂的内心世界，在表现世界的动态发展方面，也受到一定的限制。如在心理描写方面，不仅绘画、雕塑有较大困难，较能表现世界的动态发展的影视也是如此。美国演员葛丽泰·嘉宝曾出演《瑞典女王》中的17世纪瑞典女王克里斯汀。女王为了爱情，放弃了王位，准备与自己的情人一起远走他乡，但人们给她送来的，却是情人的尸体。面对此情此景，女王心中应该是百感交集。嘉宝不知道如何表演，询问导演，导演说，你不要试图表现任何东西。于是嘉宝坐在椅子上，木然地凝视着远方。这一表演十分成功，使观众看到了许多内在的东西。但实际上她没有试图表现任何东西。观众看到的，实际上是观众自己想象的结果。这一事例很好地说明图像艺术创造的虚构世界难以直接展示人物内心，而只能通过外部的动作和表情来进行暗示，引发观众的联想。

本章小结

  本章讨论文字与图像的相互关系。
  文字与图像看似对立，其实是既异质，又互渗的。文字与图像是人类认识与表现世界的两种主要手段。文字与图像既有异质的一面，也有互渗的一面。文字与图像的异质性主要表现在三个方面：图像反映世界的方式是直接、直观的，文字反映世界的方式是间接、抽象的；就图像而言，人们用感官把握到的形式与其最终在脑海中形成的形式是一致的，就文字而言，人们用感官把握到的形式与其最终在脑海中形成的形式是不一致的；图像与思想的关系是间接的、分离的，文字与思想的关系是直接的、同一的。文字与图像的互渗性表现在二者的相互支撑性、相互渗透性和相互转化性三个方面。从艺术史的角度看，文字与图像的地位是此消彼长的。这种此消彼长的内因是文字与图像各自的长处与不足，外因则是人类的艺术生产与消费方式，以及与这种方式相联系的科技发展水平。

　　文字与图像存在实指与虚指的问题。文字的能指是有规则的线条，所指是表征客观事物的概念，而概念是思想的基础，从思想表达的角度看，文字是实指的。图像的能指是人们能够用感官把握的线条、色彩、体积、光线、人体等所构成的具象，所指是这些具象所表征的意义。图像通过它的能指表征客观事物的表象。从表征客观事物表象的角度看，图像是实指的。因此，文字与图像的实指与虚指只是一个或然的问题，它一方面取决于我们是以思想作为判断的依据，还是以表象作为判断的依据；另一方面取决于图文自身的要素及其运作方向，以及其外部条件。在图文共同体中，谁居主导地位纯粹是一个角度的问题，而不是一个优劣的问题。

　　20世纪中叶西方兴起的可能世界理论，有助于我们理解文字艺术创造的虚构世界和图像艺术创造的虚构世界。西方现代可能世界理论为我们研究文字与图像艺术的虚构世界提供了一个新的维度。可能世界可以分为"具实存性可能世界""非实存性可能世界"两类。"非实存性可能世界"又可分为"基于现实的可能世界"和"基于逻辑的可能世界"两种。三种可能世界与现实世界的关系是不同的。而文字与图像艺术的虚构世界是一种特殊的可能世界，其特殊性就在于它的纯精神性和纯想象性。这导致它与现实的关系和一般可能世界不同。它永远无法成为现实的可能世界。虽然没有成为现实的可能，但从与现实的关系的角度进行考察，虚构世界仍然存在对现实世界的反映是否真实与准确的问题。虚构世界的真实性既应根据可能世界的本体性，在可能世界的范围内判定，也应根据它与现实世界的关系判定。文字艺术虚构世界与图像艺术虚构世界有共同的一面，也有差异的一面。差异主要表现在三个方面：其一，文字艺术虚构世界与图像艺术虚构世界对物质条件的要求不同，其所能表现的范围也有区别；其二，判断二者真实性的标准不同；其三，二者塑造的虚构世界的形态与类型存在差异。

第 三 章
文学语言与文学形象的相互关系

  作为语言的艺术，文学的形象与语言有着千丝万缕的联系。一方面，形象由语言构建，没有语言也就建构不了文学形象，去掉语言也就去掉了文学形象；而在文学作品中，语言不构建起形象也就失去了其作为文学语言存在的意义。另一方面，语言作为文学形象的建构材料，其本身也是复杂的。除了语言与言语、能指与所指等一系列复杂问题，困扰着研究者的首要问题则是语言与文字的关系。要把握文学语言和文学形象之间的关系，就必须把握语言与文字之间的关系，并在此基础上，把握文学语言建构文学形象的内在机制，了解在这一建构过程中，从语言到形象的各种具体的变化。

第一节 语言与文字关系辨析

  语言的能指有语音和文字两种表征方式，两种方式之间存在着固定的联系，但也存在着一定的差异。有的学者根据这种差异，认为语言与文字分属两种不同的符号系统。讨论文字不等于讨论语言，研究文字与图像的关系不等于研究语言与图像的关系。[1] 这就产生了一系列的问题：如果语言与文字不属于同一符号系统，那么二者之间就存在转换的问题，而任何转换都会造成一定的偏离与损失，那么，文字在表达语言的时候是否与语言完全一致？如果是完全一致的，如何能够说文字是语言之外的另一符号系统？如不一致，文字又如何能够表现语言？另外，在语言与图像的关系之外是否还存在

---

[1] 参见赵敬鹏《再论语图符号的实指与虚指》，《文艺理论研究》2003年第5期。

文字与图像的关系？探讨文学与图像的关系是从语言入手，还是从文字入手？文字既是另一个系统，它能否准确地表达语言？将口头文学用文字记录下来是否存在变形？研究文学能否通过研究文字进行？等等。要解决这些问题，我们必须先探讨语言与文字的关系。由于索绪尔是强调语言和文字属于两个不同系统的最重要的理论家之一，国内持两个系统论的学者也常常从他的《普通语言学教程》中寻找根据，因此，我们有必要重读索绪尔的《普通语言学教程》，了解他的真正看法并做出自己的分析。

一　语音的物质与心理两个层面

一般认为，语音是语言的物质外壳。认识语言应该从语音开始。语音有物质与心理两个层面。语音的心理层面也就是索绪尔所说的"音响形象"。但在语音的两个层面中，物质层面是主要的，心理层面是从属的，是物质层面在人的心理中的反映。在这个意义上，语音才能与语言符号的能指画等号，讨论语言与文字的关系也才有一个共同的前提和坚实的基础。

（一）语音与音响形象

在《普通语言学教程》中，索绪尔从未将文字与语言的能指联系起来，他将语言的能指与语音等同。他认为："语言符号连结的不是事物和名称，而是概念和音响形象。后者不是物质的声音，纯粹物理的东西，而是这声音的心理印迹，我们的感觉给我们证明的声音表象。它是属于感觉的，我们有时把它叫做'物质的'，那只是在这个意义上说的，而且是跟联想的另一个要素，一般更抽象的概念相对立而言的。我们试观察一下自己的言语活动，就可以清楚地看到音响形象的心理性质：我们不动嘴唇，也不动舌头，就能自言自语，或在心里默念一首诗。那是因为语言中的词对我们来说都是一些音响形象，我们必须避免说到构成词的'音位'。'音位'这个术语含有声音动作的观念，只适用于口说的词，适用于内部形象在话语中的实现。我们说到一个词的声音和音节的时候，只要记住那是指的音响形象，就可以避免这种误会。因此语言符号是一种两面的心理实体。"这个实体的一面是概念，另一面是音响形象。"这两个要素是紧密相连而且彼此呼应的。"①"我们建

---

① ［瑞士］索绪尔:《普通语言学教程》，高名凯译，商务印书馆1980年版，第101页。

议保留用符号这个词表示整体，用所指和能指分别代替概念和音响形象。后两个术语的好处是既能表明它们彼此间的对立，又能表明它们和它们所从属的整体间的对立。"① 索绪尔的意思十分明显：语言的所指是概念，能指是音响形象。在《普通语言学教程》中，从符号学的角度讨论语言时，索绪尔一般倾向于使用能指与所指这两个术语，而从语言学的角度讨论语言时，则一般倾向于使用音响形象和概念这两个术语。由此可见，在索绪尔那里，能指与音响形象实际上是等同的，是同一事物在两种不同语境中的叫法。

然而，问题也就在这里。按照索绪尔的说法，音响形象是"声音的心理印迹"，具有心理性质，而能指则是指的语言符号的声音方面。他说："语言是组织在声音物质中的思想。""我们可以把全部语言事实，即语言，设想为一系列相连接的小区分，同时画在模模糊糊的观念的无限平面和声音的同样不确定的平面上面。""一个观念固定在一个声音里，一个声音就变成了一个观念的符号。""语言还可以比作一张纸：思想是正面，声音是反面。我们不能切开正面而不同时切开反面，同样，在语言里，我们不能使声音离开思想，也不能使思想离开声音。这一点只有经过一种抽象工作才能做到，其结果就是成了纯粹心理学或纯粹音位学。"② 在这些论述中，索绪尔讲的"声音"，肯定不是声音在人的心理上的印迹，而是实际的物理的声音，也即他所说的"声音物质"。如果指的是心理印迹，我们就无法理解如何对声音进行切割，声音与思想为什么不能分离。因为索绪尔已经说明，从纯粹心理学或纯粹音位学的角度，是可以让思想与声音分离的，不能分离的肯定是物质的声音和它所表达的思想。这样，音响形象便无法与能指画等号。

因此，如何理解"音响形象"便成为理解索绪尔相关思想的关键。应该承认，在《普通语言学教程》中，"音响形象"这一术语有其含混之处，索绪尔的论述也有含混之处，这影响了国内学界对于音响形象的理解。目前国内学界对于音响形象的理解大致有三种，一种认为音响形象就是能指；一

---

① ［瑞士］索绪尔：《普通语言学教程》，高名凯译，商务印书馆1980年版，第102页。
② ［瑞士］索绪尔：《普通语言学教程》，高名凯译，商务印书馆1980年版，第157、158页。

种回避音响形象，认为语言的能指就是语音；一种认为"'音响形象'是语音的'心理印迹'……是和语音勾连在一起、被语音所唤起的语象"。① 究竟哪一种看法更准确，更符合索绪尔的原意呢？

笔者以为，索绪尔对音响形象的界定是十分明确的，它是"声音的心理印迹，我们的感觉给我们证明的声音表象"。不过，索绪尔强调音响形象并没有否定语音的物质性。他说音响形象"不是物质的声音，纯粹物理的东西，而是这声音的心理印迹"，这就隐含了语音既是物质的，又是心理的这一意蕴。另一方面，心理印迹必然要有引起这印迹的东西。马克思主义哲学认为，存在决定意识。从逻辑上说，必然先有一定的声音，然后才有相应的心理印迹。声音与心理印迹是一体两面的关系，就像语言的能指与所指一样，实际上也是不能分割的。

（二）音响形象只是语音的一个次要组成部分

索绪尔之所以强调音响形象，一个重要原因是他认识到，音响形象与说话者的实际发音是有区别的。他曾设想有甲乙两个人在交谈，由此形成言语的循环。"循环的出发点是在对话者之一例如甲的脑子里，在这里，被称为概念的意识事实是跟用来表达它们的语言符号的表象或音响形象联结在一起的。假设某一个概念在脑子里引起一个相应的音响形象，这完全是一个心理现象。接着是一个生理过程：脑子把一个与那音响形象有相互关系的冲动传递给发音器官，然后把声波从甲的口里播送到乙的耳朵：这是纯粹的物理过程。随后，循环在乙方以相反的程序继续着：从耳朵到脑子，这是音响形象在生理上的传递；在脑子里，是这形象和相应的概念在心理上的联结。如果轮到乙方说话，这新的行为就继续下去。""重要的是不要把词语形象和声音本身混为一谈，它和跟它联结在一起的概念都是心理现象。"② 索绪尔将词分为物理（声波）、生理（发音和听音）和心理（词语形象和概念）三个部分，并强调要将三者区别开来，这是有道理的，也是必要的。因为一种声音可以用人的发音器官发出，也可以用其他的发声体比如喇叭或计算机模拟发出，只要两者发出的声波是一致的，两者发出的就是同一种声音。另外，索

---

① 参见赵敬鹏《再论语图符号的实指与虚指》，《文艺理论研究》2003 年第 5 期。
② ［瑞士］索绪尔：《普通语言学教程》，高名凯译，商务印书馆 1980 年版，第 33—34 页。

绪尔曾反复强调，"在词里，重要的不是声音本身，而是使这个词区别于其他一切词的声音上的差别，因为带有意义的正是这些差别"。"说话者在使各个声音仍能互相区别的限度内享有发音上的自由。例如法语的 r 按一般习惯是一个小舌音，但并不妨碍有许多人把它发成舌尖颤音，语言并不因此而受到扰乱。语言只要求有区别，而不像大家所设想的那样要求声音有不变的素质。我甚至可以把法语的 r 发成德语 Bach '小河'，doch '但是' 等词中的 ch。可是说德语的时候，我却不能用 r 当作 ch，因为这种语言承认有这两个要素，必须把它们区别开来。"① 也就是说，一个词的声音不是一个固定的点，而是一个段，这个音段的两端以这个声音与同一语言中的其他音段的区别为界限。在这个音段内，发音者发出的声音可以有"不同的素质"，换句话说，只要是在这个音段的范围内，发音者不管发出什么样的声音，都还是这个词的语音。索绪尔说的音响形象实际上就是这个音段在人的心理上的印迹，它与具体的人所发出的实际声音并不是完全一致的。索绪尔要求把音响形象与实际的发音区别开来，这是重要原因和理由之一。

那么，如何理解音响形象与实际发音之间的区别？笔者以为，索绪尔的相关论述实际上存在一个误区。他在论证音响形象的时候，指的是公众对于语音的心理印迹，而在谈声音的时候，指的则是个体的实际发音。个体的实际发音当然与公众的心理印迹有差异。实际上，如果将心理印迹落实到每个个体，每个个体对语音的心理印迹也是不同的。如"牛"这个词，普通话念"niú"，南方很多人念"liú"。对于南方人来说，你念 liú 他能听懂你说的是"牛"；而对于北方人，他则不一定知道你说的是牛。南方人"黄""王"不分，将"王建国"念成"黄建国"，一般不会造成理解的错误，而北方人则要求将这二者严格地区分开来，否则就会造成误解。可见在同一种语言内部，不同的人对于语音的心理印迹也是不同的。如果从个体的角度来看问题，语音的心理印迹有三个方面需要考虑：其一，个人对某个词的发音，形成了这个词的发音在他心中的印迹的核心；其二，他所听到的其他人对这个词的发音，丰富了这个词的心理印迹的内容，扩大了其范围，这使他能够听懂与他发音不同的人所说的话；其三，语言的心理印迹是可以变化

---

① ［瑞士］索绪尔：《普通语言学教程》，高名凯译，商务印书馆 1980 年版，第 164—166 页。

的。一些边远地区的乡民可能听不懂普通话,因为他不说普通话,他也从未听过别人说普通话。但他如果走出家乡,来到城市,听到了别人说普通话,渐渐地,他也就能够听懂普通话了。再有人用普通话与他交流,他就不会因听不懂而手足无措。这说明,语言的心理印迹在他心中已经得到改变。如果从群体的角度来看问题,语言的心理印迹则有四个方面需要考虑:其一,群体的心理印迹的确与个体的发音有区别;其二,群体的心理印迹与群体的发音是符合的,群体对于某个词的心理印迹是群体中这个词的主流发音在群体心理中的反映;其三,群体的心理印迹规范、制约着个体的发音;其四,群体的心理印迹是随着群体的实际发音的变化而变化的。汉语古时有不少入声词,在现代,这些入声词都没有了,不是说这些词本身消失了,而是说它们都不发入声了。因此,现代中国人对于汉语语音的心理印迹,也就没有了入声。群体语音的心理印迹也就没有了入声的内容。南方人"n""l"不分,"f""h"不分,前鼻音、后鼻音不分,翘舌音、平舌音不分,北方人则强调这种区分。可见南方人群体语音的心理印迹与北方人是不同的。一个南方的个体,他的语音的心理印迹必然要受到南方群体语音心理印迹的影响。而假如一个南方人先在南方生活工作,后到北方生活工作,随着他的语音渐渐靠近北方话,他的语音的心理印迹也就在慢慢变化。由此可见,无论是从总体看,还是从个体看,人们的语音的心理印迹是与实际的语音相符并由实际的语音所决定的。

从历时的角度看,心理印迹是随着实际语音的变化而变化的。索绪尔认为,语音的变化"是无限的,不可估量的,也就是说,我们无法预见它们将止于何处"[①]。但"不是任何的言语的创新都能同样成功,只要它们还是个人的,我们就没有考虑的必要,因为我们研究的是语言。只有等到它们为集体所接受,才进入了我们的观察范围"。"在一个演化事实之前,总是在言语的范围内先有一个或毋宁说许多个类似的事实。这丝毫无损于上面确立的区别,甚至反而证实这种区别。因为在任何创新的历史上,我们都可以看到两个不同的时期:(1)出现于个人的时期;(2)外表虽然相同,但已为集体所采纳,变成了语言事实的时期。"[②] 语言的各个要素特别是语音总是在

[①] [瑞士] 索绪尔:《普通语言学教程》,高名凯译,商务印书馆1980年版,第212页。
[②] [瑞士] 索绪尔:《普通语言学教程》,高名凯译,商务印书馆1980年版,第141—142页。

发生异动。这些异动开始是偶然的、局部的，随着时间的推移，有些异动（大多数）没有得到社会共同体的承认，自然消失了，有些异动得到社会共同体的承认，被保留下来，并取代原来的语音，成为新的标准音。而随着新标准音的形成、推广，人们关于这个音的心理印迹也会随之改变。比如"癌症"的"癌"字，才从日本传入的时候，读作"yán"，但在实际运用中，常与"炎症"的"炎"的读音（yán）相混，造成了很多不便。比如说"胃yán"，从读音上就很难区分是"胃炎"还是"胃癌"，因此有专家建议将"癌"的读音改为"ái"，此读音得到大家的认同，于是"癌"的读音慢慢从"yán"变成了"ái"，人们对这个字的心理印迹也产生了改变，再说"胃yán"，就没有人认为是"胃癌"了。而至今仍有很多方言地区将"吃饭"的"吃"（chī）念成"qiá"，但这个读音没有为整个汉语共同体接受，因此还只能在部分地区流行，并在书写上用另一文字"呷"表示。

　　索绪尔强调音响形象的第二个重要原因，是他认为，并不是所有人类的声音都是语音。语言是一种以"音响印象在心理上的对立为基础的系统"[①]。只有与这些音响印象相符的声音才是语音。因此，他强调语音的心理性质。但是正如笔者前面指出的，只有先有了语音，然后才可能有这语音的心理印迹。至于为什么一个语言共同体的成员所发出的某些声音成为了语音，另一些声音没有成为语音，则只能从社会实践的层面，从索绪尔的约定俗成、任意性的角度加以理解。换句话说，音响形象只能从语音的角度来解释，语音则不能从音响形象的角度来解释。语音的心理性质可以从三个方面理解。其一，语音只是对人而言才是语音，也就是说，只有掌握了某种语言体系的人才能分辨出声音与语音。对于其他事物比如动物而言，语音也就是人类发出的声音而已。在训练狗的时候，人们可以发出"站住""坐下""卧倒"等指令，让狗做出相应的动作；但经过训练，人们也完全可以用"嗨""嗬""哈"或其他完全不属于语音范围的声音让狗做出同样的动作。对于狗来说，你发出的声音是语音还是一般的声音并无什么不同，人们用语音（语言）来指挥狗不是为了方便狗，而是为了方便自己，他没有必要在语言之外再创造一套只针对狗的声音系统。其二，人的发音器官发出的声音只有符合

[①] ［瑞士］索绪尔：《普通语言学教程》，高名凯译，商务印书馆1980年版，第60页。

某一群体的与语言相关的心理图式才能成为语音。对于讲汉语的人群来说，当你说"rénmín shì wěidà de"（人民是伟大的）的时候，他们知道你发出的是语音，当你说"de de de de de"或者因痛苦而发出呼叫时，他们则不会认为你发出的是语音。而对于不懂汉语的人来说，即使你发出的是汉语的语音比如"rénmín shì wěidà de"，他们也不一定认为你发出的是语音。当然，从常识上说，当你发声的时候，他们一般认为你是在讲话，也就是说会认为你发出的是语音，但这只是情理上的推测，而不是理性与知识的判定。因为你完全可以糊弄他，发出一连串没有任何意义的声音，而他则无法肯定你发出的是语音还是声响。决定着人对语音和声响的判断的则是他所掌握的与语言相关的知识。这些知识储存在他的头脑之中，使他能够对语音或声响做出迅速的判断。其三，音响形象与概念是紧密联系在一起的，不可分割。而从主体的角度看，概念无疑属于心理层面，是人的知识与思想的组成部分。音响形象与概念联系在一起，自然也就带上了心理的性质。但这些都只能说明音响形象为什么是心理的，无法否定语音的物质性，也不能用音响形象代替语音。

　　笔者以为，语音是在长期的社会实践中根据任意性的原则通过约定俗成纳入语言系统的人类的声音，音响形象是这声音在人们心理上的印迹。声音是语音的物质层面，音响形象是语音的心理层面。宽泛地说，语音是这两者的统一。严格地说，语音只能是前者，即纳入语言系统的人类声音。在这个意义上，语言学意义上的语音和符号学意义上的语言的能指是同一的，没有矛盾。索绪尔强调语音的心理性质，是为了说明语音的人为性和内在系统性，而不是为了否定语音的物质性，或者认为语音的物质层面无关紧要。从根本上说，语音的两个层面中，物质层面是处于主导地位的，是先有了语音的物质层面然后才有心理层面即音响形象，心理层面是随着物质层面的变化而变化的。这样，我们就可以理解为什么索绪尔一方面强调音响形象的心理性质，一方面又将音响形象等同于能指。这里的关键仍然还是不同的语境。在论述语言的内部系统和各要素之间的区分时，索绪尔强调语音的心理方面即音响形象；在论述符号结构时，他又侧重语音（能指）的物质性的一面。考虑到这一点，索绪尔用能指来代替音响形象，是可以理解的。但为了避免误解，笔者以为，在一般性地论述语言时，使用语音这个术语比使用音响形象更能准确地表述语言的声音层面,也更能与符号意义上的能指相适应。

二 文字与语言同属一个系统

为了论证文字是外在于语言系统的另一符号系统,索绪尔进行了详细的论述,主要理由有三个。但认真分析,这三个理由并不充分,无法论证文字是另一符号系统。自然,要从理论上说明语言与文字同属一个系统也并不容易,需要进行认真细致的分析。

(一) 索绪尔将文字排除在语言系统之外的原因

在《普通语言学教程》中,索绪尔曾几次提到,语言与文字属于两个不同的系统:"语言中只有音响形象,我们可以把它们译成固定的视觉形象。""语言是一种表达观念的符号系统,因此,可以比之于文字、聋哑人的字母、象征仪式、礼节仪式、军用信号等等,等等。""这种情况在另一个符号系统——文字——里也可以看到"。[①] 由于将文字排除在语言系统之外,在《普通语言学教程》中,索绪尔从不将文字纳入语言系统内进行讨论,在语言的能指中也将文字排除在外。国内学界的主流观点受索绪尔思想的影响,一般也认为文字只是记录语言的书写符号系统,本身并不属于语言系统。如张巨龄认为,文字"只是记录语言的工具,是工具的工具"[②]。叶蜚声、徐通锵认为:"文字是用'形'通过'音'来表达'义'的。"[③]

对于索绪尔抬语音贬文字的观点,国内外也有不少学者不以为然,进行过分析与批评,如德里达。德里达认为,索绪尔强调语言和文字是两种不同的符号系统,文字存在的唯一理由就在于它表现语言,是语言这种声音符号的代表,因而低于语言,只是语言的替代品的观点是典型的语音中心主义,与西方数千年来的逻各斯中心主义是一脉相承的。逻各斯中心主义相信有某种存在于语言之外的本源、本质、绝对真理,而这是一切思想、语言和经验的基础,语言仅仅是表达这一终极之"道"的工具或者通道。语音中心主义认为,在与思想的关系中,语言是直接的、透明的,与讲话者的当下思想

---

① [瑞士]索绪尔:《普通语言学教程》,高名凯译,商务印书馆1980年版,第37、166页。
② 张巨龄:《研究汉字不能搞独尊》,《光明日报》1995年11月2日第5版。
③ 叶蜚声、徐通锵:《语言学纲要》,北京大学出版社1981年版,第155页。

具有同一性，因而是在场的、第一位的；而文字仅仅是语言的视觉符号，是一种言语的替代品，与讲话者的当下思想没有同一性，在说话者和言语不在场的情况下也能存在，因而是不在场的、第二位的。德里达认为，这种观点是错误的。因为按照索绪尔自己的说法，符号的能指具有随意性。一定的能指能够指代一定的所指，完全依靠它与其他能指之间的差异。然而这种差异具有无限的可能性。如"树"这个能指之所以能够表达"树"的意思，是因为它与"花""草""藤"等这些能指有差异，但肯定也是因为它与"钢""铁""铜"等的能指有差异，与"屋""楼""宇"等有差异。这种差异可无限地列举出来。在这一无限延伸的网络之中，任何符号都没有独立生存的可能，都必须依赖其他几乎所有的符号才有意义、有位置。这样，任一符号的能指与它的所指的关系就很难说是固定的。符号并没有一个超验的意义或中心，它只是一堆差异的组合。而另一方面，所指也是由差异来区分的，"树"的概念（所指）之所以能指示现实中的树，是因为它与其他概念之间的差异，但这种差异也是可以无限地延伸的，这样，"树"这一所指也就很难固定在现实中的"树"这一事物之上。这样，"树"的能指不一定能够准确地指向"树"的所指，而"树"的所指也不一定能够准确地指向现实生活中的树。语音与思想的关系，并不比文字与思想的关系更为密切。语言相对于文字的优越性（直接、透明、与思想的同一性）也就不存在了，它并不高于文字。[①]德里达运用他惯用的解构方法，否定了索绪尔的观点。

不过，本章的目的不是讨论语音中心主义，而是讨论索绪尔的《普通语言学教程》对于语言和文字的看法。

索绪尔将语言和文字看作两个不同的系统，其理由归纳起来，主要有如下三种：

其一，文字只是表现语言的手段，是依附语言而存在的。索绪尔认为，"语言和文字是两种不同的符号系统，后者唯一的存在理由是在于表现前者。语言学的对象不是书写的词和口说的词的结合，而是由后者单独构成的。但是书写的词常跟它所表现的口说的词紧密地混在一起，结果篡夺了主要的作

[①] 参见［法］雅克·德里达《论文字学》第一部分第二章，汪堂家译，上海译文出版社2005年版。

用；人们终于把声音符号的代表看得和这符号本身一样重要或比它更加重要。这好象人们相信，要认识一个人，与其看他的面貌，不如看他的照片。"[①]文字只是声音的书写形式，是表现语言的一种手段，是一种外在的东西，既不与语言的内部系统发生关系，也不对语言的内部系统产生影响。所谓语言的内部系统，其核心是声音与思想各自的差异系统，以及两者之间的划分与结合。这种差异、划分与结合是在长期的社会实践过程中约定俗成的，与文字没有关系。不仅如此，文字还"遮掩住了语言的面貌，文字不是一件衣服，而是一种假装"[②]。比如汉语中的一些形声字，形旁表意，声旁表音，但在发展的过程中，有些词的声音发生了变化，而相应的文字却没有发生变化，表声的声旁指示的却是错误的读音，文字掩盖了语言的本来面貌。因此，索绪尔强调语言和文字是两种不同的符号系统，不能将它们混同起来。

　　其二，语言无须文字也能存在。索绪尔认为，"语言有一种不依赖于文字的口耳相传的传统，这种传统并且是很稳固的，不过书写形式的威望使我们看不见罢了"。"没有文字，决不会损害语言的保存的。立陶宛语今天在东普鲁士和俄国的一部分还有人说，它是从1540年起才有书面文献的；但是就在这很晚的时期，它的面貌总的说来却跟公元前三世纪的拉丁语一样忠实地反映出印欧语的情况。只这一点已足以表明语言是怎样离开文字而独立的。"[③] 我国的有些民族如土族、裕固族的语言至今都没有文字，但并没影响这些语言的日常运用。苗族、壮族、布依族、哈尼族、傈僳族、侗族、佤族、黎族、布朗族、赫哲族以及白族、独龙族、土家族、羌族、基诺族等民族现在使用的文字都是中华人民共和国成立之后，政府组织专家为他们制订的。[④] 在这之前，他们的语言都没有相应的文字，但都保存、流传下来了。语言的独立性还有一种特殊的情况，即在有文字的语言中，有部分语言资料并没有写成文字，而是通过民间口耳相传的形式保存、流传下来的。如古希腊荷马史诗，相传是由盲诗人荷马写成的，实际上它是由许多民间行吟歌手

---

　① ［瑞士］索绪尔：《普通语言学教程》，高名凯译，商务印书馆1980年版，第47—48页。
　② ［瑞士］索绪尔：《普通语言学教程》，高名凯译，商务印书馆1980年版，第56页。
　③ ［瑞士］索绪尔：《普通语言学教程》，高名凯译，商务印书馆1980年版，第48、49页。
　④ 其中为苗族、壮族、布依族、哈尼族、傈僳族、侗族、佤族、黎族、布朗族、赫哲族等民族制定的是拉丁字母形式的文字方案，为白族、独龙族、土家族、羌族、基诺族等民族制定的是拼音文字方案。

集体口头创作的。史诗包括了迈锡尼文明以来许多世纪的民间口头传说，反映了公元前 11 世纪到公元前 9 世纪古希腊人的社会生活，直到公元前 6 世纪才写成文字。在这之前，一直通过人们口耳相传的形式保存、流传。再如湖南常德农村直到 20 世纪 70 年代还流行一种叫作"道情"的民间艺术。演唱者是一些盲歌手。他们经常在一些公共场合特别是丧事中出现，带着一管蒙着蛇皮的竹筒，边用手拍打边说唱一些故事和"史实"（野史）。这些故事与"史实"很多没有文字的底本，是他们通过师徒口耳相传的方式一代一代继承下来的。这些事实从某种角度说明语言不依靠文字也是可以保存、流传与发展的。

其三，从历时的角度看，语音先于文字而产生。索绪尔认为，"有些原始的文字是标记音节单位的，到后来才有字母的体系。"① 也就是说，文字至少是部分文字的产生是由于标记语音的需要。文字系统的形成是一个渐进的过程，开始可能只是单个的文字或文字的片断，后来才慢慢地发展，单个的文字越来越多，逐渐组成词、短语，最后形成文字的系统。而文字的发展，又总与语音的发展有着密切的联系。自然，在索绪尔看来，语音是先于文字而产生的，文字是为语音服务的，因而它只能是一个外在于语言的系统。

（二）语言与文字同属一个系统

索绪尔的这些观点有一定的道理，但并不十分雄辩。

首先，文字与语言（更准确地说，是语音）的关系绝不是简单的表现与被表现的关系。索绪尔认为："语言对思想所起的独特作用不是为表达观念而创造一种物质的声音手段，而是作为思想和声音的媒介，使它们的结合必然导致各单位间彼此划清界限。思想按本质来说是浑沌的，它在分解时不得不明确起来。因此，这里既没有思想的物质化，也没有声音的精神化，而是指的这一颇为神秘的事实，即'思想—声音'就隐含着区分，语言是在这两个无定形的浑然之物间形成时制定它的单位的。"② 语言通过差异将声音流分成一个个互相区别的音段，将思想流分成一个个互相区别的概念，然后通过约定俗成的方式将这些音段和概念相互搭配起来，由此形成一个个的

---

① ［瑞士］索绪尔：《普通语言学教程》，高名凯译，商务印书馆 1980 年版，第 81 页。
② ［瑞士］索绪尔：《普通语言学教程》，高名凯译，商务印书馆 1980 年版，第 157—158 页。

词语。语言形成的关键是"差异"。但是在语言中,存在很多不同的概念用同一语音来表征的现象。如在汉语中,发"shī"这个音的,仅在《新华字典》(1992年版)中就有尸、鸤、失、师、狮等15个词,换句话说,就是"shī"这个声音段表达了15个不同的词。双音节词也是如此,"gōngshì"这两个音节,可以表示"工事""公式""公事""公示""攻势""宫室"等不同的词。《新华字典》只有400多个音节,加上声调也不过1000多个音段,但却表征了8000多个汉字。如果只靠语音,即使加上不同的语境,也无法提供足够的差异,使这些不同的词得到明晰的表达。① 而正如索绪尔所说:"任何观念上的差异,只要被人们感到,就会找出不同的能指表达出来;如果有两个观念,人们已经感到没有什么区别,也会在一个能指里混同起来。"② 汉语的音段"shī""gōngshì"表示了那样多的概念,其之所以没有继续分化,是因为它们与不同的文字联系了起来,因而能够提供足够的区分不同的所指的手段。如果没有文字,分化就必须继续下去,直至它能够提供足够多的差异,能够更好地区分并指示所指,否则,它就只能表达一些简单的、比较容易把握的思想。而这两种结果,都不利于人类文明的发展。按索绪尔的观点,"一切在任何程度上改变了系统的,都是内部的"③。文字至少参与了语言的差异系统,使语言系统的差异更加精细。这样,将文字排除在语言的系统之外,就缺乏说服力。④

其次,语言无需文字固然也能存在、流传甚至发展,这是事实。但同样是事实的是,没有文字的语言很难发展成为成熟、复杂、精细的语言。而只

---

① 《大不列颠百科全书》里,收有一则赵元任先生用几乎同音的许多字编出的一个有趣的故事:《施氏食狮史》:"石室诗士施氏,嗜狮,誓食十狮,氏时时适市视狮。十时,适十狮适市。是时,适施氏适市。氏视是十狮,持矢势,使是十狮逝世。氏拾是十狮尸。适石室,石室湿,氏使侍拭石室。石室拭,氏始试食是十狮尸。食时,始识是十狮尸,实十石狮尸。"这个故事如果只听语音不看文字,根本不可能知道它是什么意思,要弄清故事的意思,必须借助文字。这说明,有些语言的组合如果没有文字的帮助,光靠语音,根本无法使意思得到明晰的表达。
② [瑞士] 索绪尔:《普通语言学教程》,高名凯译,商务印书馆1980年版,第168页。
③ [瑞士] 索绪尔:《普通语言学教程》,高名凯译,商务印书馆1980年版,第46页。
④ 我们这里谈的文字,实际上包括文字的字形与文字的意义两个方面,它与索绪尔所说的语言的语音与意义是对等的关系。文字的字形与语言的语音同为语言能指的两个构成部分,而文字的意义与语言的意义在共时的关系上是同一的。语言的意义也就是文字的意义,反过来,文字的意义也就是语言的意义。

有高度成熟的语言，才能适应文明发展的需要。运用没有文字的语言，构建不出莎士比亚的剧本、曹雪芹的《红楼梦》、黑格尔的《美学》、马克思的《资本论》这样精美、复杂、精深、丰富的艺术、思想大厦。[1] 索绪尔认为："在语言里，我们不能使声音离开思想，也不能使思想离开声音。"[2] 换句话说，语言与思想是无法分离的，因为思想建构的过程同时也是语言建构的过程。有什么样的语言就有什么样的思想。高度成熟的思想必然要求高度成熟的语言。而只有在文字的参与之下，语言才能更好地留存、积累、展开，并在留存、积累、展开的基础上发展，渐趋精细、准确、复杂、丰富、优美，直至高度成熟。语音作为语言听觉形态的能指，诉诸人的听觉，并且只能直线展开、随着时间而消失，即使用录音的方式保存下来，由于听觉的性质，听者也很难充分地把握。而作为语言的视觉形态的能指的文字则不同，它诉诸人的视觉，可以在平面上展开、可以在时间中停留，读者容易充分地把握。另一方面，人们在听的时候是被动的，必须被动地适应声音的速度，而在看的时候是主动的，可以主动调整阅读的速度。且声音随时而逝，即使将它录制下来，其效果也仍然受到限制。而文字则可保存下来，作为思想的物质载体，供人们反复探讨。正是文字的这些表征上的优势，使语言的复杂、精细、优美、准确成为可能。难怪索绪尔虽然将文字排除在语言的系统之外，但也不得不承认："我们一般只通过文字来认识语言。研究母语也常要利用文献。如果那是一种远离我们的语言，还要求助于书写的证据，对于那些已经不存在的语言更是这样。要使任何场合都能利用直接的文献，我们必须象当前在维也纳和巴黎所做的那样，随时收集各种语言的留声机录音

---

[1] 语言的成熟与否并不意味与语言相联的文化或文学水平的高低。《贝奥武甫》产生时代的英语肯定没有莎士比亚创作时期的英语成熟，但这并不意味史诗《贝奥武甫》艺术价值一定低于莎士比亚的剧本。因为衡量二者的标准不同。语言的成熟与否取决于它能否准确、细微、明晰、复杂地表达思想，而文学的优劣与否则取决于它能否生动、深刻地表现出它所产生的时代，能否塑造出鲜明、生动的人物形象，表达出真实、新颖的思想与情感。文学与生活范式紧密相连，某种生活范式消失，与这种生活范式紧密相连的文学类型也就不会再产生，但这种类型的文学并不会因此而失去自己的魅力。参见赵炎秋《生活范式与文学类型——艺术生产与物质生产不平衡原因再探》，载《中外文化与文论》第18辑，四川大学出版社2009年版。

[2] ［瑞士］索绪尔：《普通语言学教程》，高名凯译，商务印书馆1980年版，第158页。

的样本。可是这样记录下来的原件要为他人所认识，还须求助于文字。"①可见，运用存在没有文字的语言这一事实来将文字排除在语言系统之外，理由也是不充分的。

最后，从日常生活现象看，的确是语音先于文字。如婴儿生下来，首先学会的是说话，要到上幼儿园甚至是上小学时才会学习文字。许多处于原始或不发达状态的民族也是只有语言而没有文字。这说明了相对于文字，语音是一种更自然的表征形式。语音诉诸人的口耳，文字诉诸眼睛。因此，在把握语言的过程中，人们一般是从把握语音开始的。但这只能说明，在语言能指的两种表征形式中，相对而言，语音更具自然性，而文字则具有一定的人为性。毫无疑问，通过一定的培训，人肯定能够先掌握文字然后再掌握语音，或者只掌握文字而不掌握语音，就像天生的聋哑人学习语言那样，中国人学习外语，有时也会出现只认识文字，却读不出声音的所谓"哑巴英语"现象。因此，人们把握语言是先把握语音再把握文字这一现象并不能说明语音一定先于文字而产生。任何事物都有一个从低级到初级到中级再到高级的发展过程。裘锡圭指出："事物都有一个发展过程，文字也不例外。以别的语言的文字为依傍，有时能为一种语言很快地制定出一套完整的文字来。但是对完全或基本上独立创造的文字来说，从第一批文字的出现到能够完整地记录语言的文字体系的最后形成，总是需要经历一段很长的时间的。我们把还不能完整地记录语言的文字称为原始文字。在文字产生之前，人们曾经用画图画和作图解的办法来记事或传递信息，通常把这种图画和图解称为文字画或图画文字"② 周有光认为，"文字画（文字性的图画）使图画开始走向原始文字。图画字（图画性的文字）是最初表达信息的符号系列。从单幅的文字画到连环画式的图画字，书面符号和声音符号逐步接近了"。至于表音文字，周有光认为是地中海地区的商人为了经商记账的需要，"模仿丁头字和圣书字中的表音符号，任意地创造了好多种后世所谓的'字母'"。③ 这一观点李梵表述得更为明晰："源于象形文字的

---

① ［瑞士］索绪尔：《普通语言学教程》，高名凯译，商务印书馆1980年版，第47页。
② 裘锡圭：《文字学概要》，商务印书馆1988年版，第1页。
③ 周有光：《世界文字发展史》，上海世纪出版集团、上海教育出版社2003年版，第4、8页。

表音文字，是将原来的文字图形演变成有限的数十个字母，用这些字母去表示语言中的音位、音节，通过各种组合方式去拼写语言中的语词，因而也称之为拼音文字。"① 按照这些学者的描述，人类的文字经历了从图画到文字画到图画字再到象形文字的过程，拼音文字再在象形文字的基础上发展起来。虽然我们现在已经无法准确地知道早期语言的语音与文字结合的方式，但合理的推测应该是这些方式是多样的。最早的文字和语音可能存在各自独立发展，到一定的时期才被人们固定搭配在一起的情况。搭配的方式有可能是文字依附语音，但肯定也不能排除语音依附文字的情况。换句话说，在语言发展的过程中，先有语音，再创造一个书面符号，或将一个已有的书面符号与之相配；或者先有书面符号，再赋予它一个声音，两种情况都是无法排除的。假设一个幼儿，他看见一把椅子，发出"哒"的声音。他的长辈告诉他，这是椅子，久而久之，他便以"yǐzi"这个声音表征他所看见的椅子。但如果他的长辈不纠正他，也跟着他将椅子叫作"哒"，或者，这个幼儿天生听力有障碍，无法听到别人的声音，他就很有可能一直将椅子叫作"哒"。在这个意义上，可以说是先有了物，再给它赋予声音。这种情况也可能发生在人造的符号上。既然幼儿语言中存在这种现象，我们自然很难排除在原始语言的形成中，不存在先有实物或符号，再赋予其声音的情况。由此可见，索绪尔从拼音文字出发，认为文字是附属语音而产生，为表达语音服务的观点，是缺乏说服力的。

三　正确认识语言与文字之间的差异

作为两种不同的表征方式，语音与文字之间存在一定的差异是必然的。问题的关键是这种差异存在于哪个层面，是否大到能够影响语言和文字的统一性？回答应该是否定的。语音与文字之间的关系是任意的，在共时的层面它们是一个有机的统一体，二者所表征的意义或者说所指是完全一致的。因此，文字是语言的一个有机的组成部分，是语言能指的两种表征方式之一，研究语言和文学可以通过文字进行。

---

① 李梵编著：《汉字简史》，中国友谊出版公司2005年版，第4页。

（一）语言与文字之间的差异

作为两种不同的表征方式，在语音与文字内部，有着各自的组织与运作规律，存在一定的差异是必然的。第一，两者都是根据差异原则组织的，但差异的依据却不相同。语音依据的是声音上的差异，文字依据的则是视觉形式，更明确地说是线条形式的差异。汉语的"王"字，在上面加一点，成为"主"字，在右下加一点，成为"玉"字，但如果在上面加两点，或者在左下加一点，则什么字都不是。第二，由于各有自己的内部组织与运作规律，二者的变化不一定完全一致。作为语言中最活跃的因素，语音的变化是最快的，文字的变化则相对滞后，在一些特殊情况下甚至远远地滞后，由此形成书面语言与日常语言两个不同的语言系统，如我国古代汉语共同体中很长一段时间存在的言文分离现象。这一分离现象发展到五四时期，产生了轰轰烈烈的"白话文运动"。一般来说，在有文字的语言中，或多或少地都存在着书面语言与日常语言分离的现象；没有文字的语言则不存在这种现象，由于过去的语言没有通过文字留存下来，他们的语言永远处于现在时。书面语言与日常语言的分离，与在语言的能指中存在语音和文字两种表征形式是分不开的。第三，语音与文字在社会生活中的作用与使用范围也是不同的。在日常生活中和普通的一般交流的场合，人们使用语言时更喜欢用语音来表征；而在重要表达如合同、契约，严肃交流如重要会议和一些特殊的场合，人们使用语言则更倾向于用文字来表征。第四，语言的能指虽然有语音和文字两种表征形式，但不排除部分人由于某种原因只能把握其中某一种表征形式的情况。如文盲，就只能把握语音而无法把握文字；一些特殊的情况下，也不排除某些人只能把握文字而不能把握语音的情况，如某些语音已经失传的古文字，经过研究，学者能够把握或者部分把握它们的意义，但却无法恢复它们的语音。在一些俗称"哑巴外语"的外语学习者中，也存在着把握了文字和它的意义却不知它的语音的情况。

这里，回顾一下 20 世纪初在我国发生的"文白之争"，或许对于我们了解文字与语音之间的差异会有一定的帮助。

近现代"文白之争"的最终结果是白话取代文言，成为汉语书面语。从历史发展的角度看，这一结果是必然的。但之所以在近现代发生，则又有它的特殊性。

白话的"白"是说的意思,"话"指所说的话,总的来说,白话就是口头语言的意思。作为书面语言的白话文,是建立在唐宋以来北方话的基础之上的。文言的意思则是只见于文而在民众口头不通行的语言。从根源上说,文言也是建立在口语的基础之上的。只是这口语是先秦人的口语。文言在先秦口语的基础上形成之后,其形式就固定下来,在漫长的发展过程中,虽然也有变化,但基本的词汇、语法、修辞体系等却没有大的改变。而口语的变化则快得多,在魏晋时期,就与先秦拉开了很长一段距离,到了明清特别是近代,口语与文言几乎成了两个不同的表述系统,没有受过专门训练的普通民众,不仅无法使用文言,甚至连听懂文言都存在一定困难。言文的长期分离阻碍了中国社会的发展与进步,知识与文化很难进入下层民众的手中。这种现象引起了一部分有识之士的不满,他们要求进行文字改革,走言文合一的道路。实际上,明代中期李贽提出"童心说",强调真情,就隐含了言文合一的思想。因为形式与内容是同一的,怎么想的就怎么说,想的是白话,自然也要用白话说出来。李贽的追随者,明代文人袁宏道自陈:"予每检《十三经》或《二十一史》,一展卷,即忽忽欲睡去,未有若《水浒》之明白晓畅、语语家常,使我捧玩不能释手者也。"他指出:"今天下自衣冠以至村哥里妇,自七十老翁以至三尺童子,谈及刘季起丰沛、项羽不渡乌江、王莽篡位、光武中兴等事,无不能悉数颠末,详其姓氏里居,自朝至暮,自昏彻旦,几忘食忘寝,讼言之不倦。及举《汉书》、《汉史》示人,毋论不能解,即解亦多不能竟,几使听者垂头,见者却步。"[1]明确肯定了白话相对于文言的优越性。1868年,黄遵宪在《杂感》一诗中提出"我手写我口,古岂能拘牵?"认为"即今流俗语,我若登简编,五千年后人,惊为古斓斑"。[2]正式提出了用白话写诗的主张。

　　另一方面,在近代,文言阵营内部也有不少人意识到了文言脱离民众、脱离现实生活的问题,试图在不改变文言的基本规则的前提下进行一定程度

---

[1]　袁宏道:《东西汉通俗演义序》,载黄霖、韩同文选注《中国历代小说论著选》上册,江西人民出版社2000年版,第184页。

[2]　1904年,在其编定的《人境庐诗草》的《自序》中,黄遵宪再次重申"我手写我口,古岂能拘牵"的主张。

的变革。如林纾用一种经过了改革的富有表现力的文言来翻译外国文学作品。这种语言仍是文言，但尽量避免那种难懂的词汇和复杂的句式，重视形象，吸收外来语和民间语言。梁启超运用自创的"新民体"对民众做宣传，表达自己的思想。与林纾的翻译语言一样，"新民体"也没有脱离文言的整体框架，但在句式、词汇方面比林纾的"翻译体"更接近日常口语。这些语言在一定程度上形成了对传统文言的冲击。

但是，黄遵宪等人的主张在当时并未能得到广泛的响应。林纾、梁启超等的"文言革新"也未能动摇文言的根基。这里有两个因素值得考虑。其一，在一种语言内部做一些小打小闹的改革，无法在根本上改变这种语言的性质。其二，也是更重要的，语言并不是一个孤立的系统，它植根于它所产生、发展的文化之上，而文化又是与它所由产生的社会密切联系着的。文言作为传统文化的主要载体，它的命运实际上是与传统文化的命运紧密相联的。在传统文化仍然受到国人的信仰与尊敬的时候，要动摇文言的根基是不可能的。只有当传统文化遇到危机，国人对传统文化的信念与尊敬受到动摇甚至轰毁的时候，文言才可能失去其不可动摇的尊贵地位。这一时机在1895年中日甲午战争之后到来了。中国在甲午战争中的失败，使中国社会与文化的弊病暴露无遗，国人对传统文化的优越性产生怀疑，开始反思传统文化的不足。作为传统文化的主要载体，文言也自然受到怀疑与攻击，作为这种怀疑与攻击的结果之一，白话文运动就蓬蓬勃勃地开展起来了。

对于白话文运动的发展，文言阵营也出现了很多反对的声音。其中林纾是最重要的代表之一。他于1917年、1919年先后写了4篇文章阐述自己的观点，反对废除文言。[①] 归纳起来，其理由大致有以下四点：其一，他认为文言和中华文化是联在一起、无法分割的，废除文言，也就是否定传统文化，"必覆孔孟，铲伦常为快"[②]。其二，他认为白话是下层民众所用的语言，粗俗低劣，无法登大雅之堂。"若尽废古书，行用土语为文字，则都下

---

① 这四篇文章分别是：《论古文之不宜废》，原载天津《大公报》1917年2月1日；《致蔡鹤卿书》，原载北京《公言报》1919年3月18日；《林琴南再答蔡鹤卿书》，原载《大公报》1919年3月25日；《论古文白话之相消长》，原载《文艺丛报》1919年第1期。

② 林纾：《答大学堂校长蔡鹤卿太史书》，载许桂亭选注《林纾文选》，百花文艺出版社2006年版，第107页。

引车卖浆之徒所操之语，按之皆有文法，不类闽、广人为无文法之啁啾，据此，则凡京、津之稗贩，均可用为教授矣。"① 其三，林纾认为，中国的古书量多质好，必须继承。而要继承，则不能废文言。林纾问道："且使人读古子者，须读其原书耶？抑凭讲师之一二语，即算为古子？若读原书，则又不能全废古文矣。"② 其四，林纾认为，文言是白话的根基，要写好白话，必须先学好古文，写好古文。"故冬烘先生言字须有根柢，即所谓古文者，白话之根柢，无古文安有白话？""总之，能读书阅世，方能为文。如以虚枵之身，不特不能为古文，亦并不能为白话。"③

林纾的观点，应该辩证分析。第一条理由是有道理的。文言是中华文化的主要载体，否定文言自然就要连带否定传统文化。或者更准确地说，是因为传统文化被否定了，文言也连带受到了否定。但不管是哪种情况，都是不可行的。包括文言在内的中国传统文化是五千年中华文明的结晶，是不能否定也无法否定的。提倡白话最力者之一的胡适认为："民族主义有三个方面：最浅的是排外；其次是拥有本国固有的文化；最高又最艰难的是努力建设一个民族的国家。因为最后一步是最艰难的。所以一切民族主义运动最先走上前面的两步。"④ 而要"拥有本国固有的文化"，"建设一个民族的国家"，自然不能废弃古文与古代典籍。没有传统文化，"拥有本国固有文化"、建设民族国家都只能是空话。传统文化不仅是民族的基础，也是民族转型的基础，是不能也无法废弃的。不过不能否定并不意味在林纾生活的时代还非要将文言作为社会的通用语言。毕竟，语言首先是为当下社会服务的，言文合一是语言发展的根本方向。这一点决定了作为通用语言的"文言"必然要为"白话"让路，退居到工具语言的位置上去。第二条理由有点精神贵族的味道，而且也不符合事实。下层民众的语言不一定就是粗俗低劣的，何况

---

① 林纾：《答大学堂校长蔡鹤卿太史书》，载许桂亭选注《林纾文选》，百花文艺出版社2006年版，第108页。

② 林纾：《答大学堂校长蔡鹤卿太史书》，载许桂亭选注《林纾文选》，百花文艺出版社2006年版，第108页。

③ 林纾：《论古文白话之相消长》，载许桂亭选注《林纾文选》，百花文艺出版社2006年版，第95页。

④ 罗志田：《权势转移：近代中国的思想与社会》（修订版），北京师范大学出版社2014年版，第253页。

《红楼梦》这样的巨著也是用白话写的，既然如此，又怎能将白话与粗俗等同起来？这条理由还有一定的逻辑错误。林纾实际上是将语言和语言所承载的知识、所构建的思想混为一谈了，以为掌握了某种语言，也就掌握了这种语言所能承载的知识、所能构建的思想。但实际上这完全是两码事。掌握了某种语言并不能自动地掌握与这门语言相关的知识与思想，更不能自动使用这种语言去生产知识、建构思想。因此，即使通行白话，能说白话的人也不一定都能成为教授。不过，在当时的知识与教学体制中，文言本身也是一种很重要的知识，掌握文言是做"教授"的重要资本之一。因此，林纾的说法也不完全是无的放矢，这与他所处的知识传统和学术环境有关。第三条理由有一定的道理。中华古书的确量多质好，值得学习。学习古书当然要读原文，读原文当然需懂文言。但是林纾未能区分通用语言和工具语言，让文言与白话挤在通用语言这一条道上，他的观点的说服力也就打了折扣。[①] 因为大多数民众不可能因为要读古书就不说白话，何况还有部分民众并不读古书。第四条理由则有点本末倒置。任何语言，其根基都是民众口中鲜活的语言。民众口头的语言（白话）是源，文言只是流。学好文言当然有利于学好白话，但并不是学好白话的先决条件。相反，对于现代中国人来说，往往是在现代汉语也即白话的基础上来学习古代汉语也即文言的。

在林纾生活的时代，文言已经没有口头语言，整个文言体系都是作为书面语言存在的。而白话则有书面语言和口头语言的区别。在文言作为汉语主导性的通用语言的时候，白话的书面语言与口头语言的差异受到忽视，在一般的认知中，白话就等于口语。而当白话成为汉语的主导语言和通用语言的时候，这种差异与区别便突显出来了。但书面语言一方面要随着口头语言的变化而发展，另一方面又必须与口头语言保持一定的距离。相比口头语言，书面语言总是更加规范、高雅、准确、简洁、优美，更加知性、更加书卷气。书面语言要成为书面语言，就必须与口头语言保持这种差距，但

[①] 我们觉得，解决白话与文言之间矛盾的途径之一是区别通用语言与工具语言。我们应该将白话作为汉语的通用语言，在白话的基础上提炼汉语书面标准语，而将文言作为汉语工具语言保留下来，与白话和平共处于汉语统一体中。这样，白话与文言的矛盾、汉语书面标准语与白话口语的矛盾也就容易解决了。

是如果这种差距过大并且固化,就会出现一种新"文言"。这里的关键在于保持一个合适的"度"。书面语言与口头语言之间的这种平衡与张力,五四学者没有特别注意,倒是林纾一定程度地意识到了,并用来作为保留文言的理由。

此外,林纾的文字还暗含了书面语和口头语有区别的思想。有区别就必然要求有一种综合并且高于这些区别的语言,以平衡、调整各种有区别的语言,为它们提供标准。这种超出其他各种语言之上的语言,本书姑且称之为书面标准语。但书面标准语一旦形成,就必然与口语,与各种地方语言、阶层语言和低俗语言拉开距离,从而存在"新文言化"的危险。既然如此,为什么不把已经成为书面标准语的文言保留下来,而非要去重新建立一种书面标准语呢?林纾强调文言是白话的根基,不学好文言,也无法学好白话,强调文言不能废,其潜在的一个理由,其实就在这里。只是由于历史的原因,他"识其理。乃不能道其所以然"① 而已。

五四时期的"文白之争"最终以白话的胜利而终结。其重要标志就是1920年北洋政府教育部下令将国文改为语体文也即白话文,先是在小学一二年级普及白话,然后慢慢发展到小学高年级、中学、大学。白话文正式进入教育体制,说明白话已经战胜文言,得到国家层面的承认,成为汉语主要书面语言。不过,这并没有一劳永逸地结束文言与白话之间的争论。20世纪30年代,随着国家的统一和趋于稳定,以及国民政府对传统文化与儒学的提倡,复兴文言的主张又重新抬头。1934年,汪懋祖先后发表《禁习文言与强令读经》《中小学文言运动》,许梦因发表《告白话青年》等文,对白话文进行非难,提倡文言。汪懋祖认为:"近来文字,往往以欧化为时髦,佶屈不可理解,须假想为英文而意会之,始能得其趣味。使学生童而习之,其困难几同读经,而语调奇变,几非中国人矣。"白话文欧化现象严重,"佶屈聱牙"、难以索解,对青年产生不好的影响。"青年因长久诵习语体,潜移默化,而耽好所谓时代作品;即平易之古文,涵正当之思想,每摈弃不观,独于现代文艺之诡谲,刻画,与新奇刺激,多孜孜不释手,虽检查禁阅不能

---

① 林纾:《论古文之不宜废》,《大公报》1917年2月1日。

绝也。其结果则习以浪漫，为机巧刻薄，驯至甘堕于流浪的生活。"① 许梦因则从民族主义、学术救国的角度提倡恢复文言："今用学术救国，急应恢复文言。"认为中国人"必先明瞭本国文化，而后推究及于外国，方有心得，方切实用。欲明本国文化，又必先习记载此文化之文言"。② 强调文言与国家、民族的联系。

汪懋祖等人恢复文言的主张受到鲁迅、茅盾、胡适、吴研因等人的批驳，很快便偃旗息鼓。"文白之争"自此盖棺论定，从此之后，再也没有人提出全面复兴文言的主张。但局部的提倡仍不绝于耳，包括20世纪末的"国学热"中部分学者大力提倡学习古文。

为什么复兴文言的主张总是不绝如缕？

其实，近现代"文白之争"隐含着两个深刻的二律背反。

其一，是语言与文化的二律背反。从语言发展的规律与社会发展的需要看，白话取代文言是历史的必然；但是另一方面，从与过去的联系和文化的传承来看，文言又有其不可取代的价值与地位。中华民族几千年的文明不仅是民族的瑰宝，也是民族精神、民族主体性的塑造者，是民族文化继续发展的基础。文言既是传统文化的载体，又是中华文明的组成部分，不是一个"废"字可以解决的。文言的命运是与传统文化密切相连的。只要传统文化受到重视，它就必然进入人们的视野。文言在近代随着传统文化的式微而式微，它随着传统文化在20世纪30年代的重新被重视而被重新重视，是可以理解的。而且也不止30年代，实际上自"文白之争"至今近一百年的历史中，只要传统文化、民族特性等受到重视，文言总会或多或少地进入人们的视野，受到肯定与提倡。20世纪30年代如此，90年代的"国学热"中如此，可以预料，今后遇到类似的情况还会如此。

其二，是书面语言与口头语言的二律背反。一方面，书面语言必须适应口头语言，必须随着口头语言的发展而发展；另一方面，书面语言又必须与口头语言保持一定的距离。因为书面语言是一种规范的经过提炼了的语言，而口头语言则是一种比较随意的即时的语言。一方面，谁也不会将

---

① 汪懋祖：《禁习文言与强令读经》，《时代公论》1934年5月4日第110号。
② 许梦因：《告白话青年》，《时代公论》1934年6月22日第117号。

口头语言运用到书面文献中去;另一方面,也不会有谁将书面语言运用到日常交谈中来。五四代表人物由于过于强调口语化,他们文章的语言现在看来还是不够精彩。比如胡适:"我的《文学改良刍议》发表以来,已有一年多了。这十几个月之中,这个问题居然引起了许多很有价值的讨论,居然受了许多很可使人乐观的响应。我想我们提倡文学革命的人,固然不能不从破坏一方面下手。但是我们仔细看来,现在的旧派文学实在不值得一驳。什么桐城派的古文哪,《文选》派的文学哪,江西派的诗哪,梦窗派的词哪,《聊斋志异》派的小说哪,——都没有破坏的价值。他们所以还能存在国中,正因为现在还没有一种真有价值,真有生气,真可算作文学的新文学起来代他们的位置。有了这种'真文学'和'活文学',那些'假文学'和'死文学',自然会消灭了。所以我望我们提倡文学革命的人,对于那些腐败文学,个个都该存一个'彼可取而代也'的心理,个个都该从建设一方面用力,要在三五十年内替中国创造出一派新中国的活文学。"① 这是胡适的《建设的文学革命论》的第一段,思想是深刻的,知识是渊博的,但语言却不精彩,缺乏张力,缺乏形式上的优美。因为胡适既然要提倡白话,就要摒弃古文,而白话的表达、修辞与词汇在当时又还远未达到成熟的程度,因而胡适的白话语言必然也就会少一点精彩与优美。五四之后白话的欧化色彩在一定程度上也可从这个角度理解。语言不能凭空创造。白话写作者们既然摒弃了文言,向欧洲语言靠拢也就是题中应有之义。也正因为如此,在"文白之争"盖棺论定之后,用白话写作的作家又逐渐有向文言吸取养分的倾向。如鲁迅的《记念刘和珍君》,其语言的优美在很大程度上是由于其在词汇、修辞与句式上对文言的借鉴。如,"真的猛士,敢于直面惨淡的人生,敢于正视淋漓的鲜血。这是怎样的哀痛者和幸福者?然而造化又常常为庸人设计,以时间的流驶,来洗涤旧迹,仅使留下淡红的血色和微漠的悲哀。在这淡红的血色和微漠的悲哀中,又给人暂得偷生,维持着这似人非人的世界。我不知道这样的世界何时是一个尽头!""人类的血战前行的历史,正如煤的形成,当时用大量的木材,结果却只是一小块,但请

---

① 胡适:《建设的文学革命论》,载《胡适全集》第一卷,安徽教育出版社2003年版,第52—53页。

愿是不在其中的,更何况是徒手。"① 语言的词汇、句式、修辞等都借鉴了文言的许多因素。这样的语言,应该说是纯书面的,不可能出现在口语中。问题是这距离究竟有多远。像近代文言与白话那样相差太远固然不行,但完全没有距离也不行。

也正是因为存在这样两个二律背反,近现代"文白之争"的内涵才变得复杂起来,对错并不总是截然分明。

由此可见,不仅语音与文字之间存在差异,文字与文字之间也存在差异,而语音与语音之间也会存在差异,如古代语音与现代语音,普通话与方言之间,都存在一定的差异,关键是这种差异是在什么层面存在,这种存在对于语音和文字会产生什么影响。这些,都需要我们进一步探讨。

(二)语言与文字之间的差异不能使它们分属不同的系统

由于语音和文字都可以独自表达所指,因此,语音和文字之间存在的差异也可以说是语言内部能指在表征所指时的差异,也即以语音表征所指的时候和以文字表征所指的时候存在着一定的差异。但问题的关键不在于是否存在这些差异,而在于这些差异是存在于共时层面,还是存在于历时层面。索绪尔十分重视这两个层面的区分。他认为,"共时'现象'和历时'现象'毫无共同之处:一个是同时要素间的关系,一个是一个要素在时间上代替了另一个要素,是一种事件"②。

共时是索绪尔语言理论的核心概念之一,其他三个是任意、系统、变化。在索绪尔看来,语言中没有时间和空间无法改变的永恒的特征。"任何特征都不是理应永远不变的,它只是出于偶然才保存下来。"③ 语言总是处于变化之中,但是语言学的主要任务不是研究语言的历时变化,而是研究共时展开中的语言,研究决定着言语活动的系统和规则。"共时方面显然优于历时方面,因为对说话的大众来说,它是真正的、唯一的现实性。对语言学家来说也是这样:如果他置身于历时的展望,那么他所看到的就不再是语言,而是一系列改变语言的事件。"研究语言的历时变化对于研究

---

① 鲁迅:《记念刘和珍君》,载《鲁迅全集》第三卷,人民文学出版社2005年版,第290、293页。
② [瑞士] 索绪尔:《普通语言学教程》,高名凯译,商务印书馆1980年版,第131页。
③ [瑞士] 索绪尔:《普通语言学教程》,高名凯译,商务印书馆1980年版,第319页。

语言的共时状态并无多大助益。因为"语言状态无异就是历史现实性在某一时期的投影。我们认识共时的状态，不是由于研究了物体，即历时的事件，正如我们不是因为研究了，甚至非常仔细地研究了不同种类的物体，就会对投影几何获得一个概念一样"。① 而从共时的角度看，语言是一个完整的系统，在这个系统中，声音与思想通过差异而区分为一个一个的单位，再在社会实践中约定俗成地组合在一起。这种组合是任意的，没有理由，无须理由，也找不到理由。"能指与所指的联系是任意的，或者，因为我们所说的符号是指能指和所指相联结所产生的整体，我们可以更简单地说，语言符号是任意的。"② 而且，不仅能指和所指之间的联系是任意的，能指与所指本身也是任意的。人的发音器官可以发出各种不同的声音，为什么有些音段成为语音，有些则没有成为，根本无原因可寻。另一方面，思想未被划分之前，也只是"一团没有定型的、模糊不清的浑然之物"③，语言通过差异将它划分为一个个的单位，成为所指。这些所指为什么要这样划分，一个特定的所指中为什么要包涵这些意义而不包含那些意义，也是无原因可寻的。"如果词的任务是在表现预先规定的概念，那么，不管在哪种语言里，每个词都会有完全相对等的意义；可是情况并不是这样。"④ 比如，中文的"人"，《新华字典》（1992年版）给出四个义项：1. 能制造工具并能使用工具进行劳动的动物；2. 别人；3. 指人的品质、性情；4. 指人的身体。基本上围绕人的本义展开。英文中对应的词"man"则除了人的本义之外，还有人类、男子汉、士兵、老兄、伙计等意思。"be man"，并不是说"是人"，而是说"像个男子汉"，"拿出点男子汉的气概"。至于中文的人和英文的 man 所包含的内容为什么不同，是没有理由可说的。因为"文字的符号是任意的"，"选择什么音段表示什么观念也是完全任意的"。⑤ 即使是一般人认为可以解释的象形文字，也是任意的。一个像马的能指，也可以说像驴，用它来表示马而不是驴的意思，仍然是任意的，说不出理由。在索绪尔看来，

---

① ［瑞士］索绪尔：《普通语言学教程》，高名凯译，商务印书馆1980年版，第127页。
② ［瑞士］索绪尔：《普通语言学教程》，高名凯译，商务印书馆1980年版，第102页。
③ ［瑞士］索绪尔：《普通语言学教程》，高名凯译，商务印书馆1980年版，第157页。
④ ［瑞士］索绪尔：《普通语言学教程》，高名凯译，商务印书馆1980年版，第162页。
⑤ ［瑞士］索绪尔：《普通语言学教程》，高名凯译，商务印书馆1980年版，第158、166页。

"完全任意的符号比其他符号更能实现符号方式的理想;这就是为什么语言这种最复杂、最广泛的表达系统,同时也是最富有特点的表达系统"①。

索绪尔的相关论述给我们许多启示:

其一,语音与文字的关系不应从历时的层面而应从共时的层面考量。在语言中,变化是永恒的。在历时的层面,语音与文字的关系的确有许多的变化,是不确定的。但是从历时的层面看,语音和其表征的意义之间的关系也是变化的。"语言根本无力抵抗那些随时促使所指和能指的关系发生转移的因素。这就是符号任意性的后果之一。别的人文制度——习惯、法律等等——在不同的程度上都是以事物的自然关系为基础的;它们在所采用的手段和所追求的目的之间有一种必不可少的适应。甚至服装的时式也不是完全任意的:人们不能过分离开身材所规定的条件。相反,语言在选择它的手段方面却不受任何的限制,因为我们看不出有什么东西会妨碍我们把任何一个观念和任何一连串声音联结起来。"② 在时间的长河中,语音和概念之间的关系也不是固定的,但这并不妨碍我们从共时的角度把它们作为一个紧密联系、不可分割的整体。既然如此,我们也不应因语音和文字关系中的一些历时因素而将它们割裂开来。索绪尔认为:"语言的实体是只有把能指和所指联结起来才能存在的,如果只保持这些要素中的一个,这一实体就将化为乌有。"③ 那么,在语言的能指中,能将语音和文字分开并将文字排除在语言的系统之外吗?

其二,语音与文字的关系不应从外部而应从内部来考量。索绪尔认为:"一切在任何程度上改变了系统的,都是内部的。"④ 所谓内部的,就是处于系统之中,并能直接对系统产生影响的。反之,则是外部的。作为语言能指的两种不同的表征方式,文字和语音是可以分开单独使用的,这可能造成日常语言和书面语言一定程度的脱离,如不同的时间、地点、使用者对两者不同的侧重等现象,但这都是外部的,不会对语言系统产生影响。比如人们经

---

① [瑞士] 索绪尔:《普通语言学教程》,高名凯译,商务印书馆1980年版,第103页。
② [瑞士] 索绪尔:《普通语言学教程》,高名凯译,商务印书馆1980年版,第133页。
③ [瑞士] 索绪尔:《普通语言学教程》,高名凯译,商务印书馆1980年版,第146页。
④ [瑞士] 索绪尔:《普通语言学教程》,高名凯译,商务印书馆1980年版,第46页。

常谈到的言文分离现象。准确地说，言文分离并不是语音与文字的分离，而是日常语言和书面语言的分离。但日常语言也有文字，可以用书面形式表达出来，书面语言也有语音，可以诵读出来。因此更准确地说，也不是日常语言和书面语言的分离，而是日常语言和某种"文献语言"的分离。由于文字与语音的变化并不完全同一，文字以及由文字构成的文献将一定时期的语音、语法与词汇等固定下来，使通过文字固定下来的语音、词汇和语法等未能随着日常语言的变化而变化，由此形成建立在一定文献基础上的"文献语言"。但是这只是语言的历时层面的问题，而不是共时层面的问题。在共时层面上，日常语言是一个由语音、文字和意义有机组合而形成的完整的系统，其意义体系既可通过语音（口头），也可通过文字（书面）表征出来。而文献语言也是一个由语音、文字和意义有机组合而形成的完整的系统，它的意义体系也可既通过语音（口头），又通过文字（书面）表征出来。在各有自己的系统这一点上，一种语言中的日常语言和文献语言同两种不同的语言比如汉语和英语并没有什么区别。不同的是，日常语言和文献语言是同源语言，它们是同一种语言中两个不同的子系统，严格地说，它们实际上是一种语言的当下形态和保存在文献中的这种语言的历史形态。[①] 因此，不能将日常语言和文献语言中的语音和文字进行对比，这会造成语音和文字分离的错觉。如杜牧的诗句"远上寒山石径斜"中的"斜"在唐宋时念"xiá"，现在普通话念"xié"。从共时的角度看，唐宋时的"斜"与"xiá"是一个统一体，现在的"斜"与"xié"是一个统一体。如果拿唐宋时的读音与现在的读音进行对比，我们就觉得"斜"字的读音变了，文字却没有改变，从而得出文字和语音是可以分离的结论。其实这只是一个错觉，因为在共时的层面上，"斜"这个词，无论是在杜牧生活的时代，还是在现在，其语音和文字都是紧密结合、不可分割的，其所表达的意义也都是一样的，即"不正，跟平面或直线既不平行也不垂直的"[②]。

---

① 自然，文献语言与日常语言并不是隔绝的，它与日常语言有着千丝万缕的联系，并且在日常语言的影响下发生着变化，同时也影响着日常语言，但它的语言系统是过去某一或某些时期的，是建立在过去存留下来的文献的基础之上的。

② 《新华字典》，商务印书馆1992年版，第497页。

其三，语言是任意的，这不仅是说语言的能指与所指是任意的，它们的联结是任意的，也意味着能指的两种表征形式，语音和文字的联结也是任意的。索绪尔说，"字母 t 和它所表示的声音之间没有任何关系"①，同样的道理，中文字"树"与它所表示的声音"shù"之间也没有任何自然的或逻辑的联系，它们之所以联结在一起，组成"树"这个词的能指，完全是任意的，是在长期的语言实践中约定俗成的。因此，它们之间的关系也就是固定的。而从共时的角度看，既然文字与语音是一个结构的统一体，那么它所表征的所指与语音所表征的所指也就必然是一致的。索绪尔认为："一定的语言状态始终是历史因素的产物。"② 文字与语音的联结，它们的结构共同体也即能指与所指的联结，在历史发展的过程中，会慢慢地发生一定的变化，但在任何一个给定的时间点上，它们之间的联结却是固定的、不可分割的、完全对等的。这实际上是索绪尔关于语言的基本思想之一，只是他把文字排除在外。而我们认为，这种排除是没有道理的。文字是语言的一个有机组成部分，是语言符号能指的另一种表征形式。听觉形式的语音和视觉形式的文字共同构成语言的能指，同时共同表征着语言的所指。在共时的层面上，它们是不可分割的。

这一看法可以在我们日常的语言实践中得到验证。在日常生活与阅读实践中，语音与文字这两种能指的表征形式，我们只要把握了其中一种，也就同时把握了另外一种，以及与它们联系的所指。比如讲汉语的人听到"rénmín"这两个音，就会想到它的书写形式"人民"并且同时联想到它们所表征的意义，看到"人民"这两个字，也会想到它的语音形式"rénmín"，同时联系到它们的所指。语音、文字以及它们所表征的意义，在语言实践中是三位一体、不能割裂的。

索绪尔虽然否定文字和语言是同一个系统，但实际上他并未否认在共时的层面上，语音和文字一体两面的关系。他说："每个音响形象也不过是若干为数有限的要素或音位的总和，我们还可以在文字中用相应数量的符号把它们唤起。正是这种把有关语言的事实固定下来的可能性使得一本词典和语

---

① ［瑞士］索绪尔：《普通语言学教程》，高名凯译，商务印书馆1980年版，第166页。
② ［瑞士］索绪尔：《普通语言学教程》，高名凯译，商务印书馆1980年版，第108页。

法能够成为语言的忠实代表;语言既然是音响形象的堆栈,文字就是这些形象的可以捉摸的形式。"① 文字能把有关语言的事实固定下来,成为语言的忠实代表,只有在它和语音完全统一的前提下才能做到。也只有这样,它才可能成为音响形象的"可以捉摸的形式"。如果文字与语言不属于同一个系统,它又怎么可能做到这些呢?可见,在文字与语言的关系上,索绪尔自己的观点也是有矛盾的。

我们可以设想现在的一部文学作品,比如莫言的《蛙》。这是一部用文字写下来的书面文学作品。从历时的角度看,它的以文字为载体所表征出来的语言肯定与几百年甚至一两千年以前的汉语不同,也可能与几百年后的汉语不同,但是我们能说它与现在的汉语有什么不同吗?或者说得更明确一些,将构成这部作品的语言用文字写出来或用语音读出来会有什么不同吗?显然没有。《蛙》的语言不管是用文字表征出来,还是用语音表征出来,都不会有什么不同,因为它们本来就是互相包含、不可分割的。当然,"看文字"和"听语音"的感受与对作品的把握会有所不同,但那是由听觉系统和视觉系统的差异所造成的,而不是因为语音和文字之间存在什么差异或结构上的缝隙。

由此可见,语言的能指有语音和文字两种表征方式,由于表征方式的不同,两者之间不可避免地存在一定的差异。但这种差异无法改变两者之间的联系的任意性,也无法破坏两者在共时层面的有机统一性。因此,文字不是外在于语言的另一个系统,它就在语言之中。研究语言与图像的关系可以通过研究文字与图像的关系进行,研究文学也可以通过研究文字进行。

有学者认为:"在中国现代以来的学术研究中,科学主义始终是一股强大的势力。追问真相的冲动也常常是人文学科进展的主要动力。"② 探讨语言能指中语音与文字两大要素之间的关系是理解文学并进而理解文学和艺术关系的基础。因为只有弄清了这一点,我们才能弄清口头语言与书面语言、口头文学与书面文学的关系,才能弄清将文学用文字表达出来与用语音表达

---

① [瑞士]索绪尔:《普通语言学教程》,高名凯译,商务印书馆1980年版,第37页。
② 李春青、袁晶:《"形式"的意义:近年来中国学界形式主义文论研究之反思》,《中国文学研究》2013年第2期。

出来之间的区别，并进而在此基础上讨论文学与艺术的关系。这是否也是一种对"真相"的追问呢？

第二节　语言构建形象

　　文学文本是由语言构成的。然而，除了文学作品，其他非文学文本如哲学、科学、宗教著作等，也是由语言构建的。那么，构成文学文本的语言与构成非文学文本的语言有什么不同，换句话说，为什么某些语言以某种形式构成的文本就是文学文本，而另一些语言以另一种形式构成的文本就不是文学文本，文学语言究竟具有哪些特性？对于这一问题，西方语言论文论探讨最力，也最有收获。其观点归纳起来，主要有以下四种，即文学语言是"陌生化"的语言；文学语言是以自身为目的的语言；文学语言是符号指向自身的语言；文学语言是多义性的语言。[①] 这四种观点看起来虽然雄辩，深入分析都是缺乏说服力的。它失败的原因，主要在于它局限于文学语言本身去寻找文学语言的特性。但是文学语言并不是一个独立的自足体，它总是要表现出生活的某些内容，而且它总是要运用各种手段，调动自己塑造形象的潜能，以满足表现具体生活的感性形态的需要，总是以构成某种形象作为自己的根本目的。什克洛夫斯基虽然强调文学语言的特性在于陌生化，但另一方面他也认为，文学的目的是"唤回人对生活的感受"，但是，"经过数次感受过的事物，人们便开始用认知来接受：事物摆在我们面前，我们知道它，但对它却视而不见"。艺术则要通过陌生化的方法来使人们重新感受到事物。"我个人认为，凡是有形象的地方，几乎都存在反常化（即陌生化。——笔者注）手法。""形象的目的不是使其意义接近于我们的理解，而是造成一种对客体的特殊感受，创造对客体的'视象'，而不是对它的认知。"[②] 从这个意义上说，陌生化实际上是达到形象化的一种手段。由此可见，文学语言的特

　　[①] 参见赵炎秋《不结果的无花树——论西方语言论文论对文学语言特性的探寻》，《湖南师范大学社会科学学报》1996年第5期。
　　[②] ［俄］什克洛夫斯基：《作为手法的艺术》，载《俄国形式主义文论选》，方珊等译，生活·读书·新知三联书店1989年版，第6—8页。

性，其实就在于它的构象性。①

理解了这一点，再来探讨文学语言如何建构文学形象的问题，就有了一个坚实的基础。

一 语言如何构成形象

在文学中，文学形象与文学语言是难以分割的，这不仅是因为形象本身就是用语言体现出来的，去掉了语言，形象也就不复存在，也是因为，形象的建构与语言的运作是同步进行的，形象建构的过程也就是语言运作的过程。那么，语言是如何构成形象的？回答这一点，要比回答线条和色彩是如何构成绘画形象的要困难得多。因为绘画的形象本身就是以线条与色彩的形式存在着的，而文学形象本身却不是以语言的形式存在着的。语言是人类发明的一种符号系统，一般认为它是普遍一般的、线性排列的、透明的，而形象则是具体特殊的、空间延展的、不透明的，两者之间存在着一条很深的鸿沟。那么，这条鸿沟是如何填平的？或者说，从此岸到彼岸是如何过渡的？是否有过渡的桥梁？如果有，又是什么？这些问题，对于文学形象的研究来说，是极为关键的。如果不能阐释清楚，必然会影响我们对文学形象的把握。

我们试图从三个方面探讨这个问题。

（一）语言的普遍一般性与形象的具体特殊性之间的矛盾与解决

黑格尔曾经指出："诗人所给的不是事物本身而只是名词，只是字，在字里个别的东西就变成了一种有普遍性的东西，因为字是从概念产生的，所以字就已带有普遍性。"② 因此他认为，"我们把我们所意谓的一个感性存在用语言说出来是完全不可能的"③。语言是普遍一般的，形象是具体特殊的，这是语言与形象之间的第一个矛盾。国内学者也注意到了这一点，并提出了自己的解决办法。如朱立元认为，文学创作最大的困难，是用一般化、抽象化的语言文字来表达具体化、特殊化的意象（即形象。——引者注），这是

---

① 参见赵炎秋《论文学的形象本质》，《湖南师范大学社会科学学报》2000年第1期。
② ［德］黑格尔：《美学》第1卷，朱光潜译，商务印书馆1979年版，第213页。
③ ［德］黑格尔：《精神现象学》上册，贺麟、王玖兴译，商务印书馆1979年版，第66页。

文学创作的一个内在矛盾。解决这一矛盾的途径有五条：1. 创造具体的语境，使一般、普遍的语词获得具体、特殊的意义。2. 通过文学化的组成，复苏语符和感觉功能之间的潜在联系。3. 从主体特定的情感、心境出发，赋予一般化的语词以独特具体的情感色彩。4. 对一般、普遍的语词在时间流中做独特的排列组合，使之获得个别、具体意象的整合效果。5. 有意识地创造能指与所指之间的"偏离效应"，使一般化的语词具有超越常态的意义——共相、普遍性的功能而指向非常独特的、个别的意义、意象与意境。[①]

王元骧认为，语言是一种共义化了的符号体系，本身并不存在具体的感性含义。普遍、抽象的语言为什么能表现感性具体的形象，这是文学研究中的一大难题。他主张从作家语言行为的角度入手探讨这一问题。这种语言行为也即现代语言学所说的"言语"。它与语言的区别与联系是："语言是从大量的言语现象中概括、抽象出来的语词和语法规则的总和，而言语则是人们在交际过程中对于语言的具体运用。而语言的运用总是在一定的语境中进行的，因此，在语言行为中，语词所表达的不仅是它本身的意义，而且还包含一种由特定语境所形成的个性涵义。"涵义所反映的是在感性活动过程中，事物、对象与主体之间的关系，是个人对于语词内容的一种主观体验。而在语言的实际运用过程中，"语词的一般意义只有转化成为一种个人涵义，一种概念的东西与心理的东西结合的形成物，才有可能导致语言行为的发生。这样，就使得原来抽象、概括、相对稳定的语言意义在与感性活动发生联系之后，在一定语境的规定和限制之下，又变得具体、生动、形象、丰富而富有情味，因而使得它不仅在心理映象的层次上，而且同时在思想意识的层次上重新建立起与感性现实的血肉联系"。这样，作者便可以通过自己的语言行为创造出文学形象。换句话说，语言虽然是抽象的、普遍的，但作者的语言行为即言语由于语境等的作用，却是具体的、形象的、渗透着个体体验的。用这种言语来塑造文学形象，自然不会有什么障碍。[②] 这些观点都是富有启发性的。但是也存在一个问题，它们都认为语言本身是抽象普遍的，只

---

① 参见朱立元《从审美意象到语言文字——试论作家的意象—语符思维》，《天津社会科学》1989年第4期。

② 参见王元骧《文学与语言》，《文艺理论与批评》1990年第3期。

是在具体的运用中变得形象具体了。然而，如果语言本身没有具象的因素，它又怎么可能在运用中变得形象具体呢？如果仅仅是由外在的因素赋予语言某种具象性，那么它只能是偶然的、短暂的，无法胜任塑造形象的重任。

赵宪章从另一个角度探寻语言建构形象的秘密。他认为："就语言内部而言，索绪尔所说的能指和所指的关系是任意的；但就所指（意义）与其对象而言，它们之间的关系却'不是任意性，而是直接性'，这'直接性'就是'身体与可感者的天生的组合'，即大脑表意作为语象肉身与对象世界的天人之合，恰如图像以其相似性对于自然的认同与回归。这就是语言作为表意符号的图像性，也是语言之所以可能再现外物的学理依据。""我们之所以能够辨析风声和雨声、狼吼和虎叫的不同，盖缘于这声音是物体的自然表征，不同的声音表征不同的物象，从中可以想象不同的自然现象或许发生。就此而言，语言作为声音所指涉的意义就是一种'语象肉身'——它的一端源自人的身体，另一端直接与外物连通，它将语义和物象粘连在一起并由二者共享。"① 换句话说，语言本身含有与对象世界感性形式相关的因素，具有一定的"图像性"，这形成了语言再现外物的自身基础。本书认为，这一思路无疑是正确的，从普遍一般的语言通往具体特殊的形象的桥梁，只能到语言自身去找。

在我们看来，语言并不是绝对一般与普遍的。它既有普遍一般的一面，又有具体特殊的一面。恩格斯在谈到数学中的抽象时说："和数的概念一样，形的概念也完全是从外部世界得来的，而不是在头脑中由纯粹的思维产生出来的。必须先存在具有一定形状的物体，把这些形状加以比较，然后才能构成形的概念。"② 列宁在谈到个别与一般的关系时指出："个别就是一般（……'因为当然不能设想：在个别的房屋之外还存在着一般的房屋'……），这就是说，对立面（个别跟一般相对立）是同一的：个别一定与一般相联而存在。任何个别（不论怎样）都是一般。任何一般都是个别的（一部分，

---

① 赵宪章：《文学成像的起源与可能》，《文艺研究》2014年第9期。
② ［德］恩格斯：《反杜林论（欧根·杜林先生在科学中实行的变革）》，载《马克思恩格斯选集》第三卷，人民出版社1972年版，第77页。

或一方面，或本质)。"① 一方面，语言由词构成，词的核心是词义，词义的核心是概念。概念是从若干个别事物中抽象出来的，在保持抽象意义的同时，它又与个别具体的事物保持着一定的联系。另一方面，人们理解概念总是以自己的生活经验为基础的，而这些生活经验总是感性具体的。在理解概念的时候，人们必然把这些感性具体的东西与概念联系起来。海德格尔在《荷尔德林诗的阐释》一文中指出，"是诗本身才使语言成为可能"，"要从诗的本质那里来理解语言的本质"。② 他认为，语言最初与感觉尚未完全剥离，因此是诗的，而诗也就是早期人们言说的主要方式，因此语言就是诗，诗使语言构成意义，原始的语言总是同感觉与表象紧密联系在一起的。这一点，国内学者也注意到了。比如王元骧，在探讨语言为什么能创造形象这一问题时，他写道："许多研究者都试图通过对原始语言中语词和表象紧密结合这一特点的研究，来证明语言与表象本来就具有一种天然的联系性；这种天然的联系性由于作家思维的特点可以重新得到恢复。"然而遗憾的是，他并没有按照这一思路探讨下去，而是认为，"原始语言的这一特点，在根本上是由于当时人们抽象思维能力尚不发达，在他们头脑里，'意识只是以心理映象的形式存在着'的缘故"。而"随着人类智力的逐步发展，对客观事物概括的能力不断提高，也使得语言逐渐摆脱了对感性映象的直接依赖，而发展为一种共义化的符号体系"。要在创作中恢复语词和表象的结合，"等于要求作家的思维重新恢复到原始状态中去"。③ 王元骧的观点有一定的道理。一方面，随着人类对客观事物认识的提高，人类的抽象概括能力的确越来越强。但关键在于，这并没有去掉语言具体特殊的一面。因为它的形成与接受的基础，仍然是具体感性的生活和个别的事物。因此不是要使作家的思维重新回复到"原始状态"，而是"表象"与"语词"并没有彻底地分开过。比如"房屋"这个词，它指的当然不是一所具体的房子，而是许许多多房子的抽象。但是另一方面，它又始终是与个别的房子联系在一起的。而且每一个人在理解这个词的时候，在把握共义的前提下，又都有不同。换句

---

① [苏联] 列宁：《谈谈辩证法问题》，载《列宁选集》第二卷，人民出版社 2012 年版，第 558 页。
② [德] 海德格尔：《荷尔德林诗的阐释》，孙周兴译，商务印书馆 2014 年版，第 46 页。
③ 参见王元骧《文学与语言》，《文艺理论与批评》1990 年第 3 期。

话说,"房屋"虽然是一个共义性的符号,但它并没有完全割断它与个别事物的联系,在向人们显示它抽象普遍的一面同时,它也向人们显示出其具象特殊的一面,没有后者,就很难说明,为什么不同的人对于"房屋"的理解会有差别。

不过,语言虽然有具体特殊的一面,但在一般语言中,这一面还是次要的,比较模糊、混沌的。因为语词首先是以它的共义为人们所把握的。另一方面,它虽然联系着个别具体的事物,但这个别具体的事物还不是以其全部的清晰性与之联系着,而只是以与词义相应的大致的表象。比如"房屋"这个词,它可以在人们心中唤起房屋的具象,但这具象还带有泛指的性质,只是一个大致的印象,缺乏具体的时间地点,省略了某些具体的特征和细节。而现实生活中的房屋总是特指的,具体的特征、细节都很清晰,而且在不同的时间显出不同的面貌,从不同的角度、距离、高度观看,它的表现形态也不同。文学形象要求的就是这种清晰具体性。

由此可见,语言本身就具有具体、特殊的一面,只是还比较次要、模糊,文学语言的一个重要任务或者说特点就是要把语言中比较次要、模糊的具体、特殊的一面放大、突出出来,使它变得清晰、具体、明确。其主要途径是语词的系列组合,可以称为语词序列。

语词的组合为什么能达到这一目的?这可以从三个方面来探讨。

首先,语词的组合可以加强语词具体特殊的一面。语词的组合可以把不同的语词的具体特殊的一面加以叠加、放大,从而使具体特殊的一面在整个组合中突出出来,成为主导的一面。这是其一。其二,它可以通过语词间的互相限制,使语言唤起的具象的泛指性逐渐缩小,最后导致明确、清晰的具象的形成。比如,一座、小巧玲珑、七成新、红墙、绿瓦、古典式、房子,这几个词,每个词都有具体特殊的一面,但还不够突出,还比较模糊。如果把它们组合成"一座小巧玲珑的七成新的红墙绿瓦的古典式的房子",情况就大不一样了。第一,整个组合都指向一个明确的具象,词语的具体特殊的一面占据了主导地位。第二,整个组合中的词互相限制、补充,使每个词的具体特殊的一面的泛指性都大大地减少,变得更加清晰明确。比如"房子"这个词,整个组合从形式、新旧、材料、风格等方面对之加以了限定,使其具象变得更加明确具体。我们读这个组合时所想到的房子的具象无疑要比

"房子"这一单个的词所唤起的具象要清晰得多。自然，这种促进也是相互的，不仅小巧玲珑、古典式等词使房子一词的具象突出，更加明确清晰，而且房子一词也使这些词的具象突出，更加明确清晰。要说明这一点，我们只要把上述组合中的"小巧玲珑、古典式"与单独存在的"小巧玲珑、古典式"做一比较就行了。单个的"小巧玲珑"这个词只给我们一种娇小、好看的印象，但这种具象无疑是泛指的。而处于上述组合中的"小巧玲珑"则有了自己的明确性，它的具象与"七成新的红墙绿瓦的古典式房子"紧密相连。另一方面，把处于这种组合中的"小巧玲珑、古典式"与处于"小巧玲珑的茶杯""古典式的美人"中的"小巧玲珑"和"古典式"加以对比，它们之间具象的不同也是很明显的。

这种组合不限于词组，也可以是句子。托尔斯泰的《哈吉·布拉特》中有这样的句子："契泰族的不平静的村子，冒着干牛粪烧出的喷香的烟。"整个句子所提供的具象，也是通过语词之间的互相联系、限制、补充而形成的。值得注意的是，这个句子在托尔斯泰创作时，开始写的是"全村子冒着烟"，后来改为"全村子冒着干牛粪烧出的喷香的烟"，最后才改成现在的样子。[1] 从托尔斯泰的修改中，我们可以看到，在句子中，所组合的语词越多，句子提供的具象也就越清晰、明确。当然，这也不是说语词越多越好。一方面，它要受到句子组合规律的限制，另一方面，在作品中，也并不是每一个具象都是越清晰越明确越好。每一个具体的具象，究竟清晰明确到什么程度，要由形象的整体需要来决定。

其次，语词的组合能够造成言语的"偏离"。罗兰·巴特指出："句子总是被安置在一个语序中，被安置在一个文本组织内，它总是被先在地圈定在一个意义的轨道内，句子的物理性空间布局也有效地限制了句子的歧义性。"[2] 一般地说，语词、句子不是单独存在的，需要和别的语词、句子组合在一起，才能完成表达的任务。在一般情况下，语言符号的能指与所指之间的关系是确定的，这种确定性通过词典等表现出来。但是在实际的运用过程中，受上下文的影响，词义又是变化多端的。当词义的变化超出语词的能

---

[1] 参见〔苏联〕季莫菲叶夫《文学理论》，查良铮译，开明出版社1955年版，第52页。
[2] 转引自汪民安《谁是罗兰·巴特》，江苏人民出版社2005年版，第225页。

指与所指之间的确定联系时，能指与所指之间的偏离就产生了。偏离的另一层意思是指在语法功能，词的用法、搭配等方面打破常规的用法。言语的偏离在两个方面造成语言的具象化。其一，语词的常态意义由于经常使用，已变得机械化、一般化了，失去了它与感性经验的联系，一般人在使用过程中已经感觉不到其感性具体的一面。这时，通过言语的偏离，打破其常态，使人们以新的眼光去看待它，语词的具体特殊的一面就突出出来了。如王安石诗中的名句："春风又绿江南岸，明月何时照我还？""绿"正常的语法功能是用作形容词，这里却把它作动词使用，其感性具体的一面便被突出出来了，使读者仿佛看到了江南大地万物复苏、逐渐变绿的景象。自然，语词的组合也可以指整个的句子、句段以至句群。因此，偏离也可出现在语句之中或语句之间。如《尤利西斯》中对大海的描写："鼻涕青的海。使人的睾丸紧缩的海。"① 人们描写大海的颜色，一般用"蔚蓝"、"深蓝"或者"暗黑"，而乔伊斯却打破常规，用"鼻涕青"来形容。鼻涕是人体的一种分泌物，其颜色很少与大海的颜色联系在一起。而乔伊斯却硬把两者拉在一起，由此造成偏离效应，"鼻涕青"的感性形态一下突现在人们眼前，不仅大海的颜色在人们心中活灵活现，而且还使这种描写带上了一定的感情色彩。而"使人的睾丸紧缩的海"则用得更奇，它形象地写出了人面对大海时所产生的那种敬畏的心情。其二，偏离还使言语不再指向一般，而指向特殊、个别的事物。在一般情况下，语言的对象总是倾向于一般。如"花"这个词，它并不是指具体的某一朵花，而是指共相意义上的"花"，如"大多数花是红的"这句话中的花，就是普遍意义上的花。要使"花"指向某一特殊的个体，可以采用语词组合的办法，如"张三房间窗台上的那盆花是红色的"；也可以采用偏离的方法，如肖洛霍夫《静静的顿河》结尾处那段著名的景物描写："他好象是从一场恶梦中醒了过来，抬起脑袋，看见自己头顶上是一片黑色的天空和一轮耀眼的黑色的太阳。"② 从自然的角度来看，除非是发生日蚀，太阳不可能是黑色的。作者用"黑色"来形容太阳，显然是一种反常的搭配。这里的"太阳"指的显然不是一般意义上的太阳，即地

---

① ［爱尔兰］乔伊斯：《尤利西斯》上卷，萧乾、文洁若译，译林出版社1994年版，第49页。
② ［俄］肖洛霍夫：《静静的顿河》，金人译，人民文学出版社1957年版，第2055页。

球围绕运行的那颗恒星，而是在婀克西妮亚死后那特定的时刻，葛里高利特定的精神状态下，渗透着他的情感的他的眼中所见到的那颗太阳。很明显，这颗太阳只能是特指的。

最后，语词的组合能够形成一定的语境。广义地说，语词的组合不仅指词组、句子或者句群，整部作品都可以说是语词的组合。因此，语境由语词的组合形成。一定的语境能够使处于这个语境中的字、词、句子等的具体特殊的一面放大突出出来，使抽象变成具象。后期的维特根斯坦认为，语言的意义在它的使用之中。朱立元认为："人类是生活在社会关系与社会交流中的，也可以说是生活在语言中的。在特定意义上，语言是人类的基本生存方式。……但是，人类又是时时刻刻生活在特定的时空中的，每个人的每一行动都是具体的、独特的、不可重复的。人类之所以能靠一般、普遍的语言进行社会交流，获得具体的存在，乃是因为他们每时每刻都生活在具体、独特的语境中。正是在具体的语境中，一般的语言才获得了它的特定的具体的意义。人们决不会在具体语境中误解一个一般、普遍语词的特指涵义的。语境使一般的语词趋向于具体和特殊……文学一旦创造出具体的语境，就能把语言（符）的意义具体化、特殊化。"① 这种看法是有道理的。不过，这里所指的语境是广义的，包括了人的日常的生活。我们这里讨论的语境只指文本中语词形成的语境。语境使字句变得具体特殊，是因为一方面它形成一种张力，使语词的具体特殊的一面突出出来，一方面它又提供一种情景，引导读者从具象的角度去理解读到的东西。从心理的角度看，人的认识有一种整体化或者说格式塔的倾向。对于某一事物，只要认出其部分的特征，便能按照格式塔的原则，进而认识到整个事物。文学作品中的语境也有这样的同化能力。同样的句子，摆在科学著作中是抽象的，但摆在文学作品中，则能变成具象的。如屠格涅夫的长篇小说《罗亭》中罗亭与毕加索夫的一段争论：

"妙极啦！"罗亭说道，"那么，照您这么说，就没有什么信念之类的东西了？"

---

① 朱立元：《从审美意象到语言文字——试论作者的意象—语符思维》，《天津社会科学》1989 年第 4 期。

"没有——根本不存在。"

"您就是这样确信的么?"

"对。"

"那么,您怎么能说没有信念这种东西呢?您自己首先就有了一个。"①

这段对话如果放在逻辑书中,完全可以作为矛盾律的一个很好的例子。但在《罗亭》中,由于上下文的语境,就迫使人们抛弃对它内含的逻辑关系的注意,转而去注意这段对话所表现出的人物性格与精神风貌。罗亭的雄辩和毕加索夫的混乱得到很好的表现。

自然,文学语言中凸现出来的具体特殊的一面本身还不是形象,但是它却为形象的塑造提供了基础。正是在这样的语言材料的基础上,形象的塑造才成为可能。语词的组合达到一定的程度就形成一个完整的具象②,这种组合可以是一个句子,如"契泰族的不平静的村子,冒出干牛粪烧出的喷香的烟",也可以是句子的某个部分,或者几个句子。形象便在具象的基础上形成,如:"我这回在鲁镇所见的人们中,改变之大,可以说无过于她的了:五年前的花白的头发,如今已经全白,全不象四十上下的人;脸上瘦削不堪,黄中带黑;而且消尽了先前悲哀的神色,仿佛是木刻似的;只有那眼珠间或一轮,还可以表示她是一个活物。她一手提着竹篮,内中是一个破碗,空的;一手拉着一支比她更长的竹竿,下端开了裂;她分明已经纯乎是一个乞丐了。"③ 其中,头发、脸、眼睛、手及手中的东西四个具象,构成了作为乞丐的祥林嫂的形象。自然,形象并不等于具象的累积和相加,它是由具象构成的一个新的有机体。它既以具象为基础,又具有了新的品质。如上引《祝福》对祥林嫂的描写,她的头发、脸、眼睛、手及手中的东西,单个地看,只是具体的描绘,但合起来,就构成了一个乞丐的形象。

应该指出的是,一方面,语言虽然有具体特殊的一面,文学语言将这一

---

① [俄] 屠格涅夫:《罗亭》,陆蠡译,人民文学出版社1957年版,第30页。

② 笔者曾经论证,文学形象的内部构成有四个层面,分别是语言、语象、具象、思想。具象就是文学形象外在的能够为人所感知的感性表现形态,也即文学形象的能指,思想是文学形象的所指。参见赵炎秋《从语言到思想:再论文学形象的内部结构》,《文艺研究》2004年第6期。

③ 鲁迅:《祝福》,载《鲁迅全集》第2卷,人民文学出版社1973年版,第141页。

面凸显出来，但这具体特殊的一面，毕竟还是以词义的形式体现着的，它要形成可感的具象，还须经过读者的中介。另一方面，语词的组合既可以增强语言的具象性，也可以减弱甚至遮蔽语言的具象性。因为词义的互相作用和语境是一把双刃剑，既可以突出语言具体特殊的一面，也可以突出语言普遍一般的一面。如"三角形的三个角加起来的角度之和总是180度"，这段语词组合，就没有突出语词的具体特殊的一面，而是突出了语词普遍一般的一面。而文学语言的任务就是尽量加强前一面，缩小后一面。我们在前面说，文学语言的基本特征就在于它的构象性，从理论上说，其基本原因就在这里。

（二）语言的线性排列与形象的空间延展之间的矛盾与解决

索绪尔认为，语言符号的"能指属听觉性质，只在时间上展开，而且具有借自时间的特征：（a）它体现一个长度，（b）这长度只能在一个向度上测定：它是一条线"[1]，语言总是线性排列的；而形象，则是空间延展的，见出形状、色彩、光线、运动的。托多罗夫指出："从某种意义上说，叙事的时间是一种线性时间，而故事发生的时间则是立体的。在叙事中，几个事件可以同时发生，但是话语则必须把它们一件一件地叙述出来。"[2] 罗伯特·休斯认为，文学好像是"故意用空间的、起阻碍作用的共时特点与言语之线性的、不断前进的历时特征相对立"[3]。文学形象离不开空间的呈现，但描绘它们的文字却是一个一个地排列出来的。然而，这并没有影响我们对于空间意象的感受。因此，问题便不是线性排列的语言能否塑造出空间存在的形象，而是它为什么能够塑造出空间存在的形象。

其实，与绘画、雕塑形象不同，文学形象并不完全是空间性的，它是在时空两个方面存在着的。文学形象有的主要是时间性的，如人物的对话；有的主要是空间性的，如人物的外貌、环境；有的则是时空结合的，如人物的行动，它既在空间展示，又在时间上延续。对于我们来说，只要说

---

[1] ［瑞士］索绪尔：《普通语言学教程》，高名凯译，商务印书馆1980年版，第106页。
[2] ［法］托多罗夫：《叙事作为话语》，载《西方文艺理论名著选编》下册，北京大学出版社1987年版，第506页。
[3] ［美］罗伯特·休斯：《文学结构主义》，刘豫译，生活·读书·新知三联书店1988年版，第44页。

明了线性排列的语言如何能够构建在空间存在的那类文学形象,就能够回答上述问题了。

在《拉奥孔》中,莱辛曾详细地探讨诗与画的区别。他认为,由于媒介等的不同,诗适合于描写动作,而画则适合于描绘物体。不过,诗也不是绝对不能描写物体,但是应该通过动作去暗示,化静为动,而不是罗列一连串的静止的现象。莱辛认为,诗人化静为动的途径主要有三种。(1)借助动作暗示静态。如荷马描绘阿喀琉斯的盾。他不是把盾上的画面一一罗列出来,"而是把它作为正在完成过程中的作品。在这里他还是运用那种被人赞美的技巧,把题材中同时并列的东西转化为先后承续的东西,因而把物体的枯燥描绘转化为行动的生动图画"。[①](2)通过效果来描写物体的美。如海伦,荷马并没有正面去描写这位美人的美,而是通过特洛亚的元老们的议论:"没有人会责备特洛亚人和希腊人,说他们为了这个女人进行了长久的痛苦的战争,她真象一位不朽的女神啊。"[②]而这比任何正面描写更有效果。(3)化美为媚。"媚就是在动态中的美,因此,媚由诗人去写,要比由画家去写较适宜。"在诗中,媚是一种稍纵即逝而令人百看不厌的美。"因为我们回忆一种动态,比起回忆一种单纯的形状或颜色,一般要容易得多,也生动得多。所以在这一点上,媚比起美来,所产生的效果更强烈。"[③]莱辛的论述肯定了语言可以描写空间形象,但是他并没有正面回答语言为什么能够描绘空间形象。他提出的办法是把空间的并列转化为时间的承续,也就是说,他讨论的是怎样,而不是为什么。因此,对于本书提出的问题,在《拉奥孔》中找不到现成的答案。

我们认为,在线性的语言与空间的形象之间,存在着一个重要的中介——人。文学语言与绘画材料不同,它不能直接显现出空间的形象,而只能间接地描绘出空间的形象。这里面有一个转换的过程,这就是人。无论是从形象到语言,还是从语言到形象,都离不了作者或读者的参与。而有了人的主观能动性的参与,空间与时间的对立便有可能从绝对转化为相对。这是因为,

---

① [德]莱辛:《拉奥孔》,朱光潜译,人民文学出版社1979年版,第101页。
② 转引自[德]莱辛《拉奥孔》,朱光潜译,人民文学出版社1979年版,第120页。
③ [德]莱辛:《拉奥孔》,朱光潜译,人民文学出版社1979年版,第121页。

任何较大的空间的物象，我们都很难凭感官一下全部地把握到它，而总是一个部分一个部分地去把握，然后再进行综合，得出总体的印象。因为实际上，人们的注意力总是只能集中在一个比较狭小的部位上，如果试图同时注意所有的部分，将什么也把握不到。即使是人的脸这样比较小的物体也是如此。我们可以一眼直觉到它的美丑，但要真正地把握它，我们还得眼睛、鼻子、嘴巴、耳朵，一个部分一个部分地仔细观察。至于大的物体，如大的建筑、风景等，我们要把握它，更是需要把它划成一个一个的部分，有顺序地进行观察。另外，物体不仅有部分，而且有层次。这些层次有显有隐。在把握一个物体时，我们首先把握的是它最突出的层次，然后是次要的，再然后才是一般的。比如《安娜·卡列尼娜》中，渥伦斯基见到安娜时，先是为她的美貌所震惊，继而感到她身上那股被压抑着的勃勃生气，再继而感到她内心情感的空虚。观察一座建筑物时，我们往往也是先注意到它最显著的特征，然后才是其他的东西。这说明，任何一个物体，虽然在客观上，其各个方面都是同时在空间中展示出来的，然而在人们的接受过程中，其各个部分、层次却往往是先后承接的。也就是说，在人们的接受过程中，物体整体上的空间并列转换成了部分、层次的时间上的承续。这样，线性的语言就可以按照先后的顺序，把这些部分和层次一个个地描写出来，再由人们综合成整体，就像他们在日常生活中所做的那样。

不过，物体的各个部分与层次在接受中的先后承续与语言的线性排列仍有着质的区别。它们划得再小再细，哪怕小到人的眼睛，仍是空间的一个面，而不可能成为空间中的一个点，就像电视屏幕中的扫描点一样。也就是说，接受只能使物体的空间性"化整为零"，使一个大的空间转变成一系列前后相续的小空间，却不能取消物体的空间性。而语言却是纯粹的线性排列，一个语符一个语符地延续下去的。因此，语言的线性排列与形象的空间延展之间的矛盾并没有完全消除，解决这一问题的关键仍在于人，特别是人的记忆力与想象力。人的记忆力与想象力具有一定的整合功能，能把一定长度的线性排列的语符转化为空间存在的形象，其原理与电视画面的形成有点相似。电视屏幕是由约28万个扫描点组成的。电视播映中，电子束飞快地扫过这些扫描点，使它们发出不同的光亮与色彩，由此组成画面。电子束的扫描是一个点一个点地进行的，但由于视觉的暂留与整合功能，实际上一个点一个点的连续在人们的接受中却成了一幅完整的画面。如果我们把线性排列的语言比作这些扫描点，把人的记忆与想象分别比作视觉的暂留与整合功能，把空间延展的文学形象比作电视画面，那么，线性排列的语言能够转换为空间延展的形象的奥妙就不难理解了。人们阅读文学作品时，一个个的语符由记忆力保存下来，达到一定的程度，再由想象力整合成空间的形象。因此，在一定的长度内，线性排列的文字是可以转换为一种空间形象的。自然，这种长度不能过长，否则，将会超出记忆力的"暂留"功能和想象力的"整合功能"，转换就会遇到障碍。这就好像由28万个扫描点组成的电视屏幕能够形成画面，但如果把扫描点由28万个增加到280万个甚至2800万个，而扫描速度又不加快，那么就必然超出视觉的暂留与整合功能，电视画面也就消失了一样。因此，聪明的作家总是把一个大的空间形象划分成几个小的部分，再一个一个地描写，如托尔斯泰在《战争与和平》的开头对宫廷女官安娜·帕夫洛夫娜家的晚会的描写。作者先把晚会的客人分成三组，然后再一组一组地进行描写。[①] 这样，便能既层次清楚，有条不紊，又清晰明确，整个晚会的情景历历在目。如果不对晚会进行划分，合在一起笼统地描写，必然会眉目不清，难以在读者脑中形成完整的形象。这看起来是个技巧问题，但骨子里与语言转换成形象的问题密切相关。

（三）语言的透明性与形象的不透明性之间的矛盾与解决

曾有国内学者讨论过语言的不透明性。所谓不透明性指的是"语言总是把一切都固定下来，规定清楚，让人无法说出那种来自切身体会的新鲜经验，更难以表现微妙复杂、无法条理化的心理感受"。由于语言的文化负载过于沉重所形成的对意义的遮蔽，"当文学家为表达自己的感受去遣词造句时，他所面临的并不是可以随心所欲地加以使用的一个个词语，而是把世世代代的经验固定下来，本身已有确切的含义的文化符号"。[②] 简言之，由于语言符号的能指与所指之间的关系是固定的，语言本身有自己的意义，因此不能用来如影随形地表达自己的思想与感受，由此形成语言的不透明性。这

[①] 参见［俄］列夫·托尔斯泰《战争与和平》第一部第三章，刘辽逸译，人民文学出版社1989年版。

[②] 孙文宪：《论语言批评的逻辑起点》，《华中师范大学学报》（哲学社会科学版）1994年第3期。

种说法是站得住脚的。不过，它是针对语言与人的感受之间的关系而言的。如果把观察角度转到语言的能指与所指之间的关系，那么，就应该说语言是透明的。因为虽然解构主义宣称语言符号的能指与所指之间的关系是偏离与滑动的，但客观地说，语言的能指与所指之间关系的主导方面还是相应的、固定的。看到能指，我们就知道相应的所指，看到语言符号，我们就知道它的意义，这就是语言的透明性。而形象则不同。如果把形象外在的、能为人感知的表现层次看作能指，把形象内含的意义看作所指，那么形象的能指与所指之间的关系则是不确定的、非对应的。形象的意义深隐到形象的感性表现层次之后，顽强地抵抗着人们把它发掘出来的努力。正因为如此，才会"一千个读者就有一千个哈姆雷特"，出现对同一部作品见仁见智、众说纷纭的现象；才会有阅读完了一部作品，却感觉没有读懂，不知道它在说什么的现象；才会有过去看完一部作品，有一种理解，今天再看这同一部作品，理解又有不同的现象。这就是形象的不透明性。

客观地看，语言的透明性和形象的不透明性都是必然的，也是必需的。语言要求能指与所指之间的关系确定，否则它就无法完成自己的任务，无法反映、表现客观世界和人的主观世界。而形象则总是力图回避、打破、超越自己的感性层次与意义之间的固定的联系，因为这种联系一旦固定下来，并为人们所熟知，就必然损害文学的创造性，使文学流于平庸，陷入机械地重复。文学的创作和欣赏不再是一种充满智慧的劳动，而成为一种蠢笨的游戏。作者只要把一些人们熟悉的感性表象搬来搬去，以完成意思的表达；读者也只需对号入座，根据见到的感性表象找到与之对应的意义，便完成了欣赏的任务。罗伯-格利耶在批评传统小说中意义淹没形象的现象时说："在原著的小说里，构成故事机体的那些物件和姿态完全消失了，而只剩下了它们的意义：一张椅子成了缺席或等待，手臂放在肩膀上成了友谊的象征，窗子上的铁栏意味着不可能逾越。"[①] 见到松柏就联想到高洁，见到鸳鸯戏水，就联想到夫妻和谐，见到面目和善的，就知道他是好人，见到一个獐头鼠目的，就能肯定他是坏人。表象与意义之间的关系固定下来，文学也就没有什么意思了。

[①] 柳鸣九编选：《新小说派研究》，中国社会科学出版社1986年版，第63页。

那么，透明的语言是如何建构起不透明的形象的呢？这里的关键在于，从语言到形象，要经过一个二度转换的过程。罗兰·巴特认为，符号并不是单层而是多层的，有第一级的符号系统，也有第二级的符号系统。"在第一系统中具有符号（即能指和所指的'联想式'的整体）地位的东西在第二系统中变成了纯粹的能指。"比如神话，它由语言构成，但作为第一级符号系统，语言在第二级符号系统神话中只是作为能指存在。换句话说，"神话之发生作用，在于它借助先前已确立的符号并且一直'消耗'它，直到它成为'空洞的'能指"。① 巴特的观点是富有启发性的。文学形象虽然要通过语言才能表现出来，但是在文学形象中，语言已不再具有作为语言的独立性。自然，作为语言符号，它们的一般语言学意义上的能指和所指还是存在的，但是在文学形象中，它们都转化成了构成形象的材料。文学形象的"能指"，它的外在的感性层次，并不是构成它的语言的能指的产物；而文学形象的"所指"，它的意义，也不是构成它的语言的所指的产物。语言的能指与所指的产物都是文学形象，确切地说，都是文学形象的外在的感性层次，它的"能指"；而文学形象的意义，它的"所指"，则包孕在这外在的感性层次之中，是文学形象这个新的有机体的产物。如鲁迅在《阿Q正传》中对阿Q再次在未庄出现的描写："天色将黑，他睡眼蒙胧的在酒店门前出现了，他走近柜台，从腰间伸出手来，满把是银的和铜的，在柜台上一扔说：'现钱！打酒来！'"② 从语言角度看，这段文字的每一个能指与所指都是清楚的，但在这里，它们都成为了组成阿Q形象的材料，字面意义也成为了形象的一部分。至于形象所表现出来的阿Q的性格，他那得意扬扬的神情，却是这些文字本身所没有的。这样，从语言的透明性到形象的不透明性，实际上经过了两个转化：一是语言符号转化为形象的外在的感性层次，二是这感性层次与它内含的意义一起构成新的有机体即形象。经过两次转化，语言的透明性退居幕后，而形象的不透明性则突出了出来。这就像画家用线条与色彩画一幅图像。图像形成之后，线条与色彩作为线条与色彩，其本身的特征

---

① 参见［英］特伦斯·霍克斯《结构主义和符号学》，瞿铁鹏译，译文出版社1987年版，第135—136页。

② 鲁迅：《阿Q正传》，载《鲁迅全集》，人民文学出版社1981年版，第507—508页。

仍然存在，但作为构成图像的材料，它们必须消除这种独立性，完全融合到图像中去，使人感觉不到它们的独立存在，而把它们看成图像的一部分。比如，不把一个大力士浑身鼓出的肌肉看成是向外凸出的线条，而看成肌肉本身；不把一幅少女画像脸部的红色看作一片红的色彩，而看作少女脸上的嫣红。

二　语言为什么能够构建形象

通过探讨，我们已经肯定，语言能够构建形象。但是，语言能够建构形象，并不能说明语言为什么能够构建文学形象，这一问题还需进一步进行探讨。另一方面，在具体的文学活动中，形象总是存在于语言之中，人们感受形象是通过语言，分析、修改形象是通过语言，甚至向别人展示作品中的形象还是要通过语言。那么，我们在谈论这些问题时，为什么不是在谈论语言问题，而是在谈论形象问题呢？

因此，语言构建文学形象的问题，还有待我们进一步探讨。

（一）语言表现生活

我们曾经阐明，形象是生活的形式化，文学形象是用语言对生活进行形式化。用语言对生活进行形式化的结果，就是文学形象的产生。[①] 这里存在两个问题：一是语言能否对生活进行形式化，一是语言能否表现生活，或者说，语言表现的生活是否就是现实的真实生活。前一个问题比较容易解决。只要语言能够表现生活，它自然就能对生活进行形式化，因为形式化的基础是将生活用语言的形式表现出来，只要语言能够表现生活，将生活转化为语言展现出来就是可能的。

那么，语言能否表现生活？回答应该是肯定的。

从本质上看，语言并不是思维着的头脑或者说理性的产物，而是生活的概括、总结、抽象与升华。在《语言与神话》中，卡西尔曾从发生学的角度探讨语言的形成。他指出，在原始时期，如果一个现象给原始人留下极其深刻的印象，它便会长久地留存在他们的记忆中，受到他们的崇拜。即使这一现象从此不再发生，它仍然被原始人当作一种实际的存在。"它不再作为

[①] 参见赵炎秋《论文学形象的形成过程》，《中国文学研究》1999年第4期。

某个一时的造物，而是作为一种高高在上的客观力量出现在人们面前；人人尊崇这个力量，而人的崇拜又赋予这个力量越来越确定的形式。"① 这就是"瞬息神"。语言的产生与此相似。人们在生活中感到许多同样的现象，或者不同的现象中同样的功能，为了将这些现象与功能同别的现象与功能区别开来，为了记忆与交流的需要，为了生产与生活的方便，他们便用一些声音与符号来指代这些现象与功能，于是最初的语言就产生了。比如，我们的先人经常在乌云密布的时候，在天空看见一道狭长的亮光，将天空撕开一道口子，随之传来轰轰的响声。这种现象既使他们害怕，也使他们着迷。于是，他们对这种现象起了意念，要用一种声音和符号指称它们，于是，他们用闪电指称天空中的亮光，用打雷指称随之而来的声音。② 这样最初的语言就产生了。

列维-斯特劳斯认为："自然条件不是独立存在的。因为它们与人的技能和生活方式有关，正是人使它们按特定的方向发展，为它们规定了意义。……人从不被动地感知环境；人把环境分解，然后再把它们归结为诸概念，以便达到一个绝不能预先决定的系统。同样的情境，总能以种种方式被系统化。"③ 列维-斯特劳斯从另一个角度涉及了语言的形成："人把环境分解，然后再把它们归结为诸概念，以便达到一个绝不能预先决定的系统。"④ 这些概念用符号表现出来，自然就是语言。列维-斯特劳斯的观点与卡西尔是一致的。

最初的语言形成之后，新的语言在此基础上继续发展，于是，语言变得越来越复杂，越来越完善。新的语言的产生有可能是由于已有的语言因素的合成与分化，但更多的仍是为了适应反映与表现生活的需要。如"枪"，在古代指前端装有尖铁头的木杆，到火药枪发明之后，又用来指称火药枪，由于火药枪有不同的种类，于是又有了步枪、手枪、机关枪等语词，再后来，又用来指称能够发射某种东西的工具如发令枪、射钉枪、打火枪等。再如公路，其字面

---

① [德] 卡西尔：《语言与神话》，于晓等译，生活·读书·新知三联书店1988年版，第62页。
② 自然，也许最初指称闪电、打雷现象的声音与符号不是我们现在所用的"闪电""打雷"，但总有一个声音与符号。这声音与符号一旦形成，就成了指称这两种现象的语言。
③ [法] 列维-斯特劳斯：《野性的思维》，李幼蒸译，商务印书馆1987年版，第109页。
④ [法] 列维-斯特劳斯：《野性的思维》，李幼蒸译，商务印书馆1987年版，第109页。

含义是公用之路、公众交通之路。开始是走行人、人力车、马车,因此民间也叫公路为马路。汽车发明之后,公路成为汽车的主要通行之路。由于汽车通行的需要,公路开始出现繁复的分类,如二级公路、一级公路、高速公路等。网络出现之后,公路又有了信息通道的意思,如信息高速公路。很明显,没有科技与生活的发展就不会有这些新的语词。新的语词是新的生活的反映。

自然,有些语词产生之后,意思有了一定的变化。比如"倒楣"一词产生于明代。当时读书人中举很不容易,为求吉利,江浙一带的读书人在赴考之前,一般要在自家门前立一旗杆。如果考中,旗杆照立,如没考中,家里人就会把旗杆撤掉,叫作"倒楣"。后来随着使用的人越来越多,这个词逐渐转为"遇事不利,遭遇不好"的意思。科举取消之后,"倒楣"的风俗不复存在,但这个词却以新的意义留存下来,原来的意思反而少为人知,由此又发展出"倒楣"的新的写法:"倒霉"。对于这种现象,可以从两个方面考虑。其一,词的新义的产生是反映生活的需要;其二,新的意义仍是对生活现象与功能的指称,归根结底还是对于生活的凝集。

应该指出的是,不仅表达具体事物的语言是对生活的凝集,表达抽象概念的语言也是对生活的凝集;不仅单个的语词,而且整个语言从整体与本质的角度看,也是对生活的凝集与反映。比如前面讨论过的"倒楣"这一语词,它表达的是"遇事不利,遭遇不好"的意思。这意思是抽象的,但这抽象的意思也不过是生活中无数现象的某种性质的反映。再如语言中的主谓宾这一语法现象,也正是因为生活中事物存在的基本关系总是某物(人)作用于某物(人),才有这一语法现象。这一基本的语法规律就是对这一生活中的基本关系的反映。

因此,从总体上看,语言是对生活的凝集与反映。有什么样的生活,就有什么样的语言。维特根斯坦说:"想象一种语言就意味着想象一种生活形式。"① 这一名言常常被人误解,以为他的意思是语言决定生活。但实际上,维特根斯坦的意思只是说语言与生活是紧密联系在一起的,而不是说生活是语言构建的。语言是生活的凝集,一定的语言背后是一定的生活。比如,中

---

① [德]维特根斯坦:《哲学研究》,汤潮、范光棣译,生活·读书·新知三联书店1992年版,第15页。

国有关亲属的称谓分得很细，而英美人在这方面的称谓则简单得多。但是，中国复杂的亲属称谓的背后是中国社会对于亲属身份的重视以及在这种重视影响下的社会生活，而英美简单的亲属称谓的背后则是英美人对于亲属身份的相对忽略以及在这种相对忽略影响下的社会生活。维特根斯坦的论断正是在这个基础上提出的。[①] 语言的背后是生活，语言表现、反映着生活，语言与生活是对应的，从这个意义上说，语言是生活的映象。

（二）人在生活中学习语言

语言表现生活有两个方面的含义：一是语言作为生活的凝集，能够正确地反映生活；一是人能正确地运用语言来表现他所感知的生活。后一点是否可能，回答也是肯定的，因为人就是在生活中学习语言的。

奥古斯汀在他的《忏悔录》第1章第8节谈到他小时候学习语言的情况时写道："当他们（我的长辈）称呼某物时，他们同时转向该物。我注意到这些并且渐渐明白：他们是用发出的那个声音来意指该物的。他们用身体的动作表示自己的用意，可以说身体的动作是一切种族的自然语言。人们用面部表情、眼神、身体其他部位的动作和语气表达寻求、拥有、拒绝或逃避等心理状态。因此，当我反复听到字词在各种不同语句中不同位置的用法后，便逐渐学会了懂得它们所指的东西。后来我的口舌习惯于这些声音符号时，我便用它们来表达我自己的意愿。"[②] 奥古斯汀描述了人类学习语言的一个重要途径，我们可以把它叫作实物接触法。其实不光孩子，成年人学习语言，一个重要的途径仍是实物接触法。比如，一个人不知道金字塔是什么，于是人们会让他到埃及旅行，去实地看看金字塔，或者让他看有关金字塔的纪录片，有金字塔镜头的电影电视，或者让他看金字塔的照片，于是，他便懂得金字塔是什么。不仅名词的学习可以这样，动词、形容词甚至虚词的学习也可以这样。儿童不理解"多"的意思，幼儿园的老师可以给一些孩子一粒糖果，给另一些孩子两粒甚至更多一些糖果，然后告诉他们，有两粒糖果的孩子的糖果比只有一粒糖果的孩子的糖果多。渐渐地，孩子就会明白多

---

① 关于这一点，本书无法展开，当另文讨论。有兴趣者，可阅读维特根斯坦《哲学研究》第一部分第1节至第19节。

② ［德］维特根斯坦：《哲学研究》，汤潮、范光棣译，生活·读书·新知三联书店1992年版，第7页。

的含义。再假设一个人不了解副词"再"的含义，我们可以要他在操场的跑道上跑一个圈，待他跑完之后，又要他跑一个圈，然后告诉他，在这种情况下，就可以使用"再"这个副词。只要他有一定的理解能力，反复几次，他就会明白副词"再"的含义之一：又一次。

维特根斯坦认为："奥古斯汀的确描述了一套交流系统，只是我们称之为语言的全部内容未能包括进去。"① 学习语言的途径的确不止奥古斯汀所描述的那一种。比如，我们可以采用抽象解释的办法。假设一个人不懂得"走"和"跑"的含义，我们可以告诉他，"走"是指人在移动的过程中，双脚没有腾空的现象，而"跑"则是指人在移动的过程中，双脚有腾空的现象。我们也可以在已有的语言知识的基础上，通过分析的方式学习语言。比如维特根斯坦对于"摩西"这个专有名词的含义的思考。摩西作为一个历史人物的真实性需要一定的证据支撑，如果这些证据都是真的，摩西这个人物也就是真的。但是假如这些证据有些是假的，那么摩西这个人物是否就是假的呢？再进一步，如果这些证据都是假的，是否就能证明摩西这个人物就不存在呢？② 这是一个非常有意思的问题。通过这样的思考，我们能够进一步地把握语言的复杂性。自然，我们还可以将几种方法结合起来。比如，要使人知道"走"和"跑"的意思，我们可以先做示范动作，然后再做抽象的解释，或者，先做抽象解释，再做示范动作。

不过，不管是采用哪种语言学习的方法，其基础都是生活，因为人是在生活中存在，语言是在生活中交流，人只有联系着自己所处的生活，才能够真正地学会语言。而且，人们学习语言的过程也是运用的过程，人们实际上是在运用过程中学习语言的。维特根斯坦认为，符号"在使用中才是活的"，"命令和它的执行之间有一道鸿沟。它必须由理解的动作填平。""'学会它'的意思是：使他能够做它。""他怎样'理解'这个定义可以从他使用这个被定义的字词的用法上看出来。"③ 看一个人是否学会了某种语言，

---

① ［德］维特根斯坦：《哲学研究》，汤潮、范光棣译，生活·读书·新知三联书店1992年版，第8页。
② 参见［德］维特根斯坦《哲学研究》，汤潮、范光棣译，生活·读书·新知三联书店1992年版，第52页。
③ 参见［德］维特根斯坦《哲学研究》，汤潮、范光棣译，生活·读书·新知三联书店1992年版，第23、160、174页。

唯一的标准只能是看他能否正确地运用它。比如，一个人知道了"走"是指"人在移动的过程中，双脚没有腾空的现象"，还不能算是真正学会了这个词，他还必须能够运用这个词正确地表达自己的意思，在看到别人走来时能够知道并且说出别人是在走来，在走到某处时能够正确地使用"走"字说明自己是走来的。很明显，只要他能准确地理解生活，他就能正确地运用这个字。而当他能正确地使用这个字，也就是说，当他真正地学会这个字时，他也就将这个字与生活联在一起了。换句话说，他不是抽象地知道了"走"的含义，而是在现实的生活中把握了它的意义。而当这个时候来临时，语言与它所凝集的生活也就融为了一体。

由此可见，人在生活中学习语言，因此，他也能正确地运用语言来表现生活。

（三）语言构建形象

再回到维特根斯坦的那句名言上来："想象一种语言就意味着想象一种生活形式。"这句话是什么意思呢？

我们先把维氏的话引完整一点："我们不难想象一种只包括命令和报告的战场语言。——或者一种只有问句和表示肯定或否定的回答的语言。——以及无数其他的语言。——而想象一种语言就意味着想象一种生活形式（a form of life）。"[1] 生活在用语言表达出来的时候，它与语言就发生了不可分割的联系。不同的生活要用不同的语言来表现。不同的语言表现着不同的生活。比如战场生活。由于战场生活的高度危险性、高度紧张性、高度组织性和高度纪律性，以及目标的高度单一性（消灭对方，保存自己，取得胜利），人与人之间的关系简化为一种单纯的指挥与被指挥的关系，人与人之间的交流于是也只剩下或主要只剩下命令与报告。因此，"只包括命令与报告的战场语言"与它所表现的战场生活是一致的，两者无法分割。当我们听到这种战场语言时，我们必然要感受到这种语言所表现的战场生活，当我们想象这样一种语言时，也必然要想象它所凝集的战场生活。因此，"想象一种语言就意味着想象一种生活方式"的基础，是这种语言表现着这种生活

---

[1] ［德］维特根斯坦：《哲学研究》，汤潮、范光棣译，生活·读书·新知三联书店1992年版，第15页。

方式。

　　语言表现生活，对这里的"生活"应做宽泛的理解。它不一定指实有的生活。维特根斯坦认为，不应将名称的意义与名称的拥有者相混淆。"当N. N. 先生死的时候，我们说这个名字的拥有者死了，而不说这个名字的意义死了。这样说是荒唐的，因为假如名称不再有意义，再说'N. N. 先生死了'就毫无意思。"[①] 我们可以把维氏的意思合理地引申一下。N. N. 先生的名称不因这个名称拥有者的死去而失去意义。那么，描写 N. N. 先生的生活的语言也不应因它所描写的生活的消失而失去意义。假如 N. N. 先生是我国历史上的一个人物，就假如他是项羽。项羽毫无疑问在历史上真实地存在过，司马迁根据他的经历写了《项羽本纪》。在司马迁写《项羽本纪》的时候，项羽与他的生活早已消失，但它们对于司马迁及他同时代的人来说肯定是有意义的。现在，项羽和他的生活离我们更远，但它对我们仍然具有意义，司马迁描述项羽和项羽的生活的文字，以及我们今天描述项羽和项羽的生活的文字仍然有意义，并不因为项羽早已远逝而失去其价值。由此可见，描写某段生活的语言在这段生活消失之后，仍然有其存在的理由，仍然是有意义的。而它之所以有意义，一个重要的原因是在这段生活消逝之后，它仍能将这段生活表现出来。

　　司马迁写《项羽本纪》的时候，项羽生活的时代离他已有一段时间了。也就是说，他本人并没有参与项羽的生活，他写项羽靠的是他搜集来的各种材料，加上他自己的一些想象。有些想象应该说是没有史实根据的。但《史记》对于项羽的描写并没有因这些想象的因素有所逊色。这引发我们的一个思考。假设历史上并没有项羽这个人，司马迁纯粹是凭借自己的想象将这个人塑造出来，那么，这个人物是否会因为其想象性而不像对真实人物的描写那样有生活性呢？答案是否定的。相反，有时想象出来的生活甚至比真实的生活更具生活性，因为它比真实发生过的生活更符合可然律（亚里斯多德就是这个意思）。由此可见，语言表现生活，这生活不一定要是真实存在的生活或真实存在过的生活。换句话说，语言表现的生活的生活性并不因它所表

---

①　[德] 维特根斯坦：《哲学研究》，汤潮、范光棣译，生活·读书·新知三联书店1992年版，第30页。

现的生活的真假而受影响。这是因为，语言是以概念的形式表现生活的，概念来自对生活的凝集，而概念形成之后，它就具有自己的独立性，可以脱离生活而存在，其表现生活的能力不受其所表现的生活是否存在的影响。语言既可以真实地表现某种生活，也可以想象地表现某种生活。

语言可以表现想象的生活，也就意味着，人们可以用语言虚构一段不存在的生活。这样，语言能够构建文学形象，便在情理之中了。因为文学形象就是用语言形式化了的生活。语言表现生活，自然就可能将生活用语言的形式表现出来，而语言表现想象中的生活的能力就意味着语言所表现的生活可以是真实的也可以是虚构的。语言表现虚构生活的能力保证了它对生活的形式化的能力，从而也就保证了它构建文学形象的能力。

由此引出的另一个问题是，既然语言有表现生活包括虚构的生活的能力，这一能力是由语言本身的各种因素决定的，不受生活的影响，那么，能否说文学形象就是语言本身运作的结果？或者进一步说，语言本身就是形象？语言论文论恰好就在这一点上走入了歧途。它把语言表现生活的能力当成了语言创造生活的能力。我们认为，表现能力不等于表现对象，语言能够表现生活不等于语言能够创造生活。语言与生活的同一只是形态上的同一，而不是实质上的同一。生活是一个实际存在，语言只不过是把它表现出来。即使它表现的是虚构的生活，也不能说这虚构的生活是语言的创造。因为，第一，虚构的生活本身是在现实的生活的基础上产生的。第二，虚构的生活虽然只在语言中存在，离开了虚构它的语言，自身也就不存在了，但它仍是语言表现的对象，而不是语言本身。这就像思想与语言的关系一样。思想和语言虽然如影随形，思想形成的过程也就是语言构建的过程，但思想不等于语言，思想是语言表现的对象，语言只是表现思想的媒介。两者在形式上不可分，但在实质上是不同的。第三，正如前面所指出的，构成语言的各种因素本身是由生活决定的，并且要随着生活的发展而变化。因此，文学形象只能是语言对生活进行形式化的结果，而不是语言本身运作的结果，形象也不能等同于语言本身。

（四）语言与形象的同一

假设一个画家画了一幅画，一个艺术批评家在分析这幅画的时候，指出其中哪个地方的线条凸出得不够，哪个地方红色用多了，哪个地方的阴影淡了一点。那个画家按照批评家的意见,将凸出不够的线条再凸出一点,用多了红色的地方调淡一点,阴影淡了的地方加浓一点。这幅画的形象于是变得更加完美。在这种情况下,人们一般不会认为评论家是在分析线条、色彩与明暗本身,而会认为他是在分析这幅绘画;也不会认为画家是在修改线条、色彩与明暗本身,而会认为他在修改画中的形象。但是,如果一个文学批评家分析一个文学形象,指出哪些地方存在问题,不仅一般读者,有时甚至就连他本人,也觉得自己是在做语言分析,而不是在做形象分析。比如,一个人看见一个年轻女子快速地向他跑来,于是写道:"一位妙龄女郎姗姗地向我跑来。"有人向他指出这一描写明显不妥,因为"姗姗"形容的是走路时从容优雅的姿态,用来形容跑显然不当。于是,他改用"大步流星":"一位妙龄女郎大步流星地向我跑来。"批评家还是认为不行,因为"大步流星"形容的是脚步迈得大,走得快,给人的是一种风风火火的感觉,用来与"妙龄女郎"搭配也不恰当。最后,他把"姗姗"改为"匆匆":"一位妙龄女郎匆匆地向我跑来。"这次改动批评家认可了,他本人也感到满意,于是句子最终得到了确定。这一过程与前面分析的对画的修改过程相似,但在一般情况下,包括批评家与写作者本人在内,恐怕都会认为他们是在做语言上的修改,而不是在做形象的修改。

  这是什么原因?笔者想从以下几个方面进行探讨。

  首先,语言是一个具有自己的意义、文化内涵和自己的内在规律的体系,本身就是一个能够自我运转的意义的实体。而绘画中的线条、色彩、明暗则缺乏具体明确的意义。[①] 由于本身缺乏意义,在绘画中,人们的注意力就不会放在作为表现媒介的线条、色彩和明暗上面,而会放在它们所构建、表现的形象上面。由于本身有意义,在文学形象中,人们的注意力就容易被作为构建材料的语言所吸引,语言所构建的形象反而被忽视了。

  其次,语言不仅仅构建形象,也表达思想,传达意义,进行人与人之间日常的交流。在进行这些活动的时候,语言并没有建构形象。语言建构形象

[①] 自然,绘画中的线条、色彩、明暗也不是绝对地没有意义。如红色比较"热",绿色与蓝色则比较"冷",明亮比较明快,而阴暗则比较滞重,等等。但相对语言来说,作为绘画语言的线条、色彩、明暗的意义是轻微的、模糊的、不固定的,有时甚至可以忽略不计。

的活动与语言其他的活动混在一起,有时甚至难以明确地区分开来,这样,形象的建构就难以突出出来,形象建构的活动往往淹没在语言其他的活动之中,从而造成形象的缺位。这也就解释了,为什么在语言构建形象的过程中,人们更多地注意到的是语言,而不是形象。

最后,也是最重要的,在千百年社会实践的过程中,语言的各个要素(主要是语词)同与其对应的生活的联系早就固定了,比如,"妙龄"一般指20岁左右,"女郎"一般指未婚以及年轻女子,"姗姗"一般形容走路时的从容优雅,"匆匆"一般指急急忙忙的样子,等等。它们在生活中都有自己相应的反映内容,从本质上看,它们只是这些内容的"标签"或者"代码",但在语言中,它们却是作为自为的主体存在着的,在前台突出了出来,而作为它们表现对象的生活本身,则退居到了幕后。在谈到语言与思想的关系时,维特根斯坦写道:"当我用语言想时,除了词句表达外并没有'意义'通过我的脑海:语言本身更是思想的工具。"[①] 语言是表达思想的工具,但是当语言与思想融为一体的时候,语言也就在形式上取代了思想。我们明明是在探寻意义,但是我们感到的却是语言。生活与语言的关系与此类似。由于在千百年的社会实践中,语词与生活内容之间的联系、运用已经深入我们的潜意识之中,因此,在文学形象的修改中,遇到某些生活内容需要调整、变动时,只要将表示这些内容的语词进行调整就行了,不需要我们根据具体的生活内容再去组织语言。我们甚至没有意识到自己是在修改生活内容。

这种现象,我们可以称为语言与形象关系的倒错,语言取代形象,成为文学形象的亮点。这种现象虽然可以解释,但却是不正确的。这里的关键是,语言能够表现生活,而形象是生活的形式化,因此,语言也能表现形象。另一方面,文学形象也只能通过语言表现出来。因为语言是文学形象的唯一的构建材料,离开了语言,文学形象就无法构建,不能存在,两者在文学形象中是融为一体的。语言与形象的关系就像索绪尔说的能指与所指的关系一样,是纸的正反两面,切割语言也就切割了形象,调整语言也就修改了

[①] [德]维特根斯坦:《哲学研究》,汤潮、范光棣译,生活·读书·新知三联书店1992年版,第145页。

形象。因此，在文学形象中，对形象的分析只能通过对语言的分析进行，对形象的修改也只能通过对语言的修改进行。比如，"一位妙龄女郎姗姗地向我跑来"，这句话之所以不妥，从语言的角度看，是因为"姗姗"与跑搭配不当，除非是为了取得某种特殊的修辞效果；从形象的角度看，则是因为即使是一个女子的跑动，其姿态也不可能是从容优雅的，除非她是在做作地或者象征性地跑，用"姗姗"不能准确生动地描绘出她跑的姿态。由此可见，"姗姗"实际上是与"从容优雅地走"这一生活现象联系在一起的。由于这一生活现象已经与"姗姗"这一语词形成明确的联系，我们要修改这一形象只要拿掉"姗姗"，换上另一个合适的词"匆匆"就行了。而实际上，与"姗姗"一样，"匆匆"也是与特定的生活现象联系着并且表征着这一生活现象的。但人们在分析时，大多忽视了匆匆所代表的生活现象，而只注意到了这一语词本身。这样，形象的修改取了语言修改的形式，语言的修改也就是形象的修改。在这个意义上，我们可以说，在文学形象中，语言与形象是同一的。

但我们马上就要指出，这里所说的同一指的是在文学形象中，在文学形象外，语言与形象的同一则不存在。语言表现生活，但是在通常情况下，它是以共义的形式表现生活，侧重表达的是抽象的意义，如"妙龄女郎是指年龄20岁左右的女子"，在这种情况下，形象无法形成，自然就谈不上形象与语言的同一的问题。只有当语言调动起自己构象的全部潜能，突出自己感性具体的一面，表现出生活的感性表现形态的时候，它才能构建起文学形象，在这种情况下，语言与形象才是同一的。如我们前面分析的句子，"一位妙龄女郎匆匆地向我跑来"。自然，为了分析的简便，我们选择的这个句子的形象还比较简单，如果换个句子，情形可以看得更加清楚。如"一个六十来岁而看上去要老得多的男人，在意大利大街上走过，他探着鼻子，假作正经地抿着嘴，好象一个商人刚做了件好买卖，或是一个单身汉沾沾自得的从内客室走出来"[①]。这段文字塑造了一个形象，形象的每一个方面都恰当妥帖地在构成这段文字的语词中表现出来，改动其中的语词，总要或多或少地对形象有所改变。如"他探着鼻子"的"探"字，这个字形象地描绘出了邦

---

① [法] 巴尔扎克：《邦斯舅舅》，傅雷译，安徽文艺出版社1991年版，第3页。

斯得意时把头伸向前方,脸稍稍扬起,鼻子突在身子的最前面,随着走路时身子的摆动,颤动着向前,好像在寻找什么的神态。这种神态与形状通过"探"字表现出来,如果把"探"字改为"伸"或者"翘",都不能准确生动地表现出这种神态以及鼻子的位置,在修改语词的同时也就修改了形象。这是一个方面。另一方面,在文学形象中,语言与形象的同一只是一种形式上的同一。形象存在于语言之中,通过语言表现出来,两者的同一是在这个意义上说的。而不是说,语言构建起形象之后,它就等于或者成了形象。从本质上说,两者还是两个不同的实在,语言只是表现、建构形象的材料或媒介。这就像符号的能指与所指一样,两者不可分割,所指通过能指表现出来,没有能指,所指也就无法存在,但从本质上看,能指是能指,所指还是所指。

本章小结

本章讨论文学语言与文学形象。

语言与文字是属于同一个系统,还是属于两个不同的系统,是一个值得探讨的问题。索绪尔认为,文字的作用是记录语音,属于语言之外的另一个系统。国内不少学者也持这一观点。本章不同意这种语音中心主义的观点。本章认为,语音有物质与心理两个层面,语音的心理层面也就是索绪尔所说的"音响形象"。但在语音的两个层面中,物质层面是主要的,心理层面是从属的,是物质层面在人的心理上的反映。在这个意义上,语音才能与语言符号的能指画等号。索绪尔将文字看作是外在于语言系统的另一符号系统的主要理由有三个:其一,文字只是表现语言的手段,是依附语言而存在的;其二,语言无须文字也能存在;其三,从历时的角度看,语音先于文字而产生。但这三个理由并不充分,无法论证文字是另一符号系统。首先,文字与语言(更准确地说,是语音)的关系绝不是简单的表现与被表现的关系,文字至少参与了语言的差异系统,使语言系统的差异更加精细。这样,将文字排除在语言的系统之外,就缺乏说服力。其次,语言无须文字固然也能存在、流传甚至发展,但没有文字的语言很难发展成为成熟、复杂、精细的语言。而只有高度成熟的语言,才能适应文明发展的需要。最后,从历时的角度看，在语言发展的过程中，先有语音，再创造一个书面符号，或将一个已有的书面符号与之相配，或者先有书面符号，再赋予它一个声音，两种情况都是无法排除的，语音不一定必然产生在文字之前。语音与文字之间的关系是任意的，在共时的层面它们是一个有机的统一体，其所表征的意义或者说所指是完全一致的。因此，文字是语言的一个有机组成部分，是语言符号能指的两种表征方式之一，研究语言和文学可以通过文字进行。

  语言是一种人为的符号，一般认为它是普遍一般、线性排列、透明的。而形象则是具体特殊、空间延展、不透明的。语言构建形象，必须解决这些矛盾。本章认为，解决语言的普遍一般与形象的具体特殊之间的矛盾，其奥秘就在语言既有普遍一般的一面，又有具体特殊的一面；但在语言中，这具体特殊的一面是次要、模糊、潜在的，文学语言通过语词的序列将这次要的一面放大、突出出来，使其变得清晰、具体和明确。语言的线性排列和形象的空间延展之间的矛盾的解决则是通过人这一中介。文学家将整体的事物分解为不同的层次与部分，逐一进行描写，从而将事物在空间的平列变成时间的先后，再通过人的记忆力与想象力将这些文字整合成具体的形象。透明的语言与不透明的形象之间的矛盾则是通过两次转换解决的。先是语言符号转化为形象的外在的感性层次，然后这感性层次与它内涵的意义一起构成新的有机体也即形象。解答了语言如何构成形象之后，本章进一步探讨了语言为什么能够构成形象。语言是生活的凝集与反映，人在生活中学习、运用语言，因此人能够用语言表现生活。而形象是用语言对生活进行形式化的结果。这生活可以是真实的，也可以是想象的。人能够用语言表现生活，当然也能够用语言建构形象。语言建构形象，形象通过语言表现出来，在共时的关系上，二者是同一的。因此，对形象的分析可以通过对语言的分析来进行，对形象的修改可以通过对文字的修改来进行。

第 四 章
文字与文学中的具象与思想

　　文学是语言的艺术，形象是文学的主体。文字只有塑造出成功的文学形象[①]才算完成了自己的任务，这样的作品也才能算是成功的文学作品。不过，文学形象不是单一的结晶体，它可以分为语言、语象、具象和思想四个层次，文字也不是单一的结晶体，它至少可以分为能指与所指两个层次。在文学中，文字与形象，文字的能指与所指同形象中的具象与思想的关系，是错综复杂的。深入研究这些关系，不仅有利于我们进一步理解文学中的文字与形象，进一步理解文学，也有利于我们进一步理解文字与图像之间的关系。

第一节　文字的能指与具象的构建

　　文字以所指表征世界，图像以能指表征世界。文学形象主要是由文字（语言）的所指构建的，在第三章我们已经做了比较充分的论述。但是，文字是由能指与所指构成的，在文学形象构建的过程中，文字的能指起着什么作用？这一点学界的探讨似乎还不充分，有必要进一步探讨，以对文字与形象的关系有一个比较彻底的了解。

一　文字的能指在具象构建中的作用

　　笔者曾经论证，文学形象可以分为语言、语象、具象与思想四个层次。

[①] 本书第三章已经论述，文字是语言的一个有机的组成部分，是语言的书面表现方式，研究语言和文学可以通过文字进行。本书在讨论书面文学作品时，一般用文字而不是用语言这一术语。

语言突出自己感性具体的一面形成语象。语象围绕某个共同点形成一个有着某种内在自足性，能够表现一个相对完整的生活片断的共同体，构成具象。具象是文学形象外在的能够为人所感知的感性表现形态，是语言与语象运作的终点。具象再与思想结合，就构成文学形象。[①] 如果从符号的角度分析文学形象，那么具象就是形象的能指，思想就是形象的所指。文字形成具象主要是通过它的意义也即所指。语言的核心是语词，语词的核心是概念，因此，语言总是倾向于一般、共性，天然地适于表达抽象的思想。但艺术总是形象具体的，语言的艺术作品也即文学必须表现感性具体的生活。因此，在构建具象的过程中，文字总是要想方设法地将自己潜在的具体特殊的一面突出出来，形成语象，然后再在语象的基础上形成具象。这一点笔者已在第三章第二节第一部分进行过详细的讨论，此处不再赘述。

　　需要讨论的是文字的能指在具象构建中的作用。能指包括语音与字形两个方面。语音在具象构建上的作用，主要表现在两个方面：一是一些象声词，可以近似地勾勒出自然或人为的声音，帮助具象的形成；一是通过不同的声调，制造氛围，帮助具象的构建。如李清照的《声声慢·寻寻觅觅》：

　　　　寻寻觅觅，
　　　　冷冷清清，
　　　　凄凄惨惨戚戚。
　　　　乍暖还寒时候，
　　　　最难将息。
　　　　三杯两盏淡酒，
　　　　怎敌他、
　　　　晚来风急？
　　　　雁过也，
　　　　正伤心，
　　　　却是旧时相识。

[①] 参见赵炎秋《从语言到思想：再论文学形象的内部构成》，《文艺研究》2004年第6期。

满地黄花堆积。
憔悴损,
如今有谁堪摘?
守着窗儿,
独自怎生得黑!
梧桐更兼细雨,
到黄昏、
点点滴滴。
这次第,
怎一个愁字了得!

  词中的文字特别是押韵的字大多是开口度较小的齐齿呼和撮口呼,这种声调帮助构成了整首词的凄清、如泣如诉的情感基调。而苏轼的《念奴娇·大江东去》采用的文字则大都是声音洪亮的开口呼和合口呼,这种声调有助于形成整首词雄浑、豪迈的气势:

大江东去,
浪淘尽,
千古风流人物。
故垒西边,
人道是:
三国周郎赤壁。
乱石穿空,
惊涛拍岸,
卷起千堆雪。
江山如画,
一时多少豪杰。

遥想公瑾当年,
小乔初嫁了,

雄姿英发。
羽扇纶巾,
谈笑间、
樯橹灰飞烟灭。
故国神游,
多情应笑我,
早生华发。
人生如梦,
一樽还酹江月。

由此可见,语音在文学具象形成的过程中,是有着一定的作用的。

不过总体上看,语音是约定俗成的,与事物的外在表现形式没有必然的联系。因此,语音对于具象的构建,只能起到一种十分次要的辅助作用。而且这种作用更多地表现在诗歌中,在小说、散文中的作用又要小一些。

就字形看,文字的能指是一种人为的符号,本身没有意义,与事物的外形也没有相似之处[1]。因此,文字的能指一般无法直接表现事物的外在表现形式。这构成了文字与图像在表现与构建形象上的根本区别。图像用能指表征世界,图像的能指与世界的表象在形式上是同构或者近似的。而文字则是通过所指表征世界,文字通过所指,将事物的外在表现形式描述出来。这种描述出来的形象仍然是潜在的,必须经过心灵的转化,才能成为可以感知的形象。也正是由于表现与建构方式的不同,图像表现与构建的表象同世界的外在表现形式的联系是直接、明晰、单维、一致的;[2] 而文字描写的形象与世界的表象之间的联系则是间接、模糊、多维的,缺乏准确的一致性。打开任何一本有插图的小说,或者将任何一部根据小说改编的电影或电视剧同它据以改编的原著对比,我们都能清晰地看到这一点。西谚说,一千个读者就

---

[1] 汉字从起源来说,具有一定的象形因素,但发展到今天,汉字的象形因素已基本退居幕后,如不是特别指出,一般人已经很难意识到。如"日、月、鸟"等字。

[2] 为了使论述更加明了,这里没有考虑图像故意对世界的表象进行抽象、扭曲的表现的现象。不过,即使是抽象的、扭曲的表现,图像中的表象仍然是具体明晰、能够用视觉把握的。

有一千个哈姆雷特。但在电影《王子复仇记》中,一千个观众心中的一千个哈姆雷特,局限在其性格、思想、意义等方面,在其外在形体也即表象方面,则只能有一个哈姆雷特,即劳伦斯·奥利弗在电影中扮演的哈姆雷特(图4-1)。而在莎士比亚的剧本中,读者心中的一千个哈姆雷特则不局限于对其性格、思想、意义的理解方面,在对其外在形体的把握方面,也有一千个哈姆雷特。

图4-1 劳伦斯·奥利弗扮演的哈姆雷特

不过,事物都有其复杂性,与矛盾的主导方面相对,还有次要的一面,在常规的表现形式之下,还有非常规的表现形式。文字的能指(字形)也是如此。从主要的、常规的方面来看,文字的能指是无法构建事物的外在表现形态的,因为它只是一些人为的抽象符号,与客观事物的外在表现形态没有相似性。但是在某些特殊情况下,文字的能指也有可能用来表现与构建某些表象。如阿波利奈尔的象形诗《让我好好看看你》(图4-2)。它将一个个法文字母作为一个个的点,通过点的连接构成一位戴帽子的女郎的形象。

第四章　文字与文学中的具象与思想　205

```
Reconnais-toi（帽顶）
Cette adorable personne c'est toi
（帽沿）
Sous le grand（额头）
chapeau canotier（后帽沿）
voici l'ovale de te figure（脸部下巴）
oeil nez ta bouche（眼鼻嘴）
Ton（颈左）
cou exquis（颈右、右肩）
un peu（右胸）
plus bas（右胸）
c'est ton（右胸）
coeur（右胸）
qui（右胸）
bat（右胸）
Voi-（左胸）
ci enfin（左胸）
l'impar-（左胸）
faite image（左胸）
de ton buste a-（左胸）
dore vu comme（左胸）
a travers un nuage（左胸）
```

《让我好好看看你》（戴帽子的女人）

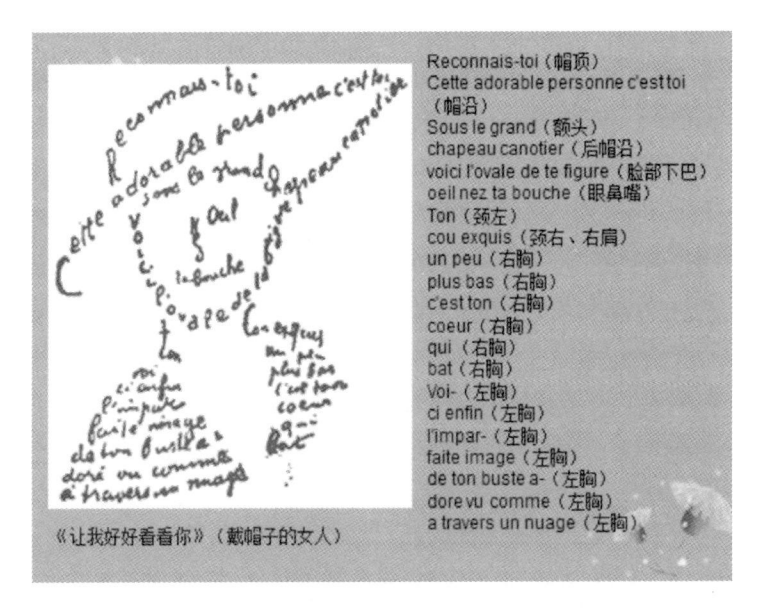

图 4-2　[法] 阿波利奈尔：《让我好好看看你》

再如我国当代诗人南航的象形诗《倒影》：

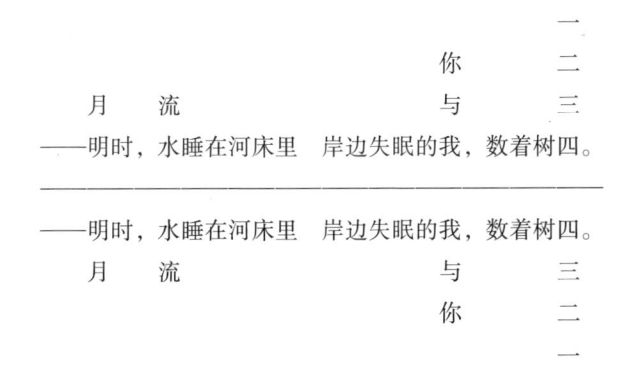

```
                              一
              你           二
    月    流        与        三
——明时，水睡在河床里　岸边失眠的我，数着树四。
────────────────────────
——明时，水睡在河床里　岸边失眠的我，数着树四。
    月    流        与        三
              你           二
                              一
```

这首诗以一长横象征水面，按照反比均衡的原则，将横线上的诗倒过来排在横线下，从而形成倒影的意象。①

---

① 自然，如果严格按照倒影的规律操作，横线下的字也应该倒过来。不过这样的话，就不方便读者阅读了。

两首诗都是利用文字的能指构建出某种事物的外在表现形式。在这个意义上，文字的能指的确参与了形象的构建。但深入分析，我们便能发现，这两首诗实际上并不是在文字能指的符号意义上运用它们来构建形象的①，而是将它们作为构形的要素，通过对它们的不同排列组合，形成某种近似或象征的事物外在表现形式。阿波利奈尔的《让我好好看看你》近似一个戴帽子的女郎，而南航的《倒影》则只是象征地表示出倒影的意象。从这个角度看，符号意义上的文字的能指实际上并没有参与形象的构建，参与形象构建的只是文字能指的物理性状，换句话说，在表现与构建形象的时候，文字的能指只起着一种构形材料的作用。而且，这种构形材料也可为其他材料，比如小石子。也就是说，用一定数量的小石子按照阿波利奈尔的方式排列，无疑也能形成一个戴帽子的女郎的近似形象。

由于文字的能指毕竟不像光线、线条、色彩等图像的媒介那样是从自然的各种外在表现形式中抽象出来的，本身与自然的表象缺乏形式上的契合，因此，它们并不能像图像那样准确、逼真地表现与构建出自然的真实表象，而只能从神似的角度，表现与构建出自然表象的近似形式。由此也可看出，虽然文字的能指也能参与具象的表现与构建，但由于其人为性这一先天不足，它无法像图像那样表现与构建出精确而清晰的表象。

二 文字的所指在能指构建具象的过程中的作用

不过，构成形象的文字的能指毕竟是与所指联系着的，而所指是有意义的。那么，文字的意义或者说所指在能指构建具象的过程中起着什么作用？

这一问题可以从三个方面探讨。

其一，是完全不起作用。文字的意义不参与能指构建具象的过程，能指作为具象建构的形式因素，独立地承担起具象构建的任务。这主要表现在一些象形诗中。不过这样的象形诗除非刻意为之，一般产生的可能性不大。因为人们在用文字构建象形诗的时候，一般不可能完全不考虑文字的意义。比如用文字构成一座山的形状，这文字可以是水，也可以是山：

---

① 文字能指的符号意义是能够指示所指的物理性形体。

```
            山
        山   山   山
    山 山 山 山 山 山 山
            水
        水   水   水
    水 水 水 水 水 水 水
```

但在一般情况下，人们肯定会选用山的能指。因为这样构成的具象更有意义。

其二，是起着辅助、在意思上帮助具象构建的作用。如《倒影》，诗中的"河流"和"树"虽然没有进入具象的构建，但它们能够引发读者的联想，使读者意识到诗的排列形式与倒影的联系。

其三，是文字的意思能够融入能指的构建过程中，两者相辅相成，在具象的构建过程中共同发挥作用。如《让我好好看看你》，构成女郎轮廓的法文字母翻译成汉语，大致是这样的意思："你可认识/这个可爱的人是你/在宽大的帽沿下/是你鹅蛋形的脸庞/眼睛/鼻子/嘴巴/你/优美的脖颈/稍稍/向下/是你的/心/在/跳动/这/是最后/未完/成的画像/你的半身像啊/迷人的景色就像/透云而见若隐若现。"如果将构成这首象形诗的法文换成汉字（图4-3），我们便可看出，构成女郎形象的文字的所指与这个形象是有关系的。"是你鹅蛋形的脸庞"构成了女郎的面部轮廓，"眼睛、鼻子、嘴巴"在人体的这些器官实际所在的位置，"心在跳动"指示着真实人体心脏所在的位置，等等。

由此可见，这首象形诗的文字的能指构成了戴帽女郎的半身轮廓，而文字的所指则从两个方面配合了能指的造型：一是对这位女郎进行赞美，一是尽量让构成这一半身像各个部分的文字的意思与这些部分能够协调。文字的所指较好地参与了能指构建形象的努力。

不过，尽管阿波利奈尔将字形意义上的文字能指的构象功能发挥到了极致，并在某种意义上取得了成功。但是首先，它无法否定文字与表象关系的两个基本的规定：1. 文字的能指一般无法直接表现事物的外在表现形式；2. 文字描写的形象与世界的表象之间的联系是间接、模糊、多维的，缺乏准确的一致性。因为很容易看出，这种象形诗只是一种特殊现象，没有普遍

图 4-3　汉语象形诗《让我好好看看你》（系本书作者所作）

性。其次，即使是阿波利奈尔的这首象形诗也只是显示出了自然事物表象的某种轮廓，根本无法像图像那样表现出自然事物的真实表象。最后，构成这种具像诗的文字的所指虽然可以参与形象的构建，但这种参与不过是配合能指的构形，而且由于这种配合，反而影响了其主导性的发挥。因此，这些特殊现象无法否定"图像用能指表征世界，文字用所指表征世界"这一命题。

应该说明的是，还有一种象形诗，诗将文字排成与诗的意思相关的图形。如南航的《星语》：

夜
黑着
脸来了
星星被吓醒后睁开闪闪蓝眼睛
打起灯光暗号：睡梦中
那个红气球哪去了

　　　　挂一天累了
　　　还是　　　漏气
　　　　掉　　　　　了

这首诗将诗的文字排成星星的外形，以配合内容的表达。但在这种诗中，形象的建构主要是由文字的所指承担，能指只起着配合的作用。因此，它已经不能算是以文字能指为主构建的诗歌了。

第二节　文字转化为具象与这种转化的不完全性

从形象的角度看，文字必须建构起具象，才算完成了自己的任务。但是在这种转化的过程中，文字本身的能指与所指并没有消失，仍然顽强地呈现着自己。形象必须尽可能地消除文字本身的这种存在，将它融入到形象之中来。如果融入不了或者无法完全融入，就形成转化的不完全性。

一　文字转化为具象

罗兰·巴特认为，符号不是单层而是多层的。"在第一系统中具有符号（即能指和所指的'联想式'的整体）地位的东西在第二系统中变成了纯粹的能指。"比如神话，它由语言构成，但作为第一级符号系统，语言在第二级符号系统神话中只是作为能指存在。换句话说，"神话之发生作用，在于它借助先前已确立的符号并且一直'消耗'它，直到它成为'空洞的'能指"。[①] 在第一系统中具有符号地位的东西在二级符号系统中都变成了纯粹的能指，它必须与新的所指结合起来，才能形成新的符号。

循着巴特的思路，文字和由这些文字所构建的形象之间的关系可以这样理解：文字处于第一级符号系统，形象是第二级符号系统。在形象中，构成形象的文字的能指和所指一起转化为形象的能指，然后这能指再与形象的所指一起，构成新的形象。构成这形象的文字的能指与所指在构成形象的能指的过程中耗光了其能量，满足于作为形象的能指而存在。

---

① 参见［英］特伦斯·霍克斯《结构主义和符号学》，瞿铁鹏译，译文出版社1987年版，第135—136页。

我们知道，从物质形式的角度看，语言是抽象的，它只是一些干巴巴的符号，没有感官直接性。因此，它不能像绘画中的线条与色彩，雕塑中的石头与黏土，音乐中的音响与节奏，人体艺术中的人体和人体的动作那样，依靠自己本身的物质性来构建形象，而只能依靠符号所表现的意义。然而，语言的意义也是抽象的，它是一种共义性的东西。黑格尔认为："当我们说出感性的东西时，我们也是把它当作一个普遍的东西来说的。我们所说的是：'这一个'，这就是说，普遍的这一个。"① 他指出："诗人所给的不是事物本身而只是名词，只是字，在字里个别的东西就变成了一种有普遍性的东西，因为字是从概念产生的，所以字就已带有普遍性。"② 卡西尔也认为，虽然语言在产生时是与感性经验紧密地联系在一起的，但在发展的过程中，却越来越朝着抽象的方向前进，而把表现感性具体的任务留给了艺术。③ 语言是抽象、普遍一般、缺乏感官直接性的，而形象则是具体特殊、有机统一、保留了生活的全部感性形态的。语言既无法凭借自己的物质性，也无法凭借自己的意义直接地构成形象，它们之间必然存在一个质的转化过程。在这一转化或过渡的过程中，语言先要构成一些感性具体的生活断片，然后再在这些断片的基础上形成文学形象。我们可以将这些感性具体的断片称为"语象"。

"语象"形成之后，围绕某个共同点形成一个有着某种内在自足性，能够表现一个相对完整的生活片段的共同体，便构成了具象。具象是文学形象中可以被人感知的外在的感性表现形态，或者说是表现在文学作品中的感性的生活表现形态，也即文学形象的能指。但是文学形象的能指与所指之间的关系同语言的能指与所指之间的关系又有不同。语言的能指与所指之间虽然存在有空白、滑动的现象，但它们之间关系主要的一面仍是固定的、直接的、约定俗成的、专横武断的。而形象的能指与所指之间关系的主导的一面则是间接的、滑动的、不确定和难以完全把握的。这主要是因为，语言作为一种交流思想的符号系统，其能指与所指之间的关系需要确定而且在长期的

---

① ［德］黑格尔：《精神现象学》上册，贺麟等译，商务印书馆1979年版，第66页。
② ［德］黑格尔：《美学》第1卷，朱光潜译，商务印书馆1979年版，第213页。
③ 参见［德］卡西尔《语言与神话》，于晓等译，生活·读书·新知三联书店1988年版，第63、164—165页。

运用过程中已经确定，不允许无限阐释，而形象作为一种艺术的创造，其具象与思想之间的关系不能确定而且在长期的接受过程中也无法确定，从总体上看是允许无限阐释的。

不过具象只要形成，就必然表现、联系着一定的思想，不管作者构建具象时是否意识到，不管具象是否复杂甚至是否成功。这是因为，对于人类来说，任何感性具体的东西，只要与人类发生了某种联系，它就会具有某种意味与意指。作为人类精神生产的产物，文学具象更是如此，其所具有的意味与意指显然更多，更为复杂。而宽泛地说，这些意味与意指，就是思想。具象与思想就像索绪尔说的纸的正反两面，也是不可分割的。具象与思想的结合，就是文学形象。[1]

由此可知，在构建形象的过程中，语言是不断地消减自身的独立性，融入形象之中的。

我们试以《红楼梦》中的一个例子来说明这个问题。小说第三回，黛玉初来贾府，大家都来贾母房中相见，只有凤姐姗姗来迟。"一语未了，只听后院中有人笑声，说：'我来迟了，不曾迎接远客！'黛玉纳罕道：'这些人个个皆敛声屏气，恭肃严整如此，这来者系谁，这样放诞无礼？'"来人"身量苗条，体格风骚。粉面含春威不露，丹唇未启笑先闻"。黛玉"曾听母亲说过，大舅贾赦之子贾琏，娶的就是二舅母王氏之内侄女，自幼假充男儿教养的，学名王熙凤。……这熙凤携着黛玉的手，上下细细打谅了一回，仍送至贾母边坐下，因笑道：'天下真有这样标致的人物……只可怜我这妹妹这样命苦，怎么姑妈偏就去世了！'说着，便用帕拭泪。贾母笑道：'我才好了，你倒来招我。你妹妹远路才来，身子又弱，也才劝住了，快再休提前话。'这熙凤听了，忙转悲为喜道：'正是呢！我一见了妹妹，一心都在他身上了，又是喜欢，又是伤心，竟忘记了老祖宗。该打，该打！'又忙携黛玉之手，问：'妹妹几岁了？可也上过学？现吃什么药？……'一面又问婆子们：'林姑娘的行李东西可搬进来了？带了几个人来？你们赶早打扫两间下房，让他们歇歇。'"[2] 这段文字首先通过人未到而声音先到的王熙凤的

---

[1] 参见赵炎秋《从语言到思想：再论文学形象的内部构成》，《文艺研究》2004年第6期。
[2] 曹雪芹：《红楼梦》，人民文学出版社1996年版，第39—41页。

声音，突出了她的与众不同，以及泼辣与热情。接着描写她的外貌，特别强调了其笑面中含着威严，美丽中含着风骚。然后，小说通过贾母和众姊妹的介绍以及黛玉自己的回忆交代了王熙凤的大致经历，再通过王熙凤对于黛玉的问寒问暖、左夸右赞、故作伤感、经贾母说道后又马上转悲为喜等一系列表现，显示了她的八面玲珑、左右逢源。最后，通过她对下人的吩咐、支使，显示了她的能干、既喜欢揽权又善于用权。通过这段文字的描写，凤姐的形象便活灵活现地呈现在我们眼前：泼辣能干、见风使舵、四面讨好、八面玲珑，擅权而又善于弄权。不过，这段文字的词义本身并未包含"泼辣能干"等意思。这段文字的着力点是描绘王熙凤的音容笑貌、言行举止、所作所为以及他人的回应，形成王熙凤的具象，然后再通过这一具象，传达、表现出王熙凤"泼辣能干"等性格特点。前者是能指，后者是所指，合起来就构成王熙凤的形象。构成凤姐这一形象的文字先转化成了具象，具象再表现出思想。经过这样的二度转化，文字本身的能指与所指就消失了自己的独立性，融入到了文学的具象之中。①

二 文字转化为具象的不完全性

不过，事情总是复杂的，如果我们另选一个例子，问题就会呈现出另外一个侧面。如杜甫的《登高》："风急天高猿啸哀，渚清沙白鸟飞回。无边落木萧萧下，不尽长江滚滚来。万里悲秋常作客，百年多病独登台。艰难苦恨繁霜鬓，潦倒新停浊酒杯。"诗的前四句写景，围绕夔州的特定环境，写出秋天的肃杀景色，暗含韶光易逝、壮志难酬的感叹。后四句抒情，抒发自己沦落他乡、年老多病、身体日衰、被迫禁酒的羁旅之愁与孤独之感。前半部分与后半部分情景交融、相辅相成。自然之秋与人生之暮互相映衬，自然之秋映衬出人生之暮的凄清，人生之暮映衬出自然之秋的悲肃。诗歌的文字塑造出年老多病、忧己忧世的老年杜甫的形象。但对这首诗的意义的理解，对老年杜甫形象的理解，却仍离不开构成这首诗的文字。"万里悲秋""百年多病"等文字的意义不仅转化为诗歌的形象，而且也渗进了诗歌的意义。

---

① 当然，这并不是说文字的能指与所指本身消失了，就像融入绘画中的线条一样，其本身的意义不存在了，而是说人们的注意点放在了文字所构成的具象上面，无视或者忽视了文字本身的意义。

换句话说，构建这首诗的文字并没有完全转化为诗的具象，在保持自己的独立性的同时，其本身的意义参与了诗的意义的构建。

如果将考察的视线转移到另外一些作品，这种现象就更加明显。如冯梦龙《警世通言》中的《俞伯牙摔琴谢知音》，小说开头说明什么是真正的相知："这相知有几样名色：恩德相结者，谓之知己；腹心相照者，谓之知心；声气相求者，谓之知音。总来叫做相知。"故事写俞伯牙弹琴遇知音钟子期，欲与之结为兄弟。子期觉得两人地位悬殊，不敢贸然接受。伯牙道："相识满天下，知心能几人？下官碌碌风尘，得与高贤结契，实乃生平之万幸。若以富贵贫贱为嫌，觑俞瑞为何等人乎！"两人于是结拜。一年之后，伯牙重返旧地以见子期，不想子期却因病去世。伯牙在其坟前抚琴一首，然后摔碎瑶琴。子期父亲惊问其故，伯牙回诗道："摔碎瑶琴凤尾寒，子期不在对谁弹！春风满面皆朋友，欲觅知音难上难。"① 小说反复书写"知音难觅，珍惜知音"这样的意思，并用相应的文字表现出来，揭示了故事的主题。换句话说，小说的思想不仅通过伯牙与子期的交往、伯牙在子期去世之后摔琴拒音等具体的形象表现出来，也通过相应的文字直接或间接地指示了出来。与前举的《红楼梦》中对凤姐的描写不同，这里的文字并没有完全融入形象之中。

之所以出现这种现象，是因为文字转化为具象是一个非常复杂的过程，在这一过程中，会出现两种相对的情况。一方面，在运作的过程中，构建形象的文字，其能指与所指需要转化为具象也即形象的能指，才能成功地建构形象。但是另一方面，在具象的构建过程中，文字的这种转化，又不一定是完全、彻底的。这种现象可以称为转化的不完全性。

这种不完全性主要表现在两个方面。

其一，构建形象的文字在向具象转化的同时，文字的独立性并未完全消失，其本身的意义仍或隐或显地保持着自己的存在。

一般地说，文字在转化为具象的过程中，要生发出新的意义，其本身的意义有一个向新的意义转化的过程。如鲁迅的小说《祝福》，祥林嫂为了改变自己的命运，按照柳妈说的去庙里捐了门槛，心里的包袱放了下来：

---

① 冯梦龙：《警世通言》，吴书荫校注，北京十月文艺出版社1994年版，第1、6、10页。

冬至的祭祖时节,她做得更出力,看四婶装好祭品,和阿牛将桌子抬到堂屋中央,她便坦然的去拿酒杯和筷子。

"你放着罢,祥林嫂!"四婶慌忙大声说。

她像是受了炮烙似的缩手,脸色同时变作灰黑,也不再去取烛台,只是失神的站着。直到四叔上香的时候,教她走开,她才走开。这一回她的变化非常大,第二天,不但眼睛窈陷下去,连精神也更不济了。而且很胆怯,不独怕暗夜,怕黑影,即使看见人,虽是自己的主人,也总惴惴的,有如在白天出穴游行的小鼠,否则呆坐着,直是一个木偶人。不半年,头发也花白起来了,记性尤其坏,甚而至于常常忘却了去掏米。①

这段文字描写了因祭祀的事再次受到打击后,祥林嫂所产生的变化。描写的焦点集中在祥林嫂捐门槛后的坦然,以及被禁止摆祭品后的变化,突出了神权、夫权对她的摧残。文字本身的意义虽然存在,但在形象中,它们更多地融入到了具象之中。读者在把握具象的时候,对于第一层次的文字无需精确把握,对文字的所指也无须反复捉摸。

而庞德的诗《地铁车站》则有不同。这首诗只有两句:"人群中这些面孔幽灵一般显现;湿漉漉的黑色枝条上的许多花瓣。"②(The apparition of these faces in the crowd; Petals on a wet, black bough.) 两行诗句形成两个意象,前一个是现实意象,后一个是想象意象。前一句中,"人群"是"面孔"的背景,后一句中,"枝条"是"花瓣"的背景;两行诗句或者说两个意象之间是比喻关系,后者有诠释前者的作用,意思是"人群中的面孔"像"枝条上的花瓣"。两个意象叠加在一起,形成张力,构成了一个意蕴十分丰富的完整形象,产生多种解释的可能性。如,"湿漉漉的黑色枝条"搭配"人群",说明现代生活、现代人的乏味,但美仍然存在,不时闪现出来,这个世界还未彻底坠落;或者,现代文明中的人们已经失去生机,仅有的一点亮色也只能像"幽灵一般显现",无法永久存留;或者,生活虽然是

---

① 鲁迅:《祝福》,载《鲁迅全集》第二卷,人民文学出版社2005年版,第20—21页。
② 诗刊社编:《世界抒情诗选》,屠岸译,春风文艺出版社1983年版,第241页。

灰色的，但仍有美丽等待人们欣赏；或者，在几个美丽面庞的映衬下，更显出地铁站里人流的疲惫、忧郁。不过，不管是哪种解释，其意义毫无疑问都不是构成这首诗的文字本身所具有的，而是这些文字所构建起来的诗歌形象所具有的。我们试把这首诗拆成互不联系的两个句子，单看其中一个，两个诗句之间的张力就不存在了，作为一个整体所形成的那些丰富的内蕴和解释的多种可能性也就不存在了。两个句子的意思就回复到了组成句子的文字本身的意思。但是另一方面，诗的两个意象又是与构成诗的两个诗句的文字紧密联系着的，正是这些文字的字面意思，直接构建了两个意象。我们在把握两个具象的时候，无法忽视组成句子的文字本身的意思。文字在构建具象的同时，也在一定程度上显示了自己独立的存在。

其二，构建形象的文字在向具象（形象能指）转化的同时，也或多或少直接或间接地参与了形象思想（形象所指）的构建。

大多数情况下，形象的思想主要是由具象意指和暗示出来的，而不是由构成具象的文字指示出来的。不过在某些情况下，构成具象的文字也可能参与思想的构建，将形象内涵的思想一定程度地指示出来。上文所举的《俞伯牙摔琴谢知音》，就是一个较好的例子。另一个更明显的例子则是裴多菲的《爱情与自由》："生命诚可贵，爱情价更高。若为自由故，二者皆可抛。"诗歌的形象，一个以生命拥抱自由的诗人的形象由这二十个字构建出来，而形象的思想——自由高于一切，也是由这二十个字直接揭示出来的。

就体裁而言，一般地说，由于叙事类作品以描写生活的外在表现形式居多，因此叙事类作品中的文字转化为具象要充分彻底一些；而抒情类作品以表现生活的语言化的一面为多，因此转化的不完全性更为明显。苏珊·朗格认为："一首抒情诗的主题（所谓内容）往往只是一缕思绪，一个幻想，一种心情或一次强烈的内心感受，它不能为一部虚幻的历史提供十分牢靠的结构。"[①] 思绪、幻想、心情和感受往往是种语言性的东西，表现它们，文字本身的意义自然要起到更大的作用。比如孟浩然的《岁暮归南山》：

[①] ［美］苏珊·朗格：《情感与形式》，刘大基等译，中国社会科学出版社1986年版，第300页。

北阙休上书，
南山归敝庐。
不才明主弃，
多病故人疏。
白发催年老，
青阳逼岁除。
永怀愁不寐，
松月夜窗虚。

诗基本上是抒发孟浩然心中的失意、失望和不平。而这种失意、失望和不平更多的是种心情和感受，一种语言性的东西。文字本身的意思在诗歌形象的构建和思想的表达上起着更加重要的作用，转化的不完全性就更多一些。

第三节　转化不完全性的原因

自然，只是指出在文字向形象转化的过程中存在不完全性的现象，还是不够的，所谓知其然更要知其所以然，我们还需要探讨其转化不完全性出现的原因。文学形象是由文字构建的，文字与形象是文学的两个主要的要素，探讨转化的不完全性也可以从文字和形象两个角度进行。

一　从文字的角度看转化不完全性的原因

在具象的构建过程中，文字为什么会出现转化不完全的现象？从文字的角度看，有以下三个原因。

首先，文字是一个独立运作的有意义的符号系统，承载着一个民族的历史与文化。因此，它不可能像色彩、线条、光线、体积等图像构建材料那样容易在表象中消除自身的独立性。图像的构建材料本身没有或少有意义，也没有很多的历史与文化内涵，它们是在构建图像的过程中获得自身的意义的。而文字则不同，文字是有意义的符号系统，它通过自身的意义来构建具象。也正因为这样，这些文字在构建起具象之后，其本身的意义仍然存在，可以从具象的范围之外比如语言学、修辞学的角度进行运用和探讨。既然如此，人们在感知、接受具象的同时，也会有意无意地注意到构成具象的文字及其意义，从而在把握形象思想的时候不知不觉地受到其影响。如杜甫的诗《望岳》：

> 岱宗夫如何？
> 齐鲁青未了。
> 造化钟神秀，
> 阴阳割昏晓。
> 荡胸生曾云，
> 决眦入归鸟。
> 会当凌绝顶，
> 一览众山小。

尾联"会当凌绝顶，一览众山小"是这首诗的诗眼。但这诗眼是一联哲理性的诗句。它虽然是承前面对泰山的描写而发，但其文字的意思十分明显。读者在理解这首诗的时候，在关注诗所描绘的形象之外，自然也会注意到构成最后这联的文字的意思。苏轼的《题西林壁》："横看成岭侧成峰，远近高低各不同。不识庐山真面目，只缘身在此山中。"构成后一联的字的字义，也对读者把握诗中形象的思想产生了重要的影响。

其次，是文字与思想的天然联系。语言是思想的直接现实。在文学作品中，文字通过其所表达的思想（文字的词义或者说所指）构建具象，具象与其所意指的思想共同构成形象。但具象所意指的思想与文字所表达的思想（所指）有时会出现重合或者近似的现象。这个时候，文字就直接或间接地参与了形象的思想的建构，从而出现转化的不完全性。这种情况在以人物内心活动或以人物对话、内心独白为主的作品中特别容易出现。因为人物对话和内心独白本身就是以语言的形式而存在的，而人物内心活动也往往表现为语言的形式。自然，在文学作品中，人物的内心与对话等不会以抽象的概念形式出现，而是以其在生活中的本来面貌"原生态"地出现，需要我们从这原生态的语言构成的具象中搜寻其所表达的思想。如鲁迅的《风波》。辛亥革命时，七斤进城被人剪了辫子，后来听说皇帝重新坐了龙庭，没有辫子的要遭殃，七斤嫂便慌了，埋怨起七斤来。八一嫂见状出来解劝：

> 看客中间，八一嫂是心肠最好的人，抱着伊的两周岁的遗腹子，正在七斤嫂身边看热闹；这时过意不去，连忙解劝说，"七斤嫂，算了罢。人不是神仙，谁知道未来事呢？便是七斤嫂，那时不也说，没有辫子倒也没有什么丑么？况且衙门里的大老爷也还没有告示，……"
>
> 七斤嫂没有听完，两个耳朵早通红了；便将筷子转过向来，指着八一嫂的鼻子，说，"阿呀，这是什么话呵！八一嫂，我自己看来倒还是一个人，会说出这样昏诞胡涂话么？那时我是，整整哭了三天，谁都看见；连六斤这小鬼也都哭，……"六斤刚吃完一大碗饭，拿了空碗，伸手去嚷着要添。七斤嫂正没好气，便用筷子在伊的双丫角中间，直扎下去，大喝道，"谁要你来多嘴！你这偷汉的小寡妇！"
> ……
> 八一嫂也发怒，大声说，"七斤嫂，你'恨棒打人'……"[1]

这段描写以对话为主，七斤嫂嫌八一嫂揭了她的短，借六斤添饭一事，故意发挥，但却采用了指桑骂槐的曲折方式。然而七斤嫂的内心却被八一嫂的一句"恨棒打人"揭示了出来。换句话说，小说通过这段文字构建起一个"指桑骂槐"的具象，具象所意指的思想则通过"恨棒打人"揭示了出来。文字在一定程度上直接参与了形象思想的构建。

最后，是作品中存在的一定的提示性、交代性的文字。在文学作品中，作者出于某种原因，有时会运用议论、抒情、概述、暗示等方式，将形象的内涵与思想揭示出来。这些文字往往徘徊在具象的边缘，与具象有一定的联系，但却很难成为具象的有机组成部分。如凌濛初《拍案惊奇》卷之一《转运汉巧遇洞庭红　波斯胡指破鼍龙壳》。小说通过文若虚经商发财的故事，宣传命运前定的思想。作者不仅通过头回写金老攒银却无福消受来说明命运前定，而且还通过议论将此意明确点出："可见一饮一啄，莫非前定。

---

[1] 鲁迅：《风波》，载《鲁迅全集》第一卷，人民文学出版社2005年版，第496页。

不该是他的东西，不要说八百两，就是三两也得不去。该是他的东西，不要说是八百两，就是三两也推不出。原有的到无了，原无的到有了，并不由人计较。"① 这些议论文字自然很难融入具象之中。当然，这种方法用多了，便会出现马克思批评过的将人物当作作者思想传声筒的现象②。从某种意义上说，这不是成功的文学作品应该采用的方法。但不可否认，这种现象在文学活动中是比较普遍的。用得巧妙，也是可以接受的。比如托尔斯泰《复活》的结尾，采用了大量《福音书》中的文字，来表达作者的思想。本来是一种超形象的议论，但由于在意义与形式两个方面都注意了与具象的衔接，所以并不显得生硬。尽管如此，这些议论对小说的形象还是有损害的。在《列夫·托尔斯泰是俄国革命的镜子》中，列宁对托尔斯泰小说中过多的议论进行过批评。③

二 从形象的角度看转化不完全性的原因

如果从形象的角度考察，文字转化的不完全性与具象本身的形成方式也有关系。文字在构建具象的过程中，先要突出其本身潜在的具体特殊的一面，形成语象，再在语象的基础上，组成具象。所谓语象，就是一定长度的文字在其直接的感性显现的基础上所形成的感性的生活断片。多个语象结合起来，产生新的质，就成为具象。语象在文字的直接的感性显现的基础上形成，构成具象后虽然要形成新的质，产生新的意义，但其本身的感性存在并没消失。④ 这样，构成这一感性存在的基础的文字自然也会潜在地发生作用。如庞德的《地铁车站》，两个诗句单独看，都只是语象，组合起来才形成具象。具象与其意指的意义一起形成形象。但是语象仍是基础，构成语象的文字仍在发生作用。只要读者注意的侧重点偏向文字，文字本身的意义也就突显出来了。

---

① 凌濛初：《拍案惊奇》，北京十月文艺出版社1994年版，第4页。
② 参见［德］马克思《马克思致斐迪南·拉萨尔》，载《马克思恩格斯选集》第四卷，人民出版社2010年版，第437页。马克思的原话是："你的最大缺点就是席勒式地把个人变成时代精神的单纯的传声筒。"
③ ［苏联］列宁：《列夫·托尔斯泰是俄国革命的镜子》，载《列宁选集》第二卷，人民出版社2012年版，第242页。
④ 参见赵炎秋《从语言到思想：再论文学形象的内部构成》，《文艺研究》2004年第6期。

卡西尔认为："语言概念的最初功能并不在比较经验与选择若干共同属性；它们的最初功能是要凝集这些经验，打个比方，就是把这些经验合为一点。但是，这种凝集的方式总是取决于主体旨趣的方向，而且更多的是为观察经验时的合目的性的视角，而不是经验的内容所制约的。无论什么，只要它看上去对于我们的意愿或意志，对于我们的希望或焦虑，对于我们的活动或行为是重要的，那么，它，并且唯有它，才有可能获得'语言'意义的标记。意义的区分是表象得以固化的前提；而表象的固化则如上述，又是指称这些印象的必要条件。"[1] 也就是说，主体也即人将经验凝集为一点表现出来，凝集的内容与方式由人的需要决定，凝集的结果是语言的形成，语言的形成使指称某一现象成为可能。由此可见，从本质和起源上看，文字并不是思维着的头脑或者说理性的产物，而是生活的凝集、抽象与升华。在发展的过程中，文字中抽象与共同的一面逐渐占据主导地位，但与生活联系着的具体特殊的一面并没有消失，它潜藏在语词普遍一般的一面的下面，通过一定的方式可以突出出来。[2] 不过，生活本身也是复杂的，有的事物是具体可感的，如花、木、树、石、风、雨、雷、电等；有的事物是不大具体可感的，如思维、意念、灵感、理性、情感等；有的事物则是完全抽象的，如质变、量变、属性、规律、本质等。因此，指代它们的文字的具体特殊性也就不同。不同的文字组合，有的比较容易突出其感性具体的一面，有的则比较困难。崔护诗云"去年今日此门中，人面桃花相映红"，红润的人面与红色的桃花相互映衬，我们仿佛能够看到花面相交映的情景。苏轼诗云"不识庐山真面目，只缘身在此山中"，文字围绕一种哲理展开，本身感性具体的一面就较弱，要突出其感性具体的一面当然就要困难一些。而"三角形三个内角的度数相加等于180度"，则完全是一种概念说明，除了能使我们联想起一个三角形，很难再有什么感性具体的一面。从另外一个角度看，有的文字组合有一种强烈的内在力量，召唤着我们去感受其感性具体的一面，如"人面桃花相映红"；有的文字组合则没有这种内在的力量，我们满足于从抽象的角度去把握它，如"三角形三个内角的度数相加等于180度"。

---

[1] ［德］卡西尔：《语言与神话》，于晓等译，生活·读书·新知三联书店1988年版，第63—64页。
[2] 具体的突出方法可以参看本书第四章第三节。

由此可见，在文学中，组成语象的文字，有的感性具体的一面突出得比较充分，有的突出得不够充分。当这些语象组成具象时，具象的形象性也就有充足和不够充足之分，换句话说，也就是构成具象的文字有时会出现转化不够完全的情况。在转化不够完全的情况下，文字本身的意义便相应地显豁，从而造成文字自己的意义与具象一起构建形象的思想的情况。

进一步分析，我们可以发现，在文学中，形象的二次符号化的程度越强，表象化的程度越高，构成形象的文字转化为具象的不完全性就越低。这是因为，二次符号化是以第一层级的符号的消耗为基础的，二级符号越是内在自足，一级符号受其控制就越紧，独立性也就越少。而具象是感性具体的，文字是概念共性的。概念共性的文字要构建感性具体的具象，自然要更多地调动自己的构象潜能，更多地融入具象的整体结构中去。相反，如果形象的二次符号化的程度较低，感性化的程度不高，文字转化为具象的不完全性也就会相应地变高。如狄更斯《雾都孤儿》第五章对于索厄伯里殡葬店的描写：

> 奥立弗一人被留在殡葬承办人的店铺里，他将油灯放在木工工作台，怀着敬畏与恐惧的心情怯生生地打量着四周。这种心情年纪比他大的人大都可以理解。店铺正中间的黑色支架上，搁着一口还未完工的棺材。棺材看上去是如此的阴森，简直就与死亡本身一样。每当他的目光转到这阴沉的物体上，全身就会打一个寒战。他甚至担心某个可怕的怪物会慢慢地从那口棺材里抬起头来，把他吓得发疯。靠着墙壁，整齐地竖着一长排切成同一形状的榆木板，在昏暗的灯光下，活像一群双手插在裤子口袋肩膀高高耸起的鬼魂。地板上散落着棺材上的金属标牌、榆木屑、大头闪亮的钉子和黑色的碎布片。柜台后面的墙上画着两个栩栩如生的职业送葬人，脖子上系着僵硬的领结。他们正守候在一栋私人宅邸门口的两边，四匹黑马拉着一辆柩车正自远方驶来。店铺里又闷又热，空气似乎也染上了棺材的味道。柜台下面凹进去的地方扔着他的那床塞着棉屑的铺盖，看起来就像一座坟墓。①

---

① ［英］狄更斯：《雾都孤儿》，赵炎秋译，天津人民出版社2017年版，第31页。

除了前面一两句交代，这一段所有的文字都在描写殡葬店里阴森鬼魅的场景。文字本身的意义也都融入具象之中，二次符号化的程度较高。而同书的另一段文字，二次符号化的程度就要低很多。

> 生活中有些高位，除了它们所带来的实际利益之外，其特殊的价值和尊严还来自与其密不可分的服饰如外套和背心。陆军元帅有他的制服，主教有他的绸法衣，律师有他的绸长袍，而牧师助理则有他的三角帽。如果剥去主教的法衣，拿走牧师助理的三角帽和饰带，他们是什么呢？人，普通一般的人而已。有些时候，尊严，甚至神圣，完全有别于某些人的想象，不过系于一件外套或一件背心。①

这段文字是写结婚之后的班布尔失去牧师助理的位置，成为济贫院长之后的落魄情景。文字以形象的方式进行议论，具象不很完整，文字的二次转化率较低，文字本身的词义也就难以完全融入形象之中。

还应指出的是，文字转化具象的是否完全与读者也有重要的关系。接受美学与读者反应理论认为，文学作品的意义是读者读出来的。没有经过读者阅读的作品只是潜文本，经过读者阅读的作品才能成为现实的作品。不少学者指出，这一观点过于绝对。但读者一维在文学活动中的重要作用仍是不可否认的。一方面，虽然读者的解读需要符合文本的规定性，但文本的各种规定性最终还要通过读者才能落实；另一方面，读者的接受状况，也会影响其对作品的接受与解读。具体到文字转化具象问题，不同的读者由于个人条件的不同，对转化的完全性会产生三个方面的影响。其一，由于缺乏相应的生活体验，无法把握某些文字感性具体的一面。韦庄的词《女冠子》云："四月十七，正是去年今日，别君时。忍泪佯低面，含羞半敛眉。"描写了女子在与丈夫离别时的复杂心理感情。未成年人就很难把握"忍泪佯低面，含羞半敛眉"这种心理状态和外在表现。裴多菲的《自由与爱情》："生命诚可贵，爱情价更高。若为自由故，两者皆可抛。"对于那些没感受到自由的可贵的人来说，也是难以理解的。其二，由于缺乏相应的修养，无法把握某

---

① ［英］狄更斯：《雾都孤儿》，赵炎秋译，天津人民出版社 2017 年版，第 281 页。

些文字感性具体的一面。如在阅读古代文学作品的时候，由于把握不了某些文字的意思，因而无法将其构建的具象准确地重建起来。其三，由于思想、情感、立场、观点等方面的原因，无法把握某些文字感性具体的一面。前面说过，构建形象的文字在向具象转化的同时，文字的独立性并未完全消失，其本身的意义仍或隐或显地保持着自己的存在。即使是在文字的能指与所指完全融入其所构建的形象之中的时候，文字本身的规定性也不会完全消失。从哪个角度把握，仍与读者的主观状况有关。如果读者因为某种原因，不去积极地把握文字所构建的具象，而是关注文字本身，就会出现尽管具象构建十分成功，但读者把握的仍是文字本身的情况，由此出现转化的不完全性。如从现代汉语研究的角度阅读鲁迅的作品，或者从政治批判的角度阅读文学作品，从中挑出某些只言片语，随意发挥，根本不考虑作品的整体，自然也很难把握作品的形象。这种情况下，文字转化为具象也是不可能的。

第四节　文字词义与形象思想之间的关系

一方面，语言是思想的直接现实，文字是表现思想的。另一方面，具象形成之后，也必然会表现一定的思想。在形象中，二者的关系是怎样的？解答这个问题，对于我们理解文学中文字与思想的关系有着重要的意义。

为了讨论的方便，在这里，我们将语言表达的思想叫作词义，将形象表现的思想叫作思想。

一　视觉性形象中词义与思想的关系

笔者曾经论述，文学形象，就是通过语言形式化了的生活。[①] 不过，生活是一个内涵十分广泛的综合体，大到宇宙万物，小到人的情感萌动，上下五千年，纵横数万里，人类社会发生的一切，都在生活的范围之内。它们的感性表现形态，都是文学表现的范围。因此，与图像不同，文学形象不一定都是视觉性的，也有大量的非视觉性形象。以下我们分别从这两个方面讨论词义与思想的关系。

[①] 参见赵炎秋《论文学形象的形成过程》，《中国文学研究》1999 年第 4 期。

在视觉性形象中，文字转化为具象比较完全。因为要构建可视性具象，文字就得尽量突出自己具体特殊的一面，把自己融入整体的具象之中。这样，词义在具象的构建中"消耗"较多，与形象的思想较少纠缠，词义渗入思想的现象也就不会太严重。如前举《红楼梦》第三回对凤姐形象的描写，文字的目的是塑造王熙凤的形象，表现王熙凤的性格特点，文字本身的词义并不重要，重要的是它们合在一起构建起凤姐的形象。在这种情况下，文字的词义很难渗入形象的思想，也无须渗入形象的思想。

我们再举一个《雾都孤儿》中的例子：

> 向徒步远行的奥立弗发问的男孩与他年龄大致相当，模样却是他见过的最古怪的一个。他长着狮子鼻，扁平的额头，其貌不扬，浑身脏得没人愿意看，但是却偏要摆出成年男子的姿势与派头。相对于他的年纪，他的身材矮了一点，长着一双罗圈腿，一对小而丑陋却很尖利的眼睛。他的帽子歪歪地顶在他的头上，时刻都有掉下来的危险，而且如果不是帽子的主人掌握了一种技艺，不时地将脑袋抖动一下，使帽子重归原位，它早就掉下来了。他穿一件长及脚踝的男人外套，外套的袖口挽到肘窝，使双手露在袖外，其目的明显是好让它们插进灯芯绒裤子的口袋里，现在它们就停在那里面。总之，这是一个少见的妄自尊大、好摆架子的小绅士，身高四英尺六英寸，或许还不到，脚蹬一双笨重的半统靴。①

这段文字写的是奥利弗从索厄伯里殡葬店逃出来，去往伦敦的路上第一次见到逮不着时，逮不着的长相与穿着打扮。逮不着的形象在这段文字中被描绘得活灵活现、栩栩如生、如在眼前。正如小说所说，"是一个少见的妄自尊大、好摆架子的小绅士"。在这段描写中，文字的能指与所指都融入了具象之中，词义没有也无须渗入形象的思想之中。

再如杜甫的《绝句》："两个黄鹂鸣翠柳，一行白鹭上青天。窗含西岭千秋雪，门泊东吴万里船。"全诗一句一景，四个诗句构成四幅独立的图景。而贯穿其中的，则是诗人的情感。在描写草堂的春色时，诗人的情绪是欢快

---

① ［英］狄更斯：《雾都孤儿》，赵炎秋译，天津人民出版社2017年版，第57页。

的，但随着视线的游移、景物的变换，到最后江船的出现，勾起诗人的思乡之情，诗人的情感便逐渐由欢快转向淡淡的伤感。诗人的内在情感及其变化，使四幅图景形成一个有机的整体。文字的能指与所指融入具象比较彻底，词义没有渗入形象的思想。

二 非视觉性形象中词义与思想的关系

非视觉形象的词义与思想的关系则要复杂一些。非视觉形象大致可以分为三类。第一类是语言类形象。语言类形象就是通过人物语言如人物对话、内心独白、旁白和自言自语所形成的形象。如鲁迅的散文诗《立论》。第二类是心理型形象。心理型形象就是通过对人物内心世界如心理活动、思想情感等的描写所形成的形象。如卡夫卡的小说《地洞》。第三类可以称为哲理型形象。这类形象以某种思想、哲思为中心构建形象。但这些思想与哲思又不是以概念的形式表现出来，而是以其原生的表现形态表现出来，或者通过象征、比拟等方式表现出来。如李商隐的《登乐游原》："向晚意不适，驱车登古原。夕阳无限好，只是近黄昏。"后两句一方面情景交融，通过对眼前自然景色的描写，突出人的心情；另一方面又通过寓意于物的方式，达到哲理的高度：事物的美好达到顶峰，也就走向了消亡。整首诗直抒胸臆，蒙着一层惆怅、消沉的色彩。诗的普遍性意义也就从这寓意性的表达中表现了出来。苏轼的《题西林壁》也是如此："横看成岭侧成峰，远近高低各不同。不识庐山真面目，只缘身在此山中。"前联写景，后联在前联的基础上，写出自己观庐山时感悟到的哲理。前后联情景交融，寓意深远。

三类非视觉性形象有一个共同点，那就是构成具象的文字的独立性都或多或少地保存着。这并不是说这些文字没有构建具象，而是说在构建具象的过程中，文字转化的不完全性较高，在形成具象的过程中，文字本身的意思仍然在发挥着作用。

非视觉性形象中词义与思想的关系有三种情况。一种情况是文字的词义直接进入形象思想的构建。在这种情况中，文字转化为具象的不完全性较高，词义对思想的影响较大。如朱熹的《观书有感》："半亩方塘一鉴开，天光云影共徘徊。问渠那得清如许，为有源头活水来。"这是一首哲理诗，构建的是一种哲理型形象。诗歌前两句描写池水的清澈，后两句说明池水清澈的原因——是有源源不断的活水补充进来。诗歌直接意思是说明要想知识不陈旧，就得不断地补充新的知识；抽象意思是说要保持事物的常新，就得不断补充新鲜成分，引申意义则很难具体枚举。诗歌的思想既从"池水""活水"的具象而来，也从后面两句诗的文字而来。后面两句诗通过一问一答，说明了一个非常深刻的哲理。构成诗歌的文字在构建具象的同时，其本身的意思并未退居幕后，它们直接进入了诗歌思想的构建。[1]

第二种是文字参与了思想的构建。在这种情况下，文字转化为具象的程度较高，但又没有完全转化，部分文字参与了思想的构建。如鲁迅的《立论》：

  我梦见自己正在小学校的讲堂上预备作文，向老师请教立论的方法。
  "难！"老师从眼镜圈外斜射出眼光来，看着我，说。"我告诉你一件事——
  "一家人家生了一个男孩，合家高兴透顶了。满月的时候，抱出来给客人看，——大概自然是想得一点好兆头。
  "一个说：'这孩子将来要发财的。'他于是得到一番感谢。
  "一个说：'这孩子将来要做官的。'他于是收回几句恭维。
  "一个说：'这孩子将来是要死的。'他于是得到一顿大家合力的痛打。
  "说要死的必然，说富贵的许谎。但说谎的得好报，说必然的遭打。你……"
  "我愿意既不谎人，也不遭打。那么，老师，我得怎么说呢？"
  "那么，你得说：'啊呀！这孩子呵！您瞧！多么……。阿唷！哈哈！Hehe！He，hehehehe！'"[2]

这首散文诗通过师生对话构建的是语言类形象。通过这一形象，鲁迅既揭示了"说谎的得好报，说必然的遭打"这一不正常的社会现象，更批评了那种"既不说谎，也不遭打"的骑墙派、既不说好也不说坏的"哈哈

---

[1] 这里说的直接进入，意思是构建具象的文字其运作的方向不仅仅是构建具象，也同时在构建形象所指向的思想。

[2] 鲁迅：《立论》，载《鲁迅全集》第二卷，人民文学出版社2005年版，第212页。

主义。相关的文字直接指示出了形象的思想。不过,形象的这一思想虽然与具体的文字有关,但更多的还是文字所构建的具象表现出来的。如果没有对那满月的孩子以及围绕这孩子的各种人的不同态度及遭遇的描写,那么即使用了相关的字眼,这首散文诗的思想也表达不出来,或者说不能有效地表达出来。文字只是参与了形象思想的构建,而不是直接进入形象思想的构建。①

高尔基的《海燕》也是如此:

在苍茫的大海上,狂风卷集着乌云。在乌云和大海之间,海燕象黑色的闪电,在高傲地飞翔。

一会儿翅膀碰着波浪,一会儿箭一般地直冲向乌云,它叫喊着,——就在这鸟儿勇敢的叫喊声里,乌云听出了欢乐。

在这叫喊声里——充满着对暴风雨的渴望!在这叫喊声里,乌云听出了愤怒的力量,热情的火焰和胜利的信心。

海鸥在暴风雨来临之前呻吟着,——呻吟着,它们在大海上飞窜,想把自己对暴风雨的恐惧,掩藏到大海深处。

海鸭也在呻吟着,——它们这些海鸭啊,享受不了生活的战斗的欢乐:轰隆隆的雷声就把它们吓坏了。

蠢笨的企鹅,胆怯地把肥胖的身体躲藏在悬崖底下……只有那高傲的海燕,勇敢地,自由自在地,在泛起白沫的大海上飞翔!

乌云越来越暗,越来越低,向海面直压下来,而波浪一边唱歌,一边冲向高空,去迎接那雷声。

雷声轰响。波浪在愤怒的飞沫中呼叫,跟狂风争鸣。看吧,狂风紧紧抱起一层层巨浪,恶恨恨地将它们甩到悬崖上,把这些大块的翡翠摔成尘雾和碎末。

看吧,它飞舞着,象个精灵,——高傲的、黑色的暴风雨的精灵,——它在大笑,它又在号叫……它笑那些乌云,它因为欢乐而号叫!

这个敏感的精灵,——它从雷声的震怒里,早就听出了困乏,它深

---

① 这里说的参与,意思是构成具象的部分文字直接或间接地参与了形象思想的构建,指示或者暗示出形象的思想。

信，乌云遮不住太阳——是的，遮不住的！

　　狂风吼叫……雷声轰响……

　　一堆堆乌云，象青色的火焰，在无底的大海上燃烧。大海抓住闪电的箭光，把它们熄灭在自己的深渊里。这些闪电的影子，活象一条条火蛇，在大海里蜿蜒游动，一晃就消失了。

　　——暴风雨！暴风雨就要来啦！

　　这是勇敢的海燕，在怒吼的大海上，在闪电中间，高傲地飞翔；这是胜利的预言家在叫喊：

　　——让暴风雨来得更猛烈些吧！①

文章通过海燕、海鸥、海鸭、企鹅、大浪、乌云、巨浪、狂风、雷声、闪电等一系列形象，象征出大革命爆发前的各种症候，描写了各类人在大革命爆发前的不同表现，发出了让暴风雨也即革命"来得更猛烈些吧"的呼喊。最后的点题与前面的描写水乳交融，文字参与了形象思想的构建。

第三种情况自然是文字没有参与思想的构建。如卡夫卡的《地洞》。小说塑造的是心理型形象。小说以拟人的手法，描写一个不知名的小动物患得患失的心理。它挖了一个地洞，以保证自己的安全，但它又时时感觉有什么比它更强壮的敌人会从洞内向它进攻，因此常又恐惧地跑到洞外，但洞外是一个更广阔的天地，更不安全，于是它又赶快躲进洞内。其实并没有什么真正的危险威胁着它，它的恐惧与不安来自它内心的恐慌、矛盾和不自信。小说塑造的形象内涵是十分丰富的。它显示了卡夫卡生活的时代小人物的生活和生命的朝不保夕，或者真正的危险不是来自外界而是来自内心，或者现代人的生存状态，或者物对人的压迫，等等。但是小说文字的主要作用是构建这个不知名的小动物患得患失的心理形象，而这形象的思想则是由文字构建的具象意指与意味出来，再由读者挖掘与体会的，文字本身没有参与思想的构建。

在文字直接进入思想构建的情况下，为什么不说是文字直接表达了思想，而只说它们直接进入了思想的构建呢？

---

① ［俄］高尔基：《海燕》，载郭真瑞、孟晓媛编著《高尔基》，辽宁人民出版社2014年版，第97—98页。

恩格斯说："可是我认为，倾向应当从场面和情节中自然而然地流露出来，而无须特别把它指点出来。"① 文学作品与非文学作品的最大区别是，文学作品以塑造形象给人以审美享受为自己的主要任务。思想总是抽象的、精练的。从总体上说，人类心灵既需要抽象的东西，也需要形象的东西。但是形象的东西更易接受，更易给民众带来审美的享受，因此也更易为民众所接受、喜欢。把握抽象的东西总是困难的，因此人们需要将思想隐含在艺术品中，使抽象的思想形象化，在审美的过程中不知不觉地感应、把握它们，并受到它们的影响。康有为说："'六经'不能教，当以小说教之；正史不能入，当以小说入之；语录不能喻，当以小说喻之；律例不能治，当以小说治之。"② 正是看到了小说这种形象感人、寓教于乐的特点。从形象的角度看，这"乐"就是形象，"教"就是思想。就文学作品来说，思想要寓于形象之中，才能更好地为人们所接受。因此，即使在文字转化不完全的情况下，文学作品仍然要注意形象的建构和情感的冲击。朱熹的《观书有感》采用比喻的方式说明哲理。裴多菲的《自由与爱情》，全诗直抒胸臆，歌颂自由，但在表现形式上，作者仍是一唱三叹，用人们最熟悉也最宝贵的生命和爱情作比，最后突出自由高于一切的思想。形象与情感仍然是诗的中心。陈子昂的《登幽州台歌》："前不见古人，后不见来者。念天地之悠悠，独怆然而涕下。"也是如此。作者虽然是直陈自己在千古高台上抚今追昔的感受，但在表现形式上，抒发的仍然是自己情感的原生状态，伴随着涕泪交流的诗人形象，没有概念的直接表达，也就是说，作者并没有用概念性的语言直接将诗歌所表达的意思概括出来。

索绪尔认为："每一项语言要素就是一个小肢体，一个 articulus，其中一个观念固定在一个声音里，一个声音就变成了一个观念的符号。"③ 语言的基本单位是语词，语词的核心是概念，概念即语词表现的"观念"或者说思想。但是，任何语词都不能单独完成表达与交流的任务。在语词的组合

---

① ［德］恩格斯：《恩格斯致明娜·考茨基》，载《马克思恩格斯选集》第四卷，人民出版社 2012 年版，第 579 页。
② 康有为：《〈日本书目志〉识语》，载陈平原、夏晓虹编《二十世纪中国小说理论资料》第一卷，北京大学出版社 1997 年版，第 29 页。
③ ［瑞士］索绪尔：《普通语言学教程》，高名凯译，商务印书馆 1980 年版，第 158 页。

中，单个语词的意义固定下来，同时又和其他语词合成一个新的更大的意义单位。这新的意义单位，不是构成这段组合的所有语词的意义的相加，而是单个语词的意义的融合和提升，可以用一段新的文字进行表述。这段新的文字比原来的文字自然更为简洁。这是语言运作的规律之一，也是人类表达与交流的法则之一。如鲁迅的《立论》，作者用了那么多的文字，表述的核心思想其实就是反对是非不分的骑墙派，反对是非不分的"哈哈"主义。但是文学的文字组合与科学的文字组合不同。科学的文字组合是通过文字意义的融合、提升、升华，形成新的意义单位。而文学的文字组合则是先将文字转化为具象，再通过具象来表达新的思想。

这也就是即使在文字直接进入形象思想构建的情况下，也不能说是文字直接表达了思想，而只能说它们直接进入了思想构建的原因。从某种意义上说，这也是文学作品和科学作品比如哲学作品的重要区别之一。哲学作品的语言总是保持自己的词义，而文学作品的语言则需要经过二次转换，更多地融入具象之中。

本章小结

本章讨论在文字（语言）艺术内部，文字与文学中的具像与思想之间的相互关系。

从符号的角度看，具象是形象的能指，思想是其所指。文字也有能指和所指。文字主要依靠所指塑造具象，然后再形成形象。但文字的能指，包括语音和字形在具象的构建中也能起到一定的辅助作用。

在构建形象的过程中，文字的能指与所指必须一起转化为具象。从形象的角度看，文字也必须建构起具象，才算完成了自己的任务。但是这种转化存在不完全性。这种不完全性主要表现在两个方面：其一，构建形象的文字在向具象转化的同时，文字的独立性并未完全消失，其本身的意义仍或隐或显地保持着自己的存在；其二，构建形象的文字在向具象（形象能指）转化的同时，也或多或少直接或间接地参与了形象思想（形象所指）的构建。

之所以存在这种转化的不完全性，原因是多方面的。从文字的角度看，一是文字是一个独立运作的有意义的符号系统，承载着一个民族的历史与文化，不可能像色彩、线条、光线、体积等图像构建材料那样容易在表象中消除自身的独立性。二是文字与思想的天然联系，在文学作品中，文字通过其所表达的思想（文字的词义或者说所指）构建具象，具象与其所意指的思想共同构成形象。但具象所意指的思想与文字所表达的思想（所指）有时会出现重合或者近似的现象。这个时候，文字就直接或间接地参与了形象思想的构建，从而出现转化的不完全性。三是形象中存在一定的提示性、交代性的文字，指示或暗示着形象的内涵与思想。从形象的角度看，则与具象本身的形成方式有关。文字在构建具象的过程中，先要突出其本身潜在的具体特殊的一面，形成语象，再在语象的基础上，组成具象。而在形成语象的过程中，构成语象的文字仍在发生作用，只要读者注意的侧重点偏向文字，文字本身的意义也就突显出来了。此外，转化的不完全性与读者也有一定的关系。

在形象中，形象要表达一定的思想，而构成形象的文字也有自己的意义。文字的词义与形象的思想之间的关系比较复杂。在视觉性形象中，文字转化为具象比较完全，一般不参与思想的构建。在非视觉性形象中，则存在三种情况：文字直接进入思想的构建；文字参与思想的构建；文字不参与思想的构建。

第 五 章
图像中的表象与思想

一方面，语言与思想对应，二者形成一个紧密的结合体，从这个意义上说，语言是思想的直接现实；另一方面，图像对应的不是思想，而是世界的表象，因此，图像只能是事物表象的直接现实，而无法成为思想的直接现实。但是图像也需要表达一定的思想。然而，正如黑格尔所说："要经过艺术表现的内容，必须在本质上适宜于这种表现。"① 图像要表达的思想，是否"本质上适宜于这种表现"呢？图像的表象与思想之间的关系，表象、思想与世界之间的关系，究竟应该如何理解？深入研究这些问题，对于我们进一步理解图像，理解图像与世界的关系，以及进一步理解图像与文字的关系，都有重要的意义。

第一节　图像与表象

图像表现与构建的是世界的表象。图像形成之后，它的能指，即能为人的感官所感知的外在感性形式也可以称为表象。两种表象既有联系，也有区别。表象内部，也有种种的差异与不同，由此构成一个丰富而又复杂的体系。了解图像，应该从了解表象开始。

一　表象与物象

从来源上说，表象是一个心理学概念。一般认为，表象是经过感知的客

---

① ［德］黑格尔：《美学》第 1 卷，朱光潜译，商务印书馆 1979 年版，第 87 页。

观事物在脑中再现的形象。表象是外物的呈现形式,是自在之物呈现给人的外观,自在之物的自在状态不叫表象。自在之物发出信息,这些信息通过人的感官进入主体内,通过大脑转化,将自在之物重新呈现出来,人就看到了事物。这事物的外在表现形式就是表象。一方面,这表象由自在之物所呈现的信息转化而来,但不能说我们看到了信息。这就像电视机将相关信号转化为可视的图像,我们看到了电视屏幕上的图像,但不能说我们看到了电视信号一样,电视信号是不可见的。另一方面,也不能说我们看到的是外物,而只能说我们看到的是外物的表象。[1]

由此可见,心理学意义上的表象主要由两个方面组成,一是外在事物的呈现形式,一是人的主体再现。从主体的角度看,外在事物的呈现形式以某种方式发出信息,这些信息被人的感官接受,再经由人的心灵或者说大脑转化为可视的图像,由此形成表象。自然,表象的存在与运作并不受制于外在之物的信息。表象形成之后,相关信息可以独立地存在于人脑之中,并由人脑自为地编辑、组合、变化、创新。人也可以自为地想象出一些表象,然后在这些想象的表象之上,进行组合、加工,形成新的图像。不过,一旦大脑的运作过程完成,所形成的表象物化出来,表象又成为了外在事物。

本书所讨论的表象,更侧重于客观也即外在之物之感性呈现的一面,包括人脑编辑、组合、变化和创新后呈现出来的可以为人感知的结果,而不侧重于主观的一面,也即主体的接受、转化、编辑、组合、变化和创新的过程。从这个意义上说,也许叫作"表征"更为合适。不过表征既可以是具体形象的,也可以是语词的或概念的。而表象则总是具体形象的。因此,本书采用"表象"这一术语来指称事物外表的感性呈现,这感性呈现可以是客观存在的,也可以是人主观构建后再呈现出来的。美国学者米歇尔认为:"世界不会依赖意识而存在,但世界上的形象(自不必说)显然依赖意识而存在。"[2] 表象总是与人有关。为了区分,在与图像对举的时候,本章将客观事物的外在感性形式呈现称为物象,将人主观构建的事物也即图像的外在

---

[1] 参见李宏图《表象的叙述——新社会文化史》,上海三联书店2003年版,第76页。

[2] Mitchell, W. J. Thomas, *Iconology: Image, Text, Ideology*, Chicago: The University of Chicago Press, 1987, p. 17.

感性呈现称为表象。

从与客观事物的关系来看,图像的表象可以划分为两大类型。一类可以称为模仿型的表象,另一类可以称为想象型的表象。模仿型的表象主要来自对客观世界的表现与模仿,如写生、临摹、摄影等所创造的表象基本与客观事物的物象是一致的。绘画、雕塑等所形成的表象可能与客观的物象一致,也可能不一致。这要看创作者创作时是侧重于对客观事物的反映,还是侧重于对主观想象的表达。侧重于对客观事物反映的,其所创造的表象一般是模仿型的表象,侧重于对主观想象表达的,其所创造的表象一般是想象型的表象。想象型的表象依据的不是客观事物的物像,而是艺术家的主观想象。但这想象并非没有客观的依据。如下面这张孙悟空的图片(图5-1)。现实世界自然没有孙悟空这个人物,它完全是艺术家想象的结果。但艺术家不是凭空想象。他所想象的孙悟空依据的是现实生活中的人,加上现实世界中的猴子的一些面部特点,以及他对吴承恩的《西游记》中所描写的孙悟空的理解。三者共同构成了他想象的基础。没有这个基础,他是无法创造出孙悟空这个形象的,至少无法成功地创造。

图5-1 孙悟空图

由于是主观想象的产物,想象型表象可以与客观世界的物象一致,也可以与客观世界的物象不一致。自然,严格地说,模仿型的表象也不可能与客观事物的物象完全一致。因为模仿型表象虽然是以客观事物的物象作为自己的依据和出发点,但作为艺术家主观能动性的产物,也不可能与客观事物没有差异。以摄影而言,由于光线、角度、时间、装扮、背景等的不同,其拍摄出的照片有可能与其所反映的客观事物的物象拉开较大一段距离。就像一些人物照,看到真人后感觉与照片有一些甚至很大的距离。这是因为人是一个全方位的存在,不同的角度、不同的光线、不同的装扮,其呈现出的表象是不同的。而且人的表情、姿态是在不停地变化的,不同的瞬间,其表象也是不一样的。摄影综合这些要素,选择最好的角度、最合适的光线、最佳的瞬间、最恰当的装扮和最美的表情与姿态,拍出的照片自然要比真人好看。当然,如果反过来,选择最差的角度、最差的光线、瞬间、装扮,以及最不好看的表情与姿态,拍出的照片也就会比真人难看。以逼真著称的摄影如此,其他类型的图像当然就更是如此。想象型表象则更不用说。因为与模仿型表象相比,它没有客观物象的限制,可以更加自由地发挥、创造。

值得注意的是以人体和人体的动作形成的图像。这类图像的表象由于是由人体和人体的动作建构的,是客观人体的呈现,因此与客观的人体和人体的动作有很强的相似性。在这个意义上,它与客观的物象是同一的。但是它又不是真正的客观物象。因为在这种图像比如舞蹈中,人体与人体的动作是经过编排、装扮甚至变形的,是为了达到某个目的而组合起来的,并不是人体和人体动作的自然呈现。因此其所形成的表象也就与自然状态下的人体和人体的动作的物象拉开了距离,有了质的区别,只能是图像中的人体与人体动作的表象,而不是自然状态下客观的人体和人体动作的物象。

二 异态的表象

再换一个讨论的角度。

如果将图像中与事物的物象一致或大体一致的表象作为常态的表象的话,那么,很明显,图像除了表现常态的表象之外,还可表现异态的表象。这种异态的表象可以分为两个类型。一种是形态与常态的表象有差异的表象,如马歇尔·杜尚的《下楼梯的裸女》(图5-2)。杜尚这幅画的创作据说是受了他的一个从事摄影的朋友的一张重复曝光的照片底片的启发。底片中连续动作互相重叠的现象，给了杜尚很大的启示。他没有如实地表现下楼梯的裸女的外在感性形式，而是把她分割成一块块由线条组成的形体，以此组成一个抽象的裸女，再把多个这样的裸女重叠起来，构成与现实事物外在表象完全不同的异态表象。我们在画面中可以隐约看到一系列重叠在一起的抽象化了的运动中的裸女。这幅画在给人新奇的视觉感受的同时，给人一种工业时代机器和人相互交织的紧迫感和速度感，给人的视觉和心灵以强烈的冲击。

图5-2　［法］马歇尔·杜尚：《下楼梯的裸女》

另一种则是借助其他感知方式所形成的表象，如红外线或超声波成像仪所形成的表象（图5-3）。这些表象或者是其源事物发出的信息（光波、声波等）不能为人的感官所接受，或者是由于源事物被其他事物所遮蔽，人的感官无法感知，需要通过其他的手段感知并以人能感知的形式呈现出来，如人的肝、胆等内部器官。这些表象不同于常态事物的表象，它不是由人的感官所能接受的物质介质所形成的，而是通过一定的科学手段与技术装置对所接受的信息源进行转换而形成的。因而在具体的表现形式上与常态事物的表象往往会有色彩、形状、清晰度等方面的区别。不过虽有这些不同，但它们仍然能被人的视觉器官所感知，因此也应属于图像的一种，在图像表现与构建的范围之内。

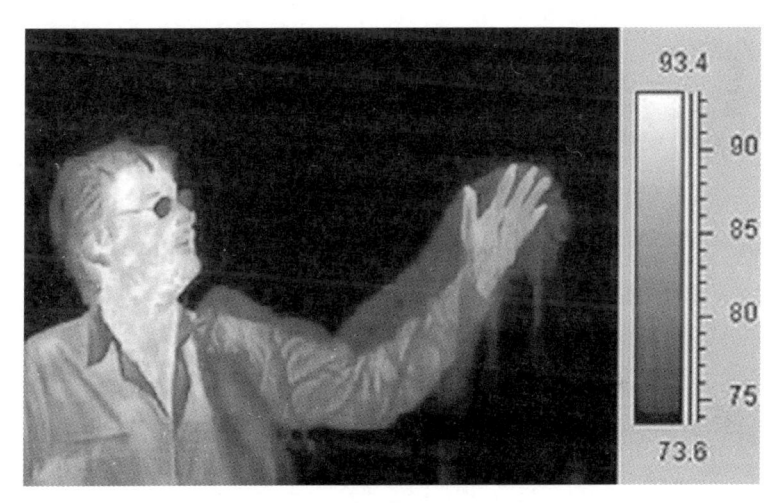

图5-3 红外线照出的人体

应该指出的是，第一类异态的表象之所以是异态的，只是因为它们呈现出来的画面与客观事物的物象有较大的区别，有时人们甚至找不到异态表象与客观事物的物象之间的相同之处，因而导致人们的困惑与不解。但就其画面本身来看，仍然是可视、清晰与具体的。仍以杜尚为例，与客观事物参照，他的《下楼梯的裸女》勉强可以辨出下楼梯的裸女的大致形状，而他的《大玻璃》（图5-4）则无论如何也看不出新娘（上半片玻璃）和光棍们（下半片玻璃）的形象，除了在上图有一个倒吊着的人形、在下图有几个站立着的人形之外。但我们必须承认，这幅画作的画面本身仍是清晰、具体的。

图 5-4　[法] 马歇尔·杜尚:《大玻璃》（又名《新娘甚至被光棍们剥光了衣服》）

　　异态的表象给观众带来两大困惑。一大困惑是对表象的把握。艾略特认为:"诗人的任务并不是去寻找新的感情，而是去运用普通的感情，去把它们综合加工成为诗歌，并且去表达那些并不存在于实际感情中的感受。""一个艺术家的进步意味着继续不断地自我牺牲，继续不断的个性消灭。""诗歌不是个性的表现，而是个性的脱离。"[①] 艾略特论述的是文学，但也可运用于对图像的理解。人不可能一片空白地理解任何事物。理解图像有两个重要的参照系，一是世界，一是公共话语。所谓世界，既指客观的自然界，

---

① [英] 托·斯·艾略特:《传统与个人才能》，载《艾略特文学论文集》，李赋宁译注，百花洲文艺出版社 1994 年版，第 5、10 页。

也指人类社会，既指主体之外的客观世界，也指主体自身的内部世界。由于人类是以个体而存在的，每一个个体都是一个主体，相对于其他主体，每一个主体都将别的主体作为自己的客体，同时自己又都作为别的主体的客体，因此，每一个主体同时也是客体。当然就认知主体而言，所谓的世界也具有一定的主体性，即是认知主体认知的世界。但世界本身总是客观的，因此相对于主体的情感等，认知的世界仍然具有客观性。所谓公共话语，指的是人们在表现、创造、理解图像时所借用、依据的观念、规则、技巧、手法。这种话语不可能是一个人所独有的，而是为一定范围内的人群所共享的。共享的范围越广，这一话语就越具普遍性。就个体而言，每一个人的感受都有自己的特殊性。为了表现自己对世界的这种独特的认知与感受，每个人都倾向于采用自己独特的话语形式，但实际上很少有人能创造自己的话语形式。生活在社会之中，每一个人都要受到公共话语形式的影响。而且，只有采用公共的话语形式所表达、创作出来的表象才能为他人所接受、理解。这样就产生了一种二律背反。就个体的表达与创造而言，其话语方式越具个体性，其独创性也就越强；但就群体的接受与理解而言，表达者所用的话语方式越具公共性，其接受就越容易，接受面也就越广。一般地说，表达者必须在表达的个体性与公共性之间寻找某种平衡，用公共的话语方式来表达个体的感受。异态的表象或者与客观事物的常态表象有较大的出入，或者超出观众日常的视觉体验之外，或者采用了不为观众熟悉的私人话语，或者三者兼而有之，从而导致观众已有的参照系在把握图像时无法发生作用，观众虽然在视觉上看到了表象，却无法认知与理解表象，无法把握与表象相应的客体，无法把握表象蕴涵的思想，困惑由此产生。

　　异态的表象给观众带来的另一困惑，是对于图像的内涵与思想的把握。如果从符号的角度考察，表象即图像的能为人的感官所感知的外在感性形式，也即图像的能指，而图像的内涵与思想即图像的所指。图像用能指来表征世界，而其所指则不与世界发生直接的联系，只能通过能指也即图像的表象去把握。当图像的表象是常态的时候，它的能指与世界的表象是一致或相近的，观众不仅容易把握其能指，也容易将其能指与自己认知的世界联系起来，并进而把握其内含的思想。而当图像的表象是异态的时候，观众则很难将图像的能指与自己认知的世界联系起来，通过能指把握其内含的思想也就要困难一些甚至困难很多。如马歇尔·杜尚的《大玻璃》，画面是具体清晰的，但我们很难将其与我们认知的世界联系起来。在我们的生活体验中，找不到与其相似的客观事物。从客观世界的角度我们难以把握它的内涵，只能转向创作者的主观世界，了解渗入图像中的主观因素。但作者创造这一画面时所运用的话语方式具有较强的个体性，因此我们要透过其画面把握渗入其中的主体因素也就会遇到一定的障碍，相对而言比较困难。自然，这并不意味把握的不可能，但需要花费更多的精力，需要更高的修养和更多的专业知识。

应该指出的是，在两种异态的表象中，相对借助其他感知方式所形成的表象，形态与常态有差异的表象是更难把握的。因为前者表现的虽然是人的视觉所把握不到或者无法渗透的表象，但这表象本身在很多情况下仍是常态的或者与常态近似的。如红外线显现的人形，X 光显现的人体的骨骼等。因为它们虽然用人的肉眼无法观察到，但仍是我们所熟悉的东西。而与常态有差异的表象更多的是人为的结果，其中渗透了大量的主观性的东西，其技巧和表现话语又具有很强的个体性，因而是更难把握的。

第二节　图像的思想

就思想而言，图像表达思想与文字表达思想是不同的。文字直接表达思想。文字的艺术也即文学是通过文字建构形象，通过形象表达思想，而文字的词义也会以一定形式或多或少地进入形象的思想之中。而图像则不同，图像通过能指也即表象表征世界，建构表象的材料如线条、色彩、光线、体积等本身没有意义，图像的思想与图像的建构材料没有关系，图像的思想只能由图像的表象也即能指表现出来。而由于表象是形象、具体的，没有概念参与其中，因此与文字（语言）和文字（语言）的艺术作品相比，图像的思想更加模糊、间接，从某种意义上说，也要浅显、简单一些。因此，研究图像的思想以及图像思想的产生，也就与研究文字的思想以及文字思想的产生有着不同的意义和价值。

一 图像表达思想

如果从符号的角度切入，图像也可分为能指与所指两个层面。但与文字不同，图像的能指是实的，所指是虚的。图像的能指通过感性具体的画面，与世界的表象形成或同一或近似或象征的关系，从而对世界进行表征。而画面一旦形成，总要意指与意味着某些东西，这就是思想也即图像的所指。相对而言，图像的画面是容易把握的，画面与世界的关系，一般来说也是容易把握的，但要把握其意指与意味的思想，则不那么容易，有时甚至非常不易。自然，在特殊情况下，要把握图像能指与世界的关系，也会遇到困难，有时甚至是严重的困难。但是在这种时候，我们要把握图像的所指就更加困难，因为图像的所指只能通过能指去把握，我们必须把握了能指，才能进一步把握所指。在接受图像的时候，我们需要把握图像的能指与世界的联系，否则，这能指只不过是一幅具象的画面。而无法把握画面与世界的联系，我们也就无法把握画面内部各个部分之间的联系。另一方面，除了把握图像能指与世界的联系，我们还需由此出发，进一步把握图像能指与所指也即思想的联系。当我们无法把握图像所指的时候，我们就无法把握图像的内涵与意义，观察力与知解力、理解力无法达到和谐，形不成二元张力。这样，我们就难以理解图像，精神会始终处于紧张之中。不仅欣赏的乐趣会大大降低，相应的评价也会不准确，如图5-5。

如果不说明这是著名法籍华裔画家赵无极的代表作之一《25.06.86 桃花源》，恐怕绝大多数观众无法认识到这部作品的价值。不是因为其画面不清晰，不是因为其色彩、构图不好，也不是因为其没有独创性，而是因为我们无法把握画作的内涵，无法把握画面与世界的联系，这样，我们也就无法把握艺术家想要在艺术作品中表达的思想。

自然，图像所表达的思想是多方面、多层次的。作为观众，无须也不可能完全将其把握，但是必要的了解却是必不可少的，否则，我们的把握就还停留在视觉的层面，还未进入心灵，欣赏的过程无法完成，图像对于我们也就失去了其应有的意义。如赵无极的《25.06.86 桃花源》。首先，我们需要知道的是它表现了什么。画作的题目告诉我们，它表现的是中国著名的乌托邦传说"桃花源"。通过这个题目，我们将画面与世界联系了起来，画面的

图 5-5　赵无极：《25.06.86 桃花源》

各个部分也分别具有了存在的理由，并相互联系，构成一个整体。其次，我们还需知道，这幅画作是如何表现桃花源的，有些什么内涵。仔细观察，我们可以发现，画作以中国水墨画的垂直构图为蓝本，以悬浮的葡萄紫、深海的湛蓝和烟的灰白构成岩石与瀑布形状，在画作的下部正中，有一个若隐若现的古典中国人形，怡然自乐地蹲坐在那里。画面的色彩层次丰富，各个要素彼此渗透，人与自然融为一体。也许，这就是画家所想象的桃花源生活与意境？理解到这里，我们对于画作才算是有了基本的把握，知解力、想象力与观察力能够和谐地运作，审美的乐趣也就油然而生。至于进一步的把握，则往往需要专业批评家的介入。

之所以在把握画面的同时还需要把握思想，除了人是追求意义的动物，还因为艺术家们在创作图像的时候，是有一定的观念和目的的，这些观念与目的必然要通过各种方式渗透到图像的能指之中，并对画面产生影响。如果无法理解画面隐含的这些思想，我们自然无法把握图像，甚至无法把握画面。因为艺术意图必然要影响到画面的构建。视觉把握了画面，并不意味心灵也理解了画面。另一个原因则是在客观世界中，事物的外在表现形式与其内在的意义是有机结合在一起的。一定的表象必然包涵一定的思想。绿灯表示通行，红灯表示禁行；外表亮丽的蘑菇不一定能吃，能吃的蘑菇外表往往不亮丽；表面客气的不一定对你好，表面严厉的有可能是关心你的人；步履蹒跚往往意味着衰老或有病，步履矫健则显示出人的强健和充满活力；面色红润意味着营养充足，面有菜色意味着营养不足。如果我们不把外在表现形式与内在的意义联系起来把握，我们在客观世界中就会寸步难行。从根本上说，图像也是客观世界的表征，在欣赏它们的时候，我们自然也会追求对其思想的把握。

二　图像为什么能够表现思想

图像表达思想，看似一个水到渠成的问题。但深究起来，却不是一个容易解答的问题。图像为什么能够表现思想，它的思想来自何方？要从理论上说明它，并不是一件容易的事。以下我们试从两个方面进行探讨。

一方面，图像以能指表征世界，其所表征的，是世界的感性表现形式也即表象。但在客观世界中，事物的表象与事物本身是联系在一起的，事物的意义往往通过表象表现出来。如母亲将婴儿抱在怀中，显示慈爱；狗摇尾巴，是在示好；树的枝叶倒向一个方向，表示有大风吹过；等等。简单的事物是这样，复杂的人类活动更是如此。[1] 人是自为的动物，他的言行表情总是有意识的，与他的思想、情感、目的、诉求等联系在一起。这思想、情

---

[1] 自然，也有表象无法准确地反映出事物和本质与意义。德波提出景观社会的概念，认为在景观社会充满了拟象，而拟象则往往是虚假的。他指出："像明星一样，在舞台表演的景观代理人与个人是矛盾的；非常明显，他是自己个性的敌人和是他人个性的敌人，这是一样的。为了作为一个典型进入景观而被认同，为了将自己认同为顺从物的过程的一般法则，景观代理人拒绝了所有自主（dutonome）的品质。尽管从表面上看消费明星代表了不同的个性类型，但实际上消费明星展示的每一种个性类型都享有同等进入整个消费王国的权力，都有源自于整个消费王国的同样的幸福。判定一个名人必须看他是否拥有公认的人类品质的全部声誉。明星之间的正式差异，被预想的他们在一切事情都是优秀的这种无可逃避之暗示的官方相似性所抹杀。"（[法] 居伊·德波：《景观社会》，王昭凤译，南京大学出版社2006年版，第61页。）不过，德波指出的拟象往往是人们通过高科技手段制造出来的图像，不是自然事物客观的表象。为了不使问题变得过于复杂，影响本书的主旨，本章不讨论这一问题。

感、目的、诉求等,也就是其行为的意义。艺术家将这些事物的表象表现出来,事物本身的思想、意义也就隐含在这些表象也即图像的画面之中。

如法国画家雅克·路易·达维特的油画《贺拉斯兄弟的宣誓》(图5-6):

图5-6 [法]雅克·路易·达维特:《贺拉斯兄弟的宣誓》

这幅画取材于古罗马故事:公元前7世纪,罗马与邻邦阿尔巴开战,最后达成协议,由双方各出三人比武,输了的城邦就臣服于胜利的一方。阿尔巴城派出库里阿斯(Curiaces)三兄弟,而罗马则派了贺拉斯(Horatius)三兄弟。他们出战前在老父面前宣誓,誓死保卫罗马。战斗的结果是库里阿斯兄弟三人阵亡,而贺拉斯三兄弟则剩下了一个,罗马取得最后胜利。这幅画选取了三兄弟在父亲面前宣誓的那一瞬间。画面正中是拿着三把利剑的老贺拉斯,右边是穿着征袍的三位兄弟,他们的右手坚定地伸向老父拿剑的手,渴望着上战场建功立业,保卫罗马。画面的左边,是几个妇女和小孩,那是贺拉斯兄弟的妻儿和妹妹。这个事件本身就具有强烈的爱国精神,在图像中表现出来,爱国主义自然也就成为其内在的意蕴。

也许会有人质疑,在图像是事物的客观反映时,事物的意义会进入图像，但如果图像完全是艺术家想象的产物，与客观世界没有对应关系的时候，客观世界的意义还会进入图像之中吗？回答是肯定的。因为绝对意义上的纯想象是不存在的。任何想象，都有客观世界的基础和背景。《西游记》产生的时代，没有各种航空、航天器，吴承恩想象再丰富，也只能想象出西天佛祖、天上玉帝、海中龙宫，想象出筋斗云和大鹏展翅，却想象不出星球大战、宇宙飞船、航天飞机。因为当时的生活没有给他提供这种想象的基础。因此，想象的作品实际上也是世界的间接的反映。既然这样，世界的意义自然也会通过各种方式进入想象的图像之中。克罗齐认为："实在与非实在的分别对于直觉的真相是不相干的，次一层的。""例如我在里面写作的这间房子，摆在我面前的墨水瓶和纸，我用的笔，我所接触的和用来做我的工具的种种事物，以及既在写作，所以是存在的我自身——这一切知觉品都同时是直觉品。但是我现在忽然想起另一个我，在另一城市中另一间房屋里用另一种纸笔墨写作，这意象也还是一个直觉品。"[1] 克罗齐的"直觉＝表现＝艺术"的公式受到很多学者的批评，这里我们不去讨论。但他的上述观点却不无道理。就图像而言，不管这图像是有客观事物作基础，还是纯想象的产物，对图像的能指都不造成本质性的区别。画家写真出一幅人物素描和他运用想象画出一幅人物素描，就画面来说，都不会有什么不同。观众都要依据自己的生活体验、依据客观世界这个参照系去理解它的内涵和意义。由此可见，任何图像，客观世界都是其意义的主要来源之一。

另一方面，图像的意义与它的创作者有着密切的关系。图像的创作者有自己的思想与感情，在创作图像的过程中，不可避免地要通过各种方式，将自己的这些主观因素渗透到图像中来，这些主观因素积淀在图像之中，成为其思想意义的另一主要来源。仍以《贺拉斯兄弟的宣誓》为例。历史故事告诉我们，古罗马与阿尔巴之间的民众有着相互通婚的传统。贺拉斯兄弟的一个妹妹已经许配给了库里阿斯兄弟中的一个，听到库里阿斯三兄弟都被杀死之后，她伤心地哭了，并责备起罗马来。活着的贺拉斯不能容忍她咒骂罗马，用手中的矛将她刺死。按照当时的法律，他应该被判死刑，但在群众的压力下，他被法庭宣布无罪，成为人们心目中的英雄。故事由此彰显了国家

---

[1] [意] 克罗齐：《美学原理 美学纲要》，韩邦凯、罗芃译，外国文学出版社1983年版，第9页。

至上的观念。达维特无疑是赞同贺拉斯的行为的。在画中，他让那位杀妹的贺拉斯穿上库里阿斯兄弟穿的白色战袍，右手前伸，左手握着那根杀妹的长矛。那袍子的颜色与左边坐着哭泣的他的妹妹所穿袍子的颜色正好一致。但是，杀妹贺拉斯身穿的白色袍子是库里阿斯兄弟的，按理他应该在战斗结束之后才能获得。可画家却让他在出征时就披上了这件袍子，意在通过这一细节，让观众联想起故事后续的情节，突出祖国高于一切的爱国主义主题。作者本身的思想、感情通过画面得到了体现。

如果对比一下索福克勒斯的《安提戈涅》，艺术家的创作意图就更加突出了。在《安提戈涅》中，国王克瑞翁代表的是一种伦理力量，安提戈涅代表的是另一种伦理力量。安提戈涅的哥哥波吕尼刻斯为争夺王位，带兵攻打自己的祖国，犯了叛国罪。国王克瑞翁将他处死，并下令任何人不得将他埋葬。安提戈涅觉得，她不能让哥哥曝尸荒野，于是偷偷埋葬了他。后被国王囚禁在石牢中，因而自杀。而国王唯一的儿子海蒙是安提戈涅的恋人，两人已经订婚。安提戈涅死后，他也跟随而去。王后见自己唯一的儿子死了，也跟着自杀，只剩下克瑞翁一人孤苦寂寞地守着王位。著名哲学家黑格尔对此剧特别重视，以此为例阐释了他的悲剧理论。黑格尔认为，安提戈涅和克瑞翁各自代表着一种伦理的力量。安提戈涅代表的是家族伦理，克瑞翁代表的是国家伦理。两种伦理力量都有其合理性。但它们却都以自己的合理性来否定对方的合理性，由此导致悲剧性的冲突。冲突的结果，是双方的毁灭。但悲剧否定的并不是双方的合理性，而是双方的片面性，永恒的正义取得最后的胜利。

安提戈涅的故事其实与贺拉斯兄弟的故事有异曲同工之妙。从国家伦理的角度看，贺拉斯兄弟杀死库里阿斯兄弟是值得赞扬的。但从他们的妹妹的角度看，则不一定是好事，因为她的恋人没了。从家族伦理的角度看，她发发牢骚，骂罗马几句，也是情有可原，甚至可以说是合理的。但活着的贺拉斯却将她杀了，而且没有内疚（要知道那是他的妹妹），还得到了罗马民众的肯定。在安提戈涅那里，国家伦理与家族伦理平分秋色，而在贺拉斯这里，国家伦理则完胜了家族伦理。两个艺术家选择两个不同的故事，作为自己创作的题材，当然与他们各自的观念和情感，与他们各自的创作意图有着不可分割的联系。

对于作者的创作意图，不同学者有不同的看法。19 世纪以前，无论中外，都无人否认作者的意图。然而，进入 20 世纪之后，作者意图受到了冷遇，文学阐释和批评不再考虑作者意图，而是依据某种阐释体系，按照批评者自己的理解对作品做出各种不同的阐释。张江教授对这种现象进行了批评，并且反思了这种现象形成的原因，指出："回顾百年来西方文艺理论的发展过程，完全否定进而完全消解意图的存在，阻隔效果图对理解和阐释的作用及影响，理论上的缘由很多，但是，最根本、最核心的是这样几条线索：其一，是维姆萨特（W. K. Wimsatt）的'意图谬误'（Intentional Fallacy），否定作者意图对文本阐释的影响；其二，是克莱夫·贝尔（Clive Bell）'有意味的形式'（Significant Form），彻底切断作者与文本的生产及建构的关系；其三，是结构主义的符号学，认为一切文本都是符号的自行运作，作者只是操作符号的工具，符号系统的自组织与自结构是文本生成的根本方式。"[1] 他进而针对"意图谬误"、"有意味的形式"和罗兰·巴特的"纸上的生命"进行了有说服力的分析与批驳。

张江的观点是正确的。从作家创作或者发生学的角度看，意图的在场是无可置疑的，它必然要"贯穿于作品创作的全过程，展开并实现于作品的语言、结构、风格等全部筹划之中"[2]，因而也必然要影响与制约他者对于文本的理解和阐释。

不过事情也有复杂的一面。从发生论的角度考察，作者意图的存在是确定无疑的。但是，如果从作品论与批评论的角度考察，作者意图是否在场，则不是十分重要甚至是可以忽略的。南帆在探讨作者意图在当代批评中被忽视的原因时，曾经引用伊格尔顿对于西方文学批评的三个阶段的论述，说明对作者和作者意图的关注主要是在西方文学批评的第一个阶段，即全神贯注于作者阶段（浪漫主义和 19 世纪），忽视作者和作者意图主要在西方文学批评的第二和第三阶段，即绝对关心作品阶段（新批评）和注意力显著转向读者的阶段。[3] 这从一个侧面说明了作者意图被忽视的原因。

---

[1] 张江：《"意图"在不在场》，《社会科学战线》2016 年第 9 期。
[2] 张江：《"意图"在不在场》，《社会科学战线》2016 年第 9 期。
[3] 参见南帆《作者、读者与阐释的边界》，《社会科学战线》2017 年第 2 期。

文学是一个复杂的有机体，从不同的角度，必然呈现出不同的面貌和色彩。艾布拉姆斯认为，文学活动有四个要素：宇宙、作者、作品、读者。从不同的要素出发，看到的问题、形成的理论框架必然有所不同。从关注作者阶段到关心作品阶段和转向读者阶段，对作者意图的看法和处理之所以不同，一个根本的原因可能在于：作者意图不能和文本内涵画等号，不能涵盖作品的所有内容。一般地说，作者的意图并不能直接地在作品中表现出来，它只能借助作品选取的生活材料，通过作品构建的形象世界表现出来。而这些生活材料有自己的内涵，形象世界一旦构建形成，也必然会有自己的生命。这些内涵和生命是独立于作者的意图之外，不受作者意图控制的。作者按照自己的意图选进作品中的生活现象，塑造的文学形象，除了作者所意识到的内涵之外，也必然要包含作者没有意识到的内涵。这是不以作者的意志为转移的。生活有自己的内涵，形象有自己的生命。作家不可能穷尽生活的内涵，也不可能掌控形象的生命。作者所掌握的，永远只可能是其中的某一个部分。文学理论中所说的"形象大于思想"，就是这个意思。很多情况下，作者创作时，可能只有一个大致的构思，一些大致的想法和某个写作的方向，至于具体的形式和内容，则是在写作的过程中临时想象出来甚至是自动涌现出来的。当然，这种临时想象或者自动涌现也与作者平时的生活积累、艺术素养、文化传承等有关，但的确不是作者意图所能完全控制和了解的。

从批评论的角度看，作者意图虽然存在，但要在批评实践中把握它却不是一件容易的事。因为，在文学诠释活动中，我们无法毫无偏差地在理解过程中重建作者的意图，无法超越时间和历史从文学艺术作品中获得某种恒定的客观意义。"像所有人文科学领域的对象的理解和解释一样，文学的诠释活动同样具有此在性和有限性。"[①] 作者的意图常常需要他者也即读者与批评家的挖掘、补充、确证与修正。这样得出来的意图也就很难是作者真正的"原始"的意图，而只能是渗入了他者色彩的意图。而不同的他者对于作者意图的理解是不同的，这样，本来理应是统一的作者意图也就发生了分裂，甚至形成不同的作者意图。这样，作者意图对于批评实践的重要性也就大大降低了。

---

① 李建盛：《诠释学意识与文学理解事件的辩证法》，《中国文学研究》2015 年第 3 期。

另一方面，在批评实践中，除了作者意图，还存在读者阐释的问题。在艾布拉姆斯提出的文学活动四要素说中，读者是重要一环。在此基础上，接受美学、读者反应批评进一步提出，文学作品的意义既不来自作者，也不来自文本，而是来自读者。在未经读者阅读之前，文学作品只是潜文本，经过读者阅读之后，才能成为现实的文本，其意义也才能彰显出来。这种说法有一定的偏颇，但也不是完全没有道理，在批评中，读者的确是意义产生的重要一环。在实际的文学批评中，作者、作品、读者，三个因素缺一不可，只是在侧重点上有所不同。在 19 世纪，作者占据主导，作者意图有着举足轻重的地位。而到了 20 世纪，大多数情况下读者占据了主导地位，读者的意图便起了决定性的作用。[①]

由此可见，从发生论的角度，作者意图的在场是毋庸置疑的，它不仅自始至终存在于整个艺术创作过程之中，也渗透在艺术作品的各个方面。从这个角度看，宣称"作者死了"，排斥作者意图的任何做法都是不应该，也是不正确的。但是，从作品论、读者论和批评实践的角度看，作者意图又不是文学阐释的唯一重要因素，有时甚至是可以忽略的因素。因此，我们既要有意图论，又不能唯意图论。在尊重作者意图的同时，也要考虑文本实际和读者意图。只有这样，我们才能对文学作品进行正确的阐释。[②]

在本书中，我们倾向于承认并强调作者意图的存在及其重要性。它是图像作品思想的一个重要来源。在创作中，艺术家们总是要从各个方面努力，将自己的主观因素在作品中表现出来。

自然，创作者要将自己的主观因素在图像中表现出来，就必须在一定程度、一定范围内遵守图像创造的规则也即与图像相关的公共话语。从图像的角度看，思想、情感等人的主观因素都是无形的。艺术家要将它们表现出

[①] 应该指出的是，读者的意图也不是随意形成的，它要受到各种因素如读者的思想、情感、经历、个性及其艺术修养和所接受的思想体系的影响和制约。伊格尔顿认为："从哲学上说，后现代思想的典型特征是小心避开绝对价值、坚实的认识论基础、总体政治眼光、关于历史的宏大理论和'封闭的'概念体系。它是怀疑论的，开放的，相对主义的和多元论的，赞美分裂而不是协调，破碎而不是整体，异质而不是单一。它把自我看作是多面的、流动的、临时的和没有任何实质性整一的。"（［英］特里·伊格尔顿：《后现代主义的幻象·致中国读者》，华明译，商务印书馆 2000 年版，第 1 页。）

[②] 参见赵炎秋《作者意图和文学作品》，《社会科学战线》2017 年第 4 期。

来，就要给其赋予能够用视觉把握的形式。这样，一定的形式便与一定的主观因素联系起来。但这种联系不能是个体性的，而应是群体性的。创作者表达思想情感的形式、技巧，应该是一定范围内的群体有着共识、能够接受的。这就是公共话语。任何种类的图像都有自己相应的公共话语。如在色彩方面，白色表示纯洁，红色表示热烈，紫色表示高贵，等等。图像创作者与观众都必须遵循这些公共话语，这是创作者与观众之间、观众与观众之间能够交流的前提与基础。但是有的时候，创作者个人的感受过于特殊或者过于强烈，或者表达者创新的愿望过于强烈，已有的公共话语无法满足他表达的要求，就会导致他抛开公共的话语方式，而采用个人的话语方式，用一种独创的形式，来表达自己的思想与情感。① 这时，他创作的图像一方面有着强烈的创新性，另一方面也会面临广大观众也即其他个体无法理解的危险。这种情况发生之后，只可能有两种结局：一种结局是随着时间的推移，通过创作者本人的解释等，他新创的这种形式与主观因素之间的联系也即他的私人话语逐渐为群体成员所理解、接受，然后逐渐进入公共话语；另一种结局则是，他的创新没有得到群体成员的理解，或者虽然被理解但没有得到肯定与接受，他的私人话语仍然处于私人的领域，没有成为公共话语的新的成分。在前一种情况下，艺术家的创新取得了成功，为图像艺术增加了新的东西。在后一种情况下，艺术家创新的尝试则以失败告终。

我们试以法国画家克劳德·莫奈为例来说明公共话语与私人话语之间的冲突。莫奈的早期画作如《翁费勒的塞纳河口》（图5-7），遵循的基本是传统的画法，展出后得到好评。但他很快便改变了自己的风格，侧重表现光与色给自己的印象，如他在这方面第一幅重要的画作《日出·印象》（图5-8）。这幅油画描绘的是透过薄雾看到的阿佛尔港口日出的景象。晨雾中不清晰

---

① 艺术家采用私人话语也有创新的考虑。布鲁姆认为，后代作家总是笼罩在前代作家的阴影之下，由此产生"影响的焦虑"。"诗的影响——当它涉及到两位强者诗人，两位真正的诗人时——总是以对前一位诗人的误读而进行的。这种误读是一种创造性的校正，实际上必然是一种误译。一部成果斐然的'诗的影响'的历史——亦即文艺复兴以来的西方诗歌的主要传统——乃是一部焦虑和自我拯救之漫画的历史，是歪曲和误解的历史，是反常和随心所欲的修正的历史，而没有所有这一切，现代诗歌本身是根本不可能生存的。"（［美］哈罗德·布鲁姆：《影响的焦虑》，徐文博译，生活·读书·新知三联书店1989年版，第31页。）这种误读是一种创造性的校正，目的是创新，是摆脱前辈大师的阴影。其中当然也包括抛开已有的公共话语而用自己独创的话语形式来表达自己的感受。

的背景，色彩斑斓的水面，依稀可见的小船，位于水天之间的并不耀眼的太阳：油画真实地描绘了法国海港城市日出时的光与色给予画家的视觉印象。但这幅画展出时并未得到大家的赞扬。由于它突破了传统画法，采用了新的

图 5-7　［法］莫奈：《翁费勒的塞纳河口》

图 5-8　［法］莫奈：《日出·印象》

表现方式,反而受到了批评。有位批评家借用此画的标题,嘲讽以莫奈为代表的一批要求革新创造的青年画家为"印象主义"。印象主义画派由此得名。但是随着时间的推移和莫奈等画家的坚持,印象主义画作逐渐得到人们的理解,其优点逐渐得到人们的肯定。印象主义逐渐成为经典,莫奈的画作也逐渐从无人问津变为价值连城。私人话语逐渐成为公共话语。在两者的冲突中,曾经的私人话语最终得到公众的肯定,成为公共话语。

第三节 图像表象与思想的相互关系

图像形成之后,思想也就蕴含于其中。但是图像的思想并不会"自动"地呈现出来,它需要观众根据表象进行把握。在观众把握思想的过程中,图像的表象与思想是相互作用的。但在这种作用中,表象始终是处于主导地位的,是矛盾的主要方面,不会因为思想的被把握而失去其存在的价值。这是图像与文字的重要区别之一。

一 图像表象与思想的相互作用

生活的意蕴、艺术家的思想感情是图像意义的来源和基础。这些意义也即图像的思想隐含在图像的画面之下,需要观众去把握、发掘。自然,观众把握图像思想的过程,并不是像矿工挖矿一样,到既定的地方把它提取出来。图像的思想也不像矿藏,隐藏在图像中的某个地方,等着观众去提取。从某种意义上说,图像的思想只是一种潜在的可能性,要使这种可能性成为现实,还必须有观众的参与,只有通过观众的解读,这种可能性才能成为现实。比如凯文·卡特拍的那张著名的照片《饥饿的苏丹》(图 5-9)。

这张照片摄于 1993 年 3 月。当时,苏丹在战乱频繁的同时发生了大饥荒,南非的自由摄影记者凯文·卡特(Kevin Carter)来这里采访。有一天,他看到一幅令人震惊的场景:一个瘦得皮包骨头的苏丹小女孩在前往食物救济中心的路上再也走不动了,趴倒在地上。而在不远处,则蹲着一只硕大的秃鹫,正贪婪地盯着地上那个奄奄一息的瘦小生命,等待着即将到口的"美餐"。凯文·卡特在那里静静地等了 20 分钟,等待秃鹫展开翅膀。照片拍完后,卡特赶走了秃鹫,而后离开了。1993 年 3 月 26 日,美国权威大报《纽

图 5-9　［南非］凯文·卡特拍摄：《饥饿的苏丹》（直译为《秃鹫与小女孩》）

约时报》首家刊登了凯文·卡特的这幅照片。1994 年，这幅照片获得普利策新闻大奖。照片以其震撼人心的感染力，激起各国人民与政府对苏丹饥荒和苏丹内战的关注与反响。照片获奖之后，卡特受到部分人的指责，他们认为他只顾自己拍照、获奖，却没有对小女孩采取救助措施。但是据评奖委员会的委员之一约翰·卡普兰回忆，卡特提供的照片上有注解，提示会有人来帮助这个小女孩，小女孩并不是独自一人在荒无人烟的沙漠里。而且，小女孩的手上还有一个环，说明她当时受着人道保护。因此，卡特没有帮助这个小女孩，是因为她不一定非要他帮助，而不是因为他的冷漠。但是这个节目在电视上播出的时候，约翰的说明被有意地切掉了，节目还是紧紧围绕新闻伦理和道德观展开，对凯文·卡特和普利策奖进行了猛烈的抨击。这是导致卡特获奖两个月之后自杀的原因之一。

　　其实，这张照片的画面本身并不复杂，一片空空的旷野，一个头大如斗、皮包骨头的黑人女童，因为饥饿而奄奄一息地倒在地上，一只凶猛的秃鹫待在女孩后方不远处，等着即将到口的"大餐"。然而人们从中不仅读出了苏丹的饥荒、人生的艰难，挖掘出了更加深刻的社会原因，而且还从中看出了不一定是事实的记者的冷漠、没有人文关怀、个人的功名心。这些思想，有的是画面直接提供的，有的是读者挖掘的，而有的则是部分解读者强加的，而且不一定正确，如所谓的记者的冷漠、没有人文关怀、个人的功名心等。

之所以这样，是因为图像的画面只是一些具体的感性表现形式，本身并不能"指出"思想，思想需经观众的解读才能呈现出来。而不同的观众，其主观立场、生活体验、思想感情、艺术修养是不同的，所依据的解读体系或者说前见也是不同的，在解读同一图像的时候，得出的结论自然也会有所不同。从另一方面看，这些解读体系实际上也是变化的。约翰·伯格在谈到过去艺术品的欣赏时说道："我们今天是以一种前人没用过的方式去看过去的艺术品。实际上，我们是以一种不同的方式来欣赏过去的艺术品。"[①] 周宪对此解读道："显然，艺术品本身并没有发生变化，而我们观看过去艺术品的方式和观念却发生了变化，这就导致了对过去艺术品理解的历史差异。从这个角度看，我们有理由把不同时代人们的观看方式及其视觉观念当作视觉文化历史嬗变的逻辑线索。"[②] 这种"观看方式""视觉观念"的变化总的来说也即解读体系的变化，也必然导致观众对图像思想的解读的变化。

自然，这并不意味在思想产生的过程中，图像完全是被动、消极的。图像本身的规定性是其思想产生的基础。观众不管如何阐释，其阐释总是在图像的基础上进行的，要受到图像规定性的制约。如果他的阐释不符合图像的规定性，他就必须对自己的阐释进行修正，否则，他的阐释就是错误的，没有说服力，不会为公众所接受。因为从本质上说，图像的思想毕竟是图像的思想，观众不能主观随意地添加。如前面的那张照片《饥饿的苏丹》，我们可以阐释出"饥饿""艰辛""苦难"等意思，我们也可以阐释出"苏丹人民需要救助""社会出了问题""内战可恶"等意思，但我们无法说它表现了"幸福""愉快""满足"等思想，也无法阐释出"社会已经尽力""政府关心人民"等意思。因为这不符合画面本身的规定性：一个饥饿的女孩和一只等待她死亡的秃鹫。再如"文化大革命"期间受到批判的黄永玉画的猫

[①] John Berger, *Ways of Seeing*, New York: Penguin, 1972. 转引自周宪《视觉文化的三个问题》，《求是学刊》2005年第3期。

[②] 周宪：《视觉文化的三个问题》，《求是学刊》2005年第3期。

头鹰（图 5-10）。批判者认为他画的猫头鹰一只眼睛睁着，一只眼睛闭着，阴阳怪气，是他"仇恨无产阶级文化大革命和社会主义制度"的证明。而其实，黄永玉之所以这样画，根据的是猫头鹰的习性。猫头鹰晚间捕食、活动，白天休息，但为了保持警惕，就常常睁一只眼闭一只眼。① 根本没有反对社会主义的意思。批判者的解读不符合图像本身的规定性。"文化大革命"结束，相关的政治氛围消失，这种解读自然不再为人们所认可。

图 5-10 黄永玉画的猫头鹰

这里说的图像的规定性指的实际上是图像的表象或者说能指的规定性，即表象为图像的意义的产生提供的基础与依据，它们制约着图像意义产生的范围、方向、内容和性质。这种规定性表现在如下几个方面。

其一，图像是意义产生的基础。图像的意义既然是"图像"的"意义"，它就不可能是凭空产生的，必然有一个产生的基础，这基础只能是表象。图像的意义只能蕴涵在图像的外在表现形式也即图像的画面之中，是图像画面

---

① 参见李辉《追寻"黑画事件"始末》，《书城》2008 年 8 月号。

所表现的对象内涵的意义和艺术家渗入画面中的思想、感情。离开了画面，图像的意义便无从谈起。如达维特的油画《贺拉斯兄弟的宣誓》。这幅画所表现的爱国主义、英雄主义思想，离开了图像的能指——画面，是不可能存在的。

其二，图像所表现的生活，是有意义的。随着这些生活的表象进入图像，这些意义也会进入图像，或者说，某一事物的表象实际上是无法与这事物分离的。即使表象与事物剥离，移植进另一空间，这表象与其所属的事物仍然有着无法割裂的联系，事物及其意义仍然要通过表象显现出来。如母亲怀抱婴儿，这一生活现象所体现的慈爱、温馨并不会因为表象被剥离、移植到画布上而消失。因为表象总是与实体联系着，但表象又具有某种独立性。在实体消失后，表象仍然能够作为实体的表象而存在。既然如此，读者在解读图像的时候，也就无法忽视图像画面所表现的生活的意义。《贺拉斯兄弟的宣誓》所表现的那个故事，那个故事所源自的那一生活现象，本身就是爱国主义、英雄主义的表现。只要图像将其如实地表现出来，爱国主义与英雄主义就会潜含在图像能指的后面。

其三，图像中往往会存在一定的提示与线索，指示或暗示着图像的意义。如《贺拉斯兄弟的宣誓》中，艺术家将战斗后才可能获得的战利品——库里阿斯兄弟的白色战袍提前让最终活着的那位贺拉斯穿上，这就是艺术家在图像设置上的一个提示。这一细节虽然细微，但对于熟悉这个故事和故事得以产生的生活现象的人来说，意义却是很明显的，即突出国家利益高于一切的思想。图像中的提示与线索有的是图像创作者有意设置的，如《贺拉斯兄弟的宣誓》；有的则是形象自身形成的，如照片《饥饿的苏丹》，饥饿的孩子和等待的秃鹫，只能解读为饥饿、内战与大灾荒的苦果，而不能解读为其他的什么意思。

其四，图像的构成方式、表现技巧、画面表现也往往是有意义的。虽然有别于语言，图像的能指与所指之间没有直接、固定、武断的联系，但图像也是在历史发展中形成的，它的构成方式、表现技巧与画面表现等往往与一定的社会、文化、习俗联系着，在较低的程度上也具有一定的约定俗成的意义。如中国京剧中的脸谱。京剧脸谱被公认为是中国传统文化的标识之一。其主要特点有三：美与丑的矛盾统一，与角色的性格关系密切，图案的程式化。如红脸象征忠义、耿直、有血性；黑脸表示性格严肃、不苟言笑，或象征孔武有力、粗鲁豪爽；白脸表现奸诈多疑；等等。中国传统绘画用笔墨构建画面，西方绘画用色彩构建画面，其技法、构图往往不同，其蕴涵的意义也就不同。如中国绘画常用皴法表现事物，如用小斧劈皴表现山石的刚硬，用牛毛皴表现夏季山头的苍润茂密，而西方绘画则很少用这种技法；同样，西方油画的颜料堆积所形成的效果与其蕴涵的意义，也是中国传统绘画所没有的。中国传统绘画讲究留白。齐白石画的虾（图 5 - 11），画面上除了虾什么也没有，但观众根据虾的形态、姿势却能体会到虾周围的水；而西方绘画则很少像中国传统绘画这样运用大量的空白来构图、表情达意。图像的构成方式、表现技巧、画面表现所蕴涵的意义有时甚至与人们的生理构成和感觉也有关系。如用红色表现热烈、用蓝色表现安宁、用白色表现纯洁，就与人的通感有关系。在解读图像的时候，解读者的解读自然也要受到这些因素的影响与限制。

图 5 - 11　齐白石虾图

从另一方面看，图像的思想对我们理解表象也起着重要的作用。有些图像，在我们把握思想之后，我们对其表象的理解也会更加准确与深刻。莫奈的印象主义画作由于偏离了当时欧洲人熟悉和接受的传统的现实主义风格，开始没有得到人们的理解与肯定。但随着莫奈的创作意图逐渐为人们所知晓、肯定，他的侧重表现画家本人对光色的印象的画作也逐渐得到人们的理解与认可。曾经看起来乱七八糟的画面也逐渐显示出其内在的线索与逻辑。对图像思想和作家创作意图的把握，有助于观众对图像表象的理解。

二　图像的象意关系与接受者

图像通过画面表征世界，观众通过画面把握图像的意义。在观众把握到图像的意义之前以及把握图像意义的过程中，图像的画面或者说能指一直处于主导的地位。那么，在观众把握图像的意义之后，画面与意义的关系又应该如何理解呢？

这种关系大致有三种情况。一种情况是画面占据绝对主导地位，画面表达的思想无关紧要或者不被人们重视。如一些纯形式的表现品或纯自然的绘画，像一片蓝天、一朵盛开的花朵的照片等。一种情况是画面与思想在画像中形成张力，缺一不可，共同构成图像的整体。如达维特的油画《贺拉斯兄弟的宣誓》。还有一种情况是思想溢出表象，成为矛盾的主导方面，图像的目的是表达思想，表象本身的重要性下降，成为表达思想的途径。如美国军队在第二次世界大战时的征兵海报《山姆大叔需要你》（图5-12）。

画面正中是一个典型的美国老头，戴着美国传统的礼帽，手指前伸，指着每一个路过的民众。图像的下面用英语写着："我需要你。请将这告诉你的朋友们！"这里的"我"指的是美国，对于美国人来说，也就是祖国。这幅画的意义就是"祖国需要你"，需要你应征入伍，为祖国作战，甚至为祖国牺牲。当然，如果你不是适合的兵役对象，那么就请将"祖国需要你"这一口号告诉你的朋友和亲人。海报的思想十分明显。这幅宣传画曾激励了一代美国青年，发挥了极大的动员作用。在这幅画里，思想的确占据了主导地位，对于海报的制作者来说，只要人们接受了图像的思想，图像的表象是什么并不重要，甚至人们忘记了图像的表象，也无关紧要。

但是，即使是第三种情况，图像仍然需要在表象与思想之间取得某种平衡。因为图像毕竟是通过表象来表达思想的，完全抛开表象，只求把握思想是不可取的，实际上也做不到。这有两种情况。一种情况是图像表达思想不可能像文字表达思想那样精准，仍然有他种解读的可能。如《山姆大叔需要

图 5-12 美国军队征兵海报《山姆大叔需要你》

你》这幅宣传画在第二次世界大战时曾激起美国青年的爱国热情,为美国军队募到了广泛的兵源。但在越南战争的时候,却引起很多美国青年的反感,大家把那个白人老头看成华尔街的代表,认为自己没必要为少数寡头作战牺牲。同样一个白人老头,却出现了两种不同的解读,这与图像表意的不精准性有关系。另一种情况是,即使是宣传品,图像也不满足于只让人们把握抽象的思想,也希望人们在把握思想的同时能受到画面的感染,记住画面的相关内容。如《山姆大叔需要你》,它的目的当然是宣传当兵好,动员美国青年踊跃参军。但在让人们了解画面的意思的同时,它肯定还要让画面本身打动人们。比如,它为什么要选择一个典型的美国白人老头,而不选择一个白人青年或者一个黑人？显然，在图像的制作者看来，白人老头更能代表美国，更能激起美国青年的热情。如果将画面上的白人老头换成黑人大妈，其他不变，就不能很好地表达"祖国需要你"的思想。因为黑人大妈不是美国主流人群认可的美国形象，她指着路过的人说"我需要你"，可能打动不了他们，某些人甚至可能会嗤之以鼻、不屑一顾。孔子说："名不正则言不顺，言不顺则事不成。"（《论语·子路》）与白人老头相比，黑人大妈不能成为美国主流人群的代表，出现在画面上自然无法产生白人老头那样的效果。同时我们还需注意，这幅海报是精心制作的，无论是人物，还是构图，抑或是绘制艺术以及文字的运用，都经过认真思考，几乎无懈可击。由此可见，在图像中，"象"始终是一个重要的因素。即使是在思想溢出表象的图像作品中，"象"与"意"之间也应达到一种平衡。

第四节　艺术家主观因素的渗入图像

图像的思想来自两个方面，一是图像所表现的生活的内涵，一是艺术家渗入到图像中的主观思想与感情。但生活的意义蕴含在生活之中，艺术家只要将生活的表象抽象出来，表现在画面上，这表象所联系着的生活的意义也就暗含在画面之中，无须艺术家有什么作为。而艺术家的思想感情则不同，它是艺术家的主观因素，外在于图像所表现的生活，要将这些主观的因素渗入到图像之中，艺术家就必须有所作为。

一　艺术家主观因素渗入图像的几个阶段

从最宽泛的意义上讲，艺术家选择表现对象的过程，也就是其主观因素渗入图像的过程。因为艺术创作是有意识的活动，艺术家总是根据自己的思想、感情、愿望、目的等进行创作。创作对象的选择就融入了他的主观因素。齐白石画虾、徐悲鸿画马、黄胄画驴，都达到了出神入化的境界。而他们对虾、马、驴的选择，自然隐含了他们的思想、喜好、情感，以及他们的生活经历、个性特点、所受教育、艺术修养等主观因素。从这个角度说，艺术家选择表现对象的过程，也就是其主观因素渗入图像的过程。

不过，更能体现艺术家主观因素的，还不是他画什么，而是他怎么画。

画什么只是确定表现的对象，怎么画则牵涉到艺术家的观察、构思、表达等各个方面，只有在这些方面，艺术家的主观因素才能充分地展示出来。罗丹曾经说，生活中从不缺少美，而是缺少发现美的眼睛。马克思也曾指出："对于没有音乐感的耳朵说来，最美的音乐也毫无意义。"[①] 人的感觉器官并不是完全被动地接受外界的信息，而是主动地接受、捕捉、关注外界的信息。这种接受、捕捉、关注是因人而异的，要受人的主观因素的制约。不同的人有不同的主观因素，因此他所观察到的外界事物也是不同的。中国画采用散点透视，画家的观察点是移动的，既不固定在一个地方，也不受固定的视域限制，而是根据需要，将自己在各个观察点所看到的东西都组织到自己的画面上来。西洋画采用焦点透视，用固定的视点表现同一个空间，画家作画取景，限制在一个固定的视点，以及这一视点的视向所决定的视域内。因此，中国画家观察景物与西方画家观察景物所持的角度、侧重点等都是不同的，看到的景物也不一样。可见，主观因素的渗透，在观察阶段就开始了。

五代顾闳中的《韩熙载夜宴图》（图5-13），采用散点透视，将五个不同的场景平铺在同一画面中。

图5-13 顾闳中：《韩熙载夜宴图》

达·芬奇的《最后的晚餐》（图5-14），运用焦点透视，人物和背景都在同一视点、视向中，严格按比例展开。

构思阶段更能表现艺术家的主观因素。图像的构思是艺术家对图像的内容与形式的总的考虑与安排，它需要运用想象，对生活的表象进行重新调整、安排、修改、创新。构思的依据一是客观的生活，一是主观认识。在构思的过程中，艺术家的主观世界能够得到最充分的表现。如达维特的《贺拉斯兄弟的宣誓》，画家在画面中让杀妹贺拉斯在宣誓时就提前穿上按理只

---

① ［德］马克思：《1844年经济学哲学手稿》，载《马克思恩格斯全集》第42卷，人民出版社1979年版，第126页。

图 5-14　［意］达·芬奇:《最后的晚餐》

有在杀死库里阿斯兄弟以后才能获得的库氏的白色战袍,目的就是要突出爱国主义的主题,与此同时,画作也有力地展示了艺术家本人强烈的爱国主义精神。

　　一方面,相对而言,表达阶段的技术含量更高,作者主观因素的渗透要弱一些,但也不可忽略,因为观察、构思与表达三个阶段并不是截然分开的,而是你中有我、我中有你的。表达上的考虑会影响到艺术家的观察和构思。另一方面,正如朱光潜所指出的:"构思与完成作品之间还有很大的距离,还要经过一段艰苦工作。我心里可以想到许多美妙的意象,但是因为没有绘画的训练,我提笔来画我的意象时,总是心手不相应,不能把它画出,成为一件艺术作品。"① 构思的表象在表达过程中有可能遇到困难,这时,艺术家就不得不一定程度地改变自己的构思,对相关的表象进行修改。在这种情况下,表达便以一种消极的方式影响着艺术家主观因素的渗入。

二　艺术家突出主观因素的手段

　　从艺术家主体的角度考察,艺术家还可以通过一些相应的手段,来突出图像中的某些思想,以保证主观因素的有效渗入。具体来说,大致有以下几点。

---

①　朱光潜:《西方美学史》,人民文学出版社 1979 年版,第 645 页。

其一，突出图像所表现事物的文化内涵。在《文化地理学》中，迈克·克朗引用布拉什的话"每个区域都是一枚反映民族相似性的徽章"，强调研究地理景观的重要性。他指出："地理景观首先指的是不同时期地球形态的集合。地理景观不是一种个体特征，它们反映了一种社会的——或者说一种文化的——信仰、实践和技术。地理景观就像文化一样，是这样因素的集中体现。因为文化也不是个体特征，它们只能存在于社会。"[①] 地理景观是一种自然的图像，其中蕴含着文化的因素。人文图像蕴含的文化因素自然也就很多，更丰富、深厚。进一步说，任何图像都必然处于一定的文化传统和现实的文化之中。而文化是一个意义系统，在长期的积淀过程中，某些事物以及这些事物的表象获得了某种文化内涵，与一定的意义联系起来。如在中国文化中，梅花象征高洁，翠竹象征气节，松鹤象征延年，等等。在图像中有意识地突出这些具有较强文化内涵的事物，其内涵的意义便会凸显出来。中国文化以翠竹象征气节，中国古代士人喜画竹子，以此表明心迹，表达某种思想，如郑板桥。基督教用"迷途的羔羊"比喻离开上帝的指引，迷失生活方向的人。因此，西方绘画中出现的羔羊，往往不是纯自然地写景，而是隐喻着其他的意义。

其二，适当地类型化。一般情况下，图像的画面与其所表现的思想之间的关系是间接的、不固定的，其意义的确定，取决于画面的规定性与欣赏者之间的互动。而欣赏者的解读又要受到一定的阐释体系与规则的制约。但由于主客观的原因，有些作家在创作时，为了明确图像所表达的思想，有时会有意识地对图像的画面进行处理，使其与某种思想明显地联系起来；或者增加一些明显的线索，使画面明确地指向某种思想，这就是类型化。而在长期的欣赏实践中，由于主客观特别是社会规约的原因，欣赏者也习惯于将某些类型的画面与某些思想固定地联系在一起。自然，类型化过于突出，图像就会由艺术品转为宣传品，如"一孩"政策时期的计划生育宣传画。但不可否认的是，在被公认为艺术品的图像中，有时也不可避免地存在着类型化的因素。这是因为，艺术性的图像有时也需要运用一定的类型化的因素来增加自己的表现力，表达艺术家的思想情感，或者给读者某种线索或启示。一个

---

① [英] 迈克·克朗：《文化地理学》，杨淑华、宋慧敏译，南京大学出版社2005年版，第13、14页。

众所周知的故事：北宋皇帝宋徽宗赵佶喜欢绘画，在朝廷考试画家的时候常常以诗句为题，让应考的画家按题作画，择优录用。有一次考试的命题是"踏花归来马蹄香"，要求画家在画面上将诗的内容体现出来。大家绞尽脑汁，都未能体现出诗句的意境。只有一位画家独具匠心，他没有着眼于诗句中的字词，而是着重体会诗句的意境，着重在"香"字上做文章。他的画面是：在一个夏天的黄昏，一个游玩了一天的少年骑着马儿回家，在翻飞的马蹄旁，几只蝴蝶追逐着马蹄起舞，以此暗示"马蹄香"的规定情境。画面中的蝴蝶就是类型化的因素，① 但是它的出现是必不可少的。因为非此无法表现出"马蹄香"这一规定情景。画家正是通过蝴蝶喜欢追逐花香的特点，通过它们围绕马蹄飞舞，暗示出少年刚刚骑马踏花归来的意境。自然，与宣传性的图像相比，艺术性的图像中，类型化的因素总是控制在一定的范围内，超出一定的范围，艺术品就会向宣传品转化。比如《踏花归来马蹄香》这幅画（图 5 – 15），其类型化的因素主要是那几只蝴蝶，其他因素都不是类型化的。

图 5 – 15 《踏花归来马蹄香》

---

① 蝴蝶虽然是自然界真实的事物，但在画中，画家突出的是它的符号性质。画家利用人们日常生活经验中蝴蝶与花、香等的联系，将画中的蝴蝶类型化为花香的指示符号。

其三，突出特定的语境。绝对地说，任何图像都有语境。语境是多方面的，有图像产生的语境，图像与其他图像的关系的语境，图像自身的语境，等等。但在一般情况下，人们只注意到图像本身，与其相关的语境往往受到忽视。如果艺术家通过某种方法将图像的语境突出或指点出来，一些本会被人忽视的与此语境相联的思想便会突显出来。如画家完成一幅作品，有时喜欢在画上写上"时年九十"，或者"十岁涂鸦"，指示出图像创作时的某种语境，以产生某种预想的效果。这是图像产生的语境。有的画家在作画时，有时突出画作与已有的某一或某些、某类画作的相似性或同构性，使人看到这幅画作就想起其他的一些画作，这是图像的关系语境。如罗温·艾金森（憨豆先生）版的"蒙娜丽莎"（图5－16），这幅画之所以引人注意，是因为有达·芬奇的《蒙娜丽莎》做它的关系语境，这样，憨豆版的"蒙娜丽莎"就取得了搞笑、戏拟、解构的多重意义。如果没有这种关系语境，憨

图5－16　［美］Rodney Pike制作的憨豆先生版"蒙娜丽莎"

豆版"蒙娜丽莎"就不可能取得现在这样的效果。有的画家在画作构思时，特意强调画作中的某些因素，使画作与外界产生某种张力，形成一定的语境，这是图像自身的语境。如"大眼睛女孩"的照片，中国青少年基金会给它配上"我要读书"的文字，使其与偏远乡村的学龄儿童联系起来，并通过这一语境突出了穷困儿童受教育的问题。《山姆大叔需要你》也是如此。海报通过一个指着路人的典型的美国老人和那组"我需要你。请将这告诉你的朋友们！"的文字构成一个明确的语境，号召美国青年参军，为国家服务。

第五节　图像与文字表达思想的差异

由于表征世界的方式不同，图像与文字在表达思想方面也存在着较大的差异。这一差异一般不大为人注意，学者们的注意点放在文字与图像的其他方面，有的甚至没有意识到这种差异。但实际上，这种差异对于文字与图像来说是十分重要的，把握这种差异，有助于我们进一步了解文字与图像的内在机制，了解二者的能指与所指关系的不同和区别，对理解文字与图像有着重要的意义，有必要进行认真的探讨。

一　图像与文字在表达思想上的区别及其原因

笔者曾经指出，就与世界的关系而言，图像与文字在表征世界上的根本区别是，图像用能指也即画面表征世界，文字用所指也即语义表征世界。这一根本区别决定了图像与文字在表达思想上的不同：图像的思想隐含在图像的能指也即画面之下，它与画面的联系是间接的、不固定的、开放的，需要经过观众的反复挖掘，才能显现出来，因此，图像无法直接表达思想，人们的感官把握到图像的画面时，无法同时把握它的思想；文字的思想也即所指是直接与能指联系在一起的、约定俗成的、武断的，文字可以直接表达思想，人们的感官把握到文字的能指的同时，就能把握到它的思想。自然，从形象的角度看，在文学作品中，文字要经过二度转换，才能成为形象。就文字构建的形象而言，形象的外在感性表现形式即其能指，形象通过其能指表征世界，形象的意义即所指隐藏在能指之下，需要读者挖掘才能显现出来。这看起来与图像的意义表达方式是一致的。其实二者仍然有着质的区别。这些区别表现在如下几个方面。

其一，图像的能指所表现的，一般是视觉可以把握的客观事物的外在表现形态；而文学形象的能指所表现的，除了视觉可以把握的客观事物的外在表现形态之外，还有视觉无法把握的人的内在心理、思想与情感，以及客观事物内在的隐秘的无法用感官把握的思想性内涵。如《战争与和平》中，安德烈·保尔康斯基公爵在奥斯特里茨战役中负伤，他躺在战场上，看着头上"高高的天空和更高的浮云"，人生观产生了重大的变化。这时他崇拜的拿破仑来到他的面前。"安德烈公爵心里明白，这是指他说的，谈话的人是拿破仑。他听见人们称呼这个谈话的人 sire（法语：陛下——引者注）。但是他听到这些话，就好像听到苍蝇嗡嗡叫，不仅不感兴趣，而且不放在心上。立刻就忘掉了。他的头象火烧似的，他觉得他的血就要流干了，他看见他上面那个遥远的、高高的、永恒的天空。他知道这是拿破仑——他所崇拜的英雄，但是此刻，与他的心灵和那个高高的、无边无际的天空和浮云之间所发生的一切相比，他觉得拿破仑是那么渺小、那么微不足道。这时不论是谁站在面前，不论说他什么，对他都完全无所谓。他高兴的只是人们站在他跟前，他希望的只是这些人能帮助他，使他生还，生命在他眼中是如此美好，因为他现在有了不同的理解。"[①] 这是安德烈公爵战场负伤、思想发生转变后非常重要的一段心理描写。这段文字在描写他的心理状态的同时，也对他的心理进行了定量定质的分析，说明了他的想法和愿望。而这些是无法在图像中以表象的方式表现出来的，只能以文字方式描绘出来，构成文学形象的能指。

其二，图像的构建材料如色彩、线条、光线、体积、人体等是从自然事物中抽取出来的物质性的东西，本身没有意义。[②] 因此图像无法通过构建材

[①] ［俄］列夫·托尔斯泰：《战争与和平》，刘辽逸译，人民文学出版社1991年版，第420—422页。

[②] 自然，这并不排除图像的材料在长期的使用过程中，获得某种文化含义，或者与某种意义固定地联系起来。如红色象征热烈、白色象征纯洁、竹子象征气节、龟鹿象征长寿等。但这不是图像构建材料的普遍现象，而且严格地说，这些具有了某种意义的东西实际上已不能再看作图像的构建材料，而是图像的构建元素。说人体没有意义是指从舞蹈等艺术的角度看，人体只是表现的材料，本身意义并不进入舞蹈形象的构建之中。一个舞蹈，可以由这些人体组成，也可以由那些人体组成，不同的人体对舞蹈形象的构成并不造成影响。

料表达出某种思想。而文学则不同。文学形象的构建材料是文字（语言），文字是一种人为的符号，本身是一个意义系统。文字在构建形象的同时，本身的意义并没有消失，仍然或隐或显地在形象后面发生着作用，暗示甚至引导着读者对形象意义的解读。我们先看意大利画家契里柯的油画《一条街上的神秘与忧郁》。

图5-17　［意］契里柯：《一条街上的神秘与忧郁》

契里柯是意大利形而上画派（Scuola Metafisica）的代表画家，他试图通过描绘一些被哲学的幻想所强化的形，通过物体在"非现实"背景上的并置，传达出一种引人深究的神秘感。《一条街上的神秘与忧郁》（图5-17）受尼采对意大利荒漠广场的描绘的影响，画上的透视深景极富感染力。画的右边是一大片深褐与灰色的带拱顶的建筑物以及它投下的阴影，紧靠褐色建筑物的阴影里，有一个车门敞开着的老式货车车厢，画的左边是一条低矮的白色连拱廊，向远方伸展开去。建筑物上方的暗绿色天空是阴沉的，处在两排建筑物中间的黄色的街道却十分明亮。这时，画面的左角闯进一个孤独的滚铁环的小女孩,她的影子拖到画外。而她的前面,有一幽灵般的影子,长长地拖在明亮的街道上,似乎预示着褐色建筑物的后面隐藏着什么不祥的东西。空寂的广场、空荡的车厢、不对称的建筑、孤儿般的女孩、邪恶的阴影,这一切给人一种神秘、恐怖的感觉,引发人的哲思。但这幅油画究竟表达了什么思想,画面本身并不能给观众提供具体的暗示与指导。

而文字的描写则不同。如麦卡勒斯的小说《伤心咖啡馆之歌》中的一段景物描写:"镇中心全镇最大的一座建筑物上,所有的门窗都钉上了木板,房屋向右倾斜得那么厉害,仿佛每一分钟都会坍塌。房子非常古老,它身上有一种古怪的、疯疯癫癫的气氛,很叫人捉摸不透是怎么回事,到后来你才恍然大悟,原来很久以前,前面门廊的右半边和墙的一部分是漆过的——但并没有漆完,所以房子的一部分比另一部分显得更暗、更脏一些。房子看上去完全荒废了。然而,在二楼上有一扇窗子并没有钉木板;有时候,在下午热得最让人受不了的时分,会有一只手伸出来慢慢地打开百叶窗,会有一张脸探出来俯视小镇。那是一张在噩梦中才会见到的可怖的、模糊不清的脸——苍白、辨别不清是男还是女,脸上那两只灰色的斗鸡眼挨得那么近,好像是在长时间地交换秘密和忧伤。那张脸在窗口停留一个钟头左右,百叶窗重新关上,整条大街又再也见不到一个人影。"① 与《一条街上的神秘与忧郁》类似,这段文字描写的,也是小镇中心的空寂而神秘的场景。但在描写的过程中,小说运用了"古怪的、疯疯癫癫的""在噩梦中""可怖的、模糊不清的"等字眼。这些文字既是小镇中心场景的有机组成部分,同时又保留着自己的意义,提示了这一场景的特点与性质。而图像则很难做到这一点。

其三,由于图像是用能指表征世界,它通过画面与世界外在表现形式的相同、相近、相似或者相类来表现、暗示或者象征现实世界,而其思想则隐含在画面之下。因此,图像表现的思想往往比较模糊,明晰度不够。如契里柯的《一条街上的神秘与忧郁》,我们通过画面,能够感受到油画内含的神秘、忧郁以及恐惧等思想,但我们无法说明这些思想的具体内涵,也无法说明它们产生的具体原因。而麦卡勒斯《伤心咖啡馆之歌》对小镇中心的描写则有所不同。这段描写表现了小镇中心空寂、神秘、令人恐惧的氛围。但

---

① [美]卡森·麦卡勒斯:《伤心咖啡馆之歌》,李文俊译,上海三联书店2007年版,第1—2页。

由于是用文字描写的，这种空寂、神秘和令人恐惧的内涵比较清楚，它是由小镇中心的空无一人，建筑的古怪、疯癫，人的可怖、模糊不清等语词加以界定的，这种界定使小说对小镇中心的描写意思明确，性质清楚。

二 图像与文字在思想表达方面各自的优势与不足

正是因为图像的思想隐含在画面之下，而文字的意思则是由文字直接表达出来的，所以图像表达的思想虽然比较模糊，但却更加丰富。文字表达的思想虽然更为清晰，但其丰富性却受到一定的限制。具象的东西的内涵总是更加丰富，因为它与思想之间的联系是不固定的，因而其思想具有扩散性，可以从不同角度进行观察。而文字的思想则更为清晰，清晰的东西不能有更多的扩散性，因此，文字内涵的丰富性受到一定的限制，由其构建的形象的解释面也往往没有图像画面的解释面那样宽广。

这方面的例子很多。图像方面的如达·芬奇的《蒙娜丽莎》，那神秘的微笑究竟意味着什么，已经成为千古之谜。不同的人或者不同的观赏时间，感受都会有所差别。有时觉得她笑得舒畅温柔，有时觉得她笑得严肃，有时像是略含哀伤，有时则显出讥嘲和揶揄。不同的人对这种笑的原因的解说也不同。哈佛大学神经科专家玛格丽特·利文斯通博士说，蒙娜丽莎的微笑时隐时现，是与人体视觉系统有关，而不是因为画中人表情神秘莫测。美国马里兰州的约瑟夫·鲍考夫斯基博士则认为："蒙娜丽莎压根就没笑，她的面部表情很典型地说明她想掩饰自己没长门牙。"英国医生肯尼思·基友博士相信蒙娜丽莎微笑是因为她怀孕了。其根据是：她的脸上流露出满意的表情，皮肤鲜嫩，双手交叉着放在腹部。比利时安特卫普大学人类学教授辛科尔·肯瑞尔认为蒙娜丽莎有这样的微笑是因为她把饭吃饱了，因为她嘴角的弧度和她手轻放在自己的腹部上的动作与人类在饱食一顿之后的反应完全相同。[①] 不同的解读和对不同原因的探寻，似乎都有自己的道理。而根据都是《蒙娜丽莎》（图1-3）的画面本身。

文学方面的例子如《诗经》的第一首《关雎》。《毛诗序》认为是"咏后妃之德"。这一观点曾经统治中国的《诗经》阐释上千年，但今天的学者

---

① 《蒙娜丽莎的微笑为什么神秘》，http：//www.sohu.com/a/139073149_598966，2017年5月8日。

一般不赞同这一说法,而倾向于认为《关雎》就是一首歌颂男女之间的爱情的民歌。至于以前用来论证此诗描写的不是一般人的爱情的证据,如"参差荇菜,左右采之。窈窕淑女,琴瑟友之。参差荇菜,左右芼之,窈窕淑女,钟鼓乐之"等诗句,实际上不过是情人的想象、夸张之词,而不是写实。因而也就不能因此将它看作是只有君主才可能有的做派与行为,从而不能由此进一步论证那被君子追求的淑女就是帝王或诸侯之妃。《毛诗序》的说法由于不符合诗歌所描写的形象,因此最终为人们所抛弃。由此可见,文字建构的形象,其思想虽然也有丰富、模糊的一面,但与图像相比,还是要清晰、明确得多。

本章小结

本章讨论图像中的表象与思想之间的关系。

图像以能指表征世界,因此图像只能是事物表象的直接现实,而无法如语言一样成为思想的直接现实。但是图像也需要表达一定的思想。这样,图像中的表象与思想就必然要产生种种关系。图像的表象可以分为常态与异态两种。常态的表象指图像的表象与事物的物象一致或大体一致。异态的表象指形态与常态的表象有差异的图像的表象,或借助其他感知方式所形成的表象。与把握常态表象的思想相比,把握异态表象的思想更加困难。

表象形成之后,总要意指与意味着某些东西,这就是思想也即图像的所指。图像思想的来源与基础是图像所表现的生活的意蕴和艺术家的思想感情。从发生学的角度出发,把握图像的意义需要把握、借鉴艺术家的创作意图,但从作品论、读者论和批评论的角度出发,把握图像的意义则不一定必须把握艺术家的意图。艺术家为了表达主观和创新,有时会摒弃公共话语而采用私人话语。但私人话语如果不能为公众接受,艺术家的创新就不能成功。

思想隐含在图像的画面之下,需要观众去把握、发掘。自然,这并不意味着在思想产生的过程中,图像完全是被动、消极的。图像本身的规定性是其思想产生的基础。观众不管如何阐释,其阐释总是在图像的基础上进行的,要受到图像规定性的制约。在图像的"象意"关系中,"象"终始是居于主导地位的,"意"需要通过"象"才能得到。

  生活的意蕴是自然地进入图像之中的,而艺术家思想感情的渗入图像,则有待艺术家的努力。艺术创作的各个阶段,都有艺术家思想感情的渗入。从艺术家主体的角度考察,艺术家可以通过一些相应的手段,来突出图像中的某些思想。如突出图像所表现事物的文化内涵、适当地类型化、突出特定的语境等。

  文字是思想的直接现实,文字能够直接地表达思想,图像表达思想则只能是间接的。就图像艺术与文字(语言)艺术而言,虽然两者都要表达思想,但所表达的思想是不同的。这可以从两个方面探讨。其一,图像的能指所表现的,一般是视觉可以把握的客观事物的外在表现形态;而文学形象的能指所表现的,除了视觉可以把握的客观事物的外在表现形态之外,还有视觉无法把握的人的内在心理、思想与情感,以及客观事物内在的隐秘的无法用感官把握的思想性内涵。其二,图像的构建材料如色彩、线条、光线、体积、人体等是从自然事物中抽取出来的物质性的东西,本身没有意义。因此图像无法通过构建材料表达出某种思想。而文学则不同。文学形象的构建材料是文字(语言),文字是一种人为的符号,本身是一个意义系统。文字在构建形象的同时,本身的意义并没有消失,仍然或隐或显地在形象后面发生着作用,暗示甚至引导着读者对形象意义的解读。不过,也正是因为图像的思想隐含在画面之下,而文字的意思则是由文字直接表达出来的,所以图像表达的思想虽然比较模糊,但却更加丰富,而文字表达的思想虽然更为清晰,但丰富性却受到一定的限制。

第 六 章
文字与图像作品中的"言象意"关系

文学是语言的艺术,但文学以形象作为自己的存在方式。语言构成形象,形象表达思想,文学中的"言象意"关系,是最为典型的"言象意"关系。而艺术比如绘画没有文学那样的作为符号的语言,因此其"言象意"关系也就没有文学那样典型。不过从另一方面看,它虽然没有作为符号的语言,但也仍然需要运用一定的材料构建形象,形象又必然表达一定的思想。如果把构象材料看作类似于言的东西,宽泛地说,其中也存在"言象意"之间的关系,也可以从"言象意"之间关系的角度进行分析。研究文字与图像作品中的"言象意"问题,有利于我们进一步理解艺术视野下的文字与图像之间的关系。

第一节 王弼的"言象意"观及其意义和局限

有学者认为:"'言象意'是中国古代诗学中极为重要的一组概念,也是中国古人对世界本源进行一系列哲学追问的回响。从'言尽意'与'言不尽意'两个对立命题所引发的哲学追问和文学之思,一直影响到了中国古代文艺理论的走向。"[1]

关于"言象意"之间的关系,中国古人的论述十分深入而系统。对于"言象意"关系的理解,应该从古人的相关论述开始。但古人的论述并不完善,我们还需反思。为了使本章的讨论不至过于散漫,我们将讨论的范围控

---

[1] 李明彦:《语图互文理论中的中国诗学因素》,《文艺争鸣》2014 年第 12 期。

制在人类精神的主要载体,也即文字作品和图像作品的范围之内,且以文学作品和艺术作品为主。

一 王弼的"言象意"观及其意义

中国古代"言象意"观的代表人物是魏人王弼。王弼综合《周易》的"立象以尽意"说和庄子的"得意而忘言"说,提出自己对"言象意"三者关系的看法。王弼的"言象意"观体现了中国古代批评家在"言象意"三者关系上的探索,在中国美学史与文艺批评史上具有重要意义,值得认真探讨。

王弼对于"言象意"三者关系的论述,主要集中在他的《周易略列·明象》中:"夫象者,出意者也。言者,明象者也。尽意莫若象,尽象莫若言。言生于象,故可寻言以观象;象生于意,故可寻象以观意。意以象尽,象以言著。故言者所以明象,得象而忘言;象者,所以存意,得意而忘象。犹蹄者所以在兔,得兔而忘蹄;筌者所以在鱼,得鱼而忘筌也。然则,言者,象之蹄也;象者,意之筌也。是故,存言者,非得象者也;存象者,非得意者也。象生于意而存象焉,则所存者乃非其象也;言生于象而存言焉,则所存者乃非其言也。然则,忘象者,乃得意者也;忘言者,乃得象者也。得意在忘象,得象在忘言。故立象以尽意,而象可忘也;重画以尽情,而画可忘也。"①

张法认为,对王弼的这段论述进行归纳,"主要有三点:一,言象意相互关联,可以形成递进的表达关系:以象来表意,立象以尽意;以言来表象,出言以尽象。认识的终后目的是'意'。二,言象意又相对独立:象不等于意,言不等于象。知道三者'不等于',认识'意'的过程,不能停顿或留恋原有层级,倘这样,会妨碍对更高层级的进入。三,言象意的相互关联有利于和导向着认识递进,言象意的相对独立不利于乃至干扰着认识递进。作为具有独立性的各层级的获得,只有完全离开或忘掉原来层级,方能真正进入另一层级:由言入象,得象忘言;由象入意,得意忘象。在现实中人们特别容易看到相互关联一面而看不到各自独立一面,因此,中国哲人特别强调各自独立对思想和思维的意义。这三点的实质在于,中国的宇

---

① 王弼:《周易略列·明象》,载楼宇烈校释《王弼集校释》,中华书局1980年版,第609页。

宙整体和具体之物，都是由虚实两个部分组成的，在虚实两部分中，虚比实更为重要"[①]。

张法的理解侧重"言象意"三者的互相关联和互相独立的关系，是正确的。不过这不影响我们从另外的角度对王弼的这段论述进行新的理解。本书认为，王弼的这段论述可以从以下几个方面理解。其一，从构成论的角度看，"言""象""意"之间是递进的关系。"言"构成"象"，"象"表达"意"。通过"言"可以认识"象"；通过"象"可以认识"意"。其二，从目的论的角度看，"言"的目的是构成"象"，"象"的目的是表达"意"。明白了"意"，就不要再执着于"象"；明白了"象"，就不要再执着于"言"。得"意"之后可以忘"象"，得"象"之后可以忘"言"。其三，从"言象意"的相互关系来看，"言"是构成"象"的手段，达到"象"的途径。执着于"言"，就不能得"象"。那"言"也不是产生于"象"并且能够说明"象"的"言"。"象"是表达"意"的手段，达到"意"的途径。执着于"象"，就不能得到"意"。那"象"也不是产生于"意"并且能够说明"意"的"象"。就像交通信号中的绿灯，它只是表达通行之意的手段，如果你的注意力只停留在绿灯这一现象上，而没有进而理解这是通行的意思，那这绿灯也就不是交通信号中的"绿灯"，而只是一盏发出绿光的灯。因此，绿灯与通行是紧密联系、不可分割的。思维停留在绿灯上，就无法把握通行的意思，把握了通行的意思，绿灯本身对你也就变得可有可无了。由此可见，"言"生于"象"而构成"象"；"象"生于"意"而说明"意"。要得"意"，必须借助于"象"，但又不能执着于"象"；要得"象"，必须借助于"言"，但又不能执着于"言"。执着于"言"，便得不到"象"；执着于"象"，便得不到"意"。这样，在王弼那里，"意"成了目的，"象"只是通往"意"的途径与手段，"言"只是通往"象"的途径与手段。"言""象"运作的最终目的只是表"意"，都是为达"意"服务的。

叶朗对王弼的"言象意"观持肯定的态度，认为它在美学史上的影响是积极深远的。这表现在三个方面。第一，它从一个新的角度"对'意'

[①] 张法：《言—象—意：中国文化与美学中的独特话语》，《文艺理论研究》2018年第6期。

和'象'的关系作了深一层的探讨。这就推动了美学领域中'象'的范畴向'意象'这个范畴的转化，意味着人们对艺术本体的认识已不再停留在抽象的笼统的阶段，而是已经深入到了一个更为内在的层次"。第二，"这个'得意忘象，得象忘言'的命题，对于后人把握审美观照的特点，提供了启发"。它一方面"启发人们认识到，审美观照往往表现为对于有限物象的超越"，另一方面，它又使人们认识到，"审美观照往往表现为对于概念的超越"。第三，"这个'得意忘象'的命题，对于文学艺术家认识艺术形式美和艺术整体形象之间的辩证关系，给了很大的启发。在这个命题的影响下，很多文学家和艺术家都认为，艺术的形式美不应该突出自己，而应该否定自己，从而把艺术的整体形象突出地表现出来"。[1]

叶朗的观点值得重视。王弼的"言象意"观在中国文论史上是一个重大的进展，它将"言""象""意"三个单独的范畴融为一个整体并揭示出三者之间的内在联系，为人们理解"言象意"、理解文学艺术作品提供了新的出发点、新的思路和新的角度。也正因为如此，王弼的这一观点在我国批评界产生了广泛的影响，人们经常引用他的相关论述，作为文艺批评的依据与出发点。

二 王弼的"言象意"观的局限及其原因

但实事求是地说，从文艺批评的角度看，王弼的"言象意"观也是有局限的。比如他的"得意忘象"说，其意思是，"象"的目的是达"意"，得"意"之后必须忘"象"，如果不忘"象"，就无法得"意"，不能得"意"，那"象"也就不是与"意"有关的"象"。这一观点与文艺批评的实际有着较大的距离。人的精神产品，特别是文学和艺术作品往往并不以达"意"为自己的最终和最高目的。比如一幅人物的头像素描，它的目的就是将这个人物如实地表现出来。画家在描绘的时候，也许会有些意图，但这些意图都只能通过其所画的头像表现出来，而且不能代替头像。也就是说，构象是画家的主要目标。观众也不可能抛弃头像，只满足于了解这头像所表达的那点意思。如罗中立的油画《父亲》（图6-1）。

---

[1] 叶朗：《中国美学史大纲》，上海人民出版社1985年版，第192—193页。

图 6–1　罗立中：《父亲》

  这幅油画创作于 1980 年。画中人物是一个典型的北方老农。他头裹白布、皮肤黝黑、满脸皱纹、眉弓凸出、眼睛凹陷、鼻梁高挺。他粗糙的双手端着一个装着水的旧碗，好像在辛苦劳作之后正准备滋润一下干渴的唇舌，却突然被什么人或事情吸引住了。对于这幅油画，批评家们有不同的评论。评论家、版画家曾景初认为："《父亲》不是某一个农民的父亲，是我国经过十年浩劫的八亿农民的父亲。但他生活在最下层，过着不声不响的勤劳艰苦的生活，从他身上，可以看出我国农村的缩影。"中央美术学院教师邵大箴认为："《父亲》确实表现了我国当代农民的疾苦，但它远非只是客观地再现农民生活的苦楚，而是表现了仍然艰苦的劳动和生活条件下，老一代农民勤劳、朴素和任劳任怨的优秀品质。"广东美术家协会常务理事李伟铭认为："罗中立把对农民的同情、怜悯感慨，变成了对父亲勤苦、平凡而又伟大的劳动生涯的肯定和赞扬,执著地表现了他对养育我们的中华土地的深沉的爱,执著地表现了他强烈要求加速实现四个现代化,迅速地改变'父亲'不应有的相对贫穷、落后的生活状态的喊叫!"[1] 这些评论都是有道理的,也的确是基于《父亲》这幅油画解读出来的。但是不管批评家们从这幅油画中挖掘出多少思想,都只是对油画的一种解读,无法离开油画这一本体。观众首先在意的,还是油画本身,而不是批评家的解读。批评家的评论再精彩,也代替不了油画,更谈不上取代油画。在油画的"象"与"意"之间,"象"是占主导地位的。"得意"之后无法"忘象",也不能"忘象"。

在谈到政治经济学的研究方法时,马克思指出:"整体,当它在头脑中作为思想整体而出现时,是思维着的头脑的产物,这个头脑用它所专有的方式掌握世界,而这种方式是不同于对世界的艺术精神的、宗教精神的、实践精神的掌握的。"[2] 对于这段话,历来有不同的理解。不少学者认为,马克思在这里提出了掌握世界的四种方式,即理论的、宗教的、艺术的、实践—精神的。周来祥不同意这种观点。他认为,马克思这里所说的宗教的、艺术的、实践—精神的掌握实际上只是与理论相对的一种人类掌握世界的方式,两者与实践的掌握一起构成人类掌握世界的三种基本方式。"艺术掌握既与感性实践活动的感性、具体、物质性相联系,又与科学认识活动的理性抽象、精神性相联系,同时在根本上又不同于感性实践和理性认识。它是感性和理性、心理与认识、情感与理智、具体和抽象、物质实践性和精神意识性的和谐统一。"因此,马克思称它是实践精神的。与艺术一样同属于实践精神的掌握方式还有宗教。[3]

笔者认为,这一观点是正确的。从论述的逻辑看,马克思的这段话是针对黑格尔"把实在理解为自我综合、自我深化和自我运动的思维的结果"的"幻觉"而言的,强调具体总体作为思维总体和思维具体,虽然是思维、

---

[1] 参见《父亲》(罗中立创作油画作品),https://baike.baidu.com/item/%E7%88%B6%E4%BA%B2/1465141? fr = aladdin, 2021 年 3 月 5 日。

[2] [德] 马克思:《〈政治经济学批判〉导言》,载《马克思恩格斯选集》第二卷,人民出版社 2012 年版,第 701 页。

[3] 参见周来祥《论马克思关于艺术掌握世界的方式》,《文史哲》1983 年第 6 期。

理解的产物，但它并"不是处于直观和表象之外或驾于其上而思维着的、自我产生着的概念的产物，而是把直观和表象加工成概念这一过程的产物"。而"实在主体仍然是在头脑之外保持着它的独立性；只要这个头脑还仅仅是思辨地、理论地活动着"。① 在笔者看来，马克思在这里实际上已经提出了掌握世界的三种方式。首先是思维总体，它在把客观世界、客观世界的直观和表象抽象、加工成概念的过程中产生，这种过程也就是理论思维的过程，通过这种过程掌握世界，也就是理论掌握。其次是实在主体，这种主体在人的头脑还只是思辨地、理论地活动着的时候，是独立于人的头脑之外的，不言而喻，当人的头脑不仅仅是思辨地、理论地活动着，而是联系实践活动着的时候，它就不再独立于人的头脑之外了，因为人的头脑联系实践进行活动，必然要伴随一定的实践，否则这种活动就仍然是思辨的和理论的，而实践必然要对实在主体产生影响，使其或多或少地产生一定的变化，如农民种田、工人采矿。这是实践掌握。最后是直观和表象，它既不是理论掌握，理论掌握需要把它加工成概念，也不是实践掌握，实践掌握要对实在主体产生作用，它是实在主体的外在形态在人的头脑中的反映，但它与理论掌握和实践掌握又都有一定的联系，在笔者看来，这实际上就是指的实践—精神的掌握——用一个更具体的词，也就是艺术掌握。

艺术掌握就是对事物的外在形态的掌握。艺术掌握通过直观的方式对事物的表象也即外在形态进行把握。艺术掌握的目的就是把握事物的表象，思想虽然不可缺少，但它不是艺术掌握的主要和终极目的。思想和表象构成艺术掌握的两个方面，但思想隐含在表象之下并通过表象表现出来。在矛盾的两个方面，"象"是主要的一面，"意"是次要的。得"意"需通过"象"，但得"意"后不能忘"象"。离开了"象"，"意"也就不再是与"象"联系、相关的那个"意"了，也就失去了其作为特定作品的"意"的意义和价值。比如《阿Q正传》，我们知道它反映了中国人乃至人类的一个特殊的精神现象——精神胜利法。这个精神胜利法是通过阿Q的形象表现出来的，把握了这一形象的思想也即"意"之后，我们能够忘掉阿Q和《阿Q正传》

---

① [德] 马克思：《〈政治经济学批判〉导言》，载《马克思恩格斯选集》第二卷，人民出版社2012年版，第701—702页。

吗？脱离了《阿Q正传》的具体语境，精神胜利法还是《阿Q正传》所表现的那个精神胜利法吗？恐怕不能这么说。因为，在具体的作品中，"言象意"是有机统一的，一定的"言"构成一定的"象"，一定的"象"表达一定的"意"。"言"变了，"象"肯定也要随之发生变化，"象"变了，"意"也要随之发生变化。而"意"是通过"象"表达出来的，离开了"象"，"意"也就不是与"象"相关的那个"意"，把"意"从"象"中抽象出来，"意"也就失去了其原来的意义与价值。就定义看，精神胜利法可能只有一种，但这一精神胜利法可以通过不同的形象表现出来，每一形象所表现的精神胜利法是与这一形象紧密相联的，有不同的侧面、特点和内涵，换句话说，精神胜利法在不同的形象中得到了不同的具象化。离开了承载它的形象，精神胜利法也就成为了一种抽象的东西，不再是与形象相联的那一具象的思想，因而也就失去了它的感染力。比如，阿Q身上有精神胜利法，鲁迅的《孤独者》中的魏连殳身上也未尝没有精神胜利法的因素，但两者的特点与内涵是不同的。如果去掉具体的形象，精神胜利法就成为干巴巴的概念，具体的内涵和感人的魅力也就没有了。

　　王弼"言象意"观的局限，与其提出的具体语境和特定对象有关。他是在阐释《周易》时提出他的观点的。他所说的"言"，指的是《周易》卦辞和爻辞及其解释；"象"是指卦象；"意"是指卦象表达的思想，也即卦意。我们知道，《周易》产生于周代初期，相传为文王、周公所作。《周易》开始是一部卜筮的书，目的是为人们提供行动的准则。春秋之后，《周易》的性质慢慢发生变化，在保留卜筮性质的同时，其内在的人生哲理、辩证思想得到挖掘、阐释与发挥，哲理化程度得到极大提升，逐渐成为一部博大精深的哲学典籍，被称为五经之首、大道之源。《周易》包括《经》《传》两个部分。《经》主要是六十四卦和三百八十四爻，卦和爻各有文字说明，称为卦辞、爻辞。《传》包含解释卦辞和爻辞的七种文辞共十篇，统称《十翼》，为后人所作。《周易》的六十四卦是由八卦变化而来的。八卦是《周易》最基本的成卦单位。每一卦由三条不同的"阳爻"（即一条长的横线"—"）或"阴爻"（两条断开的横线"--"）组成，分别是"乾、震、坎、艮、坤、巽、离、兑"。八卦符号两两相重，就构成了《周易》六十四卦画。为了将八卦之卦和六十四卦之卦区分开来，古人称八卦为"经卦"，称六十四卦为"别卦"。这些卦画每一卦都代表一定的事物，如八卦中的乾代表天，坤代表地，巽代表风，震代表雷，离代表火，坎代表水，艮代表山，兑代表泽，而六十四别卦也都各自象征着不同的自然现象和人事现象。除卦画之外，每一卦都有用来说明卦意和爻意的卦辞和爻辞。卦辞是卦名后面的一段文字，对一卦六爻做总的说明；爻辞则是表达一卦六爻中的每一爻的意思的文辞。《周易》的卦爻辞一般分为两个部分。一个部分是取象，说明事理；另一部分则是断语。所谓取象，就是叙述一件事情，或者描述一种自然现象，然后通过这一事情或者现象来说明某一道理。所谓断语，就是下结论，多用吉、凶、悔、吝等辞。《周易》的卦爻辞之所以要由两部分组成，是为了卜筮。在卜筮时，遇到某一卦或某一卦中的某一爻，一般是先看卦爻辞中的取象部分，以知卜筮者的处境，然后再看断语，以知相关结论。在《周易》由一部以卜筮为主的著作逐渐转变为一部哲学典籍之后，其由"言"成"象"、由"象"达"意"的基本构成方式并没有变化。解读者仍然是通过"言"来把握"象"，通过"象"来把握"意"即其内涵。

由此可见，在《周易》中，"言象意"之间的关系的确如王弼所言，"言"的目的是成"象"，"象"的目的是达"意"。既然如此，得"意"之后当然可以忘"象"，得"象"之后当然可以忘"言"。然而，特定的语境与研究对象也限制了王弼"言象意"观的内涵，决定了它的阐释方向。在它的阐释方向与范围内，这一观点以及根据这一观点所进行的阐释是正确的，超出了其阐释范围与方向，就不一定合适了。

这里有两个关键点。

其一，《周易》主要是一部文字作品，其卦画虽然不是由文字构成，但也是由与文字性质相同的符号（阳爻和阴爻）构成，并不是表象意义上的"象"。而且其卦爻辞的前一部分虽然是取象部分，但也只是叙述一件事情或者描述一种自然现象，并不是直接建构某种形象。而文学作品虽然也是由文字构成，但这些文字的主要目的就是构建形象，并且要在构建形象的过程中消除自身的独立性。至于艺术作品，更是形象的直接呈现。它通过源于自然的线条、色彩、光线、体积、人体等材料，直接构建起与事物的表象有着相同、相近、相似或者象征的关系，直接表征着事物的表象。

其二，从本源上说，《周易》是一部卜筮之书，其目的不是构建形象，也不是反映世界的某一表象，而是通过文字形成卦象，通过对卦象的解释，为人的行动提供依据与说明。因此，"构象"不是《周易》的目标，"表意"才是其目的所在。"言""象"的运作方向和目的都是达"意"。而在文学艺术等"言象意"的统一体中①，表达思想固然重要，但是首先，这思想必须通过一定的形象表达出来，而不能直接地显示出来；其次，文学艺术作品的首要目标不是表达思想，而是建构形象；最后，由于是隐含在形象之中并通过形象表达出来，文艺作品中的意具有一定的模糊性、多义性和隐蔽性。这和《周易》追求"意"的清晰与确定也是不同的。

由此可见，从"象"的角度看，《周易》与文学艺术有着质的不同。将用来解读《周易》的王弼的"言象意"观不加限制地用来解读、批评文学艺术作品，明显是有局限的。

第二节 "言象意"三者关系与人类四种表征方式

要进一步了解王弼"言象意"观的局限，还应从表征方式的角度观察。人类的思想和对外界的认识，总要通过一定的方式表达出来，这种表达方式也就是人类的表征方式。通过研究人类不同的表征方式及其作品中的"言象意"之间的关系，有利于加深我们对这一问题的理解。

一 "表征"内涵探讨

表征对应的英语单词是"representation"。赵毅衡认为将"representation"译成表征造成了概念的混乱，建议改用"原是 representation 忠实的翻译"的"再现"。"如果已经无法全部回到'再现'，就应当遵从译者徐亮建议的做法，representation 两层意义，即意义功能的'再现'，与文化研究的'表征'，分别用两个不同的词。""用'再现'指一般意义上的再现，用

---

① 艺术作品中没有文学意义上的"言"，但艺术作品中的"象"也需要通过一定的材料如线条、色彩、光线、体积、人体等才能建构起来，从某种意义上说，这些建构艺术形象的材料也可视为艺术作品中的"言"。

'表征'指含有文化权力冲突意义的再现。"① 赵毅衡的建议没有得到他在文章中讨论过的斯图尔特·霍尔主编的《表征——文化表象与意指实践》一书的译者徐亮的赞同。徐亮认为，从学理上看，"再现"一词与 representation 一词在英语中的意涵不符，"且它本身标志了客观反映的旧模式，比'表征'离题更远"。徐亮通过讨论，指出霍尔在《表征——文化表象与意指实践》一书中"通过 representation 一词来表达一种与过去的反映论（即再现论）和意向论（即表现论）完全不同的构成论符号表征理论，在这个理论视野中，媒介符号是用来'意指（符号化）'的，其中的意义是被符号化制造出来的，而不是先于符号就存在的，它不是任何东西的再次呈现"。徐亮引用霍尔的阐述，指出"representation"有两个方面的意义：（1）表征某物即描绘或摹状它，通过描绘或想象而在头脑中想起它；在我们头脑和感官中将此物的一个相似物品摆在我们面前。（2）表征还意味着象征、代表、做（什么的）标本或替代，但都与"再现"相距较远。因此，他认为可以"用'表征'，代表这个词（representation——引者注）偏动词的方面，它的偏名词方面则用'表象'"表示。②

约翰·费斯克等人认为，表征是"指制造符号以代表其意义的过程与产物"③。斯图尔特·霍尔认为："表征是某一文化的众成员间意义产生和交换过程中的一个必要组成部分。它的确包括语言的、各种记号的及代表和表述事物的诸形象的使用。"④ 前者主要是从性质的角度定义表征，后者主要是从构成的角度定义表征。但基本看法都是一致的，即认为表征是运用某种符号或形象来表达事物和意义。

---

① 赵毅衡：《"表征"还是"再现"？一个不能再"姑且"下去的重要概念区分》，《国际新闻界》2017 年第 8 期。（注：徐亮认为，他没有提出这样的建议："用'再现'指一般意义上的再现，用'表征'指含有文化权力冲突意义的再现。"参见徐亮《representation 中译名之争与当代汉语文论》，载《中国美学研究》第十二辑，商务印书馆 2018 年版，第 158 页。）

② 徐亮：《representation 中译名之争与当代汉语文论》，载《中国美学研究》第十二辑，商务印书馆 2018 年版，第 150—151、158 页。

③ ［美］约翰·费斯克等：《关键概念：传播与文化研究辞典》，李彬译，新华出版社 2004 年版，第 241 页。

④ ［英］斯图亚特·霍尔编：《表征——文化表象与意指实践》，徐亮、陆兴华译，商务印书馆 2003 年版，第 15 页。

本书比较倾向用"表征"一词。自然，表征的内涵与其对应的英语单词"representation"并不完全相合，但这是两种不同语言的词汇之间的常态。弗雷格认为："符号、符号的意义和符号的意谓之间的有规律的联系是这样的：相应于符号，有确定的意义；相应于这种意义，又有某一意谓；而对于一个意谓（对象），不仅有一个符号。相同的意义在不同的语言中、甚至在同一种语言中有不同的表达。"① 弗雷格的"意谓"即对象。符号的意义是确定的，意义指向的对象，也是确定的，但对象与符号的关系却不是确定的。一个对象可能有几个符号来表示，而一个符号也可以表示几个对象。一方面，因为对象有多个方面，每一个方面都需要一个相应的意义来表示，一个符号不可能包含这么多的意义；另一方面，一个符号可能包含多个意义，而这多个意义又不一定都指向同一个对象。这样，意义与符号的关系是明确的、固定的，对象与符号的关系则是多向的、交叉的。汉语与英语由于产生的语境、发展的过程、依据的实践等不同，对应词之间的意义、意指的对象不完全一致是很自然的。如汉语中的"人"这个词的英语对应词"man"有"人类、男子汉"的意思，汉语中的"人"则没有，要表示这两种意思得用其他的词汇。不过，笔者以为，"表征"虽然是个译名，但既然进入中文的表意系统，就不一定要完全按照英文原文的含义进行解释。本书将表征理解为一个动宾结构的名词，其中的"表"可以理解为表现、表示、表达、再现等，"征"可以理解为征兆、特征、事物、对象等。表征就是运用一定的手段将人类对内在与外在世界的印象与认识表达、表现、表示、再现出来。对于人类来说，其表征的手段或者说媒介实际上只有两种，一种是以语言为代表的诉诸概念的符号，一种是诉诸世界的外在感性表现形式的图像。前者主要由心灵把握，后者主要由感官把握。

二 人类的四种表征方式

以语言为代表的诉诸概念的符号，其主体就是语言。语言由能指和所指组成。能指由有规律的声音和线条组成，其主要作用是承载所指。所指的核

---

① ［德］弗雷格：《论意义与意谓》，载《弗雷格哲学论著选辑》，王路译，商务印书馆1994年版，第92页。

心是概念，概念是抽象的。因此，语言天然地适合于表现思想也即"言象意"中的"意"。但是，语言既是人类两大交流与表征手段之一，它就必然要承担起表征事物感性表现形式的一面。卢梭认为："古老的语言不是系统性的或理性的，而是生动的、象征性的。"① 所谓生动、象征的，在某种意义上也就是具体、特殊的。语言有其具体特殊的一面，这一面在古代语言中比较突出。在向现代语言进发的过程中，语言具体特殊的一面也没消失，而是潜隐到语言的抽象性之下。但在需要时，语言具体特殊的一面仍可调动起来，使其能够形象地表征世界，其结果就是文学的产生。由此可见，语言一方面要构建以形象为主体，通过形象反映生活，表达人的思想感情的文学作品，一方面也要构建直接表达思想的非文学作品。两个方面合起来，可以称为文字作品。从"象"与"意"的角度出发，文字作品可以分为"文字—意义""文字—形象"两类表征系统。"文字—意义"表征系统以表意为主要目的，如哲学著作；"文字—形象"表征系统以构象为主要目的，如文学作品。前类作品是从"言"直接到"意"，后类作品是从"言"到"象"，再由"象"达"意"。如柳青的《创业史》。这部小说的主旨之一，是要歌颂合作化道路。但小说并没有抽象地论证合作化的好处，而是通过对梁生宝互助组的成长、壮大，带领乡亲们走向共同富裕的描写，指出合作化的道路才是当时的农民应走的富裕之路。

  图像的情况则有不同。胡塞尔认为，图像"通过相似性而与实事相联系，如果缺乏相似性，那么也就谈不上图像"②。这里的"相似性"，指的是图像的表象与事物的外在感性表现形式之间的相似。图像是以表象与现实世界发生联系，图像的思想不与现实世界发生直接的联系，它隐含在表象的后面，需要通过读者与表象的相互作用，才能解读出来。从符号的角度来看，图像的表象也就是图像的能指。因此，与语言用所指表征世界不同，图像是用能指表征世界的。维特根斯坦认为，图像可以从两个方面理解："（1）一幅肖像：它相像、类似、相似于该肖像之为其肖像的那个东西。（2）有意向使之成为另一东西的图画，然而不以（1）的含义与那另一东西相似的某

---

① ［法］让-雅克·卢梭：《论语言的起源》，洪涛译，上海人民出版社2003年版，第14页。
② ［德］胡塞尔：《逻辑研究》第二卷，倪康梁译，上海译文出版社1996年版，第53页。

个东西。它之成为一幅图画就在于那个意向。"① 但不管是指向现实中的某物，还是创造现实中不存在的某物，图像都是通过线条、色彩、体积、光线、人体等构成感性具体的表现形式，并通过这感性具体的形式表征世界（现实的或"意向"中的）。不过，与语言一样，作为人类两大交流与表征的手段之一，图像也需要表达思想。因此，在图像中，也存在构象与表意，谁为目的和主体的问题。但图像作品的构象与表意，与文字作品的不同。索绪尔认为："语言是组织在声音物质中的思想。"② 如果简化一下，可以说，语言就是思想，只是这思想需要同语言的能指（声音物质）结合起来并通过能指表现出来。因此，语言是思想的直接现实，语言表意是直接的，无需通过表象的中介。比如，"三角形三个内角的和等于一百八十度"。这一判断的内容直接由构成这一判断的文字的所指构成，无需什么其他的环节中介。而图像则不同，图像的材料是无意义的，无法直接表达思想。图像必须通过材料构建起表象，再通过表象表达一定的意义。如罗中立的油画《父亲》，不管画家想通过这幅油画表达什么思想，他都必须通过一定的色彩、线条等构成那个北方老农的形象，再通过这一形象将自己的观点显现出来。

　　图像通过表象表达思想，但表象是具体的，而思想则是抽象的，这具体的表象一般地说，是无法与抽象的思想直接联系在一起的。因此，图像表达的思想总有一定的不确定性、模糊性和简单性。在思想表达的确定与清晰方面，图像无法和文字竞争。另一方面，图像在思想表达的复杂、深邃方面，也无法与文字相比。图像如要将自己表达的思想变得具体、清晰、精确，就得对图像的表象进行类型化、符号化、定型化，使一定的表象与一定的思想形成相对固定的联系，使图像成为形象的符号。这样的图像，就是表意为主的图像。依照文字作品的分类，我们也可把图像作品分为"材料—表象""材料—表象—意义"两类表征系统。"材料—表象"表征系统以构象为主要目的，如图像艺术作品。在这类作品中，"象"是图像的核心与主体，如达·芬奇的画作《蒙娜丽莎》、米开朗基罗的雕塑《大卫》等。"材料—表

---

① ［奥地利］路德维希·维特根斯坦：《系列 A：1930 年》，载涂纪亮主编《维特根斯坦全集》第五卷，周晓亮、江怡译，河北教育出版社 2003 年版，第 15 页。

② ［瑞士］索绪尔：《普通语言学教程》，高名凯译，商务印书馆 1980 年版，第 157 页。

象—意义"表征系统以达意为主要目的,虽然这个"意"仍然要通过"象"表现出来,但构象并不是这类图像的目的,因此它总是要运用种种方法,将与"象"有关的"意"突出出来,使其清晰、明确,如宣传画《大家都来打麻雀》(图6-2)。

图6-2 《大家都来打麻雀》

这是20世纪50年代末号召"除四害"时的一幅宣传画。画面的主体是一男一女两个孩子,男孩两手拿着弹弓,正满弓待发,女孩左手提着一串麻雀,两人表情严肃,意识到自己正在从事一项伟大的事业。背景是田野和农舍。画面的下部是一行文字:大家都来打麻雀。画家通过这种构图,明确地表示了坚决消灭四害之一的麻雀的思想。

三　四类表征方式与"言象意"研究方法的运用

上述四类表征系统，其内部的"言象意"结构及其性质都是不一致的，其适用于"言象意"研究方法的程度也就不同。下面分别分析。

先看文字作品中的"文字—意义"表征系统。由于语言与思想的直接联系，在这一系统的作品中，在文字与思想之间，没有"构象"这一环节，文字直接表达思想。最经典的是哲学著作，如黑格尔的《美学》、马克思的《资本论》、恩格斯的《路德维希·费尔巴哈和德国古典哲学的终结》等，作品的思想直接通过文字表现出来，文字按照一定的规则组织起来，就构成了所要表达的思想。如马克思的《关于费尔巴哈的提纲》的第二节："人的思维是否具有客观的真理性，这不是一个理论的问题，而是一个实践的问题。人应该在实践中证明自己思维的真理性，即自己思维的现实性和力量，自己思维的此岸性。关于思维——离开实践的思维——的现实性或非现实性的争论，是一个纯粹经院哲学的问题。"[①] 思想也就是文字的所指所表达的意思。虽然不同的人对这段话的意思的认知仍然会有分歧，但这分歧是建立在对文字的理解上的，可以通过对文字的分析解决。这类作品没有"象"这个环节，是不适合从"言象意"的角度进行分析的。

再看文字作品中的"文字—形象"表征系统。在这类作品中，文字要先建构形象，再通过形象表达一定的思想。如安徒生的童话《皇帝的新衣》。童话的思想并不是由构成这个童话的文字本身的意思形成的，而是由文字构建出皇帝、骗子和大臣的形象，再通过这些形象表达出来的。在这类作品中，"言象意"构成完整的系统，适合从"言象意"的角度进行分析。不过，深入分析，我们发现这类表征系统又可以分成两个小类。一类以构象为主，在这类作品中，"象"是目的，"意"依附于"象"，是次要的、从属的。"象"建构完成，作品的目的也就达到了。如《创业史》第六章，徐改霞去关村看望她的二姐：

[①] ［德］马克思：《关于费尔巴哈的提纲》，载《马克思恩格斯选集》第一卷，人民出版社 2012 年版，第 134 页。

从县城回家取馍的县中学生，一群一伙，三三两两，在马路上向南走来。他们唱着，谈着，笑着，热烈地争论着，到和改霞相遇的时候，一下静悄悄的，向她行"注目礼"了。有些在走过之后，还要扭头看一看。但改霞目不斜视。她提着竹篮子走着，傲然昂着头，大眼睛平静地望着在她面前展开去的渭河平原，给人一种不容轻薄，不容嘻笑的凛然气概。漂亮对她来说，是一种外在的东西，与她的聪明、智慧、觉悟和能力，丝毫无关。她丝毫不觉得这是自己的所长，丝毫不因人注意而自满；相反，她讨厌人们贪婪的目光。

永茂在几个同学中间走来了。细长个子，白净脸儿，黑制帽外面故意露出一些偏分头的发梢，怪俏皮的。

"改霞，你上哪里去？"永茂站住，殷勤地问。

"上关村去。"改霞平淡地说。

"做啥去？"

"走亲戚呗！"

改霞不乐意地回答着，走过去了。她一边走一边说，没停住脚。她瞥见永茂俏皮地把偏分头的发梢露出黑制帽，轻蔑地扁一扁嘴。这个中学生平日里表现出富裕中农子弟的优越感，他对于假期回乡学生宣传活动的消极应付态度，和他对村里的各种运动的冷淡，在改霞心中堆积了足够的反感。她有足够的理由轻视他。

一辆双套胶轮车迎面过来了。车辕上手执长鞭坐着郭世华——郭世富的三兄弟。在他背后边，满满装了一堆男男女女。

……

"你明儿回来时，我这顺车捎你，不问你要钱。"

……

"不啦！"改霞不回头地说。她心想："寒伧死人！我那么爱坐车？你细成那样，为了多拉一个客，你的侄子一星期取一回馍，你还不捎呢，偏来捎我。"她知道一点郭世富想要她做儿媳妇的动机，那真叫妄想！

下了北原那边的坡道，她走到滈河桥头三五家饭馆、茶铺、小店和修理自行车铺所组成的小街上。她的心突突地跳起来，全身的血向她脸上涌来。她牙咬着嘴唇，准备着经过一个内心非常紧张的时刻。

梁生宝从桥上贪大步地走过来了！满脸的汗水反射着阳光，因为走热了，手里捏着头巾。看见改霞，生宝的脸刷地红了。[①]

这段描写表现了改霞的自尊、自强、追求进步的性格特点和喜欢生宝的内心情感。但这段描写的文字并没有直接将这些意思说出来，而是通过对改霞在县中学生中的目不斜视、对永茂的轻蔑、对郭世华邀她坐车的不屑一顾和见到生宝时的热血上涌、心情紧张的描写，构成具体的形象，再通过这些形象表现出她的性格特点和内心情感。"言象意"构成完整的系统，适合从"言象意"三者关系的角度进行分析。

另一类以表意为主。这一类作品也要构象，但构象本身不是目的，通过"象"表达出创作者的意图，才是作品的目的。如《伊索寓言》中的《农夫与蛇》的故事，这个故事塑造了农夫与蛇的形象，但它的目的不是建构这些形象，而是要通过这个故事，说明不应怜悯蛇一样的恶人的道理。《庄子》中的很多寓言，其目的主要也是为了说明某种道理。王弼的"言象意"观，更适合分析这类作品。

图像类表征系统则是另外一种情况。图像作品可以分为"材料—表象""材料—表象—意义"两类表征系统。与文字类作品不同，图像类作品的构象材料不是文字那样的意义系统，这些材料本身没有意义。它们是从客观事物中提取出来的感性形式如线条、色彩、光线、体积、人体等。这些材料本身是自然的提取物，由它们构建的形象与客观事物的表象有着天然的联系，可以由感官直接把握。但由于本身没有意义，图像作品无法像文字作品那样，通过"言"（构象材料）直接表达思想，它们必须通过材料建构起形象，再由形象表达思想（自然，这并不否定某些材料在长期的使用过程中，产生了某种文化内涵或者与某种意义产生了联系，从而可以直接表达出某种意义。如用红色象征革命、热情，用蓝色表示安宁、静谧等。但即使这样，它们仍然无法像文字那样，表达出清晰、复杂、深邃的

[①] 柳青：《创业史》，人民文学出版社2005年版，第87—88页。

思想）。① 由此可见，图像表达意义，只能通过表象。但根据表象在图像中的位置与作用，图像也可以分为两类。一类图像以构象为目的，图像的表象具有内在的自足性和体系的完满性，无须诉诸他物而取得自己存在的意义，这类图像即我们说的"材料—表象"型，也可称为"表象自足型"图像。如清初画家石涛的山水画（图6-3）。

这幅山水画的前景是一方嶙峋的怪石②，石头的周围是散布的林木，石头的右下角，露出半隐的山居。远景是淡淡的群山。整幅画突出的是奇山胜景，而在奇山胜景之中，隐现着人间烟火，显示出"白云深处有人家"的意境。画的主要目的是构象，其表达的思想，则隐含在画面的下面。对于欣赏者来说，这幅画的关键是它的表象，至于表象表达了什么思想，其实并不是特别重要的事情。他即使没有把握，也不影响他欣赏这幅画。

另一类图像以表意为目的。它们的表象缺乏内在自足性和体系完满性，无法依靠自身取得存在的意义，它们存在的意义来自它们所表达的思想。这类图像也即我们说的"材料—表象—意义"型，也可称为"意义指向型"图像。如《贵州印象》（图6-4）。

---

① 从艺术史的角度看，19世纪前的艺术，以表现世界为自己的主要追求，艺术的建构材料的主要目标是将表现对象的外形真实、具体地表现出来。如达·芬奇的画作《蒙娜丽莎》、米开朗基罗的雕塑《大卫》等。19世纪末，艺术的建构材料本身受到艺术家们的重视，人们更加关注这些材料本身的表现力量，比如凡·高绘画里的线条与色彩，塞尚绘画里的光线，亨利·摩尔雕塑中的体积与造型，等等。这些艺术家都更重视艺术的材料，将材料与自己的情感和生命体验联系起来，让材料本身表达更多的意义。德国批评家韦尔施认为："许多当代的艺术家早就不将人性的独特性和异己视为准则。他们不再认为人类是唯一独特的、与世界和自然对立的生物。因此，他们也不再创造自主性的艺术世界——即对人类特有经验的美化和复制。他们期望人类与其他物种和事物（既有有机体又有无机体）的共通性本质，期望在此基础上探索新的艺术可能。"（[德]沃尔夫冈·韦尔施：《美学对世界的当代思考》，熊腾译，商务印书馆2018年版，第35页。）正是这种观点的变化，导致艺术家们对艺术材料本身表现力的重视。但认真分析我们就可以发现，在现代艺术中，艺术的建构材料本身的表现力虽然得到极大的发挥，但这种表现力并不是材料本身所具有的，而是艺术家在运用的过程中赋予它们的。如德国新表现主义的代表画家安塞尔姆·基弗，在其创作的中期，特别喜欢运用铅灰来表达自己对第二次世界大战中德国所作所为的揭示与反思。但是铅灰在基弗画作中的这种作用，实际上是通过基弗对这种色彩的运用而产生的，并不是铅灰本身所具有的。铅灰这种色彩的确能够表现压抑、沉重等情绪，但这就与红色象征革命、热情，蓝色表示安宁、静谧一样，是在长期的使用过程中形成的，与社会现象和人的通感也有一定的关系，但不是如文字一样，是其固有的、明确的意义。因此，现代艺术的实践无法证明艺术建构材料是如文字一样的有自身意义的符号系统。

② 怪石有点像两个年老的人形，一个站着，手背在后面；一个卧坐着，头靠在站着的人形的身上。

图 6-3　石涛的山水画

图 6-4　《贵州印象》

这幅画的上下部是富有贵州特色的山水图案，中部是四个黑色的大字"贵州印象"，其中"贵州"二字又大一些。四个字错为两层。在"贵州"二字的右边，是"古城旅游"四个红字，"贵州"二字的左下方，是以印章形式标出的"中国"二字。"贵州"二字的下方，"印象"二字的左边，是与贵州有关的五排英文字母，在"贵州印象"的上方，是一排黑色的小字"多元文化，多情山水，多彩贵州"。画中的山水都很美，但表现山水的美并不是这幅画的目的。画的目的是通过山水的美来吸引潜在的观光者到贵州旅游。为了达到这一目的，画面最醒目的位置设计了几行文字，突出到贵州旅游的思想。即使这样破坏了画面的完整，影响了画面的美观，也在所不惜。因为这幅宣传画的主要目的，就是通过画面与文字的组合，突出贵州是旅游胜地的思想。"象"的目的不在自身，而在达意。

由此可见，"言象意"研究方法不适用于研究文字类作品中的"语言—意义"表征系统，适合从"言象意"的角度研究的，主要是文字类作品中的"文字—形象"表征系统。扩展开来，可以运用到图像作品的研究之中。图像作品虽然没有典型的"言"，但有类似于"言"的构象材料。这种构象材料虽然本身不是一个意义系统，但在构成形象方面与文字有类似之处。而任何图像作品都必然有"象"，"象"必然表达一定的"意"，这就存在"象意"关系的问题，为从"言象意"的角度进行研究提供了基础。

作为一种特殊的"言象意"观的王弼的"言象意"观适合的研究范围则更小，主要是文字作品中的"文字—形象"表征系统中以表意为主的作品，以及图像中的"意义指向型"（"材料—表象—意义型"）作品。无限制地扩大它的运用范围，自然是不妥的。①

---

① 德国哲学家、美学家康拉德·费德勒（Konrad Fiedler，1841—1895）认为，人们在日常生活中对事物做直观时，实际上只持续至将其归入概念为止。也就是说，日常状态下，人们对事物外表的观察，只满足于在概念上把握它，把握之后，对事物的观察也就结束了，因此无法取得对事物表象的真正认识。"他们对事物的可见性形态根本没有清晰、巩固的观念，因为他们从未细瞧过。正因如此，要对事物的可见性形态作描述性或者形象的说明，就让多数人犯难。"而艺术则在日常直观的"终止"之处起步，通过"艺术之手使所表现事物的视觉形象更明确、清晰，其主要目的在于使其稳定，因为自然之眼（若不可能用媒介记录面貌）仅凭一己之力绝不可能获得稳定性"。也就是说，艺术使人们在日常生活中无法把握的自然的可见性形态也即事物的外观得到稳定、创新的呈现。因此，艺术的本质可以简洁地表述为："脱离直观意识中不发达、遮蔽的状况而升格成确定、明晰的。"因此，如果一件艺术品能够（转下页）

第三节 审美之"象"与表意之"象"

如果以"象"为对象,以"象""意"之间的关系为标准,可以将"象"分为两类。一类"象"虽然也要表意,但表意不是它的最终和最高目的,这类"象"的内部结构与运作方向都围绕着"象"的构建本身,重视自身的内在自足和体系完满。这类"象"我们可以称为审美之"象"。另一类"象"虽然也要求自身的精致与完美,但并不强调自己的内在自足与体系完满,它的最终与最高目的是达意,其内部结构与运作方向都是为了表意。这一类"象"我们可以称为表意之"象"。

一 审美之"象"

审美之"象"主要集中于文艺作品。文艺作品以虚构为主,通过建构形象来反映生活,表达人们的思想感情。因此文艺类作品的核心是"象",艺术家的主要精力放在"象"的构建上,至于"意"的表达,并不是他们关心的主要目标,有的创作者甚至连自己建构的"象"所表达的"意"是什么,也不一定完全清楚。歌德曾经表示,他并不知道他的《浮士德》表达的是什么思想:"人们还来问我在《浮士德》里要体现的是什么观念,仿佛以为我自己懂得这是什么而且说得出来!"[①] 乔伊斯在世时,有人问他《尤利西斯》表现了什么思想,乔伊斯告诉说,他如果知道的话,早就说出来了。作家在这里并不是故弄玄虚,而是因为在创作时,他们的确无须掌握形象的思想,至少不需要全面、精确、深入地掌握。他们可能有某些思想、情感在创作的过程中渗入到形象之中,但这绝不是形象的思想的全部,有些思

(接上页)"'找出世界新的一面,并由此通过一种新的世界观'、通过不同寻常的表现方式'丰富世界',这些表现方式也修正了关于世界面貌的因袭观念,那艺术相应就是'划时代的'"。这样的艺术品也就是优秀的艺术品。从费德勒的角度看,一件艺术品不一定要表达什么明确的观念,只要它彰显了事物的可见性,改变了我们对事物表象的看法,就是优秀的艺术品。如果从这个角度讨论艺术品,王弼的"言象意"观也明显是无用武之地的。参见[德]斯特凡·马耶恰克《图像的可见性和世界的景象——论康拉德·菲德勒关于图像理论和艺术理论的若干建议》,朱更生译,《马克思主义美学研究》2020 年第 1 期。

① [德] 歌德:《歌德谈话录》,[德] 爱克曼辑录,朱光潜译,人民文学出版社 1985 年版,第 147 页。

想情感的渗入也有可能是无意识的，艺术家本人也不一定觉察到了。① 而对接受者来说，他接受作品的目的主要是把握审美之"象"，获得精神的满足与情感的愉快。因此其精力主要也是放在"象"的把握而非"意"的寻找上面。由此可见，对于接受者来说，文艺作品也应以"象"的建构为其主要目的。

有一些审美之"象"的意义并不复杂，其主要价值就在"象"的完美与精彩。如一些纯形式、纯自然的表现品，如一片蓝天的图片、一朵盛开的花朵的照片等。西方的肖像画、中国山水画等，也大都如此。

有些审美之"象"的内涵十分丰富，也十分重要。作家在创作时意图十分清楚，"象"与"意"在作品中形成张力，共同构成有机的统一体。如法国雅克·路易·大卫的油画《马拉之死》（图6-5）。

图6-5　[法] 雅克·路易·大卫：《马拉之死》

马拉（Marat，1743—1793）是法国大革命时期激进派的核心领导人之

---

① 当然，这也不否定部分创作者在创作之前就有了明确的思想，并在创作过程中有意识地渗入形象之中。但即使这样，创作者意识到的思想也不可能是形象蕴涵的思想的全部。而且创作者的思想也只能通过形象间接地显现出来，不能直接地表达出来。否则，就会出现马克思、恩格斯所批评的"席勒式"现象。

一。雅各宾派掌权之后,他因为革命的坚定性和卓越的号召能力成为该派主席。但另一方面,他又是一个残忍嗜血的政治家,往往不通过审判便将政敌送上断头台。马拉患有严重的皮肤病,每天只有泡在装满药水的浴缸中才能缓解病痛。于是,浴室就成了他最经常待着的办公场所。在处死路易十六,特别是在1792年的"九月大屠杀"中,1200多名罪犯未经审判便被送上断头台之后,马拉受到极大的压力,很多人觉得他应该对这些残暴事件负责。1793年7月9日,一个叫夏洛特·柯黛的女人以向马拉举报康恩地区的吉伦特党人为名,进入马拉的浴室。柯黛向马拉举报了18位吉伦特党人的名字。马拉在浴缸里一边用笔记下一边表示,第二天就派人按名单抓人并把这些人送上断头台。这时,柯黛从披巾下掏出早已准备好的匕首,刺穿了马拉的肺和颈动脉。柯黛刺杀马拉后并没有逃跑,而是待在那里直到被捕,并于7月17日被送上断头台。

马拉之死在国民大会引起震动,有人要求国民大会议员、人民教育委员会委员、法国新古典主义代表画家雅克·路易·大卫以画笔为马拉复仇,画一幅让敌人看了发抖的有关马拉之死的油画。大卫成功地完成了这一任务。画中的马拉倒在浴缸中,鲜血从他胸口流出,躯体无力地垂在浴缸的边上,带血的匕首掉落在地上。他的左手拿着刺客的信函,右手握着笔。他用来办公的木箱上有墨水瓶和纸。手上的便笺上写着:"1793年7月13日,玛丽·安娜·夏洛蒂·柯黛致公民马拉:'我'十分不幸,指望能够得到您的慈善,这就足够了。"木箱上的便笺上则写着:"请把这五个法郎的纸币给一位五个孩子的母亲,她的丈夫为祖国献出了自己的生命。"作为马拉的朋友,大卫在画中对马拉做了美化。首先是在外貌上,他美化了马拉,把长得丑陋的马拉画得几乎有点英俊,因为"疱疹性皮炎"而遍布全身的溃疡消失不见了,马拉全身皮肤光滑,闪着健康的色彩。身上的伤口也做了低调处理,以免影响其视觉形象。其死亡的原因主要是通过浴缸中红色的血水来显示。其次是那两张纸条。按理马拉当时正在记录柯黛的话,纸条上写的应该是准备逮捕的吉伦特党人的名字。但画家将其换成了能够表现马拉"人民之友"品质的慈善性话语。再次是马拉死于其中的浴室,非常简朴、低调,映衬着马拉虽然身居高位,却仍是人民中的普通一员。最后是马拉的面部表情,平静而略带愤怒,仿佛在为人民承担痛苦。有评论家认为,这幅画采用了圣像画的风格，以求突出马拉美好的一面，以唤起观众对大卫心中的这个革命家的崇高敬意。

由此可见，大卫在创作油画时有着明确的目的，油画突出了马拉作为革命者崇高的一面，隐去了他残忍、丑陋的一面。尽管如此，画家的意图仍然要通过画面本身表现出来。对于马拉的歌颂与美化也要通过画面落实。在这幅画作中，"象"与"意"都有很强烈的存在，两者有机结合，形成张力，缺一不可。但认真分析，我们可以发现，即使在这幅画中，"象"仍是矛盾的主要方面。"意"蕴涵在"象"中，需要欣赏者细细品味，通过对表象的分析与解读才能挖掘出来。而且，即使在欣赏者把握了"意"之后，他仍然无法"忘象"。

由此可见，在审美之"象"中，"象"始终是作品的主体与核心，忘了"象"，"意"也就没有了意义。《马拉之死》之所以打动我们，不仅是因为它表达了对革命者马拉的歌颂，更是因为这一歌颂是通过画作的这一特定的画面表现出来的。没有这一特定的画面，对马拉的歌颂也就是一种空洞的宣传，不可能产生这样的感染力。之所以这样，是因为，其一，审美之"象"中的"象"具有极高的内在自足性与系统完满性，其自身可以成为一种独立的存在，有其独立的价值。其二，审美之"象"不是围绕达意而是围绕成象建构的。"意"虽然重要，但是次要的。在一定条件下，接受者即使没有把握"象"所表达的"意"或者没有把握主要的"意"，仍能欣赏"象"，"象"对他仍是有意义的。其三，在审美之"象"中，一定的"意"是与具体的"象"联系在一起的，"意"的感染力也是由"象"的感染力决定的。只有"象"征服了欣赏者，"意"才能对欣赏者产生影响。"象"不能征服、感染欣赏者，欣赏者自然不会去深究这"象"表达了什么意义，"象"所表达的"意"再好再重要，也不可能对欣赏者产生影响。这也就是贺拉斯强调"寓教于乐"的意义所在。因此，在审美之"象"中，"象"永远是矛盾的主导方面。得"意"之后不仅不能忘"象"，而且不能离"象"。

文学中的审美之"象"也是如此。文学通过语言建构形象，通过形象表达思想。在这三者中，"象"是主要的。它是"言"运作的方向和终点，构象之后，"言"的使命也就达到，运作也就终止了。如海明威的小说《白象似的群山》。小说写西班牙的一个小站，一个美国男人和一个姑娘正在等一列只在这儿停两分钟的列车。姑娘怀了孕,美国男人正在劝她去做手术。但姑娘对做手术有点抵触和担忧,她害怕随着孩子的消失,她和男人的关系也会发生某种改变。男人不停地解释和安慰她,说那是一种非常简便的手术,甚至算不上一个手术。只要把空气灌进去,然后使劲一吸就行了。见姑娘不愿意,男人又说,当然如果你本人不是真心想做,我也绝不勉强。姑娘终于急了,表示他再说她就"要尖叫起来了"。男人只好去整理行李包,等待列车的到来。几分钟后,他来到姑娘身边:"她正坐在桌旁,朝他微微一笑。'你感觉好点儿了吗?'他问。'我感觉好极了,'她说,'我什么事儿也没有,我感觉好极了。'"① 小说到此戛然而止。他们是否继续旅行,姑娘是否愿意堕胎,两人的关系是否还能回到姑娘怀孕之前,小说都没有交代。有批评家认为,"群山"象征怀孕的肚子,"白象"在西方文化中有"无用的东西"的意思,小说讨论的是生活事件对人的影响。米兰·昆德拉则认为,这是一篇情境化的具有多重可能性的小说。昆德拉在《被背叛的遗嘱》中,花了近十页的篇幅讨论《白象似的群山》。他认为,这个故事能够使人们想象出无数的故事:男人已婚并强迫他的情人堕胎以对付他的妻子;他是单身汉,希望堕胎,因为他害怕把自己的生活复杂化;但是这也可能是一种无私的做法,因为他预见到一个孩子会给姑娘带来的困难;也许,人们可以想象一下,他病得很重并害怕留下姑娘单独一人和孩子;人们甚至可以想象孩子是属于另一个已离开姑娘的男人的,姑娘想和美国男人一起生活,后者向她建议堕胎,同时完全准备好在被拒绝的情况下自己承担父亲的角色。至于那姑娘呢?她可以为了情人同意堕胎;但也可能是她自己采取的主动,随着堕胎的期限临近,她失去了勇气……昆德拉的解读使小说的情节具有多重的可能性。而人物性格也同样有多重可能:"男人可能很敏感、多情、温柔;但他也可能很自私、狡猾、虚伪。姑娘可能极度敏感、细腻、深受道德的束缚;她也可能任性、矫揉造作、喜欢歇斯底里的发作。"昆德拉最后下结论说:"隐藏在简单而平凡的对话后面的,没有什么是清楚的。任何男人都可能说出那个美国人所说的话,任何女人也都会说出那个姑娘所说的话。不管

---

① [美]欧内斯特·海明威:《白象似的群山》,载《海明威读本》,周莉等译,人民文学出版社2015年版,第66—67页。

一个男人爱一个女人或是不爱她,也不管他在撒谎还是诚信不欺,他都会说同样的话。仿佛从创世之日起,这番对话就一直等在那里由不计其数的男女伴侣说出来,而它与他们的心理个性没有丝毫关系。"① 至于小说的主题,更是存在多种的可能性,读者可以从不同的角度探讨。小说只是把具体的"象"创造出来,至于小说的"意",则可以见仁见智。

但是,读者对于"意"的解读又不是随心所欲的。"意"的依据和基础只能是"象",读者的解读必须符合"象"的规定性。不符合"象"的规定性,这种解读就是不正确的,必须进行修正。如前面提到过的《诗经》中的《关雎》,《毛诗序》认为:"《关雎》,后妃之德也,风之始也,所以风天下而正夫妇也。"② 但这一解读与《关雎》的实际不符,现在已经基本不为读者所接受。诗歌的主题被修正为表达男女爱情。再如谌容的小说《人到中年》。尽管作者说她写这部小说的目的只是想表达中年人的生活压力,说明中年人生存的不易,但评论家还是从中挖掘出了许多其他方面的意义。因为小说为这些解读提供了相应的规定性。

二 表意之"象"

表意之"象"则不同。在表意之"象"中,"意"成为矛盾的主导方面。表意之"象"的"象"虽然也要求生动、具体、完美,但并不追求完满和自足,或者说,表意之"象"的"象"并不追求自身的独立性。"象"的目的是达意,其本身的重要性下降,成为达意的手段与途径。

如罗兰·巴特曾经论述过的那张黑人士兵向法国军旗敬礼的照片(图6-6)。

巴特写道:"我在理发店里,一本《巴黎—竞赛》(Paris-Match)抄本到我手里了。封面上,是一个穿着法国军服的年轻黑人在行军礼,双眼上扬,也许凝神注视着一面法国国旗。这些就是这张照片的意义。无论天真与否,我清楚地看见它对我意指:法国是一个伟大的帝国,她的所有子民,

---

① 参见〔法〕米兰·昆德拉《被背叛的遗嘱》,余中先译,上海译文出版社2013年版,第129—131页。

② 郭绍虞主编:《中国历代文论选》第一册,上海古籍出版社1979年版,第63页。

图 6-6　黑人士兵向法国军旗敬礼

没有肤色歧视，忠实地在她的旗帜下服务。对所谓殖民主义的诽谤者，没什么比这个黑人效忠所谓的压迫者时所展示的狂热有更好的答案。因此我再度面对了一个更大的符号学体系：有一个能指，它自身已凭着前一个系统形成（一个黑人士兵正进行法国式敬礼）；还有所指（在此是法国与军队有意的混合）；最后，通过能指而呈现所指。"① 巴特的解读是有道理的。这幅图片显然不是一个审美之"象"，它的目的过于明显，画面的自足性不够。那位黑人士兵十分年轻，甚至有些娃娃相。不过这不影响其意义的表达。如果将他换成一个年纪大点的黑人士兵，甚至换成一个黑人女青年，这幅图片要表达的意思也不会改变。图片是精心制作的，人物、构图、绘制艺术，都经过

---

① ［法］罗兰·巴特：《神话——大众文化诠释》，许蔷蔷、许绮玲译，上海人民出版社 1999 年版，第 175 页。

认真思考，几乎无懈可击。但精良制作的目的，显然是宣传"伟大的法兰西"这一思想。精美的设计与画面只是为了吸引更多观众的注意，以达到宣传的目的。这种情况比较适合用王弼的"言象意"观进行分析。

　　文字作品也有这种情况。《庄子》中经常有些寓言式的小故事，如《秋水》："秋水时至，百川灌河；泾流之大，两涘渚崖之间不辩牛马。于是焉河伯欣然自喜，以天下之美为尽在己。顺流而东行，至于北海，东面而视，不见水端。于是焉河伯始旋其面目，望洋向若而叹曰：'野语有之曰，"闻道百，以为莫己若"者，我之谓也。且夫我尝闻少仲尼之闻而轻伯夷之义者，始吾弗信；今我睹子之难穷也，吾非至于子之门则殆矣，吾长见笑于大方之家。'"① 这段文字塑造了河伯的形象。因为秋潮涨水，河岸延伸，隔岸看不清对岸的事物，便踌躇满志，欣欣然以为天下第一。及至到了北海，才知道真正的汪洋。于是退而反思，意识到自己格局太小，眼界太窄，自视太高。但是塑造河伯的形象并不是《秋水》的目的，文章的目的是通过河伯的形象进一步说明"井蛙不可以语于海者，拘于虚也"的道理，说明河伯的局限在于拘于见识，因而对事物、对自己没有正确的认识。并由此进一步引申开去，说明人应该怎样认识外物这一思想。读者把握了这一思想，文章也就达到了自己的目的，至于读者是否仍然执着于河伯这一形象，则不是文章所关注的。文章只是通过河伯这一形象引出后面的议论，提出作者自己的观点。

　　表意之"象"虽然以表意为主要目的，但"象"并非不重要。表意之"象"的"象"也是需要精心建构的。如庄子《秋水》中河伯的形象。文章先描写秋水涨河时河岸的变化，再写河伯的欣然自喜与自得的心态，最后写河伯见到北海后的怵然警醒与反思。一个囿于见识但能自省的形象被描绘得栩栩如生。再如鲁迅的《论"费厄泼赖"应该缓行》，文章为了说理，先描写了"落水狗"的形象："因为无论它怎样狂嗥，其实并不解什么'道义'；况且狗是能浮水的，一定仍要爬到岸上，倘不注意，它先就耸身一摇，将水点洒得人们一身一脸，于是夹着尾巴逃走了。但后来性情还是如此。"然后又描写了"尤非打落水里，又从而打之不可"的"叭儿狗"的形象："它却

---

① 张耿光译注：《庄子全译》，贵州人民出版社1991年版，第276页。

虽然是狗，又很像猫，折中，公允，调和，平正之状可掬，悠悠然摆出别个无不偏激，惟独自己得了'中庸之道'似的脸来。因此也就为阔人，太监，太太，小姐们所钟爱，种子绵绵不绝。它的事业，只是以伶俐的皮毛获得贵人豢养，或者中外的娘儿们上街的时候，脖子上拴了细链子跟在脚后跟。"[1]两个形象都写得形神兼备、生动具体，令人过目不忘。

由此可见，即便是表意之"象"中的"象"，也是有作用的，不完全是"意"的附庸，特别是"象""意"结合比较密切、有机的表意之"象"。这是因为，其一，在表意之"象"中，"意"是在"象"的基础上形成的，是"象"的合理归纳与引申，如寓言；或者，"象"是"意"的出发点或论述的凭借，如鲁迅笔下的"落水狗"。其二，"象"的表达力与感染力往往决定着"意"的感染力与吸引力。当"象"不为接受者注意的时候，其所表达的"意"也很难为接受者重视，因此，表意之"象"也总是精心制作的。至于审美之"象"中的"象"，更是作品的核心和主体，矛盾的主导方面。

不过，既然是以表意为最终和最高目标，表意之"象"中的"象"与审美之"象"中的"象"的区别也是明显的。这种区别可以从三个方面探讨。其一，就其本身的内在结构形式看，表意之"象"中的"象"缺乏审美之"象"的"象"的那种内在自足性和体系完满性。它总是依赖或指向某种外在的意义，如果不和"意"联系起来，"象"就无法取得存在的充足理由。其二，审美之"象"不刻意突出其内涵的意义，而表意之"象"往往采取类型化、突出文化内涵与特殊语境、利用"象"与"意"之间已有的为公众接受的联系以及运用文字说明等办法来突出"象"所表达的"意"。其三，从语境的角度看，审美之"象"的上下文也是审美之"象"，不同的审美之"象"共同构成一个"象"的体系，"象"的世界。表意之"象"的"象"往往不是与上下文构成"象"的体系，而是镶嵌在与"意"有关的上下文中，成为与表意相关的上下文的一个组成部分，为表意服务。如《秋水》中的河伯，《论"费厄泼赖"应该缓行》中的"落水狗"与"叭儿狗"。这些"象"本身虽然形象生动，但在作品整体中并没有独立性，是从属于整部作品的表意系统的。

---

[1] 鲁迅：《坟》，北京联合出版公司2014年版，第214—215页。

三 审美之"象"与表意之"象"的相辅相成

审美之"象"与表意之"象"的主要区别在于它们是以构象为主,还是以表意为主。由此形成了二者之间的系列区别。从文类的角度看,审美之"象"主要出现在以审美为主的文艺类作品中,表意之"象"主要集中在以达意为主的表意类作品中。

文艺类作品以虚构为主,通过建构形象来反映生活,表达人们的思想感情。因此文艺类作品的核心是"象",艺术家的主要精力放在"象"的构建上,至于"意"的表达,并不是他们关心的主要目标。而对接受者来说,他接受作品的目的主要是把握审美之"象",获得精神的满足与情感的愉快。因此其精力主要也是放在把握"象"而非寻找"意"上面。由此可见,对于接受者来说,文艺类作品也应以"象"的建构为其主要目的。

表意类作品一般必须具备两个条件。一是必须有"象",一是构象不是作品的最终目的,作品的目的是通过"象"去达意,而且这种表达是直接的、明确的。因此,表意类作品的范围相对而言更加广泛。除去艺术类作品,所有的图像作品都是表意类作品。文字作品要复杂一些。语言是思想的直接表达,部分文字类作品可以完全是思想的运作,这类作品不可能是表意类作品。文学作品虽然有"象",但是审美之"象",也不属于表意类作品。只有那些既建构形象,但目的又在表意的文字作品才是表意类作品。比如寓言。寓言一般由故事与寓意两个部分组成,即使有些寓言不明确写出寓意,但故事的目的仍是表意,通过故事塑造的形象表意,因此仍然属于表意类作品。

不过,审美之"象"与表意之"象"虽然区别明显,但也不是界线分明、互相绝缘、水火不相容、老死不相往来的。它们之间存在一定的交叉、交集、相互渗透以及相辅相成的现象。这可以从如下几个方面探讨。

其一,审美之"象"和表意之"象"之间的界限具有一定的过渡性与模糊性,不是截然分明的。列宁曾经说过:"一切 vermittelt(德语,联系的意思——引者)=都是经过中介,连成一体,通过过渡而联系的。"[①] 也就

[①] [苏联] 列宁:《哲学笔记》,载《列宁全集》第55卷,人民出版社1990年版,第85页。

是说，事物之间并不是以断裂的方式联系在一起，而是通过一定的中间环节联系在一起的。一事物通过一定的中介慢慢地过渡到他事物。区分审美之"象"与表意之"象"的主要根据是构象与达意二者谁为矛盾的主要方面，但审美之"象"也需达意，表意之"象"也需构象，二者谁是主要方面，有时会出现模糊状态，以谁为主也就难以判断。如鲁迅的散文《立论》。这篇文章被作者收入《野草》，想必是将其作为文学作品看待的。但文章的象征意味十分浓厚。鲁迅自己回忆，1924年暑假，他与北平各高校的教授及各报的记者应陕西督军刘振华之邀，前往西北大学讲演。同行者有一个叫王小隐的京报社记者。这个人与人见面，总是先拱手，然后便是打哈哈。无论你讲的是好是坏、是美是丑、是是是非，他总是一阵哈哈敷衍过去，从不明确表示赞同或否定。这给了鲁迅极深的印象。回来之后，他写了《立论》，以对这种不敢坚持真理、不敢坚持正义的是非不明、善恶不分的生活态度与人生哲学进行批评。文章的形象极其鲜明，但达意的目的也十分明显。说是审美之"象"没有问题，说是表意之"象"也未尝不可。

其二，审美之"象"与表意之"象"的区分不是绝对的、固定的、永恒的，它们有可能随着语境、目的的变化而变化。一只鸽子的绘画可能是一个审美之"象"，但毕加索在世界和平大会前画的那只和平鸽，就很难说是一个审美之"象"，虽然画本身很美，但画家是想借这只鸽子的图画，表达他对世界和平的祈望，主要目的是表意，因此，应该是一个表意之"象"。海明威的《丧钟为谁而鸣？》是部纯文学作品，小说塑造的形象无疑属于审美之"象"。但在越南战争期间，美军当局将这部小说发给美国大兵作游击战的教材。对于美军当局和美国大兵来说，小说的形象就很难说是审美之"象"，而只是教导他们如何进行游击战的形象教材了。审美之"象"临时转化成了表意之"象"。

其三，不管是审美之"象"，还是表意之"象"，都不可能是纯审美或纯表意的，图像作品如此，文字作品也是如此。席勒的戏剧作品取得了很高的艺术成就，其所塑造的形象总体上无疑是审美之"象"，但里面的确也有不少马克思批评过的"时代精神传声筒"式的形象。这些"传声筒"式的形象，就有不少表意的成分，严重的就有可能成为表意之"象"。它们渗透在席勒的戏剧作品中，使席勒的戏剧作品带上较强的理念先行的色彩。如他的《阴谋与爱情》。平民琴师的女儿露伊丝和宰相的儿子斐迪南相爱，但露伊丝的父亲米勒不喜欢斐迪南，认为他不过是在打"漂亮肉体"的主意。而斐迪南的父亲也不许斐迪南娶露伊丝。他为了攫取更大的权力，要斐迪南娶他的主子公爵遗弃的情妇。宰相的秘书伍尔牧也觊觎露伊丝。为了拆散两个年轻人，宰相瓦尔特与伍尔牧密谋，抓了米勒，逼迫救父心切的露伊丝给宫廷总管写了一封情书，引起斐迪南的妒忌。斐迪南逼问未果，绝望地给露伊丝喝了放了毒药的果汁。露伊丝临死前说出真相，后悔莫及的斐迪南也服毒自杀。戏剧展示了当时德国阶级之间的对立和宫廷的阴谋，具有强烈的政治倾向和现实主义风格。但剧中的人物大多性格单一，成为某种观念的化身。从这个角度看，也不能不说其具有表意之"象"的影子。自然，《阴谋与爱情》是青年席勒最好的作品，他青年时期的其他作品如《强盗》，观念化的成分就更多。鲁迅的《论"费厄泼赖"应该缓行》是一部表意类作品，但"落水狗"和"叭儿狗"形象却描绘得栩栩如生。

由此可见，作为"象""意"之分的两大类型，审美之"象"与表意之"象"的区分是总体的、全局性的，其目的是为了使我们对"言象意"的关系有一个更加准确、清晰的理解。但这种区分不是绝对的，具体情况还需具体分析。

从以上分析可见，"言象意"中的"言"可以有两种理解，狭义的"言"就是符号，主要指语言。广义的"言"除了语言，还可包括图像作品中的构象材料如线条、色彩、光线、体积、人体等。"言象意"中的"象"也可分为两种。一种是审美之"象"，审美之"象"也即以审美为目的，以"象"的自指与内在自足和体系完满为最高追求的"象"。一种是表意之"象"，表意之"象"缺乏内在自足性与体系完满性，它指向的是"意"，达意是它的最终与最高目的。"言象意"的研究方法也有两种。一种是从"言象意"互动的角度，研究"言象意"三者之间的复杂关系。这是广义的"言象意"研究方法。这种方法适用于研究包括审美之"象"和表意之"象"在内的所有存在"言意象"关系的人类精神产品，特别是文字类作品中的"文字—形象"类作品。狭义的"言象意"研究方法则只从某种特定的角度研究"言象意"关系，王弼的"言象意"观便是其中的一种，这以"意"为目的和中心结构的"言象意"三者之间的关系，让"言"与"象"

的运作最终都指向"意"。适合于王弼的"言象意"观的主要是表意之"象"中的文字类作品，也可扩大到表意之"象"中的图像类作品。但即使在表意之"象"中，"得意忘象""得象忘言"也不是绝对的。表意之"象"有"得意忘象""得象忘言"的一面，也有得"意"不能忘"象"、得"象"不能忘"言"的一面。究竟是"得意忘象"还是"得意存象"，要根据具体情况具体分析。

本章小结

本章讨论文字作品与图像作品中的"言象意"关系。

对于"言象意"之间的关系，中国古人有十分深入系统的论述。其代表人物是魏人王弼。王弼的"言象意"观强调"得意忘象，得象忘言"。"意"成了目的，"象"只是通往"意"的途径与手段。"言""象"运作的最终目的只是表意。这一观点在我国文艺批评中产生了重要影响。但并不具有普遍适用性。王弼的"言象意"观是在阐释《周易》时提出的，而从"象"的角度看，《周易》与文学艺术有着质的不同。将用来解读《周易》的"言象意"观不加限制地用来解读、批评文字与图像的艺术作品，明显是有局限的。

从"象"与"意"的角度出发，文字作品可以分为"文字—意义""文字—形象"两类表征系统；图像作品也可分为"材料—表象""材料—表象—意义"两类表征系统。在这四类表征系统中，适合从"言象意"的角度研究的，主要是文字作品中的"文字—形象"表征系统中以表意为主的作品，以及图像作品中的"材料—表象—意义"型作品。无限制地扩大它的运用范围，显然是不妥的。

如果以"象"为对象，以"象""意"之间的关系为标准，则可以将"象"分为审美之"象"和表意之"象"两种。在审美之"象"中，"象"始终是作品的主体与核心，离开了"象"，"意"也就没有了意义。表意之"象"虽然以表意为主要目的，但"象"也并非不重要。因为，其一，在表意之"象"中，"意"是在"象"的基础上形成的，是"象"的合理归纳与引申；或者，"象"是"意"的出发点或论述的凭借。其二，"象"的表达力与感染力往往决定着"意"的感染力与吸引力。审美之"象"与表意之"象"之间一方面有着明显区别，另一方面又是相辅相成的。区别主要表现在，其一，就其本身的内在结构形式看，表意之"象"的"象"缺乏审美之"象"的"象"的那种内在自足性和体系完满性。其二，审美之"象"不刻意突出其内涵的意义，而表意之"象"则往往采取各种办法，突出"象"所表达的"意"。其三，从语境的角度看，审美之"象"的上下文也是审美之"象"，不同的审美之"象"共同构成一个"象"的体系，"象"的世界。表意之"象"的"象"往往不是与上下文构成"象"的体系，而是镶嵌在与"意"有关的上下文中，成为与表意相关的上下文的一个组成部分，为表意服务。相辅相成则主要指审美之"象"与表意之"象"之间的区分不是绝对的、固定的、永恒的，其相互之间的界限有一定的过渡性与模糊性，而且不管是审美之"象"，还是表意之"象"，都不可能是纯审美或纯表意的。

附　录

在讨论文字与图像关系的过程中，笔者也旁及其他一些问题。如戏剧符号的问题、媒体与媒介的问题、诺贝尔文学奖评委会的文学观的问题等。戏剧属于图像艺术，同时也是一次性艺术。作为一次性艺术，戏剧符号有自己的特点，探讨这些特点，有利于我们更加深入地理解戏剧这门综合艺术。无论是语言艺术，还是图像艺术，都需要通过一定的媒介表现出来，而媒介又与媒体有着密切的联系，不同的媒体联系着不同的媒介。作为传播机构，传媒对于语言艺术和图像艺术的影响具有强烈的主体性，但是这种主体性常常以媒介的客观性的形式出现。对这两者的作用进行辨析，有利于我们对媒介和传媒及其在艺术活动中的影响与作用有更为全面的了解。诺贝尔文学奖评委会将2016年诺贝尔文学奖授予美国民谣歌手鲍勃·迪伦，打破了文学与艺术之间的界限，在社会上产生了冲击。如何看待鲍勃·迪伦获奖事件，以及"诺奖"评委会的文学观？讨论这个问题，有助于增进我们对于文学和艺术关系的理解。

第一节　作为符号的戏剧

符号是指示着他物的某物，从符号学的角度看，世上任何事物都可以成为符号。戏剧也是一种符号，与其他艺术门类一样，也可从符号学的角度进行研究。但是，作为一种特殊的艺术符号，戏剧符号又有自己独特的品格。本书试做一初步的探讨。

一　戏剧能指的一次性

现代符号学认为，符号由能指和所指两个相互关联的部分组成，能指是符号的能为感官把握的感性表现形式，所指是符号中被能指表现与指示的意义与事物。比如汉语"戏剧"这个词，它的字形与声音便是能指，由这个字形与声音所表达的意思，"通过演员表演故事来反映社会生活中的各种冲突的艺术"①就是所指。

与文学符号相比，戏剧符号最根本的特点之一，是它的能指的一次性。文学符号印出来后，其能指就确定、定型了，不会再有变化。一本小说摆在那里，今天去看，明天去看，一百年后去看，只要纸张与印刷符号没有损坏，就仍是同一本小说，其能指没有任何变化。同一本书如此，不同的书，只要是出自同一版本，其能指也是一样的。而且即使是不同版本的书，只要文字一样，其能指也是一样的。换句话说，文学符号的能指既有延续性，又有复制性。

而戏剧符号的能指则既无法延续，又不能复制，它转瞬即逝。戏剧演出中的每一幕、每一场、每一个动作、每一句台词，显示出来后便马上消失，而且不可能以完全相同的形式再次出现。因为，同一出戏剧，不同的剧种、流派、演员演出，其表现形式、效果总会有一定差别，有时甚至会截然不同。我国以前的戏剧习惯实行名演员挂牌演出。如果某一场演出主要演员因故不能出场，改由其他演员代替，观众数量就会锐减。这不完全是由于名人效应，而是因为其他演员不能达到名演员的演出效果，不能给观众提供同样的能指。另一方面，即使剧种、流派、演员不变，同一戏剧的每场演出的能指也不可能完全一致，演员的情绪、精力、态度、注意力的程度甚至身体状况，都可能对演出的形式与效果产生影响。戏剧史记载，法国17世纪著名戏剧家莫里哀生前曾多次扮演其创作的剧本《无病呻吟》中的主角阿尔冈，他临死前演出的那一场格外成功。戏剧的规定情景是阿尔冈本来没病，却偏要装出有病的样子。那天莫里哀正好有病，因而演得特别像。很明显，这场戏的能指与以往各场的能指是不一样的。而且，戏剧是一种集体创作，除了演员外，乐队、灯光、烟火、舞美、音响等也起着重要作用。而这些因素也是变动不居的，其每一种变化，都可能对戏剧演出的能指产生影响。

再退一步说，即使假定舞台演出的一切因素恒定不变，戏剧演出还有一个观众配合的问题，观众的态度必然会影响到舞台的演出，而每一场戏剧演出的观众都是不同的，即使相同，他们的心情、态度、表现等也不会一致。

---

① 《现代汉语词典》，商务印书馆1978年版，第1224页。

这些都会影响到戏剧的演出。1830 年，雨果的浪漫主义戏剧《欧那尼》在巴黎上演，由于该剧完全打破了古典主义的戏剧规则，情节离奇曲折，时间地点随意变换，因而遭到古典主义者的反对。戏剧演出时，事先来到剧场准备闹场的古典主义者拼命喝倒彩，而浪漫主义者们也早有准备，与古典主义者针锋相对，不停地鼓掌喝彩。《欧那尼》最后演出成功，它的成功，标志着法国文学史上一个新的时代的开始。很明显，一个闹哄哄的剧场和一个安静的剧场，对舞台演出的能指是有影响的。观众的喧闹会影响演员的情绪，从而影响演出效果；同时，喧闹声也会干扰甚至淹没演员的声音，从而影响戏剧的能指。古希腊哲人认为，人不能两次踏入同一条河流，因为一切都处于变化之中。戏剧的能指也是这样，构成能指的每一种因素都处于不断变化之中，因此每一场演出，都有自己的独一无二性。

一方面，正是因为能指的一次性特点，戏剧演员必须认真对待每一场演出。对演员来说，每一场演出都是一次新的创造，而不是前一场演出的重复。另一方面，能指的一次性还说明了戏剧不断改进、创新的必要性。因为既然任何戏剧演出的能指都是一次性的，那么便不可能存在永恒的规范或最高的范本。因此，戏剧演出必须不断地改进与创新。对不同的演员是如此，对同一个演员也是如此。戏剧演出者必须将每一次演出都作为一种全新的开始，认真对待，只有这样，才能取得好的效果，产生精品。

从本质上看，戏剧能指是无法复制、无法保留的。但由于电子技术特别是电影、电视的出现，任何一场戏剧演出在理论上都可以记录下来，在影院、电视台以及其他播放设备上反复播映。这样，戏剧能指便保存下来，并且能够大量地复制。戏剧能指的一次性特点似乎被打破了，其实并没有。因为能够反复播映的，只是某次戏剧能指的电子复制品，而不是其复制的戏剧能指本身，更不是其他场次戏剧演出的能指。这产生了很多新的问题，不少都值得认真研究。但有四点应该肯定：首先，电影与电视永远无法代替戏剧的舞台演出，两者具有不同的品格与效果。其次，戏剧能指的电子复制并没有改变戏剧符号能指的一次性特征。它们并不是舞台演出本身，只是演出表象的复制。就像照片无法代替真人一样，它们也无法代替戏剧。再次，戏剧能指的被复制，并不会中断戏剧的演出，而只要戏剧继续演出，新的能指便会不断产生，便会出现超越被复制的能指的可能。相反，如果满足于被复制的能指，很可能影响戏剧艺术的发展。最后，戏剧电子复制的出现无疑使戏剧消费变得更加容易，偏远地区的人足不出村甚至足不出户也能看到戏剧名家的演出。然而，它们又有意无意地为戏剧演出规定了一个参照的范本，从而成为戏剧创新的潜在障碍。所谓有一利必有一弊，对于这种双重性，我们应该有清醒的认识。

二　戏剧符号的多中介问题

所谓中介，即符号的物质载体。任何符号都必须采用一种能诉诸感官的物质形式，否则符号就无法形成。从表面上看，人类符号活动的基本目的是信息的传达，中介无关紧要。但实际上并不是这么回事。加拿大学者麦克卢汉认为，媒介即讯息。媒介的产生会导致环境的变化，而环境的变化则必然要影响到人们的生活与思维方式。麦克卢汉的媒介大致相当于本书所说的中介。在现代的符号文化活动中，中介的地位越来越重要，其重要性有时甚至超过了通过中介传达的信息内容，甚至中介本身就成了符号信息。比如电视文化，重要的不仅在于电视的内容，从某种意义上说，电视这一中介本身的意义更加重要，它造成了整个大众传播的革命性变化。

构成戏剧符号的中介是多样的。粗略地计算，至少有灯光、音响、布景、道具、字幕、烟火、服装、脸谱以及演员的身体、语言、动作、姿式、表情等十几种。这里有两个问题值得研究。其一，戏剧的中介是否越多越好？这是个很复杂的问题。有些情况下，中介的增多有助于戏剧表现力的增强。比如夏衍改编的《祝福》，祥林嫂在纷飞的大雪、凛冽的寒风的围攻之中，在周围祝福的鞭炮声的包围之下倒毙街头。如果舞台演出中，仅仅用语言交代上述情景，其感染力必然要差很多，观众的印象必然也要弱很多。如果用鼓风机向舞台送来大风，从舞台上空撒下人造雪，再用人工拟出不绝于耳的鞭炮声，那么，观众对祥林嫂的悲剧的印象必然要深刻得多，戏剧的艺术表现力也要增强很多。但在有些情况下，中介的增加反而会削弱戏剧的艺术表现力。比如卓别林的哑剧，如果硬性地给它配上声音，那么其艺术魅力必然要受到很大影响。由此可见，戏剧表现力的强弱主要在于其思想内容与艺术形式的是否完美，以及两者的结合是否完满，至于中介的多少，并不对戏剧的质量产生直接的影响。其二，是中介在戏剧符号的构成中所起的不同作用。可以把戏剧的中介分为两类，一类是演员的身体、语言动作等，一类是灯光、音响、布景等，前者可以称为人体中介，后者可以称为物质中介。以人体中介为主的戏剧主要有话剧、歌剧、舞剧等，这些戏剧主要是通过演员的表演塑造形象，表现生活。以物质中介为主的则主要是些新起的戏剧类型，如幻景剧、神话剧。这些戏剧主要通过灯光、布景、音响等制造某种特殊场景，产生某种特殊的效果，演员的演出则处于比较次要的地位。如近年来上演的一些大型神话剧。演出人员采用现代的声光设备、电子技术、烟火材料，以及种种特技、道具、布景等，把一些虚幻、想象的场面表现得栩栩如生，极富感染力。由于物质中介产生的效果太强，反而冲淡了演员的表演，使其处于辅助的地位。观众往往注意的，也只是各种中介所造成的神奇效果。

　　进一步分析，我们可以发现，侧重人体中介的戏剧，对于演员表演的侧重点也是不同的。演员的表演主要依靠演员的语言、动作、姿势与表情等。如果把语言单独划开，把后三项统称为动作，我们就会发现，不同的戏剧类型对于二者的侧重也是不同的。话剧比较侧重人物语言。就剧本来看，话剧剧本除了一些简单的舞台和动作提示，以及人物说明，基本上都是由语言构成的。在舞台演出上，话剧的演出人员虽然关心自己在舞台上的表演，但更关心语言的运用。话剧表演离不开台词，演员主要通过台词塑造形象，形成冲突，表达自己的思想。在台词与行动发生冲突的情况下，话剧家们有时不惜牺牲行动，来满足台词表达的需要。易卜生的社会问题剧主要是通过大段的辩论来表现剧情，塑造人物形象；高尔基的《底层》主要是通过客店中人物的对话来反映生活、表现思想。有的话剧则通过字幕对台词等进行提示，以便观众更好地把握。从这个意义上说，话剧是侧重语言（台词）的戏剧。歌剧与其类似，只不过话剧中的台词在歌剧中成为歌词，但仍然还是语言。在歌剧演出中，演员的动作较少，塑造人物、表现生活主要依靠演员的歌唱。与之相反，舞剧和哑剧则是重视动作的戏剧。卓别林的哑剧除了少数字幕，全剧没有台词，全靠人物的表演与动作。舞剧除了歌声，也没有一句台词。优美的舞姿、造型，高难度的舞蹈动作，成了舞剧家们追求的首要目标。为了演出本身的完美，舞剧家们甚至可以牺牲意思的表达。有些舞蹈场景并不能表达多少意思，纯粹是由于舞蹈本身的优美而得到青睐。比如《天鹅湖》中四位"小天鹅"的舞蹈，它的内涵并不丰厚，在剧情中也只起着环境的渲染、烘托的作用，然而却成为《天鹅湖》中的名段，其原因就是"小天鹅"舞蹈本身的优美动人。

值得注意的是，对于中介的不同侧重，对于戏剧符号能指的构建有着不同的影响。话剧、歌剧侧重台词（歌词），其戏剧能指内涵比较丰厚，更多地诉诸观众的心灵。德国戏剧家布莱希特提出"间离剧"理论，要求在话剧表演时，演出者应时刻提醒观众舞台上是在演戏，使观众置身于戏剧之外，其根本目的也是要诉诸观众的理智，使戏剧家的思想、情感能够得到更好的表现与接受。舞剧与哑剧侧重动作，戏剧能指的视觉性更强，对于形式美的要求也更高。而新型幻景剧、神话剧侧重物质中介，其戏剧能指追求奇幻、震撼与变化，更加强调观众感官的满足与刺激，思想深度方面的追求则会有所削弱。

不言而喻，不同的中介各有自己的特点，侧重不同中介的戏剧也都有自己的优势与不足，因而也都有自己存在的理由。人类社会是多元的，观众的精神需求也是多元的，作为人类精神产品之一的戏剧，更应是多元的。

三　戏剧符号与戏剧观众

戏剧与观众的联系比小说与读者的联系密切得多。小说的创作是由作者在一个相对封闭的环境中进行的，在一般情况下，他的作品在完成之后才会与读者见面，因此，虽然作者在创作时也要考虑到读者，但读者对他的创作并不产生直接的影响。戏剧则不同，戏剧的舞台演出与观众的观看是同时进行的。从某种意义上说，观众也是戏剧创作的参与者，是戏剧能指形成的一个重要因素。观众对戏剧有着重要的影响。从戏剧符号的角度看，这种影响可以从两个方面探讨。

其一，从符指过程看，戏剧能指的一次性特点使戏剧必然依赖观众。

所谓符指过程，指的是一个符号表意的全过程，或者说，意指系统完成传达的全过程。符指过程本身是一个完整的系统，其中有六个要素，即过程这端的符号发送者与过程那端的符号接收者，符号的能指与所指，符号得以显现的物质载体——中介，以及控制与规定能指与所指之间关系的规则——符码。俄国符号学家雅柯布森曾把符指过程[①]表示如下：

---

① 参见赵毅衡《文学符号学》，中国文联出版公司1990年版，第47页。

能指
所指

发送者————————→接收者

中介
符码

这个图式可以用拍电报加以说明。发电报的人是发送者，他依靠符码（电码本）把他的信息变成能指（电报），通过有线或无线电这一中介传出，接受者用符码解读收到的电文而认出所指，了解发送者的意思。整个符指过程便完成了。

戏剧的符指过程中，符号的发送者是全体演职员，符号的接受者是观众。相对而言，符号的发送者是个常数，一出戏剧，不管演出多少次，其演职员往往变动很少，而戏剧观众的变动则很大。除非是对某出戏剧特别入迷，或者是那些只求坐在戏院而不在乎演出内容的戏迷，很少有观众会接连观看同一戏剧的两次演出。这种情况与文学是一样的。文学符号的发送者（作者）也是一个常数，而接受者（读者）是一个变数。然而，文学作品的能指一经形成，便不再变动，不管读者如何变化，他们看到的总是同一能指。戏剧则相反，不同场次的观众看到的能指不会完全一样。因此，文学的符指过程不受时空限制，可以在时空中无限期地延长。而戏剧由于能指的一次性，其符指过程必然要受到时空的限制，不能中断，因此戏剧特别重视观众的参与。没有观众的参与，戏剧的符指过程便是未完成的，而且永远不可能再完成。而文学作品由于其能指的延续性，即使暂时没有读者，也有可能在将来找到读者，从而完成符指过程。因此，司汤达可以宣称，他的小说是写给下一代人看的，而莎士比亚却不能这样说。因为没有观众参与的戏剧演出只能是一个转瞬即逝的零符号，没有任何意义。1830 年，围绕法国作家雨果的著名戏剧《欧那尼》上演展开的"欧那尼"之战，本质是流派之争，但其焦点仍是争夺观众，因为只有赢得了观众，演出才会成功。

戏剧能指的一次性，使戏剧离不开观众，从而使其成为与现实联系最紧，对现实反映最敏锐的艺术种类之一。戏剧家们必须不停地调整自己的创作，以适应观众变化的思想、情感、欣赏趣味，适应时代的趋势、潮流。另一方面，这又使戏剧特别容易受到观众的左右。雨果的《欧那尼》受到观众的热烈欢迎，雨果接着写了一系列浪漫主义戏剧。而1843年，他的戏剧《城堡的伯爵》受到观众冷落，作为戏剧家，雨果便永远地沉默了下来。这种特点特别容易造成戏剧的"媚众"倾向。古罗马晚期，由于观众趣味的日益粗俗，戏剧演出变得越来越暴力、血腥，致使许多严肃的戏剧作家不得不放弃剧本的舞台演出，转而从事案头剧的创作，从而导致古罗马戏剧的衰落。现在的戏剧创作也存在着这样的现象。可见，戏剧的质量与观众的兴趣并不是完全同一的。戏剧如何一方面满足观众的要求，尽量争取更多的观众，一方面又克服"媚众"的倾向，不断地提高自己的艺术品位，争取思想与艺术的完美，这是值得每一个戏剧工作者认真研究的课题。

其二，从戏剧能指的形成过程看，戏剧观众对戏剧的能指会产生多方面的影响。

影响最重要的方面，是观众的反应会对演员的心理、情绪产生较大的影响，从而影响到戏剧的演出，影响戏剧能指的创造。戏剧是演员与观众面对面的交流，观众的素养、情绪，观众对戏剧、对演员演出的评价，在演出的过程中都会通过一定的形式表现出来，并直接对演员的心理、情绪和演出产生影响。观众素养高、懂行，对演出持肯定、赞赏的态度，会对演员产生正面的影响，使他能够高效率地发挥，尽心地表演，从而使戏剧演出取得比较完满的效果。如果观众的素养较低、不懂戏剧，对戏剧和演员的演出持否定、批评的态度，则会对演员产生负面的效果，使其承受一定的心理压力，表演受到限制，畏首畏尾，不敢大胆发挥，演出效果也会大受影响。

另一方面，戏剧是一种综合性的艺术。这种综合性不仅仅指演出是综合的，整体也是综合的。演出的综合是指戏剧的能指是由编剧、导演、演员、舞美、音乐等共同建构的；整体的综合则是指戏剧的能指的建构实际上有着观众的参与，是演出方与观看者共同努力的结果。比如就声音与音响效果而言，如果剧场喧闹，观众不配合、喝倒彩等，就会影响到戏剧的演出，对戏剧能指的构成造成一定的影响。现代的一些情景剧，往往在演员的演出之外，加上一些观众的正面的、肯定的反应如笑声、掌声等，目的就是增强演出的效果。就视觉效果而言也是如此。观众座位如果安排不当，前面的挡住后面的视线，观众没有无障碍的视野，戏剧演出的视觉效果便会受到影响，从而影响到其能指的构建。因此，正规剧场里的座位总是后面的比前面的高，目的就是使所有的观众都有良好的视野，享有最好的视觉效果。因此，即使演员素养很高，经验丰富，沉着冷静，表演时完全不受观众的影响，观众仍然会参与到戏剧能指的构建之中，对戏剧演出产生影响。

四 剧本能指与舞台能指

粗略一点，戏剧可以分为剧本与舞台演出两大部分。不过，剧本也可以作为一种文学文类而存在，像小说、诗歌一样，只供人们阅读。在这种情况下，剧本便与戏剧没有关系，它只是一种用特定规范写作的文学文本。实际上，有些作家写作剧本时根本没有考虑演出的问题，只是运用戏剧文学这种形式表达自己的思想感受，就如用小说、诗歌的形式一样，如歌德的《浮士德》。而有些读者也常常从纯文学的角度阅读剧本。

但是在本质上和实践中，剧本总是指向舞台演出，以舞台演出为目的与归属的。因此从根本上说剧本只能是戏剧的一部分，这就需要讨论它与演出的关系，这种关系可以从两个方面讨论。

一个方面是剧本与舞台演出，谁主谁次。

一种流行的观点认为，剧本剧本，一剧之本。剧本是戏剧的基础，戏剧是剧本的舞台实现。这种剧本中心论值得商榷。赵毅衡认为："戏剧的多中介性质是剧本无法摆脱的制约条件，在剧本中，演员的表演，舞台的布置，灯光的配备，音乐唱腔的规定等，都是不容否定的'预约'，不管有没有用舞台指示写明，这些中介的约定是剧本得以构成的必要前提。没有这些约定，剧本就不成其为剧本。"[1] 这种看法是正确的。从戏剧发展史的角度看，早期戏剧如莎士比亚时代的英国戏剧，其舞台演出往往是没有剧本的。剧作家可能事先有个大纲，或者仅仅是一点构想，再在演出的过程中逐步完善，最后用文字记录下来，这就是剧本。从这个角度看，剧本只是舞台演出的记录。现代戏剧实践的一般程序是，先有剧本，再进行演出。但这并未改变剧本的记录的性质，只是不是事后记录，而是事前记录，是剧作家对演出构想的记录。真正的戏剧家写剧本时，他脑中活动的必然是一幕幕真实的戏剧，

---

[1] 赵毅衡：《文学符号学》，中国文联出版公司1990年版，第241页。

剧本只是他用文字对这些想象中的演出的记录。也有些剧作家写剧本时的确没有考虑到演出，这种剧本往往不适宜于舞台演出，通常要经过导演的改写。在这种情况下，导演的改写本才是真正的剧本，剧作家的本子只是给导演提供了基本的思想、情节、素材等，就像导演改编的小说等文学文本一样。因此，流行的剧本中心论应该修正，在戏剧中，演出才是中心，剧本只是演出的记录。

我们这样说，并不是否定剧作家和剧本在戏剧中的地位。剧本既是演出前的记录，它实际上就为正式的舞台演出提供了蓝图，有时甚至是精确的蓝图。即使是无法演出的需经导演改编的文学本，它的思想、情节、素材等也必然成为舞台演出的基础，在这个意义上，说剧本是一剧之本也未尝不可。我们上面的分析只是肯定了这样一个事实：剧本是为演出服务的，而不是演出为剧本服务，演出是戏剧的中心。

另一方面是剧本能指与舞台能指之间的关系。

剧本能指与舞台能指最大的区别，是剧本能指是由语言建构的，而舞台能指则是由多种中介建构的。语言建构的能指具有间接性，无法直接给读者提供具体的视觉形象。而舞台演出的中介大多是实体的物质中介如演员、声、光、电、布景、道具等，给观众提供的是具体的视觉形象。比如要表现大雪纷飞、北风怒号这一规定情景，舞台上可以通过风机送风、舞台上空洒人造雪花、人们穿上厚厚的棉衣来表现，而剧本则只需也只能用文字来表现。戏剧本质上是一种舞台演出，剧本是为演出服务的。舞台能指的特点，决定了剧本创作时的两个特点：视觉性和简约性。

戏剧的舞台演出性质，决定了剧本只是一种不完全的符号行为，一种没有完全进入规定渠道完成符指过程的符号行为。要完成符指过程，剧本还必须进入舞台演出。前面说过，舞台演出是多中介的。这种多中介，决定了舞台演出的符号几乎全是象似符号。而剧本只有文字一种中介，这决定了它只能用语言这种规约符号来代替演出中的象似符号。因此，与舞台演出相比，剧本要简约、概括得多，并且，缺乏舞台演出的具体可感性。因此，人们看了剧本还要看演出。同时，这也对剧本的阅读提出了很高的要求。它要求阅读者有从单中介的概要推想出多中介的演出的能力。缺乏这种能力，阅读剧本就很难取得令人满意的效果。

戏剧符号是一个很复杂的问题，涉及多个方面，本书的探讨还是比较粗浅的，进一步的深入研究还有待专家和读者的共同努力。

第二节　媒介与媒体：传媒的两种含义及其区分

本节主要从文学的角度讨论传媒。

随着大众传媒的发展以及其作用与地位的与日俱增，传媒已成为文学研究的关键词之一。但传媒并不是单义词，它至少具有双重含义。一重含义指的是传播媒介，如广播、电视、网络等。一重含义是传播机构，指的则是掌握某种或某些传播媒介的机构与团体。然而这两重含义目前没有得到很好的区分，因而许多问题被掩盖了，许多问题无法得到有效的讨论。因此，要探讨传媒与文学的关系，首先需要对传媒的双重含义及其与文学的关系进行梳理与辨析。

一　媒介与传媒

先从媒介的角度讨论传媒。媒介本身也是一个非常复杂的概念。美国学者马克·波斯特把大众媒介时代区分成两个，以互联网为代表的新媒介出现之前的大众媒介时代为"第一媒介时代"，以互联网为代表的新媒介时代为"第二媒介时代"。波斯特认为，第一媒介时代是播放型传播模式盛行的时期，是由少数文化精英和知识分子主导的自上而下、由一对多的单向传播；以互联网为中心，结合信息"高速公路"、卫星技术与电视、电脑和电话的融合，大众媒介的第二个时代已经成为现实。第二媒介时代消解了传播中心，形成了人人都可参与的散点双向交流，传统的秩序与权威受到挑战。甚至民族国家的主权也一定程度地受到影响。波斯特指出："从某些方面看，因特网从根本上瓦解了民主—国家的区域性；网络空间中的音讯不容易被牛顿式的空间所限制，这使边界变得无效。……如果一个国家将某些交往行为规定为非法行为，那么各国家就得协调彼此的法律，以便对抗这些非法行为，这样各国神圣不可侵犯的'主权'就要受到质疑。"[①] 从种类的角度看，

[①] ［美］马克·波斯特：《第二媒介时代》，范静哗译，南京大学出版社2001年版，第28页。

不同的媒介也有着不同的功能。不过，本节不拟对媒介本身进行探讨，而是将媒介作为一个整体，探讨其与传媒、文学艺术的关系。

艺术不能凭空产生、存在。任何一种艺术，都需要一定的媒介做其支撑。文学自然也是如此。作为一种艺术门类，文学实际上要和两种媒介发生联系。一种是语言媒介，一种是传播媒介。文学是语言的艺术，文学自产生以来，就与语言有着不可分离的联系，换句话说，文学就是由语言建构的。从量的角度看，语言的变化与发展是巨大的，比如汉语，从古到今，可谓不可同日而语。而从质的角度说，作为文学媒介的语言自产生以来则没有什么变化，一直是人类用来表达认识、思想、感情的符号系统。语言的这种质的稳定性保证了文学形式的稳定性：不管文学的内容与艺术表现形式如何变化，但其基本形式——用语言反映生活、构建形象一直没有变化。

但是，语言本身无法传播，语言要从某一个体传达到另一个体，需要一定的媒介。最原始的传播媒介是人类的器官口和耳，但是口头传播有三个致命的弱点。其一，它无法超时空传播，自然的声音产生之后随即消失，传播的距离也有限制。其二，它缺乏必要的中介，只能通过人进行面对面的传播。其三，它难以将传播的内容准确地、原封不动地保存下来；接受者不一定能完全把握传播者的语言和意思，即使能够完全把握，也很难保证在将信息储存在大脑和再传播出来时，不走样变形。这样，文字产生之后，文学传播便主要以纸面媒介的形式进行。就中国来说，最早的文学文本是写在甲壳、金属、木片、竹简和丝帛等之上的。虽然原始，但已足以克服口头传播的弱点，将文学文本准确地、超时空地传播与保存。纸面传播使文学的精耕细作和读者的反复阅读成为可能，导致了文学形式的重大变化。但是早期的纸面传播也有其致命的弱点，那就是材料太贵，书写太难，由此导致文学作品的规模与文学传播的规模都非常有限，因此，它虽然克服了口头传播的弱点，但却无法取代口头传播成为文学传播的主导形式。另一方面，文学作品无法大规模展开，也就限制了文学与文化的普及，书面文学作品主要在社会上层流传，普通百姓的思想、感情、愿望、爱好与需要等难以直接进入文学作品，而狭小的规模又迫使作者只能更多地在"精"上下功夫，这就决定了这一时期文学作品的主导形式只能是以士阶层为主要服务对象的诗歌。造纸术与活字印刷术的发明使文学作品的规模与文学传播的大规模展开成为可能。随着文学传播的大规模展开，较大篇幅的叙事文学作品特别是小说也就大规模地发展起来，文学与文化开始向社会下层普及，普通群众特别是市民阶层开始大量进入文学阅读的行列，并日益成为小说的主要读者群，他们的思想、愿望、需要等得到重视，并在文学作品中表现出来，影响并推动文学作品内容与形式的变化。因此，本质上是与市民阶层对应的明清小说的发展与繁荣，与文学传播媒介的变化是密不可分的。进入近代，随着社会的发展，受西方的影响，一种新的文学传播媒介也就是报刊产生了。报刊成为作者与读者之间的纽带，一方面它引进文学作品的现代经营模式，为作家提供发表作品的渠道，对作家作品进行"把关"，使作家能够在经济上独立，造就了一大批职业作家队伍，影响、改变着作家的写作方式、生活方式和话语方式，对作家进行着导向，引导甚至控制文学的品位和趣味；另一方面，它又担当起向读者提供文学作品、与作者沟通的任务，并通过这种角色，反映、引导，有时甚至制造、控制着读者的阅读倾向与阅读趣味，制造阅读热点。报刊传媒对于中国近现代文学发展的影响是巨大的。20世纪下半期，以广播、影视、网络为代表的大众传媒兴起。大众传媒对于文学产生的影响，学者们多有论述。归纳起来，大致有如下几个方面：其一，大众传媒导致了新的艺术类型如影视和新的文学类型如网络文学、摄影小说、手机文学等的产生，对传统文学造成了挤压，使其日益边缘化，传统的小说、诗歌、散文等自足的文学样式有所萎缩，而依赖于大众传媒和其他艺术形式的文学样式如影视剧本、网络文学作品则得到快速发展；其二，大众传媒扩大了文学的公共空间，模糊了作家与读者、专业作家与业余写手等之间的界线，消除了传统文学森严的等级界限，在使文学愈来愈民主化、民间化、自由化的同时，也使文学愈来愈时尚化、平面化、通俗化；其三，大众传媒所形成的新的生活方式、表现手段，导致了文学生产与文学阅读的重组，以及文学内容与形式的变化。

由此可见，传播媒介对于文学具有重大的影响。在这个意义上，传媒对于文学的作用与影响不可低估。当代中国文学批评与研究一直偏重于对思潮演变的审视和对作家作品的解读，对于传媒对文学的影响与作用注意不够，因此，在当前与今后一段时间内，重视对传媒与文学关系的研究是应该也是必需的。但是，现在的问题在于，批评界过分夸大了作为传播媒介的传媒对于文学的作用，似乎当前决定着文学的前途与命运的主要不是语言与现实生活，而是科技时代的骄子大众传媒。这种观点是值得商榷的。传媒对于文学的确具有重要影响，但是正如列宁所说，真理向前多走一步就成了谬误①，这种影响也不宜高估。首先，传媒只是对文学产生影响的媒介之一，对文学产生着重要影响的还有语言这一媒介，而且相对而言，后者对于文学的影响比前者的更为重要也更为深远。传媒对于文学的影响具有阶段性与局部性，如报刊对于文学的影响在20世纪上半叶达到高潮，而现在则在慢慢衰退，而且即使在报刊对于文学影响的全盛时期，它也不可能排除其他传播媒介如书籍、传单等对于文学的影响。而作为媒介的语言对于文学的影响则是永恒的、内在的、全面的。② 其次，与现实生活相比，传媒对于文学的影响也是次要的。恩格斯指出："直接的物质的生活资料的生产，从而一个民族或一个时代的一定的经济发展阶段，便构成为基础，人们的国家设施、法的观念、艺术以至宗教观念，就是从这个基础上发展起来的，因而，也必须由这个基础来解释，而不是像过去那样做得相反。"③ 恩格斯的观点对于我们有着方法论的意义。归根结底，文学是建立在现实生活的基础之上的，因而也是由现实生活所决定的。传媒对于文学的影响，主要依靠的是建基于其科技性上的传播方式。相对现实生活而言，这种影响更多地局限于形式的领域。自然，传媒特别是现代传媒也要作为一个组成部分进入现实生活，影响到人的生活方式与思想感情。但是与传媒相关的生活已经是生活，而不是传媒了，它对文学的影响是生活对文学的影响，而不是传媒对文学的影响。因此，不应过分夸大传媒对于文学的影响，也不应过分夸大通过新型媒体创作的文学与传统的纸质文学的区别。

二 媒体与传媒

再看作为传播机构的传媒。

如果说作为传播媒介的传媒是客观的、中性的，它对文学的影响主要是

---

① ［苏联］列宁：《共产主义运动中的"左派幼稚病"》，载《列宁选集》第四卷，人民出版社2012年版，第211页。原文是"只要再多走一小步，看来像是朝同一方向多走了一小步，真理就会变成错误。"

② 自然，对于文学而言，语言不仅仅是一种媒介，语言与文学的关系十分复杂。参见赵炎秋《形象诗学》第二章、第四章，中国社会科学出版社2004年版。

③ ［德］恩格斯：《在马克思墓前的讲话》，载《马克思恩格斯选集》第三卷，人民出版社2012年版，第1002页。

由它本身的特点和科技属性所决定的，那么，作为团体与机构的传媒则是主观的、自为的，它对文学的影响主要是由它的主体性所决定的，这种意义上的传媒也可称为"媒体"。

影响、决定着作为机构的传媒的主体性因素主要表现在两个方面：一是体制，一是媒体自身的立场、观点与利益。

任何媒体都不可能是自足的存在，它必然处于多重体制之中，接受这些体制的制度、行政、意识形态等方面的领导与管理。比如一家报纸。首先，它要受到资方也即报纸的所有者的领导，不能做违反报纸所有者的意志与意愿的事，不能发表与报纸所有者的意见与观点相反的意见与观点。其次，它要受到其所在地和所在国行政当局的领导与管理，不能做行政当局明确禁止的事情，不能发表行政当局明确禁止的议论。海湾战争时期，美国政府害怕不利的新闻报道影响美军士气，影响美国民众对于战争的支持，不准美国报刊发表对美军不利的新闻，美国的报纸就很难违反。最后，它要受到相关的法律、法规以及意识形态等的影响。在美国，一家报纸不能发表有种族歧视内容和轻视妇女内容的观点，否则，就会引起大的麻烦。另外，在这个世界上，任何一家报纸都很难发表偷盗有理、乞讨光荣的言论，因为这不符合各国法律和公众认可的行为准则。自然，体制的制约有刚性的一面，也有柔性的一面，一般地说，政治、行政、法律的制约偏于刚性，意识形态、舆论、观念的制约偏于柔性。但不管是刚性还是柔性，这些制约是媒体很难回避的。

另一方面，任何传播机构都是由活生生的个体所组成的，这些个体有着自己的思想、立场与利益，而构成一个有机的整体之后，作为这个整体的机构又会形成自己统一的思想、立场与利益。这些，是构成媒体主体性的又一个方面的重要因素。最近，一些网络媒体包括一些知名网站一再爆出低俗内容，一些网络"大V"也常被爆出存在各种问题，主要原因不在于这些媒体和"大V"对于低俗内容的危害性认识不足，也不一定是这些媒体或这些媒体的从业人员以及网络"大V"们喜欢这些低俗的内容，而在于利益的驱使。此外，出版社有的倾向于出版纯文学作品，有的热衷于出版通俗文学作品，有的热衷于出版科幻作品，有的热衷于出版儿童文学作品，也不仅仅是因为国家给它们的定位与分工，与这些出版社的自我定位和其对文学、文化等的认识也是密不可分的。

　　自然，如果考虑到自媒体，媒体的问题就更加复杂。不过，自媒体大多规模较小，利益更加多元，其主观意愿的影响便会有一个相互抵消的现象，只有在全体和大多数一致的情况下，自媒体才可能产生较大的影响。但这种一致，往往需要某种契机，需要民众的基础。

　　对于媒体来说，体制的制约是外来的、强制的，而自己的思想、立场与利益的驱动则是内在的、自发的；然而，对于文学来说，这两者并没有很大的区别，它们都要通过媒体对文学产生影响。某种类型的文学作品出版社不予出版，不管是出于体制的要求，还是出于出版社对自己利益的考虑，对于文学来说，结果都是一样的。因此，体制与媒体自身的思想立场与利益都是形成媒体主体性的要素。

　　自现代意义上的媒体形成之后，它们便总是要根据自己的主体性进行有意识的操作，以对文学活动施加影响，使其符合自己的观点与利益，使其朝着自己意愿的方向发展。在中国现代文学史上，《小说月报》主要发表现实主义倾向的文学作品，而《创造》季刊则主要发表浪漫主义作品，二者共同创造了 20 世纪 20 年代我国文学的繁荣。这与两个杂志的主要编辑者茅盾和郭沫若，以及这两个杂志背后的文学团体"文学研究社"和"创造社"的文学倾向和文学主张是紧密相联的。早一向，湖南两个"美女教授"在电视上讲授胡林翼和李清照，一个大讲胡林翼的风流韵事，一个则宣称李清照是酒鬼、同性恋者。一时闹得沸沸扬扬。但笔者曾亲耳听到作为主讲者之一的某教授自己介绍，那些内容和观点其实并不是她们原稿上的，而是电视台为了增加收视率要求她们增加的，有些甚至是电视台先打出预告再逼使她们增加的。由此可见，媒体根据自己的主体性对文学施加的影响既有积极的一面，也有消极的一面。消极的一面发展到极端，就是传媒的滥用。这有两层意思。一层意思是媒体不加控制地使用传媒，将某种媒介的属性运用到不该用的方面。如某些视频网站利用网络视频形象具体逼真的特点，上传一些裸体、半裸体女人的照片，甚至一些不健康的动作。另一层意思是某些媒体出于对自身的利益考虑等原因，不愿做某些方面的工作，或者热衷于做某些方面的工作，却把这种有意识的选择说成是媒介本身的要求，把明明是媒体出于自己的主体性的自主行为归因到媒介的特性上去，以逃避媒体自己应负的责任。如某些文学网站热衷于发表、刊登通俗甚至低俗的文学作品,不愿发表、刊登严肃、经典的文学作品。这里有一个点击率以及由点击率带来的利益的问题。但是这些网站一般把这种现象归因为网络的高开放度、高流通性、高覆盖率,认为网络的流通量太大,可选择的东西太多,只有通俗、新颖、符合广大网民口味的作品才能吸引网民的眼球,吸引网民阅读。因此,在网络上,通俗排斥高雅、写手取代作家、快餐代替精品,都是由网络本身的特性所决定的。这样,媒体本身的责任便消失了。

其实,媒介是中性的,它有自己的属性,而这些属性如何运用,如何发挥作用,则是由人决定的。不光新型传媒是这样,传统传媒也是这样,如报刊。报刊是一种纸质传媒,其特点是定期出版,价格低廉,方便快捷,形式多样。在大众传媒兴起之前,报刊对于文学的发展与繁荣起了决定性的作用。但是,不同的媒体(报馆、杂志社)对于报刊这一传播媒介的运用则是不同的。梁启超等利用杂志发表政治小说,以启民智,鼓动变革;鸳鸯蝴蝶派刊物《礼拜六》利用杂志推行消遣休闲文学;创造社刊物《创造》利用杂志发表浪漫文学作品;文学研究会刊物《小说月报》利用杂志刊登现实主义作品。作为传播媒介,这些刊物的传播功能都是一样的,但在不同的媒体手中,其与文学的关系,对文学产生的作用却是不同的。传统传媒是这样,大众传媒自然也是这样。网络既可发表、刊登经典文学作品,也可发表、刊登快餐文学作品,既可鼓励创新型作品,也可支持模式化作品。由此可见,作为媒介的传媒在文学中的作用是复杂的,它可以是积极的,也可以是消极的。究竟产生什么作用,在很大程度上取决于作为传播机构的传媒也即媒体的运作。

因此,有必要将作为传播媒介的传媒与作为传播机构的传媒区分开来(比如,可以将前者称为传播媒介或媒介,将后者称为媒体),探讨两者各自的内涵、作用及与文学的关系。只有这样,我们才能对媒体有一个正确的认识,更好地理解与处理大众传媒时代传媒与文学的关系。

第三节 鲍勃·迪伦事件与诺贝尔奖评委会的文学观

美国民谣歌手鲍勃·迪伦获得诺贝尔文学奖,是 2016 年世界文坛的一件大事。这一事件冲击了我们的文学观,但它能在多大程度上改变我们的文学观,则似乎还是一个值得探讨的问题。

一 鲍勃·迪伦事件对精英文化与大众文化的界限的突破

鲍勃·迪伦事件产生的冲击波,源于它在诺贝尔文学奖的历史上实现了两个大的突破。

第一个突破是打破了精英文化与大众文化的界限。

在诺贝尔奖历史上,文学奖得主一直属于精英文学阶层。即使是罗素、蒙森、丘吉尔这样的非文学类获奖作家,仍是众所公认的社会与文化精英。罗素是20世纪英国著名哲学家,曾长期执西方哲学界牛耳;丘吉尔是英国著名政治家,曾任英国首相,在第二次世界大战前后的世界舞台起过举足轻重的作用;蒙森是德国著名的古罗马史专家,1902年的颁奖词中,诺贝尔奖评委会称他是"当今世界最伟大的修史巨匠"。而迪伦则是地地道道的民间歌手。虽然他曾获得格莱美奖、奥斯卡奖、金球奖、普利策奖等几乎所有的文艺界奖项,并入选美国摇滚名人堂(1988年),获得了美国自由勋章(2012年),成为首位入选美国艺术文学院的摇滚音乐家(2013年),也不可否认,他的歌词有思想、有激情、有诗意,富于独创,但这并不能改变他民间歌手的身份。迪伦自己也坚持认为:"我始终只是个民谣歌手而已,在歌唱的时间热泪盈眶,歌声在闪光的雾气间浮动。"[①] 他始终坚持为大众演唱,自觉与精英拉开距离。从某种意义上说,他是20世纪兴起的大众文化的代表。诺贝尔奖评委会将文学奖授予他,是考虑了时代的发展与大众文化在当前时代所扮演的重要角色的。

一方面,在农耕时代与工业时代,知识的分化还没有现在这样精细,知识分子大都有一定的文学修养,对于文艺的看法容易达成共识。另一方面,在当时的社会总人口中,知识分子占的比例相对较小,广大群众或者文化程度不高,或者干脆就不识字,因此他们对文艺的需求,大多处于较低的层次,因此,大众一般不积极参与高雅文学的阅读与评价。这反而有利于高雅

---

① [法]让-多米尼克·布里埃:《鲍勃·迪伦:诗人之歌》扉页题词,文蕴译,湖南人民出版社2017年版。

文学的发展。此外，由于时代、社会的原因，大众文化在农耕与工业时代无法产生，高雅文学缺乏强有力的竞争对手。在中国古代，诗歌、散文长期处于主导地位，小说、戏剧长期不受重视。而明清时期，小说、戏剧虽然得到长足发展，但小说、戏剧内部雅俗之间的界限仍然比较分明。这说明当时的社会状况有利于高雅文学的发展。而消费时代则不同。首先，知识的分化十分精细，很多有知识的人不一定有文学修养。其次，在社会总人口中，知识分子所占比例大幅提高，大学毕业及以上文化程度的人占到成年人口的1/3以上。这些知识人口中，大部分缺乏专业的文学或文艺修养，但他们同样需要精神的愉悦与情感的满足，需要文学和文艺作品。并且这些人虽然缺乏专业的文学和艺术修养，却并不缺乏专业知识和文化修养，因此他们不可能成为沉默的大多数，他们的爱好、愿望与要求必然要在文化与文艺活动中表现出来。这就必然导致大众文化的兴起，导致精英文化与通俗文化之间界限的模糊。诺贝尔奖评委会授予迪伦诺贝尔文学奖，从某种意义上说，也是对这一现象的肯定。

笔者曾在一篇文章中指出，任何学科的内部都是一个金字塔形的结构，越往上的产品越高精尖，受众面相应地也就越小。[①] 如果从学科的角度考察，毫无疑问，文学有其高精尖的作品，大众文化也有其高精尖的作品。但问题在于，以往在进行相关评价时，我们并没有将所有学科放在平等的地位进行考察，而是将某些学科或者艺术类型放在另一些学科或艺术类型之上，从而将学科或者艺术分为几个层次。只有处于较高层次的学科或者艺术类型才能得到相应的肯定，处于较低层次的学科或者艺术类型即使再好，也很难得到相应的肯定，无法得到相应奖项的青睐。这其实是不公平的，也不利于满足人们丰富多彩的精神追求与情感需要。

其实，这一问题习近平总书记2014年就已看到。在发表于2014年的《在文艺工作座谈会上的讲话》中，习近平总书记强调指出："优秀作品并不拘于一格、不形于一态、不定于一尊，既要有阳春白雪、也要有下里巴人，既要顶天立地、也要铺天盖地。只要有正能量、有感染力，能够温润心

---

① 参见赵炎秋《学科视野下的文学与市场》，《文学评论》2014年第6期。

灵、启迪心智，传得开、留得下，为人民群众所喜爱，这就是优秀作品。"①各种类型、各种方法、各个层次的创作都可以出优秀作品。所有文类一律平等，都能出现优秀作品，都应重视。笔者以为，这一思想十分重要。消费时代是以消费者为主导的时代，文艺的消费者也即读者和观众是多元的，其要求也是多元的，不能用一种思想、一种或几种文类一统天下。不能人为地将文艺划分为不同等级，提倡一类打压一类。群众任何文艺消费的要求都有权利得到满足，任何种类的文艺作品都有权利存在，各种类型的文艺消费者都有权利得到脍炙人口的作品。

值得注意的是，当地时间2016年12月10日下午4：30，在斯德哥尔摩举行的2016诺贝尔文学奖颁奖典礼上，诺贝尔奖评委霍拉斯·恩格道尔发表的对鲍勃·迪伦的授奖词中，也有类似的论述："通过授予鲍勃·迪伦诺贝尔奖来认可这一革命，这是一个仅在事前看来大胆的决定，现在已觉顺理成章。但是他获奖是因为他撼动了文学体制吗？不完全是。有一个更简单的解释。这一解释，我们与所有那些带着悸动的心，在他永不停歇的演唱会舞台前等待那个富有魔力的声音的人共享。尚福说，当一位如拉·封丹一样的大师出现时，文类的等级——关于文学中孰大孰小、孰高孰低的评价——便失效了。'当一件作品的美隶属最高等级时，作品的等级又有什么意义呢？'他写道。这是对于为何鲍勃·迪伦属于文学的最直接的回答：因为他的歌曲之美隶属最高等级。"② 实际上，恩格道尔的整篇授奖词都是在阐释授予迪伦诺贝尔奖的理由。一方面，他承认迪伦的作品不是通常意义上的精英文学，而是歌曲；另一方面，他又反复申述，迪伦的歌曲之美是最高的美，就像"在某些时刻，轶事和信件就发展为现代小说，街头圆桶板台上的杂耍就发展为剧场演出，地方语的唱腔废黜了拉丁诗歌，拉·封丹把关于动物的寓言和安徒生童话从童谣发展为法国高蹈派诗歌"一样，鲍勃·迪伦通过抓住并改变"一个简单的、被忽略的艺术形式"，给世界文学带来了"伟大的转变"。鲍勃·迪伦以他的成就，"改变了我们关于诗歌可以是什么，以及诗

---

① 习近平：《在文艺工作座谈会上的讲话》，《人民日报》2015年10月15日第2版。
② 参见《诺贝尔文学奖：迪伦领奖演讲和颁奖词》，http://mt.sohu.com/d20161211/121248646_488738.shtml，2021年3月5日。

歌可以如何作用的观点"。① 恩格道尔认为诺贝尔奖评委会授予迪伦诺贝尔文学奖的最高理由，是"他的歌曲之美隶属最高等级"。他没有以通行的文学概念来要求迪伦的作品，反而是要求人们根据迪伦的作品调整自己的文学观念。

诺贝尔奖评委会打破通行的文学观念，将歌曲纳入文学的范畴，并授予其文学奖。这与习总书记《在文艺工作座谈会上的讲话》强调的优秀作品"不拘于一格、不形于一态、不定于一尊"有内在的相通之处。二者都是在消费社会语境中对文艺多样性的肯定与认可，二者都注意到了大众的文艺消费需求和大众文化的强劲发展势头，二者都以"美"而不是"类别""精英""通俗"作为文艺评价的最高标准。

不过，《在文艺工作座谈会上的讲话》与诺贝尔文学奖的语境还是有区别的。《在文艺工作座谈会上的讲话》针对的是整个文艺界、所有的文艺类型和文艺作品，而诺贝尔文学奖针对的则是文学。《在文艺工作座谈会上的讲话》中的优秀作品没有范围的限制，而诺贝尔文学奖则只能在文学范围内授奖。换句话说，诺贝尔文学奖有文类的限制。鲍勃·迪伦的歌曲的确是优秀作品，但是否是文学类的优秀作品，则似乎还有可以商榷的地方。

二 鲍勃·迪伦事件对文学与非文学的界限的突破

这便牵涉到本书要讨论的第二个问题，也即迪伦事件的第二个突破：打破了文学与非文学的界限。

诺贝尔奖评委会在授予鲍勃·迪伦诺贝尔文学奖时，赞扬"他在伟大的美国歌谣传统中创造了新的诗性表达"。可见，迪伦成就的主要领域是歌谣。但是，歌谣能否进入文学的范围，至少是个尚可商榷的问题。就迪伦所获得的美国国内各种奖项来看，无论是格莱美奖、奥斯卡奖，还是金球奖，都不是文学奖而是艺术奖；而迪伦入选美国摇滚名人堂，获得自由勋章，以及成为首位入选美国艺术文学院的摇滚音乐家，也都不是作为文学家的代表。只有普利策奖与文学有一定的关系。但迪伦2008年获得的是普利策特别褒扬奖（Pulitzer Prize Special Citations and Awards），这个奖项是一种特别奖，不在

---

① http://mt.sohu.com/d20161211/121248646_488738.shtml，2021年3月5日。

小说、戏剧、诗歌、美国历史作品、自传或传记、非小说作品、音乐作曲这七个文学艺术奖之内。这说明，在迪伦获得诺贝尔文学奖之前，美国国内基本上还是将他看作艺术家而不是文学家，尽管有些主流批评家如克里斯托弗·里克斯和作家如艾伦·金斯堡强调他同时也是一位诗人，但这并没在美国成为共识。诺贝尔奖评委会的决定，扩大了文学的范围，使文学涉足艺术的领域。

当然，这也不是诺贝尔文学奖第一次涉足文学之外的领域。当诺贝尔奖评委会将文学奖授予罗素、奥铿、柏格森、丘吉尔、蒙森等人的时候，诺贝尔文学奖实际上就已跨界到文学之外的哲学、历史、政治等领域。从这个意义上说，诺贝尔奖评委会所秉持的文学观并不是通行的纯文学观，而是一种大文学观或者说泛文学观。自然，从某种意义上说，诺贝尔奖评委会的这种文学观，与诺贝尔本人的思想也有一定的关系。诺贝尔的遗嘱中关于文学奖的原话是："一份奖给在文学界创作出具有理想倾向的最佳作品的人。"强调的是具有理想倾向的最佳作品。诺贝尔没有用"最佳文学作品"这一术语，而是选用了"文学界"对"最佳作品"进行限定。显然，这一限定比"文学作品"这一限定要宽泛得多。"文学作品"可以直接对获奖作品的类型进行限制，而"文学界"显然无法做出这种直接的限制。从人员构成来说，文学界除了直接从事文学创作的人员外，也包括文学活动所涉及的其他人员，如批评家、出版家，以及对文学活动产生了重要影响的哲学家、历史学家等。从产品的角度看，文学界的产品除了文学作品外，也必然包括那些与文学活动相关的其他作品，如批评著作、作家传记，以及对文学创作产生了重大影响的哲学、历史著作。由此可见，诺贝尔文学奖评审委员会的大文学观其实并没违反诺贝尔遗嘱的精神。

不过，鲍勃·迪伦的情况又有所不同。罗素等人创作的虽然不是文学作品，但至少是纯语言文字作品，而且本身具有一定的文学性，或者曾给其所处时代的文学以重要的影响。从这个角度看，诺贝尔奖评委会授予他们文学奖，似乎还不太出格，偏离诺贝尔遗嘱的精神也还不太远。但授予一个歌谣作者与演唱者以诺贝尔文学奖，则似乎走得远了一点。

歌谣虽然也有文字部分（歌词），但这文字是与音乐密切联系的，作者在创作的时候会将文字与音乐一起构思、考虑，二者在本质上是不可分的。

歌谣的内容、形式与效果，实际上都无法离开音乐而不受损害和影响。如鲍勃·迪伦最有名的歌谣之一《答案在风中飘扬》。歌词是这样的："一个男人要走过多少路/才能被称为真正的人/一只白鸽要飞过多少片大海/才能在沙丘安眠/炮弹要多少次掠过天空/才能被永远禁止/答案啊 我的朋友 在风中飘扬/答案它在这风中飘扬/一座山要伫立多少年/才能被冲刷入海/一些人要存在多少年/才能获得自由/一个人要回转过多少次头/才能假装什么都没看见/答案啊 我的朋友 在风中飘扬/答案它在这风中飘扬/一个人要仰望多少次/才能望见天空/一个人有多少耳朵/才能听见身后人的哭泣/要牺牲多少条生命/才能知道太多的人已经死去/答案啊 我的朋友 在风中飘扬/答案它在这风中飘扬。"这首歌谣创作于1962年4月，但迪伦本人并没有把它唱红，将它唱红的是"Peter, Paul & Mary 三重唱"组合。它们的演唱使这首歌红遍全美并且在1963年夺得全美排行的亚军。国内乐坛也有类似的情况。汪峰创作了歌曲《春天里》，但他自己并没有将这首唱红，将它唱红的是"旭日阳刚"组合。这使我们意识到，歌谣的内容、形式与效果不仅与它的文字（歌词）有关，而且与它的音乐有关，甚至与它的演唱者也有关。如果去掉音乐以及演唱者，要准确评价歌谣实际上是不可能的。

　　再看《答案在风中飘扬》的歌词，应该承认，歌词的形式是优美的，思想积极而且具有普遍性。但首先，它的形式（如反复咏叹）与它的音乐相关；其次，它的意境的营构、思想的挖掘也与它的音乐相关。歌谣的通俗性要求也对其产生了一定的影响。试将其与典范的诗歌，比如余光中的《乡愁》比较。"小时候，乡愁是一枚小小的邮票/我在这头/母亲在那头/长大后，乡愁是一张窄窄的船票/我在这头/新娘在那头/后来啊，乡愁是一方矮矮的坟墓/我在外头/母亲在里头/而现在/乡愁是一弯浅浅的海峡/我在这头/大陆在那头。"应该承认，《乡愁》形式更为简洁，意象也更加优美。自然，余光中的这首诗受了美国摇滚乐的影响，构思时也考虑了谱曲的可能性，因此，它与《答案在风中飘扬》的距离拉得还不是很开。如果与其他构思时没有考虑谱曲的诗歌相比，比如艾略特的《荒原》：

　　　　四月是最残忍的一个月，荒地上
　　　　长着丁香，把回忆和欲望

> 参合在一起，又让春雨
> 催促那些迟钝的根芽。
> 冬天使我们温暖，大地
> 给助人遗忘的雪覆盖着，又叫
> 枯干的球根提供少许生命。
> 夏天来得出人意外，在下阵雨的时候
> 来到了斯丹卜基西；我们在柱廊下躲避，
> 等太阳出来又进了霍夫加登，
> 喝咖啡，闲谈了一个小时。
> 我不是俄国人，我是立陶宛来的，是地道的德国人。
> 而且我们小时候住在大公那里
> 我表兄家，他带着我出去滑雪橇，
> 我很害怕。他说，玛丽，
> 玛丽，牢牢揪住。我们就往下冲。
> 在山上，那里你觉得自由。
> 大半个晚上我看书，冬天我到南方。①

　　这是《荒原》的开头一段，诗的思想的复杂、表达的隐晦显然都要高于《答案在风中飘扬》，自然，它也无法谱成歌曲在大众面前演唱。由此可见，歌谣与诗歌的构成方式不同，评价标准也不一致。将两者放在一起进行评价，实际上是件很困难的事情。

　　从某种意义上说，歌谣与戏剧是不同的。剧本的写作虽然也要考虑舞台演出的问题，但二者的结合并不特别紧密。很多剧作家在创作剧本时，更多考虑的是如何将自己构思的形象与思想表达出来。因此，从剧本到舞台演出往往还有一个中间环节，即演出本。也就是说，剧本往往要由导演或者编剧本人改编成舞台演出本，才能成为舞台演出的依据。这种改编，往往要对剧本进行某种程度的改变。而歌谣则不同，歌词与音乐的结合十分紧密。歌词的作者在创作歌词时必须考虑配乐的问题。在歌词作者与音乐作者是同一个

---

① ［英］托·斯·艾略特：《荒原》，赵萝蕤、张子清等译，北京燕山出版社2008年版，第50—51页。

人的情况下，歌词与音乐往往是同时形成、密不可分的。而在歌词作者与音乐作者不是同一人的情况下，音乐作者对歌词的改动也往往很少，换句话说，歌词在创作时就先天地具备了音乐的元素。而且，由于音乐的原因，歌谣在形象的构建、故事的叙述、意义的呈现等方面，与剧本也是不同的。因此，传统上剧本一般纳入文学的范围，而歌词纳入文学范围的情况则较少，即使纳入，一般也不将之作为规范的文学作品。

文学虽然从未有过一成不变的边界，但有一点应该是不变的，即它是语言的艺术。有学者认为："文学是以语言文字为基本媒介而进行的人类审美情志之创造、传达和接受。"[1] 用语言文字构建形象、表达情志、反映生活，这是文学最基本的规定性。无视这一点，必然会对文学的根基产生冲击。长此以往，文学与艺术以及人类其他精神产品的界限必然逐渐模糊，从而影响文学的健康发展。

三 视觉艺术与语言艺术能否分享同一奖项？

诺贝尔奖评委会的文学观从来不是循规蹈矩的。它常常给我们惊奇。惊奇之后自然是反思。鲍勃·迪伦事件对当前通行的文学观产生了冲击，这是好事。这说明诺贝尔奖评委会的与时俱进，也使我们再度审视文学与大众文化的关系，审视文学与艺术的关系，审视文学这一概念本身。但我们是否一定要以诺贝尔奖评委会的文学观为依据来改变我们的文学观？还是应该具体情况具体分析。

文学和艺术的最大区别在于，文学以文字为材料建构形象、表达情感、反映社会生活，而艺术（这里特指视觉艺术也即图像，不包括声音艺术如音乐）以线条、色彩、光线、体积、人体等为材料构建形象、表达情感、反映生活。与此相关，文学形成的是诉诸心灵的形象，图像形成的是诉诸视觉的形象。又与此相关，艺术用能指表征世界，而文学是用所指表征世界。因此，图像艺术与文学是两种不同的艺术类型，它们很难用同一标准来进行衡量。从这一角度来说，诺贝尔文学奖是不能授予图像艺术的，而只应授

---

[1] 杜书瀛：《文学可以定义吗，如何定义？——兼论南帆、陶东风文学理论教材的功过是非》，《文艺争鸣》2016年第6期。

予语言艺术。

鲍勃·迪伦以歌谣获奖。歌谣虽然被划入艺术，但实际上它并不属于图像也即视觉艺术的范围。歌谣的歌词是文字，它的旋律是声音（音乐），因此，它实际上是语言艺术与声音艺术的结合，而与图像艺术没有什么关系。歌谣诉诸的也是人的心灵，也是用所指来表征世界。从这个角度看，它与文字和文学更加接近。因此，诺贝尔文学奖评委会将奖项授予鲍勃·迪伦，一方面的确是惊世之举，但另一方面也并不十分违背文学奖的基本界定。

但我们不能以此为突破口，将诺贝尔文学奖的砝码更多地偏向语言艺术与声音艺术的结合体，更不能将视觉艺术也纳入诺贝尔文学奖的评审范围。那样，虽然有人高兴，但会有更多的人伤心。因为它必然改变诺贝尔文学奖的性质，混淆图像与文字的区别，最终造成对二者的扭曲与损害。诺贝尔文学奖还是应该以语言艺术为主要的授奖对象，这才是诺贝尔设立文学奖的初衷，是诺贝尔文学奖的正道。

参考文献

（收录范围：本书注释中的文献，作者写作
过程中涉及的文献）

一 论文

鲍远福：《新媒体文本表意论：从"语图关系"到"语图间性"》，《南京邮电大学学报》（社会科学版）2016年第1期。

鲍远福：《语图关系研究视域中的"微叙事"》，《廊坊师范学院学报》（社会科学版）2016年第2期。

包兆会：《"图文"体中图像的叙述与功用——以传统文学和摄影文学中的图像为例》，《文艺理论研究》2006年第4期。

包兆会：《当代视觉文化背景下的"语-图"关系》，《江西社会科学》2007年第9期。

陈静：《从对〈春〉的解读看贡布里希的图像学思想》，《新美术》2018年第3期。

邓绍秋：《禅宗美学视野下的文字与图像关系研究——当代图像的异化及其与禅宗公案的异趣同构》，《四川师范大学学报》（社会科学版）2013年第4期。

杜书瀛：《文学可以定义吗，如何定义？——兼论南帆、陶东风文学理论教材的功过是非》，《文艺争鸣》2016年第6期。

段德宁：《语图互文修辞的理论基础及其策略》，《河南师范大学学报》（哲学社会科学版）2016年第1期。

段德宁：《试论语图修辞研究——兼谈两种语图互文修辞格》，《内蒙古社会科学》（汉文版）2017年第4期。

段炼：《绘画图像的符号化问题——视觉文化符号学的读图实践》，《美术研究》2013年第4期。

段炼：《视觉文化与艺术史研究中的符号学》，《美术观察》2014年第6期。

段炼：《符号阐释的世界——视觉文化研究与艺术史研究的多维观点》，《美术观察》2014年第9期。

段炼：《符号涅槃？——视觉文化研究的方法论前沿》，《美术观察》2017年第10期。

方汀：《中国美术史研究的反思》，《美术观察》2016年第11期。

傅修延：《为什么麦克卢汉说中国人是"听觉人"——中国文化的听觉传统及其对叙事的影响》，《文学评论》2016年第1期。

盖生：《"文学终结论"疑析——兼论经典的文学写作价值的永恒性》，《文艺理论研究》2006年第2期。

高建平：《文学与图像的对立与共生》，《文学评论》2005年第6期。

高磊：《应该终结的"文学终结论"》，《文艺争鸣》2006年第1期。

龚举善：《图像叙事的发生逻辑及语图互文诗学的运行机制》，《文艺评论》2017年第1期。

韩清玉：《文学图像学视域下的宗白华诗画关系论》，《内蒙古社会科学》（汉文版）2018年第6期。

贺华：《布雷德坎普的新图像学——作为图像学的艺术史》，《美术向导》2012年第2期。

贺华：《艺术史的图像学——浅析布雷德坎普的德国新图像学》，《美术观察》2016年第3期。

黄柏刚：《图像时代文学的新质融入与发展的可能性探讨》，《茂名学院学报》2005年第2期。

黄有发：《挂小说的羊头 卖剧本的狗肉——影视时代的小说危机》（上），《文艺争鸣》2004年第1期。

[美] J. 希利斯·米勒：《全球化时代文学研究还会继续存在吗？》，国荣译，《文学评论》2001年第1期。

金惠敏：《图像增殖与文学的当前危机》，《中国社会科学》2004 年第 5 期。
金惠敏：《从形象到拟像》，《文学评论》2005 年第 2 期。
金惠敏：《审美化研究的图像学路线》，《文学评论》2012 年第 2 期。
蓝江：《在美杜莎与宁芙之间——论阿甘本的图像理论》，《文艺理论研究》2015 年第 6 期。
李长生：《视觉文化研究四题：视觉化、视觉性、视觉制度与视觉现代性》，《文艺评论》2014 年第 5 期。
李春青、袁晶：《"形式"的意义：近年来中国学界形式主义文论研究之反思》，《中国文学研究》2013 年第 2 期。
李鸿祥：《论视觉的二重性》，《文艺理论研究》2004 年第 1 期。
李辉：《追寻"黑画事件"始末》，《书城》2008 年 8 月号。
李建盛：《诠释学意识与文学理解事件的辩证法》，《中国文学研究》2015 年第 3 期。
李金辉：《视觉图像现象学——以"视域"的发生和构造为基础的理论范式》，《世界哲学》2012 年第 1 期。
李明彦：《语图互文理论中的中国诗学因素》，《文艺争鸣》2014 年第 12 期。
李素军：《图像细读：发掘视觉艺术的含义——以〈阿尔诺芬尼夫妇像〉为例》，《文艺研究》2015 年第 11 期。
林成文：《从形式主义到图像学——潘诺夫斯基的透视学理论研究》，《中南大学学报》（社会科学版）2016 年第 5 期。
刘晋晋：《视觉文化之名》，《美术研究》2011 年第 1 期。
刘晋晋：《何谓视觉性？——视觉文化核心术语的前世今生》，《美术观察》2011 年第 11 期。
刘巍：《关于"文学图像化"的几点思考》，《理论学刊》2010 年第 7 期。
刘晓杰：《〈雪夜访普图〉的图像学解读》，《齐鲁艺苑》2013 年第 4 期。
刘须明：《论拜厄特小说的语图叙事及其文学价值》，《当代外国文学》2018 年第 2 期。
柳贞娥：《萤火虫之光 迪迪-于贝尔曼的残存美学》，《新美术》2018 年第 10 期。
龙迪勇：《图像叙事与文字叙事——故事画中的图像与文本》，《江西社会科学》2008 年第 3 期。

龙迪勇：《图像与文字的符号特性及其在叙事活动中的相互模仿》，《江西社会科学》2010 年第 11 期。

龙迪勇：《空间叙事本质上是一种跨媒介叙事》，《河北学刊》2016 年第 6 期。

龙迪勇：《模仿律与跨媒介叙事——试论图像叙事对语词叙事的模仿》，《学术论坛》2017 年第 2 期。

龙迪勇、杨莉：《"总体艺术"与西方浪漫主义文学的图文一体现象》，《文艺争鸣》2018 年第 11 期。

陆涛：《从语象到图像——论文学图像化的审美逻辑》，《江西社会科学》2013 年第 2 期。

陆涛：《莫言小说研究中的语图符号学方法》，《东方论坛》2017 年第 1 期。

罗绂文：《试论图像意识的发生与内在逻辑关系——以柏拉图、胡塞尔和英伽登的"图像"理论为中心》，《江苏社会科学》2013 年第 2 期。

罗小华：《贡布里希对图像学的修正》，《武汉理工大学学报》（社会科学版）2017 年第 1 期。

毛宣国：《走出视觉文化研究的理论误区》，《文化研究》2016 年第 2 期。

毛凌莹：《互文与创造：从文字叙事到图像叙事》，《江西社会科学》2007 年第 4 期。

孟晨、张玉勤：《视觉隐喻视阈下明刊〈红拂记〉的语图关系》，《四川戏剧》2018 年第 3 期。

闵学勤、郑丽勇：《当代视觉文化的公共性及其治理》，《文艺理论研究》2015 年第 2 期。

南帆：《作者、读者与阐释的边界》，《社会科学战线》2017 年第 2 期。

欧阳友权：《数字化语境中的文学嬗变》，《理论与创作》2004 年第 3 期。

彭亚非：《图像社会与文学的未来》，《文学评论》2003 年第 5 期。

戚灵岭：《〈本西像〉的人文读解》，《新美术》2007 年第 6 期。

邱丹、吴玉杰：《先锋派文学作品封面图像的"语图互文"现象》，《辽宁大学学报》（哲学社会科学版）2018 年第 4 期。

尚杰：《差异与图象》，《江海学刊》2010 年第 5 期。

邵琦：《适用，是前提》，《美术观察》2016 年第 11 期。

邵仲武、郭琳琳、闫薇、卢肖扬：《以"图像学"管窥颜真卿书法艺术的三大境界》，《美与时代》（中）2016年第3期。

［德］斯特凡·马耶恰克：《图像的可见性和世界的景象——论康拉德·菲德勒关于图像理论和艺术理论的若干倡议》，朱更生译，《马克思主义美学研究》2020年第1期。

宋薇：《图像时代中国电影文化的审美反思》，《武汉理工大学学报》（社会科学版）2010年第1期。

孙文宪：《论语言批评的逻辑起点》，《华中师范大学学报》（人文社会科学版）1994年第3期。

谭善明：《图像与灵魂运动——论柏拉图对话中的"图像"》，《文学评论》2018年第2期。

陶晶：《信息时代的中国油画的文化与审美特征》，《文艺研究》2010年第5期。

田春：《图像在文学变革中的应用》，《华南师范大学学报》（社会科学版）2005年第4期。

童庆炳：《文学独特审美场域与文学人口——与文学终结论者对话》，《文艺争鸣》2005年第3期。

王纯菲：《新世纪文学的图像化写作与文学的越界》，《文学评论》2008年第1期。

王洪岳、杨春蕾：《论插图本〈丰乳肥臀〉"语—图"互文及审美特征》，《文艺理论研究》2016年第2期。

王小波：《用图像学分析阎立本的〈步辇图〉》，《北京印刷学院学报》2016年第1期。

王元骧：《文学与语言》，《文艺理论与批评》1990年第3期。

汪曾祺：《揉面——谈语言的运用》，《花溪》1982年第2期。

王志阳：《中国文化中的文学与图像关系新论——以〈周易〉〈诗经〉为例》，《兰州学刊》2013年第10期。

王志永：《微电影：网络时代视觉文化传播的新形态》，《中州学刊》2014年第5期。

卫岭：《从文学载体的变化看文学终结论》，《文艺争鸣》2006年第1期。

吴昊：《图像与文学关系的历史考察——兼谈文学在"图像时代"的生存策

略》,《文艺评论》2007年第3期。

吴俊:《文学:语言本体与形式建构》,《上海文论》1988年第2期。

吴琼:《"上帝住在细节中"——阿比·瓦尔堡图像学的思想脉络》,《文艺研究》2016年第1期。

吴子林:《"文学终结论"刍议》,《文艺评论》2005年第3期。

习近平:《在文艺工作座谈会上的讲话》,《人民日报》2015年10月15日第2版。

肖德生:《胡塞尔论感知、想象与图像意识》,《江汉论坛》2012年第11期。

肖翠云:《文学终结论:修辞制造的幻象》,《文艺争鸣》2006年第1期。

肖伟胜:《图像意识的四种形态及其认识论阐明》,《西南大学学报》(社会科学版)2011年第5期。

肖伟胜:《从观看到观察:图像意识的存在论阐明》,《西南大学学报》(社会科学版)2013年第3期。

邢祥虎:《动观·看进:基于图像学理论的电影场景母题化解析》,《电影艺术》2018年第4期。

徐亮:《representation中译名之争与当代汉语文论》,《中国美学研究》第十二辑,商务印书馆2018年版。

徐沛:《国内视觉文化研究的范式及其特征》,《内蒙古社会科学》(汉文版)2006年第1期。

徐巍:《视觉文化与当代读者审美趣味的转向》,《西北大学学报》(哲学社会科学版)2006年第3期。

许结:《汉赋"蔚似雕画"说》,《济南大学学报》(社会科学版)2018年第4期。

许结:《王会赋·图:帝国形态的历史影像》,《社会科学研究》2018年第6期。

许结:《赋体与图像关联的文学原理》,《天中学刊》2019年第2期。

许结:《论题画赋的呈像与体义》,《江海学刊》2019年第2期。

杨向荣、巩辉:《从中国古代的诗画理论看图文内在张力》,《包装学报》2014年第3期。

杨向荣:《"诗画"视域中的图文关系探究》,《求索》2014年第10期。

杨向荣:《反视觉观与视觉中心主义——古希腊模仿论的视觉张力解读》,《复旦外国语言文学丛论》2016年第2期。

杨向荣、叶荷健：《诗画一律及其图文张力解读》，《沈阳工程学院学报》（社会科学版）2016年第3期。

杨向荣、何晓军：《梅洛-庞蒂的图像理论建构及其反思》，《传媒观察》2018年第5期。

杨友成：《探析当代风景油画艺术语言特征——从视觉文化语境下解读》，《文艺评论》2013年第9期。

叶禹彤、张玉勤：《〈小时代〉影视改编的多重互文分析》，《电影文学》2014年第2期。

叶禹彤、张玉勤：《从〈失恋33天〉看电影改编中的语图关系》，《电影文学》2017年第7期。

尹德辉、于静波：《图像研究：美术史、视觉文化与当代西方图画理论》，《文艺争鸣》2014年第3期。

［美］伊夫-阿兰·布瓦、周宪、张婷：《艺术史的传统与嬗变——伊夫-阿兰·布瓦教授专访》，《艺术理论与艺术史学刊》2018年第2期。

袁芃：《当代视觉文化背景下的身体境遇》，《社科纵横》2012年第7期。

曾迪来、李女仙：《广东古村落平面形态的图像学分析——以沙湾古镇的"三雕一塑"为例》，《美术大观》2015年第7期。

曾军：《观看的诗学问题》，《株洲师范高等专科学校学报》2006年第1期。

曾军：《视取向：视觉的艺术》，《东方丛刊》2006年第3期。

曾军：《视角研究的多重视角》，《社会科学研究》2006年第4期。

曾军：《视觉文化与观看的政治学》，《文艺理论研究》2007年第1期。

曾军：《观看的文化分析》，《文学评论》2008年第4期。

曾军：《从"视觉"到"视觉化"：重新理解视觉文化》，《社会科学》2009年第8期。

张邦卫：《图像增殖：语言的式微与图像的狂欢——数字化时代审美文化的范式转型》，《长沙理工大学学报》（社会科学版）2005年第2期。

张法：《言—象—意：中国文化与美学中的独特话语》，《文艺理论研究》2018年第6期。

张红芸：《欧文·潘诺夫斯基艺术图像研究的"人文精神"》，《中国社会科学报》2018 年第 6 期。

张江:《"意图"在不在场》,《社会科学战线》2016 年第 9 期。

张经武:《当下文学的图像化追求》,《东方丛刊》2008 年第 1 期。

张巨龄:《研究汉字不能搞独尊》,《光明日报》1995 年 11 月 2 日第 5 版。

张伟:《从"技术驱遣"到"体制建构"——现代视觉传媒艺术的权力运作与叙事策略》,《现代传播》2016 年第 5 期。

张伟:《从"非礼勿视"到"视觉狂欢"——图像时代的视觉伦理及其文化表征》,《兰州学刊》2017 年第 1 期。

张伟:《从"视觉机制"到"视觉体制"——现代视觉图式的权力架构与意义延展》,《广东社会科学》2017 年第 2 期。

张伟:《视觉批评何以可能——图像时代文学阐释的视觉转向与审美创构》,《河南社会科学》2017 年第 3 期。

张伟:《"视觉转向"与身体美学的现代逻辑》,《文艺理论研究》2017 年第 4 期。

张伟:《"视觉转向"与文学经典"再经典化"的演化逻辑——兼及建构"视觉批评学"之可能》,《南京社会科学》2017 年第 4 期。

张伟:《"公共阐释"论与现代视觉批评的审美逻辑》,《内蒙古社会科学》(汉文版)2018 年第 6 期。

张玉勤:《论中国古代的"图像批评"》,《中国文学研究》2012 年第 1 期。

张玉勤、刘君:《论"语—图"互文中的"联觉同构"》,《内蒙古社会科学》(汉文版)2018 年第 6 期。

张玉勤:《图像对语言的僭越与图像批评的生成——从竹林七贤故事的语图互文关系谈起》,《文艺理论研究》2019 年第 5 期。

赵敬鹏:《再论语图符号的实指与虚指》,《文艺理论研究》2003 年第 5 期。

赵敬鹏:《论〈水浒传〉"朴刀"的失传——基于文学与图像关系视角》,《中国文学研究》2014 年第 3 期。

赵敬鹏:《论明代"文学与图像关系"理论的问题域及其意义——以"诗画关系"为中心》,《文学研究》2018 年第 1 期。

赵宪章:《文学和图像关系研究中的若干问题》,《江海学刊》2010 年第 1 期。

赵宪章:《语图互仿的顺势与逆势——文学与图像关系新论》,《中国社会科学》2011年第3期。

赵宪章：《语图符号的实指和虚指——文学与图像关系新论》，《文学评论》2012年第2期。

赵宪章：《"文学图像论"之可能与不可能》，《山东师范大学学报》（人文社会科学版）2012年第5期。

赵宪章：《文学与图像关系研究：向学理深层挺进》，《中国社会科学报》2012年9月21日。

赵宪章：《文学成像的起源与可能》，《文艺研究》2014年第9期。

赵宪章：《"文学成像"缘自"语中有象"》，《中国社会科学报》2014年10月17日第B01版。

赵宪章：《诗歌的图像修辞及其符号表征》，《中国社会科学》2016年第1期。

赵宪章：《小说插图与图像叙事》，《文艺理论研究》2018年第1期。

赵毅衡：《"表征"还是"再现"？一个不能再"姑且"下去的重要概念区分》，《国际新闻界》2017年第8期。

郑二利：《别一种图像理论：图像的欲望与行为研究》，《廊坊师范学院学报》（社会科学版）2018年第1期。

郑二利：《理解图像：布雷德坎普图像行为理论解析》，《中北大学学报》（社会科学版）2018年第3期。

周来祥：《论马克思关于艺术掌握世界的方式》，《文史哲》1983年第6期。

周宪：《文化研究的新领域——视觉文化》，《天津社会科学》2000年第4期。

周宪：《视觉文化与消费社会》，《福建论坛》（人文社会科学版）2001年第2期。

周宪：《符号政治经济学视野中的"视觉转向"》，《文艺研究》2001年第3期。

周宪：《文化的转向：当代传媒与视觉文化 看的方式与视觉意识形态》，《福建论坛》（人文社会科学版）2001年第3期。

周宪：《视觉文化的三个问题》，《求是学刊》2005年第3期。

周宪：《"读图时代"的图文"战争"》，《文学评论》2005年第6期。

朱立元：《从审美意象到语言文字——试论作家的意象—语符思维》，《天津社会科学》1989 年第 4 期。
朱立元:《"文学终结论"的中国之旅》,《中国文学批评》2016 年第 1 期。
朱全国:《感知、想象与隐喻：胡塞尔的图像意识分析》,《西南大学学报》（社会科学版）2016 年第 3 期。

二　硕博论文

贺华:《视像时代的图像学——霍斯特·布雷德坎普的图像研究》,硕士学位论文,中央美术学院,2008 年。
胡平平:《从文学到文学性：图像社会文学存在方式研究》,硕士学位论文,中南大学,2008 年。
李彦锋:《中国绘画史中的语图关系研究》,博士学位论文,上海大学,2010 年。
盛佳:《从结构主义到后结构主义：论罗兰·巴特对视觉图像的符号学分析》,硕士学位论文,西南交通大学,2010 年。
王怀平:《魏晋南北朝文学与图像艺术的"语—图"会通》,博士学位论文,南京大学,2013 年。
徐博超:《论徐渭题画诗的"以画法入诗"》,硕士学位论文,中国石油大学（华东）,2006 年。
许莉:《混合的艺术：图像与语言之间 - W.J.T. 米歇尔"图像—语言混合论"研究》,硕士学位论文,西南交通大学,2014 年。
杨光影:《南宋宫廷艺术中的文学与图像关系研究——以诗画关系为探讨中心》,博士学位论文,东南大学,2017 年。
张磊:《马格利特绘画艺术中的图文关系研究》,硕士学位论文,湘潭大学,2016 年。

三　国内著作

曹雪芹、高鹗:《红楼梦》,人民文学出版社 1996 年版。
曹意强:《艺术史的视野：图像研究的理论、方法与意义》,中国美术学院出版社 2007 年版。
陈波:《逻辑哲学引论》,人民出版社 1990 年版。
陈鼓应注释:《庄子今注今译》,商务印书馆 2014 年版。

陈平原、夏晓虹编：《二十世纪中国小说理论资料》第一卷，北京大学出版社 1997 年版。

陈平原：《看图说书》，生活·读书·新知三联书店 2003 年版。

丁福保辑：《历代诗话续编》，中华书局 1983 年版。

段炼编著：《艺术学经典文献导读书系》（视觉文化卷），北京师范大学出版社 2012 年版。

范梦：《西方美术史》，山西教育出版社 1993 年版。

冯梦龙：《警世通言》，吴书荫校注，北京十月文艺出版社 1994 年版。

郭绍虞主编：《中国历代文论选》第一册，上海古籍出版社 1979 年版。

韩丛耀：《图像：一种后符号学的再发现》，南京大学出版社 2008 年版。

何林军：《图像与文学：文化转型时代的文学生存与发展问题研究》，湖南人民出版社 2012 年版。

黄霖、韩同文选注：《中国历代小说论著选》上册，江西人民出版社 2000 年版。

胡适：《胡适全集》第一卷，安徽教育出版社 2003 年版。

胡易容：《图像符号学：传媒景观世界的图式把握》，四川大学出版社 2014 年版。

金惠敏：《媒介的后果　文学终结点上的批判理论》，商务印书馆 2014 年版。

李梵编著：《汉字简史》，中国友谊出版公司 2005 年版。

李宏图编：《表象的叙述——新社会文化史》，上海三联书店 2003 年版。

李鸿祥：《图像与存在》，上海书店出版社 2011 年版。

凌濛初：《拍案惊奇》，北京十月文艺出版社 1994 年版。

林纾：《林纾文选》，许桂亭选注，百花文艺出版社 2006 年版。

刘泰然：《中国古代视觉意识》，社会科学文献出版社 2018 年版。

刘巍：《读与看：我们这个时代的文学与图像》，中国社会科学出版社 2013 年版。

柳鸣九编选：《新小说派研究》，中国社会科学出版社 1986 年版。

柳青：《创业史》，人民文学出版社 2005 年版。

鲁迅：《鲁迅全集》，人民文学出版社 2005 年版。

鲁迅：《鲁迅选集·小说》，广西师范大学出版社 2018 年版。

罗志田：《权势转移：近代中国的思想与社会》（修订版），北京师范大学出版社 2014 年版。

裘锡圭：《文字学概要》，商务印书馆 1988 年版。

王弼：《王弼集校释》，楼宇烈校释，中华书局出版社 1980 年版。

王宁主编：《诺贝尔文学奖获奖作家谈创作》，北京大学出版社 1987 年版。

王泽庆：《传媒时代的"语—图"关系研究》，中国社会科学出版社 2015 年版。

肖伟胜：《视觉文化与图像意识研究》，北京大学出版社 2011 年版。

谢宏声：《图像与观看：现代性视觉制度的诞生》，广西师范大学出版社 2012 年版。

严歌苓：《陆犯焉识》，作家出版社 2014 年版。

叶蜚声、徐通锵：《语言学纲要》，北京大学出版社 1981 年版。

叶朗：《中国美学史大纲》，上海人民出版社 1985 年版。

单小曦：《媒介与文学》，商务印书馆 2015 年版。

汪民安：《谁是罗兰·巴特》，江苏人民出版社 2005 年版。

于德山：《中国图像叙述传播》，山东文艺出版社 2008 年版。

曾军：《观看的文化分析》，山东文艺出版社 2008 年版。

张岱：《琅嬛文集》，岳麓书社 1985 年版。

周有光：《世界文字发展史》，上海世纪出版集团、上海教育出版社 2003 年版。

朱光潜：《西方美学史》，人民文学出版社 1979 年版。

张耿光译注：《庄子全译》，贵州人民出版社 1991 年版。

赵宪章、王汝成主编：《艺术与语言的关系研究》，人民出版社 2013 年版。

赵宪章：《文体与图像》，人民文学出版社 2014 年版。

赵宪章、顾华明主编：《文学与图像》（第 1—6 卷），江苏凤凰教育出版社 2013—2017 年版。

赵毅衡：《文学符号学》，中国文联出版公司 1990 年版。

周宪：《视觉文化的转向》，北京大学出版社 2008 年版。

周宪：《当代中国的视觉文化研究》，译林出版社 2017 年版。

朱莉：《西方经典名画》，北京日报出版社 2017 年版。

四 译著

［爱尔兰］乔伊斯：《尤利西斯》全二册，金隄译，人民文学出版社1994年版。

［爱尔兰］乔伊斯：《尤利西斯》上下卷，萧乾、文洁若译，译林出版社1994年版。

［奥地利］路德维希·维特根斯坦：《维特根斯坦全集》第五卷，涂纪亮编，周晓亮、江怡译，河北教育出版社2003年版。

［德］恩格斯：《自然辩证法》，于光远等译编，人民出版社1984年版。

［德］弗雷格：《论意义与意谓》，《弗雷格哲学论著选辑》，王路译，商务印书馆1994年版。

［德］歌德：《歌德谈话录》，［德］爱克曼辑录，朱光潜译，人民文学出版社1985年版。

［德］海德格尔：《诗·语言·思》，彭富春译，文化艺术出版社1991年版。

［德］海德格尔：《海德格尔选集》，孙国兴编，上海三联书店1996年版。

［德］黑格尔：《精神现象学》上下卷，贺麟、王玖兴译，商务印书馆1979年版。

［德］黑格尔：《美学》，朱光潜译，商务印书馆1979年版。

［德］胡塞尔：《逻辑研究》第二卷，倪康梁译，上海译文出版社1996年版。

［德］卡西尔：《人论》，甘阳译，译文出版社1985年版。

［德］卡西尔：《语言与神话》，于晓等译，生活·读书·新知三联书店1988年版。

［德］莱辛：《拉奥孔》，朱光潜译，人民文学出版社1979年版。

［德］瓦尔特·本雅明：《机械复制时代的艺术作品》，王才勇译，中国城市出版社2002年版。

［德］维特根斯坦：《哲学研究》，汤潮、范光棣译，生活·读书·新知三联书店1992年版。

［德］沃尔夫冈·韦尔施：《美学对世界的当代思考》，熊腾译，商务印书馆2018年版。

［俄］列夫·托尔斯泰：《童年 少年 青年》，谢素台译，人民文学出版社1984年版。

［俄］列夫·托尔斯泰：《战争与和平》，刘辽逸译，人民文学出版社1991年版。

［俄］列夫·托尔斯泰：《什么是艺术?》，《托尔斯泰文集》第14卷，丰陈宝译，人民文学出版社1992年版。

［俄］什克洛夫斯基等：《俄国形式主义文论选》，方珊等译，生活·读书·新知三联书店1989年版。

［俄］屠格涅夫：《罗亭》，陆蠡译，人民文学出版社1957年版。

［俄］肖洛霍夫：《静静的顿河》，金人译，人民文学出版社1957年版。

［法］巴尔扎克：《邦斯舅舅》，傅雷译，安徽文艺出版社1991年版。

［法］居伊·德波：《景观社会》，王昭风译，南京大学出版社2006年版。

［法］卡巴内：《杜尚访谈录》，瑞芸译，广西师范大学出版社2001年版。

［法］雷吉斯·德布雷：《图像的生与死：西方观图史》，黄迅余、黄建华译，华东师范大学出版社2014年版。

［法］列维-斯特劳斯：《野性的思维》，李幼蒸译，商务印书馆1987年版。

［法］罗兰·巴特：《符号学原理》，王东亮等译，生活·读书·新知三联书店1999年版。

［法］罗兰·巴特：《神话——大众文化诠释》，许蔷蔷、许绮玲译，上海人民出版社1999年版。

［法］米兰·昆德拉：《被背叛的遗嘱》，余中先译，上海译文出版社2013年版。

［法］让-多米尼克·布里埃：《鲍勃·迪伦：诗人之歌》，文蕴译，湖南人民出版社2017年版。

［法］让-雅克·卢梭：《论语言的起源》，洪涛译，上海人民出版社2003年版。

［法］雅克·德里达：《论文字学》，汪堂家译，上海译文出版社2005年版。

［古希腊］亚里斯多德、［古罗马］贺拉斯：《诗学 诗艺》，罗念生、杨周翰译，人民文学出版社1962年版。

［加］埃里克·麦克卢汉、弗兰克·秦格龙编：《麦克卢汉精粹》，何道宽译，南京大学出版社2000年版。

［加］马歇尔·麦克卢汉：《理解媒介》，何道宽译，商务印书馆2003年版。

［加］马歇尔·麦克卢汉：《麦克卢汉如是说：理解我》，何道宽译，中国人民大学出版社 2006 年版。

［美］保罗·梅萨里：《视觉说服——形象在广告中的作用》，王波译，新华出版社 2004 年版。

［美］丹尼尔·贝尔：《资本主义文化矛盾》，赵一凡等译，生活·读书·新知三联书店 1992 年版。

［美］哈罗德·布鲁姆：《影响的焦虑》，徐文博译，生活·读书·新知三联书店 1989 年版。

［美］加勒特·汤姆森：《莱布尼兹》，李素霞、杨富斌译，中华书局 2014 年版。

［美］卡森·麦卡勒斯：《伤心咖啡馆之歌》，李文俊译，上海三联书店 2007 年版。

［美］鲁道夫·阿恩海姆：《艺术与视知觉》，滕守尧、朱疆源译，四川人民出版社 1998 年版。

［美］罗伯特·休斯：《文学结构主义》，刘豫译，生活·读书·新知三联书店 1988 年版。

［美］马克·波斯特：《第二媒介时代》，范静哗译，南京大学出版社 2001 年版。

［美］尼尔·波兹曼：《娱乐至死》，章艳译，中信出版社 2015 年版。

［美］尼古拉斯·米尔佐夫：《视觉文化导论》，倪伟译，江苏人民出版社 2006 年版。

［美］欧内斯特·海明威：《海明威读本》，周莉等译，人民文学出版社 2015 年版。

［美］苏珊·朗格：《艺术问题》，滕守尧等译，中国社会科学出版社 1983 年版。

［美］苏珊·朗格：《情感与形式》，刘大基等译，中国社会科学出版社 1986 年版。

［美］索尔·A. 克里普克：《命名与必然性》，梅文译，上海译文出版社 1988 年版。

［美］W. J. T. 米歇尔：《图像理论》，陈永国、胡文征译，北京大学出版社 2006

年版。

［美］W. J. T. 米歇尔：《图像学：形象、文本、意识形态》，陈永国译，北京大学出版社2012年版。

［美］约翰·费斯克等：《关键概念：传播与文化研究辞典》，李彬译，新华出版社2004年版。

［日］浜田正秀：《文艺学概论》，陈秋峰、杨国华译，中国戏剧出版社1985年版。

［瑞士］索绪尔：《普通语言学教程》，高名凯译，商务印书馆1980年版。

［斯洛文尼亚］齐泽克、阿多尔诺等：《图绘意识形态》，方杰译，南京大学出版社2002年版。

［苏联］巴赫金：《文艺学中的形式方法》，邓勇、陈松岩译，中国文联出版公司1992年版。

［苏联］季莫菲叶夫：《文学理论》，查良铮译，开明出版社1955年版。

［苏联］列宁：《列宁选集》第二卷，人民出版社2012年版。

［苏联］列宁：《哲学笔记》，人民出版社1974年版。

［苏联］列宁：《列宁全集》第55卷，人民文学出版社2017年版。

［意］克罗齐：《美学原理 美学纲要》，韩邦凯、罗芃译，外国文学出版社1983年版。

［英］狄更斯：《大卫·科波菲尔》，董秋斯译，人民文学出版社1984年版。

［英］狄更斯：《雾都孤儿》，赵炎秋译，天津人民出版社2017年版。

［英］克莱夫·贝尔：《艺术》，周金环等译，中国文联出版公司1984年版。

［英］马克·维根：《文字与图像》，王国石等译，大连理工大学出版社2009年版。

［英］迈克·克朗：《文化地理学》，杨淑华、宋慧敏译，南京大学出版社2005年版。

［英］莎士比亚：《哈姆莱特》，《莎士比亚全集》第九卷，朱生豪译，人民文学出版社1978年版。

［英］斯图亚特·霍尔编：《表征——文化表象与意指实践》，徐亮、陆兴华译，商务印书馆2003年版。

［英］特伦斯·霍克斯：《结构主义和符号学》，瞿铁鹏译，译文出版社 1987 年版。

［英］特里·伊格尔顿：《当代西方文学理论》，王逢振译，中国社会科学出版社 1988 年版。

［英］特里·伊格尔顿：《后现代主义的幻象·致中国读者》，华明译，商务印书馆 2000 年版。

［英］托·斯·艾略特：《艾略特文学论文集》，李赋宁译注，百花洲文艺出版社 1994 年版。

［英］托·斯·艾略特：《荒原》，赵萝蕤、张子清等译，北京燕山出版社 2008 年版。

［英］伍德福特等：《西方美术史》，平野、赵怿贤译，四川美术出版社 1989 年版。

《马克思恩格斯全集》第 42 卷，人民出版社 1979 年版。

《马克思恩格斯文集》，人民出版社 2009 年版。

《马克思恩格斯选集》，人民出版社 2012 年版。

罗岗、顾铮主编：《视觉文化读本》，广西师范大学出版社 2003 年版。

伍蠡甫、胡经之主编：《西方文艺理论名著选编》，北京大学出版社 1987 年版。

五　外文参考文献

Argan, Giulio Carlo, "*Ideology and Iconology*", in W. J. T. Mitchell, *The Language of Images*, Chicago: University of Chicago Press, 1980.

Auerbach, Erich, and Willard R. Trask, *Mimesis: The Representation of Reality in Western Literature*, Princreton: Princeton University Press, 2003.

Bao, Yuheng, *The Concept of the Relationship between Painting and Poetry*, New York: The Edwin Mellen Press, 1999.

Baudrillard, Jean, *The Vital Illusion*, New York: Columbia University Press, 2001.

Buck-Morss, Susan, *The Dialectics of Seeing*, Cambridge: The MIT Press, 1991.

Clarke, D. S., *Sources of Semiotic: Reading with Commentary from Antiquity to the Present*, Carbondale: Southern Illinois University Press, 1900.

Clunas, Craig, *Chinese Painting and Its Audiences*, Princeton: Princeton University Press, 2017.

de Certeau, Michel, *The Practice of Everyday Life*, California: University of California Press, 2002.

Dolezel, Lubomir, *Heterocosmica: Fiction and Possible Worlds*, Baltimore and London: The Johns Hopkins University Press, 1998.

Doris A. Graber, "Seeing is Remembering: How Visuals Contribute to Learning from Television News", *Journal of Communication*, 40 (1990).

Echo, Umberto, *Semiotics and the Philosophy of language*, Bloomington: Indiana University Press, 1986.

Gilimour, Jonh C., "Vision and Language", in *Picturing the World*, Albany: Sata University of New York Press, 1986.

Girle, Rod, *Possible Worlds*, Bucks: Acumen, 2003.

Horn, Robert E., *Visual Language: Global Communication for the 21st Century*, Bainbidge Island: Macrovu, 1990.

Hunt, Jonh Doixon, Michael Corris and David Lomas, *Art, Word and Image: 2, 000 Years of Visual/Textual Interaction*, London: Reaktion, 2010.

Jameson, Fredric, *Postmodernism, or The Cultural Logic of Late Capitalism*, Durham: Duke University Press, 1992.

Leibniz, Gottfried Wihelm, *Theodicy*, in E. M. Huggard ed., Open Court, 1985.

Lewis, David, *Counterfactuals*, Cambridge: Harvard University Press, 1973.

Merleau-Ponty, Maurice, *Phenomenology of Perception*, New York: Routledge, 2002.

Mitchell, W. J. T., *Image Science: Iconology, Visual Culture, and Media Aesthetics*, Chicago: University of Chicago Press, 2015.

Mitchell, W. J. T., *What Do Pictures Want? The Lives and Loves of Images*, Chicago: University of Chicago Press, 2005.

Potts, Alex, "sign", in Robert S. Nelson and Richard Shiff, *Critical Terms for*

Art History, Chicago: University of Chicago Press, 2003.

Silverman, Kaja, "Fassblinder and Lacan: A Reconsideration of Gaze, Look and Image", in *Visual Culture: Images and Interpretation*, Wesleyan University Press, 1944.

van Eck, Caroline, *Classical Rhetoric and the Visual Arts in Early Modern Europe*, Cambridge: Cambridge University Press, 2007.

索　引

A

阿Q　70，91，92，186，279，280
《阿Q正传》　70，91，108，279，208
阿波利奈尔　204－208
阿恩海姆　2，6，7，19，94
阿尔都塞　19
《阿尔诺芬尼夫妇像》　15
阿甘本　13
艾布拉姆斯　248，249
艾略特　238，330，331
艾萨克·辛格　112
安东尼　126，129－131
《安娜·卡列尼娜》　183
《安提戈涅》　246
奥古斯汀　190，191

B

《白象似的群山》　297，298
柏拉图　4，9－11，36
浜田正秀　90，91

宝玉　62，63，80
鲍勃·迪伦　308，324－330，332，333
本雅明　25，104
毕加索　83，111，179，180，304
表象　8，11，14，34，45，46，52，69－71，76－86，88，92，93，95，99，100，108－114，116，118－120，123－125，138，140，142，144，175，176，185，203，204，206－208，216，220，221，231－241，243－245，247，249，251－253，255－263，265，267，269，271，274，279，281－283，285，286，290，291，293，294，297，306，310
表意之"象"　294，299，301－307
表征　19，20，25，27，32－34，36，45，70，81，89，95，105，109－114，116，118－120，123，124，138－141，153－157，165，167－170，174，197，199，200，203，208，233，239－241，243，258，266，269，271，281－288，290，

293，306，332，333
布尔迪厄　19
布雷德坎普　13

C

曹雪芹　63，75，99，102，137，154，211
陈平原　95，112，229
《创业史》　285，288，290
《创造》　324
创造社　323，324
《春》　12
淳于棼　132，134

D

达·芬奇　1，15，36，55，72-75，81，104，261，262，265，270，286，291
《答案在风中飘扬》　330，331
大卫·刘易斯　127
大眼睛女孩　96，266
大众传媒　6，318，320，324
大众文化　300，325，326，328，332
黛玉　62，91，92，100，137，211，212
《倒影》　205-207
道勒齐尔　132，135
德里达　149，150

《登高》　212
《第二媒介时代》　318
狄更斯　102，221，222，224
《地洞》　225，228
《地铁车站》　214，219
电视　2，8，24，25，50，53，54，66，69，94，99，100，102，104-106，183，184，190，233，253，310，311，318，323
电影　16，23-26，41，42，50，53，66，69，75，99，102，104，106，107，109，190，203，204，310
电子媒介　27，30，67
雕塑　1，21，25，52，53，60，66，67，69，91，102-104，137，139，181，210，234，286，291
读图时代　25-27，29，52，58，68，105
杜甫　64，102，212，217，224
杜尚　68，235-238，240

E

恩格道尔　327，328
恩格斯　3，50，72，78，108，174，219，229，261，278，279，288，295，321

F

凡尔纳　133

《风波》 121，218
弗雷格 284
弗里德里希·基特勒 3
《浮士德》 56，294，316
符号 5，10，11，13，14，18，19，21，22，30-38，42-45，54，61，66，69，70，75，81，84，85，86，90，91，93，101，105-107，109，110，113-116，118，120-124，136，141-144，148-151，155，156，166，167，169，171-177，181，184-186，188，190，191，198，199，201，203，204，206，209，210，216，221，222，229，230，241，247，264，268，272，273，280，281，283-286，291，300，305，308-311，313，314，316-319
《父亲》 276-278

G

概念 6，7，11，13，14，18，19，21，22，33，35，42，43，49，50，52，54，55，67，70，76，77，90，91，93，97，99，110-113，115，120，124，133，140，142-144，148，150，152，153，165-167，172-175，188，189，194，201，210，217，220，221，225，229，232，233，240，243，249，273，276，279，280，282-285，293，318，328，332
感官 2，4，14，34，45，54，55，63，69-71，75，91，92，104，110，139，140，183，210，232，233，237，239，266，267，272，283，284，290，308，311，313
感性表现形态 139，180，197，201，210，223
高尔基 227，228，312
高建平 36，69
歌德 56，294，316
公共话语 238，239，249，250，252，271
贡布里希 11，12
构象材料 273，290，293，305
构象性 121，172，181
《古画品录》 8
《关雎》 270，271，299
《关于费尔巴哈的提纲》 77，78，288
光线 45，91，110，137，140，181，206，216，231，235，240，267，272，281，282，286，290，291，305，332
《贵州印象》 291，292
郭熙 8

H

《哈吉·布拉特》 177

海德格尔　2，25，93，175

《海狼》　80

《海燕》　227，228

《和平鸽》　83

《荷尔德林诗的阐释》　175

荷马　62，64，151，182

《贺拉斯兄弟的宣誓》　244，245，256，258，261

黑格尔　1，6，90，115，154，172，210，232，246，278，288

《红楼梦》　56，62，63，75，80，92，99，100，107，133，137，154，161，211，213，224

《后现代主义的幻象》　249

胡塞尔　9-11，285

胡适　160，163，164

画面　5，53，59，60，63，68，70，72-76，81，83，96，98，106，111，112，116，118，119，124，182-184，236，237，240-246，252-261，263，264，266，268-272，287，291，293，297，300，301

《荒原》　330，331

黄遵宪　158，159

绘画　1，5，6，12，15-17，21，23，25，38-41，52，53，59-64，66-69，102-105，119，137，139，172，181，182，195，210，212，234，257，258，262-264，273，291，304

J

《饥饿的苏丹》　252-254，256

建构材料　141，240，291

建筑　1，2，23，25，53，66，85，103，104，123，183，268-270

杰克·伦敦　80

《精神现象学》　90，115，172，210

精英文化　15，325，326

《景观社会》　25，243

《静静的顿河》　178

具象　34，46，55，75，80，85，90，101，107，110，116，140，174，176-181，200，201，203，205-207，209-219，221-231，241，270，280

K

卡夫卡　225，228

卡西尔　99，115，187，188，210，220

克莱夫·贝尔　2，7，8，247，

克里普克　127-130

克罗齐　245

空间　6，13，27，35，36，39，40，42，61-69，100，105，118，120，122，136，165，172，177，181-184，199，256，261，318，320

昆德拉 298,299

L

拉·封丹 327
《拉奥孔》 1,2,60-64,66,67,69,89,90,182
莱布尼兹 126,127
莱辛 2,35,59,60-69,89,90,182
《礼拜六》 324
李清照 20,323
李商隐 121,225
《立论》 225,226,230,304
利斯·格拉博 94
列宁 72,174,175,219,303,321
《林泉高致》 8
林纾 159-162
刘泰然 119,120
卢梭 285
鲁迅 70,78,79,91,113,121,163-165,180,186,213,214,217,218,223,225,226,230,280,301,302,304,305
《论"费厄泼赖"应该缓行》 78,301,302,305
罗兰·巴特 9-11,105,129,177,186,209,247,299,300
罗素 325,329
《罗亭》 179,180

《逻辑研究》 10,285

M

马格利特 41,116,117,119,124
马克·波斯特 318
马克思 3,50,51,77,78,108,144,154,219,278,279,288,294,295,304,321
《马克思恩格斯选集》 3,72,174,229,261,279
《马拉之死》 295-297
《马克思怎样发明了症候?》 112
迈克·克朗 263
麦克卢汉 2-5,54,102,311
梅兰芳 91,92
梅洛-庞蒂 11,12,32,37
媒介 2-5,7,14,20,25,27,30,33-36,42,53-55,61-63,67,69,70,88,96,102,108,112,152,182,194,195,198,206,283,284,293,308,311,318-324,332
《美学》 8,12,13,15,20,22,23,27,29,35,36,37,40,59,60,67,90,115,154,172,210,222,232,245,249,262,274-276,283,288,291,293,294
《蒙娜丽莎》 72-75,81,265,266,270,286,291

蒙森 325，329
孟浩然 215，216
米开朗基罗 1，286，291
米歇尔 2，6，11，12，26，66，102，233
莫里哀 309
莫奈 250-252，257，258

N

南航 205，206，208
《南柯太守传》 132，134
内涵 9，11，12，20，34，53，83，96，122，123，165，195，199，215，216，218，223，228，231，239-242，245，248，256，260，263，267，269，270，272，280-282，284，290，295，302，307，312，313，324
《内战的预兆》 68，111，123
能指 5，10，33，34，45，54，66，70，71，77，81，88，90，95，96，105，109-116，118，120-124，138-144，148-150，153-157，165-167，169，170，173，174，177，178，180，181，184-186，196，198-201，203，204，206-210，212，213，215，223-225，230，232，239-243，245，255，256，258，266，267，269，271，272，284-286，300，308-311，314-317，332

《1844年经济学哲学手稿》 3，261
《念奴娇·大江东去》 202
诺贝尔文学奖 113，308，324-329，332，333

O

《欧那尼》 310，314，315

P

《拍案惊奇》 218，219
潘诺夫斯基 11-13
庞德 214，219
《庖丁解牛》 79
裴多菲 215，222，229
普利策奖 253，325，328
《普通语言学教程》 70，76，93，108，114，122，142-147，149-155，165-167，169，170，181，229，266

Q

乔伊斯 56，57，178，294
齐泽克 112
裘锡圭 86，115

R

《让我好好看看你》 204-208

人体 45,53,66,69,81,91,110,137,140,178,207,210,235,237,240,267,270,272,281,282,286,290,305,312,332

人体艺术 53,66,210

《瑞典女王》 139

S

萨尔瓦多·达利 68,111

色彩 7,45,58,59,69,70,91,106,110,127,137,140,164,172,173,178,181,183,186,187,195,206,210,216,225,231,237,240—242,248,250,251,257,267,272,281,282,286,290,291,296,304,305,332

莎士比亚 1,154,204,314,316

《山姆大叔需要你》 258,259,266

《伤心咖啡馆之歌》 269

摄影 7,11,21,23,25,37,40,53,55,66,67,69,75,96,102—104,137,234—236,252,320

审美之"象" 294,295,297,300,302—307

《声声慢·寻寻觅觅》 201

声音 45,53—55,61—63,66,70,75,76,86,90,93,106,108—110,114,122,142—145,147—149,151—157,159,166,167,169,174,188,190,199,201,202,211,212,229,284,286,309—311,315,319,327,332,333

《圣经》 83,123

诗画差异 58—60,65—69,88

诗画同一 58—60,88

《诗经》 270,299

石涛 8,32,37,291,292

时间 6,7,27,35,36,38,40,44,46,61—63,65,66,68,69,79,99,101—103,115,118,119,122,133,139,147,154,155,157,164,165,167,169,173,176,181—183,193,199,235,248,250,252,269,270,310,320,325,327

实指 22,24,31,32,34,43,71,105,106,109,110,114,116,118,120—125,140,141

世界 2,4,5,7,10,11,14,18,21,25,27,28,31—34,45,46,49,50,55,57,58,62,67,69—72,76,77,80,81,83,88—91,93—96,98,99,102,105,108—113,116,119,120,125—140,155,164,174,185,200,203,207,208,214,225,232—235,238—241,243,245,248,258,259,261,266,269,271,273,278,279,282,284—286,291,294,302,304,307,322,324,

325，327，332，333

视觉　2，4，5，7，10，11，13－15，18－24，26，27，36，39，40，42，53－55，63，67，70，75，87，94，103，105，109，119，120，136－139，149，150，154，169，170，183，184，203，225，236，237，239－241，243，250，251，254，267，270，272，293，296，313，315－317，332

视觉文化　4，6，8，9，17－27，29，37，52，71－76，81－84，86，88，102，254

视觉性　18，19，22，33，38，223－225，231，313，317

视觉艺术　6，8，15，20，21，52，55，56，58，66－71，81，84，88，332，333

司马迁　193

私人话语　239，250，252，271

思想　2，3，5，8，10，12，28，34，40，45－47，49－52，55，59，70－72，75－86，88，89，91－96，98，108，109，112－114，120，124，125，136，139，140，143，148－154，158－162，164，166，169，173，180，184，194－196，200，201，203－205，207，209－213，215－219，221，223－233，235，237，239－263，265－274，278－280，282，

285－288，290，291，293－295，297，301，303，312－317，319－323，325，327，329－331

斯图尔特·霍尔　283

苏格拉底　4，10

苏轼　8，37，58，202，217，220，225

《岁暮归南山》　215

《25.06.86桃花源》　241，242

所指　5，8，10，33，34，45，54，66，70，71，77，81，88，95，96，105，109－111，113－116，118－124，138，140，141，143，144，150，153，156，165－167，169，173，174，177－180，184－186，190，194，196，198－201，203，206－210，212－215，217，223，226，230，231，239，241，256，262，266，271，284－286，288，300，308，309，311，314，332

索绪尔　2，5，6，21，45，54，70，76，77，93，108，114，122，142－156，165－167，169，170，174，181，196，198，211，229，286

T

《题西林壁》　217，225

体积　45，70，91，110，137，140，216，231，240，267，272，281，

282,286,290,291,305,332

听觉艺术 56

通俗文化 326

《童年》 138

图像 1,2,4,6-17,20-22,24-48,50-56,58,63,66,67,69-72,74-76,81,87-114,116,118-125,132-134,136-142,170,174,186,187,200,203,206,208,216,223,231-235,237-239,240-245,249,250,252,254-267,269-274,284-287,290,291,293,294,303-306,308,332,333

图像艺术 1,25,28,31,39,44-48,56,58,96,98,102,105,125,133,134,136-140,250,272,286,308,332,333

托尔斯泰 102,138,139,177,184,219,267

W

瓦尔堡 11-13,15

外在表现形式 53,203,206,207,215,233,243,255,269

汪懋祖 162,163

王弼 45,46,273-276,280-282,290,293,294,301,305,306

王维 58,59

王熙凤 211,212,224

王元骧 173,175

《望岳》 217

维特根斯坦 9,10,91,122,179,189-193,196,285,286

《文化地理学》 263

文学 1,3-6,8,10,20-23,26-47,51,52,54-64,67-71,74,75,80,87,89,90,94,102-106,110,112-114,118-122,126,135-138,141,142,154,156,159,164,165,170-182,184-187,194-201,203,210-212,214,216-219,221-223,226,229-231,238,249,262,266-268,270,272-274,276,281,282,285,290,294,297,298,304,306,308-310,313,314,316-329,332,333

文艺 1,5,6,9,12,13,15,18-20,22,23,27-30,32-37,39,42,47-51,59,60,63,67,70,71,78,87,90,91,101,141,144,159,160,162,173-175,180,181,197,201,211,213,214,219,238,247,250,273-276,282,294,295,303,306,325,327,328,332

文字 1,2,4,6-9,25-48,50-56,58,59,63,68,70-81,84,

86－114，116，118－120，124，125，132－134，136，138－142，147，149－159，162，165－173，179，181，184，186，193，197－204，206－209，211－232，240，241，252，258，260，266－274，280－282，285－288，290，291，293，301－306，308，309，316，317，319，329，330，332，333

文字艺术　1，25，44，45，47，56，58，60，88，125，136－140

屋大维　126，129，131

《无题·相见时难别亦难》　121

舞蹈　53，66，69，102，103，267，312，313

物象　174，183，232－235，237，271，276

《雾都孤儿》　121，221，222，224

X

《西方美学史》　59，60，67，262

《西游记》　234，245

习近平　48－51，326，327

席勒　219，295，304，305

戏剧　40，52，53，66，67，90，91，102－104，119

线条　7，45，61，69，70，90，91，110，137，140，157，172，186，187，194，195，206，210，212，216，231，236，240，267，272，281，282，284，286，290，291，305，332

《乡愁》　330

祥林嫂　180，213，214，311

想象　323，324

《小说月报》　10，54，70，75，91，136，139，203，229，233，236，241，243，267，284，313，332，333

心灵　10，54，70，75，91，136，139，203，229，233，236，241，243，267，284，313，332，333

《新华字典》　153，166，168

形式　2，4，5，7，8，10，12，14，16，18，20－24，27，28，33－35，37，52－56，59，63，66，69，71，72，76，77，81，87－91，94，95，97－103，107，112，115，116，139，151，152，155，157，158，164，168－172，174－176，181，187－189，192，194，196－199，203，204，206，207，210，215，217，219，223，225，229，232，233，236，237，239，240，243，247，248，250，254，255，258，261，266，269，276，284，286，290，293，295，302，307－309，311，313，315，316，319－321，324，327，330

形象　7，14，18，34，41，44，46，53，55，56，58，59，62，64，66，67，69，70，75－80，86，90－98，100，103，108，112，118，119，121，134，136，141－145，147－149，154，159，169－178，180－187，192，194－201，203，204，206－219，221－231，233，234，237，240，248，256，260，266－268，270－273，276，279－283，285，286，288，290，293－297，301－306，312，317，319，321，323，331，332

《形象的背叛》　116－118

虚构　125，131－140，194，294，303

虚指　31，32，34，71，105，106，109，110，114，116，118，120－123，125，140，141，144

徐亮　282，283

叙事　19－21，23，26，27，30，32－39，42，43，54，63，101，103，109，133，135－137，181，215，320

Y

亚里斯多德　6，126，193

严歌苓　90

言象意　33，45，46，273－276，280－282，285，288，290，293，294，301，305，306

叶朗　275，276

《一把和三把椅子》　97，110

《一条街上的神秘与忧郁》　268，269

艺术　1，4－8，12－28，31，32，34，37－48，50，52－60，63，64，66－71，81，83－88，90，94－98，100－105，107，108，110，116，119－121，125，133－141，152，154，170，171，194，200，201，210，211，229，230，232，234，235，238，240－246，248－250，252，254，256，260－265，267，271－274，276，278，279，281，282，291，293－295，300，303，304，306，308，309，311，314，315，319－321，325－329，332，333

艺术视野　33，34，42，44，52，55，63，70，71，76，273

意图　12，32，80，243，246－249，258，271，276，290，295，297

《意外归来》　64，65

意象　33，38，97，115，172，173，179，181，205，206，214，215，245，262，276，305，330

意蕴　83，122，144，214，244，252，271，272

音乐　56，66，210，261，315，316，

325，328－333

音响形象　142－145，147－149，169，170，198

影视作品　15，16，37，38，41，96，107，109

《尤利西斯》　178，294

余光中　330

《俞伯牙摔琴谢知音》　213，215

雨果　102，310，314，315

语词　35，36，55，76，77，81，101，156，173，175－181，188，189，196－199，201，220，229，230，233，270，309

语境　13，23，26－29，39，41，43，52，80，82，83，124，143，148，153，173，179－181，265，266，272，280，281，284，302，304，307，328

语象　31，32，37，38，40，76，105，120，121，144，174，180，200，201，208，210，219，221，231

语言　5－7，10，12，14，21，23，27，28，30－33，36，37，39－43，45－48，54，55，62，63，69－71，75－78，81，85－88，90，91，93，94，96－101，105－110，112－116，118－122，125，127，141－201，209－211，215－217，219，220，223，225，226，229，230，232，240，247，256，268，271－273，283－286，288，293，297，303，305，311，312，317，319－321，329，332

语言文化　52，71－81，88

语言艺术　1，31，55，58，66，67，71，97，102，120，125，308，332，333

《语言与神话》　99，115

语义　42，77，81，134，135，174，266

语音　45，54，75，81，90，110，141，142，144－150，152－157，165－170，198，199，201，203，230

语音中心主义　54，63，149，150，198

鸳鸯蝴蝶派　324

袁宏道　158

约翰·费斯克　283

约瑟夫·科苏斯　96，110

Z

载体　28，40，53，72，75，154，159，160，163，170，274，311，313

《在文艺工作座谈会上的讲话》　326－328

《在延安文艺座谈会上的讲话》　78

《在中国文联十大、中国作协九大开

幕式上的讲话》 48-50

《战争与和平》 56，184，267

张江 247

赵宪章 29，31-33，37，71，105，106，110，114，118

赵炎秋 33，34，42，58，63，70，71，76，77，94，108，154，171，172，180，187，201，211，219，221-223

赵毅衡 282，283，313，316

照片 53，70，75，91，94，96，97，99，103，110，116，118，119，123，151，190，235，236，252-254，256，258，266，295

《哲学研究》 91，122，189-193，196

郑板桥 72，74，75，263

纸质媒介 67

《中国美术史研究的反思》 16，17

中介 72，124，181，182，199，286，303，304，311-314，316，317

周宪 18，19，22，27，105，254

《周易》 39，40，46，274，280-282

朱光潜 59-64，67，69，89，90，115，172，182，210

朱立元 28，29，172，173，179

《竹石图》 72，74，75

《祝福》 180，213，214，311

庄子 79，120，274，290，301

《资本论》 78，154，288

《走出雪山草地的红军》 98

《最后的晚餐》 55，104，261，262

后　记

　　写下"后记"两个字，似乎松了一口气，又一个阶段性目标即将完成。但同时也略带伤感地意识到，又一个十年也在这样的写作中消失了。人生能有几个十年？屈原说："老冉冉其将至兮，恐修名之不立。"像我这样愚钝的人，自然谈不上"修名"，然"老冉冉"却确实已至。生命消失在电脑键盘的敲击声中，是幸，也是不幸。幸是因为总有一点东西被自己写了出来，不幸则是因为这些文字能否像自己期望的那样有一点价值，现在还不敢肯定。只能寄希望于时间的检验。如果利用这些时间来做点别的事情，是否会更好？答案仍是不敢肯定。这大概就是人生的纠结。

　　如果算上这本书，我进入学术队伍以来，已经写了十四本了。但是好像宿命一般，我自己满意的几本，都写了十年之久甚至十年以上。《狄更斯长篇小说研究》最初是我的硕士论文选题，1984年开始，硕士毕业后继续完善，中经1993年国家社科基金青年课题"狄更斯长篇小说综合研究"，到1996年出书，写了十二年。《形象诗学》是我博士论文的选题，1994年开始，到2004年出书，花了十年时间。《明清近代叙事思想》起始于1996年我申请的湖南省社科基金课题"叙事学研究"，中经2003年的国家社科基金课题"中国古代叙事思想研究"，到2010年出书，整整经历了十四个春秋。三卷本专著《英美中狄更斯学术史研究》缘起于2008年中国社会科学院重大项目"外国文学学术史研究工程·欧美日经典作家系列"，我承担了其中的子项目"狄更斯学术史研究"，中经教育部课题"英美中狄更斯学术史研究"，我和我当时的两个博士生蔡熙和刘白（现在已是教授和博导了）前前后后奋斗了几年，到2017年出版三卷本《英美中狄更斯学术史研究》（出版日期是2016年12月），也经历了十个年头。虽然十年期间并非只写某一本书，但对我来说，一本书从构思到成熟，好像非得十年时间不可。

记得有人问作家阿城,他的三篇代表作《棋王》《树王》《孩子王》为什么都是中篇小说。阿城回答说写小说靠的是气,他的气就只这么长,只能写中篇。我想我每本写得稍好一点的书都要花十年时间,是否也是"气"在其中作祟呢?也许,我的"气"就只这么足,无法一气呵成,得慢慢熬?古人说"十年磨一剑",我的导师童庆炳先生提出"单元论",说学术研究以十年为一个单元,一个单元内只能集中精力做好一件事。就我的写书经历来看,似乎也暗合古人的"剑"论和童师的"单元"说,只可惜我虽然花了时间,却既未磨出一把好"剑",也没有"做好一件事"。悲乎?

"艺术视野下的文字与图像关系研究"的写作缘起,应该追溯到2010年。那年,赵宪章教授在南京举办"文学与形式"学术研讨会,我应邀参加。坐在台下听大会发言,不少老师谈到图像与文学关系的问题。这也引起我的思考。我忽然想到,图像与文字的关系既不应该是完全对立的,也不应该是完全同一的。它们之间的关系应该是既异质,又互渗的。于是,轮到我发言时,我抛开了原来准备好的发言提纲,讲了会上想起的这个观点。会后闲聊,当时任《文艺研究》副主编的陈剑澜先生认为我的发言很有意思,我当即与他说好,文章写成后投到《文艺研究》请他指正。这就是后来发在《文艺研究》2012年第1期上的《异质与互渗:艺术视野下的文字与图像关系研究》。2011年年底,我和赵宪章先生在深圳开会,记得是在吃早餐时,他和我谈起,他正在写一篇文章,讨论语言与图像的实指与虚指的问题,并阐述了他的观点,语言是实指的,图像是虚指的,当语言与图像处于一个图文共同体时,语言处于主导地位。我不大同意赵老师的观点,我认为,语言用所指表征世界,图像用能指表现世界,它们处于一个共同体时,谁占主导地位,是由我们看问题的角度决定的。赵老师表示他的这篇文章即将发在《文学评论》2012年第2期上,我有不同意见可以争鸣。在认真地拜读了赵宪章先生的文章之后,我写了一篇商榷文章,也投到《文学评论》。这就是发表在《文学评论》2012年第6期上的《实指与虚指:艺术视野下的文字与图像关系再探》。有这两篇文章"垫底",加上以前还写过几篇有关图像方面的文章,2013年度国家社科基金申报时,我报了"艺术视野下的文字与图像关系研究"这一题目,没想到竟然"中"了。跟着是几年的写作、修改，最终形成了现在呈现在大家面前的这一成果，也经历了整整十年时间。

本书的相关内容曾以论文的形式在相关报刊发表，总计 25 篇。分别是：

1.《论文学形象的语言构成》，《文学评论》1996 年第 4 期。

2.《实指与虚指：艺术视野下的文字与图像关系再探》，《文学评论》2012 年第 6 期。

3.《学科视野下的文学与市场》，《文学评论》2014 年第 6 期。

4.《文字和文学中的具象与思想——艺术视野下的文字与图像关系研究》，《文学评论》2018 年第 3 期。

5.《从语言到思想：再论文学形象的内部构成》，《文艺研究》2004 年第 6 期。

6.《异质与互渗：艺术视野下的文字与图像关系研究》，《文艺研究》2012 年第 1 期。

7.《图像中的表象与思想——艺术视野下的文字与图像关系研究之八》，《文艺理论研究》2020 第 1 期。

8.《可能世界理论与叙事虚构世界》，《文艺争鸣》2016 年第 1 期。

9.《对林纾保守主义文言观的辨析与反思》，《文艺争鸣》2019 年第 5 期。

10.《不结果的无花树——论西方语言论文论对文学语言特性的探寻》，《湖南师范大学社会科学学报》1996 年第 5 期。

11.《近现代文白之争及其反思》，《湖南师范大学社会科学学报》2011 年第 5 期。

12.《语言与文字：艺术视野下的文字与图像关系研究之四——重读索绪尔〈普通语言学教程〉》，《湖南师范大学社会科学学报》2015 年第 6 期。

13.《试论视觉文化和语言文化的分层问题——艺术视野下的文字与图像关系研究之六》，《湖南师范大学社会科学学报》2017 年第 3 期。

14.《作者意图和文学作品》，《社会科学战线》2017 年第 4 期。

15.《"言·象·意"辩——兼论王弼的"言象意"观》，《福建论坛》2020 年第 9 期。

16.《媒介与媒体：传媒的两种涵义及其区分》，《湖南社会科学》2009

年第 5 期。

17.《作为符号的戏剧》,《湖南社会科学》2019 年第 5 期。

18.《鲍勃·迪伦事件与诺奖评委会的文学观》,《中国文学研究》2018 年第 1 期。

19.《媒介的三种存在形式及其与文学的关系》,《深圳大学学报》(人文社会科学版) 2015 年第 2 期。

20.《文学语言与文学形象》,《文学前沿》第 10 期。

21.《图像时代诗画差异论——艺术视野下的文字与图像关系研究之五》,《创作与评论》2016 年 10 月号下半月刊。

22.《21 世纪国内文字与图像关系学术史研究》,《武陵学刊》2019 年第 5 期。

23.《21 世纪国内图像理论与视觉文化述评》,《衡阳师范学院学报》2019 年第 4 期。

24.《攀登文艺高峰的重要遵循》,《中国社会科学报》2016 年 12 月 27 日第 8 版。

25.《马克思主义文艺思想的文艺基础》,《中国社会科学报》2018 年 8 月 6 日第 4 版。

之所以将这些相关论文一一罗列出来,主要是想对这些杂志与相关编辑表示感谢。马克思提出人的本质力量对象化的命题。对于人文学者来说,其本质力量对象化的一个重要表征,我觉得就是能够看到自己思考的结果在一本本的杂志上发表出来。这不仅是对自己本质力量的一种肯定,也是一个与同行、读者交流的重要渠道,更是激励自己不断前行的一种力量。我应该向这些杂志与相关编辑表达我的感谢与敬意。

在对美国学者伊夫-阿兰·布瓦(Yve-AlainBois)教授的采访中,周宪问道:"我读过许多西方学者所写的艺术史专著,我感觉这些艺术史书写的一个转变就是开始有了国际的视角,包含了非西方艺术,比如中国艺术、日本艺术、印度艺术等等。但是,整体而言,艺术史的书写模式是以西方艺术为主导构架,其他地方的艺术只是次要的成分。您怎么看待?"布瓦对此的回答是:"我觉得这种情况终将会改变的,现在学者们之间的交流要比以往要密切的多。当然,当前的学者们还在探索如何使艺术史走向全球化,当前仍然是西方模式为主导，这是肯定的。"① 在国际学术界发出中国学者自己的声音，在世界文论中增加一点中国色彩、中国因素，这是每一个中国学人的追求与梦想。哪怕这声音、色彩、因素微不足道，但众多微不足道的声音、色彩、因素叠加起来，也可形成大的力量，增加中国学术在国际学术中的分量与话语权。这也是本书写作时，作者所追求的一个目标。自然，这一目标是否达到，也有待专家、读者评判。

国家哲学社会科学成果文库的十位评审专家对本书存在的问题提出了宝贵的意见。虽然我个人对其中的某些意见尚持一定的保留看法，但为了尊重各位专家的劳动，我还是按照意见做了认真的修改。修改后的专著的质量在各个方面都有所提升。谨在此表示我衷心的感谢。

在本书的写作过程中，我的研究生姚尧、学科科研助理张锋帮助做了一些资料收集和索引整理的工作，中国社会科学出版社文学室主任郭晓鸿女士为本书的出版做了不少工作，特对他们表示感谢。

感谢国家社科基金、国家哲学社会科学成果文库对本书所依托项目的立项和对本书出版的资助。

感谢国家社科基金和国家哲学社会科学成果文库的评审专家们。

一千多年前，卢照邻在《长安古意》中描写了自己心仪的生活："寂寂寥寥扬子居，年年岁岁一床书。独有南山桂花发，飞来飞去袭人裾。"学术生涯相对而言是清贫清苦的，但也清净清适。待在岳麓山下，虽然没有飞来飞去的桂花袭人裾，但也能坐对云起，笑看花落，自足愉快，心态平和。倘能在剩下的岁月，再写两三本自己基本满意、他人也比较认可的小书，一生也就更加充实了。

---

① ［美］伊夫－阿兰·布瓦、周宪、张婷:《艺术史的传统与嬗变——伊夫－阿兰·布瓦教授专访》,《艺术理论与艺术史学刊》2018 年第 2 期。

图书在版编目(CIP)数据

艺术视野下的文字与图像关系研究/赵炎秋著. —北京：中国社会科学出版社，2021.3

（国家哲学社会科学成果文库）

ISBN 978-7-5203-8090-4

Ⅰ.①艺…　Ⅱ.①赵…　Ⅲ.①传播学—研究　Ⅳ.①G206

中国版本图书馆 CIP 数据核字（2021）第 046937 号

出 版 人	赵剑英
责任编辑	郭晓鸿　王小溪
责任校对	朱妍洁
封面设计	肖　辉　孙婷筠
责任印制	戴　宽

出　　版	中国社会科学出版社
社　　址	北京鼓楼西大街甲 158 号
邮　　编	100720
网　　址	http://www.csspw.cn
发 行 部	010-84083685
门 市 部	010-84029450
经　　销	新华书店及其他书店

印装刷订	北京君升印刷有限公司
版　　次	2021 年 3 月第 1 版
印　　次	2021 年 3 月第 1 次印刷

开　　本	710×1000　1/16
印　　张	24
字　　数	393 千字
定　　价	148.00 元

凡购买中国社会科学出版社图书，如有质量问题请与本社营销中心联系调换
电话：010-84083683

版权所有　侵权必究